양극화 시대에 내맡겨진 우리 아이들을 위한 교사의 교육혁신

세상의 모든 아이를 위한

민주주의와 교육

| 김천기 저 |

DEMOCRACY & EDUCATION

FOR ALL CHILDREN IN THE WORLD

학지사

서문

지금처럼 빈부격차가 커진 양극화 시대에 우리 아이들은 사회경제적 지위만큼 학교생활과 주변 환경 속에서 보이지 않는 무시와 차별, 배제를 당하는 경험을 겪는다. 그러면서 아이들은 체념하듯 그 차별들을 받아들이고 사회적 환경에 익숙해지며 무력감에 빠지게 된다. 반추해 보니, 가난했던 나 자신도 지금 학교를 다니고 있다면 제대로 학교생활을 할 수 있었을 것 같지는 않다.

양극화 시대에 내맡겨진 우리 아이들을 위한 교육은 어떤 교육일까? 그런 교육이 가능하기는 한 것일까? 집안이 좋고 공부도 잘하는 '금수저' 아이들에게 교사가 마음이 더 끌리고, 더 배려하고, 더 공감해 주는 것은 쉽다. 하지만 공부를 잘하는 축에 속하지 못하는 가난한 아이들에 대해서도 똑같이 배려하고, 공감하며, 그들의 잠재력이 잘 계발될 수 있도록 교육하기에는 현실적인 어려움이 많다. 그렇게 하고자 하는 의욕이 있다 해도 그대로 실천하는 교사가 되기란 매우 힘들다. 어떤 교사가 말하기를, 교사도 양극화되어 있다고 한다. '아이를 바라보는 교사'가 있는가 하면, 아이가 아닌 '자신을 바라보는 교사'가 있다. 아이의 삶, 환경, 인권, 학교폭력 문제 등에 관심을 가지고 가르치는 일에 충실한 교사가 있는가 하면, 그런 문제에는 관심이 없고 아이들에게도 무관심하며 자신만을 생각하는 교사가 있다. 후자의 교사는 아이들 지도의 어려움을 제도와 행정에 다 떠넘기고, 자신은 주어진 일만 하면서 교사로서의 권위와 혜택을 누린다. 하지만 교사를 이분법적으로 나누어 생각하기는 어렵고, 그 경계선에 있는 교사도 많으며, 그들은 교육 혁신적 자극과 제도적 뒷받침을 어떻게 받는가에 따라 보다 적극적으로 '아이를 바라보는 교사'가 될 수 있다.

교육이 보편화된 시대에는 거의 모든 아이가 학교에 간다. 이제는 학교를 졸업했다는 것이 중요한 게 아니라, 어떤 교육을 받았으며 어떤 교사나 친구들과 함께 어울려 학교생활을 했는지가 중요하다. 특히 학교교육의 과정에서 고유한 개개인성과 사회적 지성, 공감적 소통능력이 어떻게 발달하게 되는지가 중요하다. 우리 사회만큼 출신 학교가 어디인지에 극히 민감한 사회도 없지만, 그것만큼이나 한 개인이 가진 시민적 덕성과 사회적 지성, 공감적 소통능력의 유무에 둔감한 사회도 많지 않다. 정작 사람들이 민감해야 할 것에는 민감하지 않고, 사람을 학벌로 차별하고 무시하는 일에 유독 의식이 발달한 이유는 무엇일까?

지금의 '입시지옥' 속에서 단순히 성적이 아닌 개개인성, 사회적 지성, 공감적 소통능력이 제대로 발달하고 있는지에 관심을 기울이는 사람들은 별로 없다. 개개인성, 사회적 지성, 공감적 소통능력은 대다수 학부모의 관심사가 아니며 사회의 관심사도 아니다. 왜 그렇게 되었을까? 더 높은 위치에 오르려는 '바벨탑 욕망'과 '바벨탑 멘털리티'(약육강식, 승자독식, 갑질 등)[1]에 사로잡혀 있기 때문일까? 그것이 우리 사회가 진정으로 바라는 것인가? 우리가 거기에서 벗어나려고 하면서도 마치 생각의 감옥에 갇힌 것처럼 그 속에 더욱 깊이 빠져드는 이유는 무엇일까?

나는 양극화 시대의 교육에 대한 우리의 비판적 통찰능력을 높이고, 사유의 지평을 한층 넓혀 주며, 함께 머리를 맞대고 숙의할 수 있게 해 주는 가장 중요한 레퍼런스(reference)로 듀이의 『민주주의와 교육』을 오랫동안 생각해 왔다. 양극화 시대에 내맡겨진 우리 아이들을 위한 교육은 단지 불평등을 해소하기 위한 교육이 아니다. 흔히 말하는 계층 상승의 '사다리'를 복원하는 교육이 아니다. 그것은 큰 줄기가 아니요 곁가지이다. 보다 근본적인 사회 및 교육의 내적 변화가 있어야 한다. 양극화 시대에 필요한 교육은 듀이가 말했던 '공동의 삶의 방식'으로서의 민주주의 교육이다. 왜 그러한가? 이 책은 그것에 대한 이야기이다.

이 책은 학교교육이 양극화 시대에 사는 모든 아이를 위한 희망이 되지 못하고, 오히려 '기회의 덫'이 되어 아이들을 비인간적인 생존경쟁과 각자도생의 길로 몰아넣으며, '가진 자들'의 계급재생산 욕망을 실현하는 도구로 전락한 현실에 대한 문제의식에서 출발하였다. 왜 그러한 학교교육이 모든 아이의 성장과 발달을 저해하는지를 평등의 관점을 넘어서서 '공동의 삶의 방식'으로서의 민주주의 관점에서 말하고자 하였다. 그리고 양극화 시대에 내맡겨진 모든 아이를 위한 교육은 어떤 교육이 되어야 하며, 그 교육을 실현할 수 있는 사회경제적 조건과 양극화된 사회경제적 현실 간의 간극을 말하고 싶었다. 듀이가 중시했던 인간의 고유한 개개인성과 사회적 지성, 공감적 소통능력의 발달을 이룩하는 교육이 모든 아이를 위한 대안이 될 수 있는지, 그리고 그 교육이 어떻게 협력적인 공동의 삶을 만들어 갈 수 있을지를 말하고자 하였다.

이 책은 현장에서 적용해야 할 절대적이고 이상적인 표준을 제공해 주려는 책이 결코 아니다. 양극화된 삶에 내몰린 아이들에 대한 교육을 반성적으로 성찰하고, 더 나은 교육을 실천하려는 모든 이와 소통하기 위한 책이다. 따라서 이 책을 읽고 학교현장에 '적용'하려는 부담을 가질 필요가 없고, 적용하려고 애쓸 필요도 없다고 말하고 싶다. 책의 내용이 자신의 비판적 사고과정을 거쳐 새롭게 자신의 것으로 재구성되었다면 자신의 것이 되기 때문에, 의식적으로 적용하려고 애쓰지 않아도 자신도 모르게 저절로 교육활동은 조금이라도 달라지게 마련이다. 자신의 것이 된 이상, 그것은 실천성을 갖지 않을 수 없다.

이 책의 집필을 시작한 지 벌써 5년이 넘었다. 그러나 언제나 부족하고 미완성인 상태였다. 애써 써 놓은 원고지만, 다시 읽어 봐서 맘에 안 들면 통째로 삭제하고 새로 쓰는 일을 거듭하였다.

책의 내용을 보다 의미 있게 재구성하는 과정을 거듭하다 보니 책을 마무리하기 어려웠다. 그러나 이제는 내 손에서 놓아줄 때가 되었다고 생각한다. 이 책을 집필하는 동안 여름방학 때는 미국 도서관에서 지냈다. 숲속의 나무 향과 그늘 속의 조용한 분위기에 젖어 글쓰기에 몰입했던 순간은 나에게 말할 수 없는 큰 행복이었다. 때로 방학 중의 한산한 대학 도서관을 찾아가기도 했는데, 도서관의 즐비한 장서들을 보는 순간 몹시 설레며 가슴이 뛰곤 하였다. 오래전 초등학교 시절, 시골 동네 침침한 만화방에 들어가 벽에 꽂힌 만화책들을 바라보던 그 순간의 가슴 설렘이 도서관에 들어서면 묘하게 되살아나곤 하였다. 나의 지나온 삶의 추억이 하나하나 배여 있는 도서관 내부의 정경이 그립다.

되돌아보니, 그동안 글을 쓰던 시간이 너무도 소중하고 감사하다. 그동안 하나님께서 베풀어 주신 사랑의 손길을 어찌 다 형용할 수 있으랴. 하나님께서 아침마다 정신을 맑게 일깨워 주시고, 새로운 영감을 주시고, 책을 쓰는 장정의 어려운 고비 고비를 넘어오게 하셨다. 지금까지의 모든 일이 "자기의 기쁘신 뜻을 위하여 우리 안에 소원을 두게 하시고, 행하게 하시는 이"의 일이 되었기만을 바라는 마음만 오롯이 남는다.

이 작업의 과정에서 나에게 도움을 준 사람들이 많다. 참고문헌 속에 들어와 있는 수많은 연구자, 그리고 나의 제자이며 소중한 벗이기도 한 현장의 선생님들에게 사랑과 고마움을 전하고 싶다.

이 책이 나올 수 있도록 출판을 허락해 주신 학지사 김진환 사장님과 교정에서 편집 · 디자인까지 세심하게 작업해 준 편집부 유은정 선생님에게도 감사를 드린다.

2020년 아름다운 날,

저자 김천기

차례

Part 03
'아이의 배움'의 관점에서 보는 교육목적, 교과지식, 교육방법 125

Part 04
'교사'라는 주체는 '타자(학생)'에 매개된 결과이다 221

Part 05
'공장형 교육시스템'의 계급재생산 교육의 틀 깨기 269

● ● ●

본문에서 '(DE, 23)'은 『민주주의와 교육(Democracy and Education)』의 23쪽을 가리킨다. 『민주주의와 교육』은 이홍우의 번역본을 참고하였고 본문에서는 'Democracy and Education'의 이니셜을 따서 'DE'로 표시하였다.

Part

세상의 모든 아이를 위한 민주주의와 교육

01

아이의 성장을 돕는 교육

01

미성숙은 결핍이 아니라 성장할 수 있는 힘

> 아이와 어른의 차이는 성장과 비성장의 차이가 아니라, 각각의 조건에 맞게 성장의 방식을 달리한다는 점에 있다(DE, 105).

듀이는 형이상학적 전통철학과 달리 인간의 삶을 철학적 사유의 대상으로 삼았고, 공동체 속에서 이루어지는 인간 삶의 성장을 중요하게 생각하였다. 듀이에 따르면, 삶의 의미는 지속적인 성장이다. "이때까지 우리의 결론은, 삶은 발달이요, 발달 또는 성장은 삶이라는 것이다"(DE, 104-105). 이 짧은 한마디 속에 듀이의 철학이 무엇인가가 잘 담겨 있다.

인간의 삶의 의미가 성장이라고 한다면 청소년도 어른들처럼 자신들의 삶의 시기를 의미 있게, 적극적으로 살며, 어른들과 똑같은 정도로 자신의 삶을 충만하게 누릴 수 있어야 한다. 그에 따라 교육이 하는 일은 청소년기의 내적 성장을 돕고, 현재의 삶 자체에 내재된 의미를 실현하는 데 있다. 이러한 관점은 청소년은 미성숙한 상태이므로, 성숙한 어른처럼 삶의 충만함을 누릴 수 없다고 보는 사회통념에 맞서 있다. 청소년기에 대한 사회통념은 삶이 지속적인 성장이라는 사실을 간과한다.

아이들이 성장한다는 것은 어떤 의미일까? 흔히 성장은 미성숙 단계에서 성숙 단계로의 이행이며, 그 이행 과정은 직선적 도식으로 이해되고 있다. 직선적 도식은 어른을 성숙단계의 고정된 표준으로 삼고, 그 표준에 비추어 어린아이는 미성숙 상태라고 규정한다. 여기서 미성숙 상태란 바람직한 특성이 결핍된 상태라고 간주된다. 이런 도식적 관점에서 교육이 할 일은 미성숙하고 결핍된 상태에 있는 어린 아이를 성숙한 상태로 이끌어 주는 것이다.

직선적 도식에 따라 청소년기를 바라보면, 청소년기는 어른의 성숙 상태로 나아가는 과도기가 된다. 따라서 초 · 중고등학교 시절은 어른의 성숙 상태라는 목표지점에 이르기 위한 한 시점으로서만 의미가 있다. 하지만 청소년기를 과도기나 오로지 어른이 되기 위한 준비 과정으로만 의미가 있다고 보는 사회적 통념은 과연 올바른 것인가?

청소년 개론서를 보면, 대체적으로 청소년기는 질풍노도의 시기, 과도기적 시기, 주변인적 시기, 지불유예기 등으로 표현되고 있다. 청소년은 변덕스럽고 우울하며 쾌락을 추구하고 반항적이라는 것이다. 또한 청소년은 미완성의 상태이며 일시적인 상태이므로 안정적이지 않고 다른 무엇으로 변화하려는 특성을 가지고 있다는 것이다. 청소년기에 대한 부정적 관점은 미성숙에 대한 그릇된 관념에서 비롯된 것이다.

아이들은 미성숙하고 성인은 성숙하다는 직선적 도식은, 성인이 되면 성장이 완성된 상태에 도달했다는 것을 함축하고 있다. 하지만 사람이 나이를 먹는다고 절로 성숙해지는 것은 아니다. 경험은 많아지고 지식은 더 많아질 수 있다. 경제적으로 잘 살 수 있는 능력도 더 많아졌다고 할 수 있다. 그러나 "동정적 호기심, 편견 없는 감수성, 마음의 개방성을 두고 말하면, 어른이 아이와 같은 상태로 성장해야 한다고 말할 수 있다"(DE, 105). 그리고 어른이라고 해서 모두 똑같이 정신적으로 성숙한 것은 아니다. 소설가 김훈이 55세 되던 때에 같은 동년배에 대해 느낀 좌절을 이렇게 표현하고 있다. "쉰다섯 먹은 사내새끼들이라는 것은 대부분 썩고 부패해 있거나, 일상에 매몰된 아주 진부한 놈들이거든요. 그래서 상대할 수 없어요"(강준만, 2009: 37). 강한 독설이긴 하지만 나이 먹은 이들의 반성을 촉구하는 말이다. 늙으면 지혜로울 것 같지만 부드러움을 잃고 딱딱하게 되며, 약함을 싫어하고 강하게 되려 한다. 또한 변혁과 신생을 싫어하고 기득권과 명예와 부화(富華)에 집착하기 쉽다(도올 김용옥, 2008).

기독교 『도마복음서』 4장에 이런 말이 있다. "나이 먹은 어른이 칠일 갓난 작은 아이에게 삶의 자리에 관해 묻는 것을 주저치 않는다면 그 사람은 생명의 길을 걸을 것이다"(도올 김용옥, 2016: 193). 어린아이는 여기서 인간의 이상향을 말하고 있지만, 왜 인간의 이상향을 말하는데 어린아이라는 은유를 사용하는지도 생각해 볼 일이다. "촉촉한 봄비에 솟아오르는 연두잎 새싹같이 부드럽고 연한 노인들의 모습이 많이 눈에 뜨이기를"(도올 김용옥, 2016: 196-197) 바라는 마음이 동시대인이 가지는 한결같은 마음이다. 이 모든 말은 성장을 그저 연령이라는 직선적 도식으로 규정해서는 인간을 제대로 이해할 수 없다는 것을 뜻한다.

인간에 대해서 일률적으로 어른이니 성숙하고, 어리니 미성숙하다고 말하기는 어렵다. "10대가 50대에게도 인생 상담을 해줄 수는 없는가?"라고 묻는 강준만의 말에 동감이 된다(강준만, 2009: 35). 물론 우리사회에서는 용납이 안 된다. "어린놈이 감히 어른에게 인생 상담해?" 하며 욕을 할 것이다.

아이들은 성장하는 과정에서 여러 가지 모습을 보인다. 때로 바람직스럽지 않은 충동을 보이기도 한다. 하지만 너무 그런 것에 집착할 필요는 없다. "너는 왜 항상 그 모양이냐?"라고 혼내는 부모도 있다. 어른 눈에는 아이의 마땅치 않은 모습은 한정 없이 많다. 부모나 선생님은 자기만의 기준이 있다. "이렇게 해야 되는데, 너는 왜 이렇게 하지 않는 거야. 답답하다." 결점만 눈에 들어오고 그것만 지적하면 아이는 건강하게 성장할 수 있는 힘을 잃는다. 단점을 고치는 데 너무 많은 에너지를 쓰게 된다. 오히려 성장으로 나아가게 해 주는 충동과 장점을 발견해 주고 북돋아 주는 말이 성장에 보탬이 된다.

아이들의 성장의 속도에는 개인차가 있다. 어떤 아이는 더 빨리 성장하기도 하고 어떤 아이는 더디게 성장하기도 한다. 성장이 빠른 아이를 기준으로 모든 아이를 일률적으로 똑같이 맞추려고 하다 보면, 뒤처진 아이들은 부진아처럼 취급받게 된다. 그 아이들에게도 성장할 수 있는 힘이 있음을 믿고, 어떻게 하면 그 힘을 펼치도록 할 것인가를 궁리해야 한다. 그런데 그렇게 하지 않고 아이를 아예 부진아로 취급하게 되면 아이의 성장 가능성을 가로막는 것이다. 학교에서 공부를 못한다고 부진아처럼 미리 단정해 버리고, 아이의 장래에 대해 부정적 자성예언을 쏟아 내는 말은 아이에게 독약이다. 지능심리학자 스턴버그(Sternberg, 1997)는 『성공지능』에서 교사가 아이의 성장 능력을 의심하고 무시한다면, 그것은 아이를 무력하게 만들며 아이의 능력도 파괴한다고 주장한다.

아이의 미성숙을 바람직한 특징이 결핍되어 있는 상태로 보는 것은 어른의 표준이다. 듀이는 오히려 아이들이 미성숙 상태에 있다는 정신적 특징 속에 성장할 수 있는 힘이 내재되어 있다고 본다. "비교적 관점이 아니라 절대적 관점에서 파악하면, 미성숙은 하나의 적극적인 능력, 즉 '성장하는 힘'을 뜻한다"(DE, 95). 듀이가 이렇게 보는 데는 어떤 근거가 있는 것일까? 듀이에 따르면, 성장할 수 있는 힘은 아이들이 가진 '가소성'과 '의존성'에 있다.

인간은 자신의 삶의 환경 속에서 많은 것을 경험하는데, 중요한 것은 경험으로부터 무엇인가를 깨닫고 배운다는 데 있다. 인간에게는 경험을 통해 학습하는 능력이 있다. 경험을 통해 학습하는 능력을 듀이는 '가소성(plasticity)'이라고 부른다. 가소성은 특수한 적응능력, 적응적 탄력성에 가깝고, 본질상 경험을 통하여 학습하는 능력으로 "이전의 경험 요소를 잘 명심하였다가 나중의 활동에 도움이 되도록 하는 능력"을 의미한다(DE, 97). 듀이는 가소성이 '습관을 형성하는 능력' '확고한 성향을 발전시키는 능력'이라고 본다. 아이들은 경험으로부터 배울 수 있는 가소성으로 말미암아 성장할 수 있다.

'의존성(dependence)'이란 무엇일까? 일반적으로 의존적이라는 말은 부정적 의미를 내포하고 있다. 통념상 독립적, 자립적이지 못하고 마치 기생해서 산다는 의미로 이해된다. 사람들은 '의존한다'는 것에 대해 부끄럽게 생각하며 무엇이든 혼자 할 수 있어야 한다고 생각한다. 그러나 듀이가 말하는 '의존적'이라는 말은 '독립적'이라는 말의 반대어가 아니라 '고립적'이라는 말의 반대어이다. 누구나 혼자서는 살 수 없다는 것을 표현하는 말이다. 듀이가 말하는 '의존적'이란 사회적 상호작용 상태에 놓여 있으며, 그 가운데서 성장의 자양분을 얻는다는 의미가 포함되어 있다. 의존적이지 않다는 말은 사회적 상호작용이 결핍되어 있다는 뜻이다. 마치 문화적 결핍처럼 '사회적 결핍' 상태에 있다는 뜻이다.

어린아이는 누구나 다 성장할 수 있는 내적인 힘과 가능성이 있다. 어떤 가정과 학교 환경 속에서 그 힘이 꺾이고 발현되지 못하고 있을 뿐이다. 부모나 교사가 미리 가능성을 좁혀 놔 버리면, 그 아이는 그 이상으로 성장할 수 없다. 아이는 믿고 의지할 데가 없다. 성장에 필요한 '의존성'이란 것이 있다. 성장하는 과정에서 많은 다른 사람들에게 의존하게 되는데, 특히 부모나 교사에게 의존한다. 그 관계성 속에서 공감과 지지를 받고 격려를 받아야 건강하게 성장한다. 자신을 믿어 주고 지지해 주며 격려해 주는 관계성은 아이의 성장에 중요한 '사회자본'이다. 긍정적인 상호작용의 관계성이 줄어들고 점차 고립되면 아이는 우울증을 앓거나 자신이 어울리기 쉬운 일탈집단에 쉽게 빠져든다.

'미성숙'을 어떻게 이해하느냐는 교육에서 매우 중요하다. 그것에 따라 교사의 지도방식이 달라진다. 미성숙은 때로 학생들에게 자율성을 부여할 수 없는 근거로 이용된다. "애들이 뭘 알아. 판단력도 미숙하고." 따라서 "애들한테 맡겨 둘 수 없어." 그런 경우가 많다. 학생인권조례에 대해서도 많은 사회적인 논란이 있었는데, 반대하는 측에서 얘기하는 근거는 여러 가지가 있지만 그중에 기본적인 전제가 애들은 미성숙하다는 것이다. 아이들은 온전한 인권을 누릴 만한 주체가 못 된다. 어른처럼 성숙한 존재가 못 되기 때문에 그들이 자율적으로 뭔가 할 수 있는 걸 기대하기가 어렵고, 따라서 교사들의 지도가 필요하다는 것이다. 당연히 교사의 지도는 필요하다. 하지만 지도를 강압적인 통제나 규제로 이해해서는 안 된다. 그것은 성장으로서의 교육 개념에 어긋나며, 인권과 상충한다. 학생 인권을 강조하다 보면 교권이 떨어진다는 주장은 교권을 통제로서의 지도 개념으로 이해하고 있는 것이다.

어린 학생들이 미성숙하다는 이유로 모든 판단을 교사가 한다면 그들이 성장해 나갈 수 있는 기회는 언제 갖게 될까? 미성숙하고 자율적 판단을 못 하던 학생들이 대학에 가면 갑자기 자율적인 판단능력을 가지게 될까? 학교는 아이들의 자율적인 활동을 통해 스스로 성장할 수 있는 경험을 제공해 주어야 한다. 아이들의 자율적인 활동을 억제하면서 아이들은 미성숙하니 자율성을 누릴 자격이 없다고 하면 아이들의 성장이 지체되는 것은 피할 수 없다. 이런 교육의 조건하에서 시험성적만 높이려 하면, 아이들이 건강하게 성장할 수 없다는 것은 자명하다.

이제 아이들이 성장한다는 것은 구체적으로 어떻게 되는 것인지를 생각해 보자. 성장이란 인간 안에 내재되어 있는 잠재성이 점차적으로 발현(unfolding)되는 과정으로 이해되기도 한다. 이러한 관점은 전통적인 '발현설'에서 나온 것이다. 발현설은 본래 아리스토텔레스 철학에서 나온 것이다. 성장이란 인간 안에 내재된 힘이 고정된 목표를 향해 전개되는 과정으로 보는 것이다(박철홍, 1993). 이 과정을 설명하기 위해 흔히 도토리 비유가 사용된다. 도토리가 떡갈나무(참나뭇과)가 되는 과정은 발현설을 이해하는 데 좋은 비유이다. 도토리가 크면 떡갈나무가 된다. 도토리는 이미 떡갈나무가 되도록 확정된 잠재성을 가지고 있다. 도토리는 떡갈나무라는 목표를 향해서 성장해 나간다. 인간도 마찬가지라는 것이다. 당신은 본래 참나뭇과인가, 소나뭇과인가? 이게 이미 정해져 있다고 보는 것이다. 태어날 때부터 잠재력은 확정되어 있고, 발현되어 가는 과정에서 참나무가 되고 소나무가 되는 것이며 다른 무엇이 될 수는 없다. 여기서 성장이란, 곧 인간 안에 내재된 힘이 고정된 목표를 향해 발현되는 것을 의미한다.

발현설에 의하면 인간의 적성도 태어날 때 이미 정해져 있다. 발현설을 믿고 따르다 보면 어떤 문제에 봉착하게 되는가? 아이의 적성을 조기에 발견하여 적성에 맞는 교육을 함으로써 미래의 적성에 맞는 일을 하도록 해야 한다. 교육정책도 이 방향으로 움직여야 한다. 그렇다면 아이들에게 어떤 적성이 있는지를 어떻게 언제쯤 알 수 있는가? 과거 이런 관점을 가진 진로상담학자들은 대략 중학교 3학년 때라고 간주하였다. 원래 6-3-3 학제가 이 이론에 근거한 것이다(Church, 1976). 고등학교는 인문계와 실업계로 나뉜다. 계열을 결정하려면 중학교 3학년 때 적성을 알 수 있다고 가정해야 계열 분리가 성립된다. 요즘에는 중학교 3학년 아래로 더 내려가서 초등학교 때 적성을 찾아서 그 적성에 맞는 교육을 해야 한다는 주장도 심심치 않게 나온다. 이런 사고의 토대가 되는 발현설은 교육정책이나 학제에 정당성을 부여한다. 발현설이 옳다고 가정하고, 이렇게 교육정책을 펴 나가는 것이 맞는가?

그런데 우리 사회에는 발현설의 다른 버전이 있다. 아이가 '참나뭇과'인지 아닌지, 어떤 재능이나 지적 능력을 가지고 있는지 판단할 수 있는 시기는 고등학교 3학년을 마치고 대학을 들어가는 시점이라는 것이다. 그리하여 수능점수가 몇 등급인지에 따라 또 어떤 대학을 들어갔는지에 따라 '참나뭇과'인지 '소나뭇과'인지를 확정한다.[2] 대학에서 어떻게 공부했는지는 별 상관없다. 나중에 대학을 졸업하고 높은 성취를 이룬다고 해도 '참나뭇과'로 봐주지 않는다. 어떤 대학에 들어갔는가에 따라 한 인간의 모든 잠재력이 확정된다. 마치 아이의 잠재 능력이 그 단계에서 다 확인될 수 있는 것처럼 간주되는 것이다.

발현설이 어떻게 오늘날 교육에 대한 우리의 사고에 영향을 미치게 된 것일까? 발현설은 근대의 루소와 프뢰벨을 통해서 새로운 사회적 의미와 영향력을 갖게 되었으며(김무길, 2016), 그것은 오늘날 교육사상에도 지속적인 영향을 미치고 있다. 루소의 발현설은 당시 계몽주의 사상과 연관되어 있었다. 루소의 자연주의 교육은 일체의 인위적 속박으로부터 벗어나 아동의 천성과 자질을 최대한 발현시킴으로써, '인간성에 기반을 둔 새롭고 보다 나은 사회질서'를 건설하는 데에 그 목적을 두고 있었다. 루소는 천성과 자질의 발현 교육이 학습의 귀중한 기초가 되며, 동시에 사회의 온갖 악폐로부터 아동의 마음을 보호해 준다고 보았다(김무길, 2016).

듀이에 따르면 루소 이후 대표적인 발현설의 신봉자는 프뢰벨이다. 프뢰벨의 발현설은 특히 유아교육에 지대한 영향을 주었다는 점에서 주목할 만하다. 프뢰벨의 발현설은 루소의 자연주의적 발현설과 달리 종교적인 성격이 강하였다. 프뢰벨은 만물이 신(神)의 섭리 속에서 합일을 이룬다는 범신론(pantheism)을 믿었으며, 그에 따라 교육의 중점을 아동 내면에 깃든 신성의 완전한 발현에 두었다(김무길, 2016). 프뢰벨은 신성의 본질이 활동과 창조와 노동에 있다고 생각하였으며, 교육에서는 성인의 명령과 간섭을 배제하고 활동과 창조와 노동의 자기표현을 촉진해 주는 것이 중요하다고 강조하였다(목홍숙 외, 2011). 이러한 유아교육사상은 당시로서는 참신하고 혁명적이었다. 프뢰벨의 교육방식은 루소와 달리 범신론적 세계관에 근거한 것이지만, 아동의 내적 가능성과 조력자로서의 교사의 역할을 강조한다는 점에서는 루소의 관점과 유사하다(김무길, 2016).

계몽주의 사상의 관점에서 볼 때 발현설은 18세기에 일어난 자유주의 철학과 잘 맞았기 때문에 자연스럽게 수용될 수 있었다. 당시 계몽주의 사상가들은 개인보다 국가, 사회를 우선시하고 국가, 사회에 개인을 종속시키는 기존의 체제를 용납할 수 없었고, 이에 항거하던 터였다. 이들은 "사회의 악폐를 개인의 자유로운 능력에 가하는 제약"이라고 간주하였으며, "과거의 봉건제에 의하여 권력을 부여받았던 계급에만 이익으로 작용하는 외적 제약으로부터 삶을 해방시켜야 한다는 이상(理想)에 전적으로 헌신"했었던 터에(DE, 98), 발현설은 계몽주의 이상에 정확하게 부합되는 것이었다.

발현설의 교육적 의의는 크다. 발현설은 전통적인 교육모형인 '주형모형'에 반기를 든 '계발(啓發)모형'의 이론적 토대가 되었다

(김무길, 2016; 박철홍, 2016). 외적 통제와 지식 전수를 중시했던 교육자의 관심을 아이들의 잠재 가능성을 이끌어 내는 데로 돌리는 데 기여하였다. 주형모형이 전통적 준비설과 연관이 깊다면, 계발모형은 루소나 프뢰벨 등의 발현설의 입장을 대변한다고 볼 수 있다. 기존의 준비설은 외적 목적인 입시나 직업 준비를 중시했던 데에 비해, 발현설은 아이의 마음 안의 잠재력, 정신적 발현을 강조하였다(김무길, 2016; 박철홍, 2016).

주형모형에 입각한 준비설에 대해 어떻게 생각하는가? 근대사회 이후의 흐름에 비추어 보면 준비설은 부정적인 것으로 인식되지만, 오늘날 우리 입시교육의 이론적 토대라고도 할 수 있다. 한국교육의 현실을 보면, '입시교육 = 준비설'과 '자연적 발달 = 발현설'의 대립구도가 형성되어 있다. 혁신학교가 입시교육을 거부하고 아이들의 자연적 발달을 중시한다면, 후자 편에 서 있다고 할 수 있다. 그런데 부모들은 발현설보다는 준비설을 더 지지하는 것 같다. 아이들의 자연적 발달을 도모하는 교육은 말이야 좋지만, 현실적으로는 좋은 대학, 좋은 직장을 준비하는 교육이 필요하다고 생각한다. 인생의 9할이 어느 대학에 가느냐에 따라 결정되는 현실에서 어떻게 대입 준비 교육을 하지 않을 수 있냐는 것이다. 자연적 발달이 좋다고 해도 명문 대학에 가지 못하면 아무런 소용이 없다는 생각이 지배적이다. 따라서 무조건 좋은 대학에 들어가야 하고, 대학이 요구하는 공부, 시험을 잘 볼 수 있도록 준비시키는 교육을 해야 한다. 그리고 대학입시 준비에 효과적인 교육은 '주입식 교육'이다. 점수가 가장 중요하기 때문에 시험에 나올 만한 내용을 효과적으로 주입시키는 교육이 필요하다. '대학입시교육 = 주입식 교육 = 주형모델'의 공식이 성립한다. 반면에, 학생부종합전형은 지적 잠재력을 계발하는 데 목적으로 두고 있다면, 그것은 계발모형에 속하는가? 그 취지로 보면 계발모형에 속한다고 말할 수 있지만 실상 내용은 그렇지 못하다.[3)]

한편, 전통적인 발현설에 대해서 듀이는 그 의의를 인정하면서도 그것이 이론적 결함을 내포하고 있음을 지적한다. 자아와 환경의 상호작용 경험을 중시하는 관점에서 볼 때 발현설은 환경과의 상호작용의 측면을 간과하였다는 것이다(박철홍, 2016). 즉, 발현설은 자아와 환경의 상호관계성을 충분히 고려하지 않은 채, 내면적 본성이나 신성의 발현을 부각시킴으로써 생동적인 성장의 모습을 온전히 그려 내지 못하였다. 듀이가 보기에 "발현설 일반에서 전제하는 '모종의 숨겨진 총체'란 존재하지 않는 허구일뿐더러, 설령 개인의 마음속에 계발시켜야 할 모종의 내용이 있다고 하더라도 그것은 확정된 것도, 변화 불가능한 것도 아니다"(박철홍, 1993: 317). 왜냐하면, 아동의 내부로부터 발현된 내적인 힘은 외부 환경과의 상호작용을 반영하는 만큼 장차 환경이 바뀜에 따라 갱신(更新)의 여지가 있기 때문이다.

이런 맥락에서 보면, 듀이가 프뢰벨의 교육철학에 동의하기 어려웠던 이유를 이해할 수 있다. 요컨대, 프뢰벨은 완전하고 절대적인 이상에 이르는 '정태적 완전성'을 지향하였다(김무길, 2016). 듀이가 보기에 인간의 삶의 세계에서 프뢰벨이 그리는 완전하고 절대적인 이상향은 존재하지 않는다. 프뢰벨이 상정하는 이상적 상태란 어린 도토리가 자라서 커다란 떡갈나무가 되는 것처럼 미리 정해진 운명과도 같다. 듀이는 그런 결정론을 받아들이지 않는다. 인간의 삶의 세계에서는 누구나 미리 정해진 저편을 향해 갈 수밖에 없는 종국적 상태란 존재하지 않는다. 듀이에 따르면, 세계 안에 존재하는 모든 것은 교변작용, 즉 세계와 인간의 상호작용 속에서 서로를 변화시키는 작용으로 인하여 변전(變轉)을 거듭한다(박철홍, 1993). 듀이가 보기에 상호작용의 영향을 벗어난 궁극적 실재('잠재력')란 사실상 존재하지 않는 추상적이고 공허한 것이다.

02

성장은 습관으로 나타난다

> 미성숙을 결핍의 상태로 보는 것, 적응을 고정된 환경에 적응하는 것으로 보는 것, 습관을 고정된 것으로 보는 것 등은 모두 성장과 발달에 관한 그릇된 관념에서 파생된 것이다(DE, 105).

교육의 목적은 무엇인가? 아이가 신체적으로 성장하듯, 지적 · 사회적 · 도덕적으로 성장하는 것이다. 그렇지만 지적 · 사회적 · 도덕적 성장은 눈에 잘 보이지 않는 것이므로 성장이란 말이 추상적으로 느껴진다. 듀이는 이러한 성장이 습관의 형성으로 나타난다고 본다. 습관이 어떻게 아이의 성장의 지표가 될 수 있는가? 대개 통념적으로 '습관'이라 하면, 판에 박힌 듯이 기계적이고 반복적으로 나타나는 말과 행동 패턴을 떠올린다. 이러한 습관은 "신선미라든가 개방성, 독창성이 없는 습관"이다(DE, 103). 이러한 습관이 성장을 표현하는 것일 수 없다는 것이다. 그렇다면 듀이가 말하는 성장의 표현으로서의 습관은 어떤 의미의 습관을 말하는 것일까?

유·초등학교에서 중시하는 기본생활습관 속에 담긴 '습관'이 듀이가 의미하는 습관인지를 생각해 보면, 성장으로서의 습관의 의미를 조금 더 이해할 수 있다. 유·초등학교에서는 바람직한 습관의 형성을 위해 예절, 질서, 절제, 청결 등의 기본생활습관을 지도한다. 그런데 대체적으로 기본생활습관 교육이 S(자극)-R(반응) 연합의 행동주의 심리학 관점에서 이루어진다. 정적 강화와 부적 강화의 메커니즘을 통해서 바람직한 행동과 반응이 반복되도록 함으로써 긍정적인 생활습관이나 인성 덕목을 습득시키는 방식을 취한다. 이런 방식의 기본생활습관 형성은 반복적이고 기계적인 행동의 지속성이라는 차원에서 이해되고 있으며, 습관에도 인지적 요소가 있다는 점이 간과된다.

듀이는 습관이 가진 능동적이고 적극적 속성을 새롭게 인식한다. 듀이에게 있어 습관이란 인간에게 "환경을 통제하여 그것을 인간의 목적에 맞게 활용하는 힘"을 주는 것이다(DE, 109). 습관에 대한 듀이의 개념에 따르면, 능동적 습관은 단순 반복적인 몸의 행위가 아니며, 앎이 담긴 의미 있는 행위이다. 예를 들어, 직업적 활동과 관련된 습관을 들어 보자. 숙달된 솜씨로 심장을 수술하는 외과의사의 습관은 거의 무의식적 수준에서 자동적으로 이루어지지만, 그것은 기계적인 몸의 행위가 아니다. 환자의 독특한 케이스를 고려하는 의학적 숙고와 관찰, 판단이 수반되는 지적인 행위이다.

듀이는 습관에 두 가지 기능이 있음을 밝힌다. 그 기능은 "행동을 용이하게, 경제적으로, 효율적으로 하도록 해 주는 것과 동시에 지적 · 정서적 성향을 형성해 주는 것”이다(DE, 102). 습관은 행동의 습관과 정신의 습관을 포함하며, 행동의 습관은 ‘능동적인 행동의 경향성’이며, 정신의 습관은 ‘지적 · 정서적 성향’을 나타낸다. 여기서 능동적 행동의 경향성이란 습관을 행사함에 있어 그에 관련된 여러 조건들 가운데서 적극적으로 선호하고 선택하는 것을 특징으로 한다. 습관은 스스로를 분주하게 만들 자극이 나타날 때까지 무작정 기다리고 있지 않고, 그 자체가 최대한 활약할 수 있는 기회를 항상 능동적으로 찾는다. 습관이 발휘될 기회가 부당하게 저지되면, 행동경향성은 불안과 강렬한 욕구의 형태로 표현된다”(DE, 102). 영국의 한 발레소년의 성장 스토리인 영화 〈빌리 엘리어트〉를 보면, 탄광촌 파업노동자인 아버지와 형의 일로 그렇게 바랐던 로얄 발레스쿨 오디션을 못 보게 된 빌리는 형의 거친 성격 탓에, 차오르는 감정을 이겨 내지 못하고 좁은 화장실 속에서 격한 감정을 표출하는데, 어느새 그것은 춤으로 표현되기 시작한다. 마치 자연의 섭리처럼 당연하다는 듯 멋진 춤의 형태로 표현되는데, 그것은 스스로 자신을 적극적으로 표현하고자 하는 습관의 힘이다.

최근의 뇌과학 연구결과는 습관이 어떻게 성장의 지표가 될 수 있는가를 보여 준다(Eagleman, 2017). 뇌과학의 관점에서 보면, 오랫동안 연습하면서 숙달된 행동이 습관이 되었다는 것은, 뇌에서 특수한 물리적 연결 패턴들이 형성되었다는 뜻이다. 예를 들어, 피아니스트들은 뉴런들의 구조 속에 피아노 연주 솜씨를 새겨 넣은 것이고, 피아노 연주를 위해 ‘특화된 인지 하드웨어’를 갖춰 놓은 것이다. 이 특화된 인지 하드웨어는 무의식 수준에서 자동적으로 작용한다. 그에 비해 초보자의 뇌는 의식적으로 노력을 하며, 특화된 인지 하드웨어가 아니라 일반적으로 이용 가능한 '범용 인지 소프트웨어'를 사용한다(Eagleman, 2017). 숙달된 외과의사의 수술, 건축사의 설계도면 그리기, 비행사의 조종도 특화된 인지 하드웨어를 사용한 경우이다. 습관이 형성되었다는 것은 뇌 속 연결망들의 세부 구조가 변화되었다는 것을 의미하며, 숙달된 행동이 뇌의 하드웨어에 '절차 기억'으로 새겨졌다는 것을 의미한다(Sternberg, 2010). 절차 기억은 장기기억의 저장 유형의 하나이다.

이렇듯 인지 하드웨어의 형성이라는 뇌과학적 관점에서 보면, 습관과 성장은 떼어서 생각할 수 없음을 알 수 있다. 그런데 듀이의 습관 개념은 심리학이나 뇌과학의 관점으로는 파악이 안 되는 그 무엇이 있다. 듀이의 습관 개념에는 환경에 대한 인간의 적응이라는 그의 진화론적 관점이 깔려 있다. 듀이가 말하는 습관은 환경에 대한 적응과 떼어서 생각할 수 없다. 습관은 인간이 자신의 환경에 적응할 수 있는 힘이다. 여기서 적응이란 환경을 자신의 활동에 적응시키는 것임과 동시에 우리의 활동을 환경에 적응시키는 것이다. 사막에서 원시부족이 적응하는 것과 문명인이 적응하는 것은 다르다. 전자는 환경을 있는 그대로 받아들이는 수동적인 적응이며, 후자는 환경을 문명인이 살아갈 수 있도록 변화시키는 적응이다. 한마디로 "원시부족은 단순히 타성에 따라 움직이지만, 문명인은 환경을 변화시키기 위한 습관을 형성한 상태에 있다"(DE, 102). 이러한 맥락 속에서 듀이의 다음 말은 쉽게 이해될 수 있다.

> 습관은 환경을 통제하여 그것을 인간의 목적에 맞게 활용하는 힘을 준다. 습관은 타성의 형태를 취하기도 하고, 또한 새로운 조건에 맞추어 활동을 재조정하는 능동적 능력의 형태를 취하기도 한다. 전자는 성장의 배경을 이루며 후자는 성장을 가능하게 한다. 능동적 습관에는 능력을 새로운 목적에 적용하는 사고, 창의성, 자발성 등이 수반된다. 능동적 습관은 고정된 반복행동과 반대되며, 이 후자는 성장의 정체를 의미한다(DE, 109).

요컨대, 환경에 변화를 일으키는 것과는 아무 상관없이 환경에 맞추기 위해 우리 활동이나 몸의 습관의 변화를 꾀하는 것은 성장으로서의 습관과는 거리가 멀다. 이렇게 듀이가 말하는 의미의 습관이 이해가 가기는 하지만 환경에 적응할 수 있는 힘이라는 말은 추상적이어서 교육에 적용하여 생각해 보기는 쉽지 않다. 예를 들어 생각해 보자. 학교에서 흔히 사용하는 용어가 '부적응아'라는 말이다. 이때 부적응이라는 말은 무슨 뜻일까? 학교(환경)에 적응을 못한다는 것은 학교에서 요구하는 대로 맞추지 못한다는 것을 뜻한다. 부적응아는 학교의 교육목표, 생활지도 규칙, 교과공부, 시험 등의 요구에 부응하는 습관을 형성하지 못한 것이다. 반면, 학교생활에 적응을 잘하는 아이는 교과공부도 잘하고 성적도 우수하고 시험경쟁도 즐기며 학교생활규칙 준수에도 모범적이다. 그런데 이렇게 학교생활을 잘하는 아이 역시 정말 '적응'을 잘하고 있는 것일까? 적응아 중에는 "자신의 목적의식 없이, 또는 자신의 행위와 다른 행위의 관련성을 볼 수 없는 상태에서, 외부적 명령에 의해서 또는 남의 말을 듣고 행동"하는 데 익숙한 경우들이 있다(DE, 142). 별다른 생각 없이 반복적이고 자동적인 행동을 하면서 성적을 올리는 데에만 열심인 학생이라면, 그 학생의 학교환경에 대한 적응은 수동적이고 기계적인 적응이지 능동적인 적응은 아니다.

학생이 아닌 교사의 예를 생각해 보자. 신규 교사의 사회화 과정도 환경에 대한 적응 과정으로 생각해 볼 수 있다(유일한, 이동성, 2019). 신규 교사는 처음 학교에 부임하여 낯선 지역의 학교 환경에 어떻게 적응해야 할지를 모른다. 이때 경험 많은 선임자 교사가 자신의 적응 방식을 노하우처럼 가르쳐 준다. 처음 단계에서는 그러한 적응 방식이 도움이 될 수 있다. 하지만 선임자의 적응 방식대로 따라서 오랫동안 행동하다 보면, 그것이 하나의 타성적 습관으로 굳어지기 쉽다. 그 방식만이 학교환경에서 적응하여 생존할 수 있는 유일한 방식이라고 믿게 되면, 자신만의 새로운 방식으로 선택하고 행동해 보려는 시도를 하지 않는다. 그것이 편하기 때문에 그 상태에 안주한다. 이것을 보통 '타성에 젖는다'고 표현한다. 화이트헤드는 진화의 관점에서 다음과 같이 말한다.

> 피로는 이성(reason)의 반(反)이다. 피로의 작용은 상향(upward trend)에 도달하려는 원초적 성격에 있어서의 이성의 패배를 구성하는 것이다. 피로란 새로움을 향한 충동을 제거시키는 작용을 의미한다. … 이제 거기에는 단순한 반복적 삶에로의 퇴행만 있게 된다(Whitehead, 1998: 98).

화이트헤드의 표현대로 한다면, 타성에 젖었다는 것은 "단순한 반복적 삶에로의 퇴행"이며, 새로움을 향한 충동, 상향으로 나아가고자 하는 이성의 기능이 약화되었다는 것을 뜻한다. 부패와 타락과 해체의 길로 서서히 들어서는 하향(downward trend)만이 남아 있다(도올 김용옥, 1998).

앞의 예는 일부 신규 교사의 예를 든 것일 뿐, 모든 교사가 하향의 길로 진입한다는 뜻은 결코 아니다. 오히려 그 반대이다. 혁신학교가 등장하면서 교사들의 교육혁신을 위한 노력이 더욱 가시화되고 있다. 예전의 교육방식에 안주하지 않고, 자발적으로, 창의적으로, 집단지성을 발휘하여 학교환경을 바꾸고, 수업방법을 개선하며, 집단적 의사결정방식을 바꾸는 교사들의 열정과 힘이 발휘되고 있다. 이것이 일시적인 것이 아니라 지속적인 현상이라면, 학교환경의 변화를 일으키는 교사들의 능동적인 적응의 힘을 보여 주는 것이다.

능동적 적응의 힘으로서의 습관 개념을 사회적 수준에 적용하여 생각해 보자. 해방 이후 냉전시대의 남북 대결구도 환경에 적응한 나머지, 시대가 달라졌음에도 물리적인 관성법칙처럼 냉전적 사고와 반응 패턴이 계속 집단적 의식을 끌어가는 현상이 일어난다. 오래된 몸의 습관처럼 굳어진 타성적인 의식과 사고 패턴에서 벗어나는 것은 극히 어렵다. 냉전시대의 사고습관은 냉전시대의 환경에 적응하여 생존하게 하던 습관이었지만, 이제는 우리가 그 습관을 가지고 있는 것이 아니라 그 습관이 "우리를 가지는 상태"에 있으며, "우리를 노예처럼 사로잡고 있는" 상태에 있다(DE, 103). 우리를 노예처럼 사로잡고 있는 습관은 고정된 패턴의 반응을 넘어서서 다양한 반응을 탄력적으로 보일 수 있는 능력이 고갈된 상태를 나타낸다. 마치 나이가 들면 몸이 딱딱하게 굳어지는 것처럼 마음도 굳어져서 새로운 자극과 발전을 추구하는 것을 싫어하고 자신이 오랫동안 가져온 사고방식에 집착하는 상태와 비슷하다. 듀이는 이렇게 말한다. "그 습관이 무엇을 이룩하고자 하는지를 우리가 의식하지 못하는 한, 그 결과의 가치에 대한 판단을 우리가 하지 않는 한, 우리는 그 습관을 통제한다고 말할 수 없다"(DE, 76).

냉전시대는 가고 국제환경은 달라졌지만, 변화된 환경에 적응하지 못하고, 구태의연하게 과거의 익숙하던 냉전적 의식과 반응, 행동의 패턴을 보이는 습관은 문화지체 현상과 비슷하다. 물론 그것이 이해될 수 없는 바는 아니다. 그들에게는 여전히 외부 환경은 변화된 것이 하나도 없다는 고정관념이 있으며, 그 외부 환경에서 생존할 수 있게 해 준다고 믿는 오래된 사고와 반응의 습관에서 벗어나기가 두렵기 때문이다. 그러나 그 습관이 우리의 공동체에서 궁극적으로 무엇을 이룩하고자 하는지, 그 결과의 가치가 무엇인지를 성찰하지 않으면, 그 습관에 의해 사로잡힌 상태에서 사고할 수밖에 없다.

사실 한반도에 사는 우리 모두에게 정도의 차이는 있지만, 대체적으로 그 습관은 어느 정도 조금씩은 남아 있기는 하다. 하지만 냉전적 대결구도에서 벗어나 화해와 협력, 평화가 정착된 한반도의 환경으로 바꾸고자 하는 행동, 이것은 단순히 진보적 가치를 추구하기 때문에 생겨나는 행동은 아니다. 냉엄한 외부 환경을 무시하고 천진난만하게 진보적 가치만을 주창하는 것은 위험천만한 행동일 수 있다. 한반도에 평화를 가져오기 위한 자발적이고 창조적인 사고와 행동, 새로운 반응의 패턴을 보이는 것은 단순히 진보적 가치를 실현하기 위한 것이 아니라, 달라진 새로운 환경에 능동적으로 적응하는 힘을 나타내는 것으로 이해되어야 한다. 그 적응하는 힘이 듀이가 말한 성장의 표현으로서의 습관이다.

능동적 습관이 성장의 표현임을 여러 가지 예를 들어 말해 보았지만, 그것이 가지는 교육적 의의를 충분히 말한 것은 아니다. 여기서는 습관을 수동적이고 고정된 것으로 보는 관점은 습관의 의미를 축소시키고 그것의 교육적 의의를 밝혀내는 데는 한계가 있다는 점을 말하려는 것이었다. 실제 습관에 대한 부정적 관념으로 인해 습관의 교육적 의의는 여전히 제대로 인식되지 못한 편이다(정지은, 강기수, 2016).

습관을 철학의 주요 개념으로 삼은 철학자로 듀이만 있는 것이 아니다. 프랑스 현상학자인 메를로-퐁티를 빼놓을 수 없다. 메를로-퐁티(Merleau-Ponty) 역시 습관을 그의 몸 현상학의 중요한 개념으로 사용하였다(Biesta & Burbules, 2003). 메를로-퐁티가 생각하는 습관이란 단순히 기계적이고 반복적인 행동, 자극과 반응의 인과관계로 이루어지는 행동이 아니다. 습관은 의미, 이해, 그리고 실천적 지식을 포함하며, 그것은 전 반성적, 무의식의 단계에서 나타나는 것이다(Biesta & Burbules, 2003). 메를로-퐁티의 습관에 대한 현상학적 관점은 이해하기 어려운 난점이 있으므로, 예를 들어 보는 것이 이해에 도움이 된다. 다음은 메를로-퐁티의 습관에 대한 관점에서 '배려' 습관을 어떻게 이해할 수 있는지를 잘 보여 주는 예이다.

> 우리의 몸은 배려의 습관적 활동을 아는가? 물론이다. 어떻게 위로할 것인지를 알고, 어떻게 기쁨을 공유해야 할 것인지를 아는 손이 있고, 열중해 있다는 것을 어떻게 표현해야 하는지를 아는 팔이 있다. 이들은 본능적 활동이 아니라 배려를 나타내는 학습된 (그리고 배우고 있는) 행동이다. … 배려 습관은 종종 많은 반성을 하지 않고도 수행되지만 그들에게 주의를 기울이는 것은 풍부한 도덕적 지식의 개념을 드러낸다. … 포옹은 몇 초 지속될 수 있으며 몇 마디 말이 우리 사이에 교환될 수 있지만 중요한 지식은 전달된다…. 나의 배려의 습관은 어떤 성향과 어조를 취할 뿐만 아니라 그 상황에 반응한다(Hamington, 2004: 57).

교사가 아이를 배려하고 있다면, 단지 언어로 배려하고 있는 것만은 아니다. 아이를 진심으로 위로할 줄 아는 손이 있다. 손뿐만 아니라 목소리, 얼굴 등 몸이 아이를 배려하고 있다는 것을 드러내고 있는 것이다. 이는 몸이 앎이나 이해가 없는 기계적인 작용이 아니라 온몸이 이미 배려하는 법을 터득하고 있다는 것을 보여주는 것이다. 배려가 무엇이라는 것을 아는 것은 몸의 습관이요, 배려를 어떻게 실천해야 하는지를 아는 것도 몸의 습관이다.

메를로-퐁티가 습관 개념을 자신의 몸의 현상학에서 중요한 개념으로 어떻게 사용했는가를 간략하게 살펴보았는데, 이 역시 교육적 함의가 풍부하다. 여기서 말하고자 하는 중요한 것은 듀이가 습관 개념을 중요한 교육적 개념으로 뽑아 든 것은 그만이 가지는 독특한 사상이라고 치부해 버리지 않고, 듀이와 메를로-퐁티 등이 제시한 습관 개념을 중요한 교육학적 개념으로 발전시키고 활용하는 것이 필요하다는 것이다. 특히 듀이는 성장이론에서 고정적이고 자동화된 습관의 개념을 벗어나, 습관을 새롭게 해석하여 그 가치를 확대함으로써 습관의 교육적 의미와 그 적용의 범위를 확대하였다는 평가를 받는다(정지은, 강기수, 2016). 뒤에서 습관의 교육적 의의에 대해 더 살펴보고자 한다.

03

집단따돌림 피해자 비난하기: 가해자 습관의 문제

학교폭력, 특히 집단따돌림은 학생들 사이에 빈번하게 일어나고 있다. 왜 따돌림이 일어나며 어떻게 방지할 수 있을까? 듀이의 습관 개념에서 어떤 신선한 통찰을 이끌어 낼 수 있을까?

학급 안에서 따돌림을 당하는 것은 따돌림 '당할 만한 짓'을 했기 때문이라는 인식이 팽배하다. 이는 '피해자 비난하기'임에도 사람들은 대체적으로 동조한다. 왜 그럴까? '왕따'를 당하는 학생이 가지고 있는 여러 가지 특징 중에 어떤 요인이 왕따를 가하는 학생에게 자극 요인이 될 수는 있다. 그런데 피해 학생의 태도가 '바람직하지 않다'고 판단하는 것과 그것이 왕따를 당할 만한 것이라고 주장하는 것은 완전히 차원이 다르다. 흔히 이 두 가지를 혼동한다. "너는 잘못했으니 맞아도 싸."라는 논리를 누가 받아들이겠는가. 아이가 잘못했다는 것과 때리는 것은 아무런 인과관계가 없다.

"우리가 너를 괴롭히는 것은 우리 탓이 아니라, 다 네 탓이야."

라고 주장하는 것은 피해자에게로 따돌림의 원인을 돌리는 것이다. 전형적인 '피해자 비난하기'이다. 그런데 가만히 생각해 보자. 사람에 따라 상대의 태도에 대해 보이는 반응은 다르다. 상호작용의 관계 속에서 어떤 반응을 보이는가는 그 사람의 '내재된 행동의 경향성'에 달려 있다. 그 내재된 행동의 경향성이 곧 습관이다.

행동주의 심리학의 관점에서는 상호작용을 자극과 반응의 연합으로 설명한다. 자극이 반응을 불러일으키며, 반응은 자극의 결과이다. 파블로프 실험처럼 특정한 반응(개의 침 흘림)과 관련이 전혀 없는 자극(종소리)이 일정한 과정을 통해서 특정한 반응을 불러일으킬 수 있다는 고전적 조건화이론도 자극–조건화된 반응의 관계를 설정한다.

듀이는 인간의 자극–반응의 상호작용을 행동주의 관점처럼 보지 않는다. 학생들이 어떤 반응을 보인다고 할 때는 그저 자극에 기계적으로 반응하는 것이 아니라 자극의 의미에 대해서 '응답'을 하는 것이다. 듀이의 관점과 행동주의 관점 양자 사이에 어떤 차이가 있는가? 교실에서 학생들 간에 수많은 형태의 상호작용이 일어난다. 학생들은 자극의 의미를 부여하고 그 결과로 응답을 하는 것이지, 자극 자체에 반사적으로 반응하는 것은 아니다. 이는 자극에 의미를 부여하는 인지적 · 지적 과정이 반드시 수반된다는 뜻이다. 행동주의에서는 인지적 · 지적 과정이 없는 것처럼 간주한다.

어떤 수련단체에서는 이런 훈련을 시킨다. 무더운 여름에 실내에서 에어컨을 꺼 놓고 참가자들에게 이렇게 묻는다. "덥습니까?" "네, 덥습니다." 이런 대답이 나오면, 다시 같은 질문을 던진다. 다른 대답이 나올 때까지. 거기서 기대하는 대답은 이것이다. "하나도 안 덥습니다." 날씨가 아무리 더워도 인간은 얼마든지 다른 반응을 보일 수 있다는 것으로, 예를 들어 "아유, 시원합니다!"라고 반응할 수 있다는 것이다. 이 훈련의 취지는 날씨뿐만 아니라 세상사의 모든 일에 짜증내지 않고, 더 여유로운 마음으로 긍정적인 반응을 보이도록 하는 데 있다. 그 수련단체에서 주장하는 것처럼 인간이 환경과 무관하게 초월적으로 반응할 수 있는 것은 아니지만, 그 취지 자체는 공감할 수 있다.

듀이의 관점은 인간은 단순히 환경의 자극에 대해 기계적으로 반응하는 것이 아니라 인간의 사고를 거친 지적인 응답을 한다는 점을 강조한다. 물론 때로 인간이 파블로프의 개처럼 조건반사적으로 반응을 하지 않는 것은 아니다. 조건반사적으로 반응할 때가 많고 그것을 부정하기는 어렵다. 집단따돌림도 기계적, 습관적으로 반응하는 형태이다. 그것은 지적인 사고와 반응을 할 수 있는 능력이 고갈된 상태를 나타낸다. 학교와 가정에서 아이들이 조건반사적 반응이 아니라 지적 응답을 할 수 있도록 교육하는 것이 필요하다. 이런 관점에서 보면, 교육의 역할은 능동적이고 지적인 응답을 할 수 있도록 지적·정서적 습관을 형성하도록 하는 것이어야 한다.

인간의 반응은 상당 부분 무의식 차원에서 이루어진다. 이 반응은 숙고된 사고가 아니라 '자동화된 사고(automatic thinking)' 형태에서 나오는 것이다. 듀이에 따르면, 인간에게는 어떤 자극에 대해 특정한 응답을 보이도록 하는 내적인 지적 성향이나 행동의 경향성이 이미 갖추어져 있다. 이것이 듀이가 말하는 '습관'이다. 다시 말해서, 어떤 반응이나 응답을 보이는 것은 자극 자체에서 나오는 것이 아니고 내적인 행동의 경향성인 습관에서 나온다. 상대방의 태도에 어떤 반응을 선택하는가는 학생의 습관에 달려 있다. 이것이 의미하는 바는 따돌림의 내적 원동력이 가해 학생 자신의 습관에서 나온다는 뜻이다.

SBS 다큐 〈학교의 눈물〉에서 보면 경기도의 어떤 혁신학교 사례가 나온다. 학교에서 설문조사를 해 보니 학교따돌림이 일어나고 있었다. 선생님들이 깜짝 놀라서 이 문제를 해결하기 위해서 학생 자치위원회를 소집했다. 그 학생회에서 실장, 부실장들이 따돌림을 어떻게 해결할 것인가에 대해 여러 이야기를 하는데 방송에서 주목하지 못하고 놓치고 있는 부분이 있었다. 학생들이 따돌림을 해결하는 방법은 주로 이것이었다. 즉, 따돌림을 받는 아이들이 태도를 바꾸면 해결이 된다는 것이었다. "따돌림 받을 만한 짓을 하니까 따돌림을 받고 있다."고 주장하며 따돌림 받을 만한 행동을 하지 않으면 해결된다고 말하는 것이었다. 학교에서 어떤 애들이 따돌림 받는가? 안 씻고 오는 애인가? 또는 이기적이거나 잘난척 하는 애인가? 바람직하지 않은 모습이나 태도라고 인정한다고 해도, 그것이 결코 따돌림 '당할 만한' 모습이라고 합리화할 수 있는 근거가 될 수 없다. 따돌림은 가해 학생들이 선택한 반응일 따름이다. 왜 다른 반응은 보일 수 없다고 생각하는가? 왕따 당하는 학생의 다른 긍정적인 면들은 보지 못하는가? 강점을 인정하면 약점은 점차 사라진다.

"그 아이는 따돌림 당할 만해."라는 의식의 저변에는 어떤 심리가 작동하는 것일까? 사회심리학 연구에 따르면, 사람들은 자신들이 살고 있는 사회가 '정의로운 사회'라고 암묵적으로 가정을 하고 있으며 모든 것이 사필귀정이라는 인식이 있다(Aronson et al., 2013). 사회에는 정의의 법칙이 작용하고 있으므로 집단따돌림이나 괴롭힘을 당하는 것은 그렇게 당할 만한 나쁜 특성을 가졌기 때문이며, 그런 특성을 가지고 있지 않다면 절대 따돌림이나 학교폭력을 당하지 않는다는 것이다. 그래서 학교폭력이 일어나도 강 건너 불구경하듯 방관한다. 자신은 그런 특성이 없기 때문에 절대 안전하다는 방어심리가 작동하고, 피해자 비난에 동조한다. 과연 그러한가? 이 세상은 정의로워서 무고한 사람은 아무런 억울한 일을 당하지 않고 안전하게 잘 살고 있으며, 온갖 못된 짓을 하는 악한 사람은 반드시 벌을 받는 그런 세상인가? 만약 그렇지 않다면 정의로운 세계라는 가정을 학교폭력 피해자에게 적용해서는 안 된다.

SBS 다큐 〈학교의 눈물〉에서 보았듯이, 흔히 학생들은 따돌림이 나타나게 된 원인이 따돌림을 받은 학생의 어떤 특징적인 요소에 있다고 인식한다. 즉, 피해 학생의 태도가 따돌림이라는 반응을 유발하는 원인이 된 것이라고 학생들은 해석하고 있는 것이다. 피해 학생의 태도와 따돌림과의 관계를 인과관계로 해석하고 있는 것이다. 따돌림 해결에 있어 이 점은 매우 중요하기 때문에 조금 더 깊이 생각해 볼 필요가 있다. 따돌림 관계를 듀이의 관점에서 보면 그림이 달라진다. 예를 들어, 이기적인 행동을 해서 따돌림을 당한다고 간주되는 학생에 대해서 생각해 보자. ① 따돌림을 당하는 학생의 한두 가지 특징적 요소에만 주목하고, 그것을 자극으로 받아들인다. 그리고 그 자극의 의미를 해석하는데, 이 경우 '이기적 행동'이라고 인식한다. ② 그 행동이 환경 탓으로 귀인되기보다는 그 학생의 내재적 특성으로 귀인된다. 여기서 귀인오류가 발생할 수 있다. ③ 그리고 그 행동에 대해 보일 수 있는 많은 반응 중 '따돌림'이라는 특정한 습관화된 반응을 보인다. 학교폭력은 ③단계에서 발생한다. 이기적이라고 인식된 학생에 대해서는 어떻게 반응해야 하는지를 지시해 주는 습관이 이미 작용하고 있는 것이다. 습관화된 행동경향성이 내재되어 있지 않으면 그렇게 따돌림의 반응이 당연하다는 듯이 나오지 않는다. 여기서 든 사례는 흔히 평범한 학생들이 일으키는 따돌림의 유형을 제시한 것뿐이다. 약한 아이라고 함부로 놀리고 괴롭히는 난폭한 학교폭력은 수도 없이 많다. 초등학생들 간에 흔히 일어나는 학교폭력에서는 상대 학생의 태도를 자신에게 적대적인 것으로 오인하는 적대적 귀인이 폭력의 원인으로 작용하는 경우도 있다(박은숙, 2016).

듀이의 관점에서 보면, 따돌림은 자극(원인)–반응(결과) 식으로 나타나는 것이 아니라 가해 학생의 습관 속에서 자동적으로 작동되고 있는 것이다. 다시 말해, 따돌림은 가해 학생의 습관화된 행동의 경향성에서 발생하는 것이다. 피해 학생에게 설령 바람직하지 못한 특성이 있다고 해도 모든 학생이 따돌림의 반응을 보이는 것은 아니다. 그러한 반응의 방식을 친구나 선배, 이 사회 속에서 보고 학습하지 않았다면, 결코 따돌림이라는 특정 반응을 보이지는 않는다.

학교폭력의 사례에서 보듯이 습관화된 행동의 경향성은 수동적으로 나타나는 것이 아니라는 것이다. 듀이에 따르면, "그 습관을 행사하는 데에 알맞은 조건을 적극적으로 선택하고 추구하는 것이다"(DE, 102). 듀이는 이렇게 말한다. "습관은 '위대한 유산'을 받은 미코버처럼, 자극이 나타낼 때까지 기다렸다가 그 후에야 행동을 개시하는 것이 아니라, 완전 가동할 기회를 적극적으로 추구한다. 습관이 발휘될 기회가 부당하게 저지되면, 행동경향성은 불안과 강렬한 욕구의 형태로 표현된다"(DE, 102). 이것은 무슨 뜻일까? 이 습관의 작용을 외부에서 방해하면 불만으로 나타나고 심리적으로 불안한 상태가 된다. 따돌리려는 행동의 경향성이 이미 내재되어 있다면, 그 행동의 경향성에 따라서 그것을 발현할 수 있는 상대 학생을 끊임없이 적극적으로 찾아 나선다는 것이다. 가만히 있다가 반응할 기회가 오니까 '너라는 애는 따돌림을 당해 봐야 해' 하고 반응하는 것이 아니다.

요컨대, 왕따를 당하는 아이의 특성, 그것이 따돌림 반응의 원인이었고 반응은 그것의 결과라고 해석하는 것은 잘못된 것이다. 이런 잘못된 인식은 학생들뿐만 아니라 어른들 속에도 있다. 비에스타와 버블스(Biesta & Burbules, 2003)의 『프라그마티즘과 교육연구』에는 이와 관련해서 생각해 볼 만한 내용이 있다. 원인-결과라는 짝을 보면, 결과가 왜 이렇게 일어났는가를 해석하면서 귀인시킨 것이 원인이 되는 것이다. 따돌림의 사례에 적용시켜 보자면, 따돌림 반응 행동이 이미 일어난 사후에, "그 애가 이랬으니까 우리가 따돌린 거예요."라고 주장하는 것은 그 사건의 앞뒤 순서를 바꾸어서 짜 맞춘 결과이다.

듀이의 습관 개념과 비슷하게 프랑스 사회학자 부르디외(P. Bourdieu)의 '아비투스(habitus)' 개념에 맞춰서 집단따돌림 문제를 바라보면 어떻게 될까? 아비투스는 체화된 성향으로 듀이의 능동적 습관의 개념과 비슷하다(Bourdieu & Wacquant, 1992). 아비투스는 기계적이고 자동적인 컴퓨터 프로그램처럼 작동하지만 스스로의 오류를 수정할 수 있는 프로그램이다.

부르디외의 관점에서 해석해 보면, 가해 학생들은 피해 학생의 많은 특성 중에서 한두 가지 특성에 유독 민감하게 반응한다. 나머지 특성은 관심 밖이다. 가해 학생들에게는 대상의 특성을 분류하는 체화된 정신적 도식이 컴퓨터 프로그램처럼 작용하고 있다. 피해 학생의 개개인성을 무시하고, 한두 가지 관찰된 특성에 따라 피해 학생을 어떤 범주(예: '찐따')로 분류하며, 그 특성을 하나의 사회적 기호로 이해하고 반응한다. 기호라는 말이 어렵게 들릴 수 있는데, 예를 들어 '뚱뚱하다'는 것은 그저 비만하다는 신체적인 특징을 말하는 것이 아니라, 하나의 사회적 '기호'이며, 보통 '게으르다'는 의미로 해석된다.

> 다시 말해서, 관찰된 측면에 대한 관심은 그 측면을 관찰함으로써 얻어지는 이익으로부터 완전히 무관할 수는 없다. 이러한 점은 명확하게 낙인찍힌 하나의 특징을 축으로 하여 세워진 모든 분류 속에서 분명히 보이는데, 이러한 분류들은 가령 동성애와 이성애 간의 일상적 대립에서와 같이 관심의 대상이 되는 특성을 그 이외의 모든 것으로부터 분리하고, 그렇게 함으로써 후자를 관심의 값어치 없는 것, 차별화되지 않은 애매한 영역으로 남겨 둔다. 이와 똑같은 일이 다음과 같은 귀속판단에서 더욱 분명히 나타난다. … 어떤 개인 또는 집단의 사회적 정체성을 구성하는 여러 특징들 중의 어느 하나 외에는 인지하지 않으려는 판단('너는 ~에 불과할 뿐이야')이라고 할 수 있다(Bourdieu, 1996: 776).

예를 들어, 흔히 출신 대학과 직업에 따라 사람을 차별하고, 학교에서는 성적에 따라 학생들을 차별하기도 한다. 이 경우, 어떤 특성만으로 그 사람의 모든 것을 인식하려 하며, 다른 인간적 특성은 인지하려 하지 않는다. 그것은 관심의 대상이 아니기 때문이다. 이렇게 사람을 특정한 특성에 따라 분류하고 평가하는 사회적 도식이 내면에서 작용하고 있는 것이다. 이와 같이 사회적 정체성을 구성하는 여러 특징(출신 대학, 계급 등)들 중의 어느 하나 이외에는 인지하지 않으려는 판단이 사회의 장 속에서 작용하는 것처럼, 학교의 장에서도 학생의 다양한 특성 중 어느 하나 이외에는 인지하지 않으려는 판단이 학생집단 속에서 작용한다.

왜 왕따 당하는 학생의 많은 특성 중 한두 가지 특성만 관찰하고, 그것에 의해 그 학생의 모든 것을 규정하려 드는 것일까? 가해학생의 이해 관심이 오로지 그 특성에만 있으며, 그런 특성을 관찰함으로써 얻게 되는 '이익'이 있다는 것이다. 여기서 이익이란 상징적 이익을 의미한다. 나는 저런 애들('찐따')하고는 '클래스가 달라.'라고 구별짓기하는 것일 수 있다. 이처럼 아이의 다른 특성들을 관찰하거나 인지하지 않으려는 그들만의 분류투쟁 의식이 깔려 있을지 모른다. 자신의 여러 특성에 비추어 자신의 현재 모습을 돋보이게 하기에 적합한 분류체계를 타인에게 적용하는 것일 수 있다. 그 분류체계는 가정과 사회 속에서 아이들이 자라면서 보고 들으며 사회화된 것이다.

집단따돌림이나 괴롭힘은 학교 안에서만 일어나는 폭력이 아니라 직장 속에서도 비일비재하게 일어나는 폭력이다. 집단괴롭힘은 예전에도 있었을지 모르지만, 요즘처럼 심각한 현상으로 나타나지는 않았다. 한국사회가 경제적으로 양극화되면서, 약자에 대한 '갑질'이 일상적으로 일어나고 있으며, 출신 대학과 정규직 여부 등에 따라 사람을 분류하고, 당연한 것처럼 차별하는 일이 다반사로 일어난다. 이 사회적 현상 역시 일종의 분류투쟁의 형태를 띤다. 학교에서 일어나는 왕따 문제를 '무서운 10대'의 탓으로만 돌리지 말고, 우리 사회가 어떠한가를 반성적으로 돌아봐야 한다. 우리 사회 속에서 자라나는 아이들은 어른들의 삶의 세계를 거울처럼 반영한다.

04

학생의 행동경향성을 고려하는 지도

미디어를 통해 '무서운 10대'의 잔혹한 학교폭력을 접하게 되면, 무관용의 원칙에 입각하여 일벌백계해야 한다고 사람들은 생각하게 된다. 세상 무서운 줄 모르고 철없이 날뛰는 아이들에게 관용을 베풀면 그런 폭력을 해도 된다는 신호를 줄 수 있다는 주장도 틀린 것만은 아니다. 명백한 잘못에 대해 무작정 용서해 주는 것이 관용일 수 없다. 문제는 무관용 정책이 '소 잃고 외양간 고치기'일 뿐, 왜 학교폭력이 일어나는지 그 원인에 대해서는 도외시한다는 것이다. 예를 들어, 오랫동안 학교폭력의 피해자였던 아이가 어느 순간 가해자가 되는 일들이 왜 일어나는지를 모르게 되면, 근본적인 해결책을 내놓을 수 없게 된다(서근원, 문경숙, 2016).

학교폭력은 사회적 통제가 약해지면서 생기는 것이라고 주장하는 관점이 있다. 이 관점에서는 사회적 통제가 느슨하면 느슨할수록 폭력적 충동이 더 강하게 밀고 올라오게 되고 밖으로 분출될 가능성이 높다고 본다. 따라서 폭력적 충동을 강하게 눌러야 폭력을 막을 수 있다는 것이다. 일탈이론 중에 '사회통제이론'이라는 것이 있는데, 이 이론의 관점이 바로 그러하다(김천기, 2003). 사회통제이론의 인간관에 따르면, 모든 인간은 잘못된 행동을 할 가능성을 잠재적으로 다 가지고 있다. 듀이는 이 이론의 문제에 대해 이렇게 지적하고 있다.

> 우리는 흔히 '통제'라는 말과 연관되어 있는 한 가지 위험한 생각을 경계하지 않으면 안 된다. 개인의 타고난 경향은 순전히 개인적 또는 이기적이며 따라서 반사회적인 것이라는 가정을 공공연하게 표방하거나 무의식적으로 깔고 있는 경우를 보게 되는데, 이때 통제는 개인의 이 타고난 충동을 공적인 또는 공동의 목적에 복종시키는 과정으로 필요하다고 생각하게 된다(DE, 67).

이런 가정을 하게 되면 폭력에 대한 대처방법으로 어떤 방법을 생각하게 될까? 모든 사람이 죄를 범할 가능성이 있으므로 항상 통제의 수위를 높여야 된다. '원죄의 힘'이 뚜껑을 열고 밖으로 나오지 못하도록 뚜껑을 위에서 강하게 내리누르는 작용이 있어야 한다. 이것이 사회통제이론에서 주장하는 핵심이다. 왜 이 아이는 문제를 일으키고 저 아이는 문제를 일으키지 않는가라고 묻는다면 그 대답은 간단하다. 문제가 없는 아이는 본래가 착해서가 아니라 똑같은 범죄적인 자질성은 있는데 이 아이에게는 사회통제력이 더 강하게 작용하고 있는 것이고, 저쪽의 문제아는 사회통제력이 제대로 작용하지 못하기 때문이라는 것이다.

사회통제이론에 따라 학생을 지도한다면 어떻게 하게 되는가?

학생들의 잘못된 행동이 밖으로 튀어나오지 않도록 강하게 내리눌러야 한다. 학교 규율을 엄격하게 해야 하지, 학생들을 느슨하게 대하면 안 된다는 것이다. 이 통제의 한 수단으로 학교에서 가장 오랫동안 사용한 것이 체벌이었다. 하지만 지금은 체벌이 전면 금지되어 있어 교사들이 예전처럼 학생들에게 신체에 고통을 가하는 체벌을 할 수 없다.[4] 체벌 사용을 금지하는 교육청의 학생인권정책 때문에 불만을 가지는 보수적인 사람들이 있다. 그중에 일부 교사도 있다. "학교폭력이 왜 이렇게 많이 일어나고 있지?" 그들이 하는 말은 이것이다. "체벌을 못하게 하니까 이렇게 학교폭력이 생긴다." 일부 언론은 이런 비슷한 기사를 쓰기도 한다.[5]

학생들이 못된 짓을 하면 때려서라도 가르쳐야 한다는 생각을 하게 되는 것은 어쩌면 자연스러울지 모른다. 그냥 모른 척하고 지나치는 것보다는 훨씬 교육적이라고 생각되기도 한다. 90년대 이전만 해도 자신의 감정을 못 이겨서 몽둥이로 때리거나 '빰싸대기' 때리는 것을 아무렇지도 않게 생각하는 교사도 있었다. 그들은 자신의 체벌을 '교육적'이라고 변호하였다. 어떤 의미에서 '교육적'인가? 교육적이란 의미를 깊이 생각해 보지 않는 경우들이 허다했다. 지금 50대 이후 어른들이 학교 다닐 때에는 체벌이 일상적으로 따라다녔다. 성적이 낮다고 때리고, 수업료를 제때 안 낸다고 때리고, 떠든다고 때리고 맨손바닥과 손등, 바지를 걷어 올린 장딴지는 교사의 체벌용 대나무뿌리로 수난을 겪어야 했다. 선배가 규율을 잡는다고 때리는 것이 등굣길 학교 정문의 일상적인 풍경이었다. 엎드려뻗쳐 해서 군대에서 때리듯이 엉덩이가 멍이 들도록 가혹하게 때렸다. 그것은 아이를 교육하고자 하는 회초리가 아니라 가혹행위였다. 그런 시절을 그리워하는 어른들이 여전히 있기는 하다.

체벌이 '교육적'이라는 말은 어떤 의미일까 생각해 보자. 대개 처벌을 해야 한다고 생각하는 사람들은 체벌하면 나쁜 행동이 즉각적으로 없어질 것이라고 믿는다. 매에 장사 없다는 말도 있다. 체벌에는 그런 효과가 있다는 것이다. "안 때리면 말을 안 들어, 때려야 말을 들어." "조선 놈은 때려야 말을 들어." 그런 자기 비하적인 말을 1970~1980년대까지는 흔하게 들을 수 있었다. 일제 강점기 때 일본인들이 사용했던 말을 자신은 조선 사람이 아닌 듯 똑같이 쓰는 사람들이 있었다. 그것도 선생님이 사용했다. 하지만 이렇게 때린다고 해서 아이들이 달라지는 것일까? 물론 아예 선생님에게 길들여진 아이들도 생겨날 수 있고, 교사 앞에서 보이는 아이들의 행동이 달라져 보일 수 있다. 하지만 아이의 마음속은 어떤 상태인지 알 길이 없다.

예전에 체벌을 옹호하는 교사들은 이런 이야기를 하곤 했다. "때려서 지도를 했더니 나중에 졸업하고 찾아오더라." 꼭 단골 메뉴처럼 나오는 말이다. 감사한 마음을 전하기 위해 찾아온다는 것이다. 그런데 찾아오지 않는 학생은 계산에 넣지 않는다. 99퍼센트는 계산 안 하고 1퍼센트만 계산한다. 그러면 99퍼센트도 감사한 마음들인데 다 바빠서 못 온다고 생각을 하는 것일까? 체벌 효과를 주장하는 근거로 찾아오는 졸업생 얘기를 하는데 그것은 근거가 못된다.

많은 졸업생들은 자신이 직접 체벌을 받지는 않았다 해도 가혹하게 체벌하던 교사에 대해 그다지 좋은 인상을 갖지 못한다. 체벌을 받았던 졸업생 중에는 마음의 상처를 받았던 기억을 말하기도 한다. 그리고 체벌도 체벌이지만 일부 교사들이 사용하는 언어폭력도 아이들의 마음에 깊은 상처를 준다. 지금은 체벌이 전면 금지되어 있지만 학생들의 인격을 무시하고 수치심을 주는 언어폭력은 교단에서 여전히 일어나고 있다. "너의 집에서 그렇게 가르치니?" "네 머리 가지고 공부할 수 있겠니?" 같은 말은 학생들에게 수치심을 불러일으킨다(오동선, 2018).

학교에서 체벌이 완전히 없어지지 않는 것은 체벌이 효과가 있다고 여전히 믿기 때문이다. 물론 드물게 체벌 효과가 있는 아이가 있다. 그 아이는 어떤 아이일까? 말 그대로 '사랑의 매'를 때리는 선생님의 마음을 충분히 이해하고 받아들였기 때문이다. 교사가 원하는 행동의 변화가 자신이 원하는 것이기도 했기 때문에 교사가 바라는 행동의 변화에 자진해서 참여한 것이다. 듀이는 그것을 '능동적인 행동의 경향성'이라고 표현한다. 능동적인 행동의 경향성은 아이들에게 체화된 습관이다. 듀이는 이렇게 말한다. "엄밀한 의미에서 보면, 아이들 위에 또는 아이들 속에 강제적인 영향을 발휘할 수 있는 것은 아무것도 없다. 이 사실을 간과하는 것은 곧 인간의 본성을 왜곡하고 전도하는 것이다"(DE, 70). 아이들이 보이는 진심 어린 반응은 그들 안에 내재된 '능동적 행동의 경향성'에서 비롯되는 것이지, 강압적 통제에 의해 나오는 것은 아니다.

아이들에게 능동적인 행동의 경향성이란 것이 아예 존재하지 않으며, 그것은 이론적인 개념일 뿐이고, 현실에는 맞지 않는 것이라고 주장할 수도 있다. 아이들이 교사의 말을 잘 듣는 것은 오로지 외부적인 통제를 통해서 강압적으로 행동을 교정한 효과라고 생각할지 모른다. 물론 즉각적 효과가 있을 수도 있다. 그래서 "역시 때리니까 되는구나. 역시 때려야 돼."라고 자신의 신념을 강화시키게 된다. 그런데 이런 관점이 간과하고 있는 것은 그로 인해서 아이가 행동의 균형감각을 잃게 되는 결과를 가져온다는 점이다. 이것은 무슨 뜻인가? 교사가 무섭게 때리면 학생은 자신이 하고 싶었던 행동을 드러내 놓고 하지 못한다. 하지만 교활하게 벌을 피하는 본능이 발달하고, 체벌을 피하여 살살 빠져나가는 방법을 궁리하게 된다. 또한 더 나쁜 짓을 하게 하는 유혹에 쉽게 빠지기도 한다. 때리면 금방 뭔가 바뀌는 것 같지만 그 뒤부터는 교사가 안 보이는 데서는 뭔가 아이들의 행동이 달라진다. 다른 사람의 행동을 지도하는 위치에 있는 사람은 자신의 지도를 받는 사람이 그 후 어떻게 되어 가는가를 간과하는 위험이 있다(DE, 71).

외부적 통제를 통해서 행동을 교정하는 것이 과연 교육의 효과인가에 대해 생각해 보자. 최근 상벌점제가 체벌을 대신하여 사용되고 있다. 일부 교사들에게 상벌점제는 학생의 일탈을 막고 학생의 행동 변화를 이끌어 낼 수 있는 효과적인 수단으로 인식되고 있다. 서울시 교육청이 상벌점제를 폐지하기로 한 방침을 두고서 일선 학교 안팎에서 거센 논란이 일어났다.[6] 반대 입장에서는 상벌점제를 없애면 학생 일탈을 막을 수단이 없어지고 교권이 약화된다는 주장을 한다. 찬성 입장에서는 교사의 지도 편의보다 인권존중이 상위가치이며, 학생을 길들이기 위한 무기로 상벌점제를 휘두르는 교사들도 있다는 것이다.

체벌을 포함한 외부적 통제의 방법을 통해서 아이의 행동이 변화되는 효과가 없는 것은 아니다. 하지만 그 결과를 가지고 "아, 봐라, 이런 효과가 있잖아. 역시 강제성이 있어야 아이들은 말을 들어." 이렇게 주장을 하는 교사가 있다면, 그 교사는 '물리적 효과'와 '교육적 효과'를 혼동하고 있는 것이다. 듀이는 물리적 효과와 교육적 효과를 구분한다. 이런 개념의 구분은 아이들을 지도하는 데 유용하다. 교사가 사태를 정확히 이해할 수 있게 한다. 아이의 행동이 변화되었다면 그것이 진짜 자발적인 내적 변화인지, 단지 가시적인 물리적 변화인지를 구분할 수 있어야 한다. 물리적 자극을 주니 물리적인 반응을 보이는 것일 수 있다. '소나기는 피하자'는 식으로 교사가 싫어하는 행동을 잠시 안 하는 것이다. 교사가 싫어하는 행동을 했던 학생이 이제 교사가 좋아하는 행동으로 바뀌었다고 해서 그것이 교육적 효과라고 단정할 수 없다. 그것은 그저 물리적 변화이지, 교육적 변화가 아닐 가능성이 높다. 교사 앞에서 학생이 가식적인 행위를 하고 있을지 모른다. 체벌이든 상벌점제든 그것이 효과가 있다고 했을 때 그 효과가 물리적 효과인지, 교육적 효과인지를 구분할 필요가 있다. 학부모도 마찬가지로 자녀를 지도할 때 이 점을 염두에 두어야 한다.

'물리적인 것'과 '교육적인 것' 혹은 '지적인 것'을 구분하는 한 예로 듀이가 무엇을 들었는지를 보자. 길거리에 가다가 돌부리에 발이 걸려 넘어졌다. "아이, 짜증나." 하면서 돌을 발로 차서 다른 데로 날려 보내 버렸다. 돌의 위치가 변했다. 그것은 물리적 변화이다. 그런데 그런 반응과는 달리 돌부리에 걸린 사람이 "어? 돌멩이가 튀어나와 있네!" 하며 그 돌멩이를 손으로 치웠다. 다른 사람들이 돌부리에 걸려 넘어질까 봐 염려가 되어서였다. 돌부리가 걸어 다니는 사람에게 주는 의미를 생각한 것이기에 이것은 지적인 반응이다. 돌부리라는 자극에 대해 처음 보인 반응은 물리적인 반응이며, 두 번째 반응은 지적인 사고 작용이 있는 반응이다. 교육에서 중요한 것은 학생들의 사려 깊은 지적인 반응을 어떻게 이끌어 내는가 하는 것이다.

학생지도의 방법으로 강제적인 통제가 필요하다고 여전히 생각하고 있다면, 그것은 아이의 본성이 교사의 지도에 협조하는 것이 아니라 반대하는 것이라고 가정하고 있기 때문이다. 학생지도뿐만 아니라 독재체제의 통치방식도 동일한 사고방식에 기초한다. 즉, 강압적인 통제가 아니면 국민들을 다스릴 수 없다는 사고방식이다. 강압적인 학생지도가 독재체제하에서 당연한 것으로 받아들여졌던 것은 강압적인 학생지도와 독재체제의 통치의 저변에 깔린 사고방식이 이렇듯 똑같았기 때문이었다. 지금도 여전히 강압적인 학생지도를 선호하는 사람들이 있는데, 그들의 사고방식은 독재체제를 선호하는 사고방식과 그 근본에 있어서는 동일하다.

그러나 본인의 의지에 반하는 외부의 강압적인 통제는 '부메랑 효과'를 가져온다(Aronson et al., 2013). 자유의 억압은 반발심을 불러일으키기 마련이다. 그리고 아이들은 이기적이고 반사회적인 충동을 나타내는 것만은 아니다. 오히려 아이들은 공동생활에 대한 관심이 크고 집단 참여적 성향이 강하다(DE, 68). 공동생활을 통해서 아이들의 성향이 협력적이고 친사회적인 것으로 형성된다. 이기적이고 반사회적인 충동은 본성에서 나오는 것이 아니라 오히려 경쟁과 차별이 심한 사회생활의 참여 가운데서 생기는 것이라고 봐야 한다. 아이들은 사회 속에서 보고 들으며 학습한다. 아이들은 "공동의 집단적 상황에서 사물이 어떤 용도로 사용되는가"(DE, 80), 즉 "목적을 달성하기 위하여 수단을 활용하는 방식"을 배우고 습득하게 된다. 그 과정에서 아이들의 마음이 사회화된다. 여기서 '사물'은 물리적 사물을 뜻하는 것이 아니라 집단적 상황에서 인간관계 등을 포함한다.

그러면 어떻게 해야 하는가? 학생을 지도하는 방법으로 행동을 강압적으로 통제하는 수단을 사용하거나, 아니면 아예 모른 척 무관심해 버리는 것, 양극단의 두 가지 방법만 있는 것은 아니다. 학생의 잘못된 태도나 행동에 대해 어떤 반응을 선택하는가는 교사의 몫이다. 교사들이 상담에 많은 관심을 보이는 것도 공감과 지지라는 더 나은 교육적인 반응을 배우기 위한 것이 아닐까.

학생지도에서 무엇보다 중요한 것은 아이 속에 강제적인 영향을 발휘할 수 있다는 그릇된 믿음에서 벗어나는 것이다. 아이들에게 강제적인 영향을 줄 수 있는 것은 아무것도 없다. 오로지 아이들이 자신들의 능동적인 행동의 경향성에 따라 교사의 지도 방향에 자진해서 참여할 때 아이들에게 영향을 줄 수 있을 따름이다(DE, 70). 통제의 효과에 대한 그릇된 믿음을 버리고 난 이후에야 강압적인 통제가 아닌 다른 어떤 방법으로 학생을 지도해야 좋을지를 비로소 고민하게 된다.

아이들의 공동생활에 대한 관심과 집단 참여적 성향을 활용하는 것도 한 방법이다. 아이들의 내적인 성향은 사회적인 것이다. 듀이는 이렇게 말하고 있다. "사람들이 하는 활동에 들어와서 협동적인 공동활동에 참여하는 데에도 관심을 가지고 있다. … 그렇지 않다면 공동체라는 것이 성립할 수 없을 것이다”(DE, 68). 아이들은 집단적 상황에 참여하는 것을 좋아하며 서로 ‘상대방의 행동에 맞추는 호혜적 관심’을 가지고 있다는 것을 고려해야 한다. 흔히 말하는 모방행동도 바로 여기서 생기는 것이며, 모방이라는 행동도 사실은 자신이 교섭하는 의미 있는 타자들의 무의식적 승인과 확인이 작용한 결과이다(DE).

공동의 집단적 상황에서 사물이 어떤 용도로 사용되는가를 아이들이 배우고 습득하는 사회화된 마음이 있음을 염두에 둔다면, 가정과 학교, 지역사회의 집단적 상황에서 아이들이 타자들과 상호작용하는 가운데 무엇을 모방하게 되는지를 무관심하게 흘려보내서는 안 된다. 또한 그 모방 과정에 의미 있는 타자(부모, 교사, 또래집단 등)들이 무의식적인 승인과 거부를 통해 어떻게 영향을 주는지를 성찰해야 한다.

05

평균의 함정: 개별성의 존중

이제 주제를 바꾸어서 학생들의 능력 차이에 대해서 생각해 보자. 현대사회는 능력주의사회이다. 아이의 모든 것이 능력에 따라서 평가되고 인정받는 세상이다. 오늘날 더욱 중요시되는 것은 창의성이다. 그런데 사람들이 가지는 기본적인 가정이 있다. '개인 간에는 엄연한 능력(또는 창의성)의 우열이 있다'는 것이다. 이것이 오늘날 '개인차'라는 용어가 쓰이는 의미이다. 그런데 듀이는 이와는 다른 견해를 표명한다. '개인차'라는 용어는 아이들마다 나타내는 독창성이 각기 다름을 가리키는 말이다.

> 독창성이 어렵다고 생각되는 것은 우리가 미신의 몽마에 시달리고 있기 때문이다. 다시 말하면, 우리는 일반적인 '마음(능력)'이라는 것이 있고 또 모든 사람에게 동일한 지적 방법이 있다는 그릇된 생각을 가지고 있는 것이다. 그리고 우리는 개개인의 차이는 개개인이 가지고 있는 마음(능력)의 '양적 차이'에 있

다고 생각한다. 이런 생각을 하기 때문에 보통 사람은 어디까지나 보통 사람이며 독창성은 특출한 사람만이 가질 수 있다는 생각을 하게 된다. 그리고 평균 학생과 천재의 차이는 평균 학생에게 독창성이 결핍된 정도에 의하여 가늠된다. 그러나 이와 같이 일반적인 마음(능력)이 있다는 생각은 허구이다(DE, 274).

듀이의 생각과는 달리 어떤 교사들은, 사람에게는 일반적인 능력이라는 것이 있으며 사람에 따라 각기 다른 능력의 양이 정해져 있다고 믿는다. 그리고 모든 학생에게 똑같이 적용될 수 있는 동일한 교과공부의 지적 방법과 평가방법이 있다고 믿는다. 이런 믿음을 뒷받침해 주는 일군의 심리학자들이 있었다. 심리학자들 가운데 특히 고다드(H. Goddard), 터먼(L. Terman), 손다이크(E. Thorndike)는 개인의 능력차 개념을 발전시키는 데 중요한 역할을 하였다. 이들은 일반 대중은 지적으로 열등하고, 엘리트 집단은 지적으로 우월하다는 신념을 가지고 있었다. 고다드는 "7억 또는 8억 5천만이나 되는 대중들이 만사를 자기들의 손에 쥔다는 것은 심히 우려해야 될 일이다."라고 걱정하면서 '우수한 지능'을 가진 '400만 명'이 일반 대중을 지도해야 한다고 주장하였다(Karier, Violas, & Spring, 1975). 손다이크 역시 이러한 신념을 가지고 있었고, 카네기재단의 지원을 받아 개인차(능력차)에 관한 연구를 지속적으로 수행하였다. 개인차에 관한 과학적 연구를 통해 개인의 능력의 특성을 밝혀 줄 수 있으며, 사회개혁의 원리를 제공해 줄 수 있다고 믿었다.

토드 로즈(T. Rose)는 그의 저서 『평균의 종말』에서 손다이크의 개인차 신념에 대해 다음과 같이 말하고 있다.

> 손다이크는 교육시스템의 모든 측면이 평균을 중심으로 표준화돼야 한다는 점에 동의했으나 그 이유는 테일러주의자들의 신념에서 더 나아갔다. 즉, 평균 중심의 표준화가 표준화된 결과를 보장해 주기 때문만이 아니라 학생 각자의 평균편차를 측정하기가 더 쉬워지고 그에 따라 누가 우등생이고 누가 열등생인지를 가리기 더 쉬워지기 때문이기도 했다(Rose, 2018: 88).

손다이크는 평균 중심으로 능력의 우월성과 열등함을 구분하여 학생을 등급화하는 시스템을 만들 수 있는 이론을 제공하였다. 영재가 '영재'가 된 이유는 다른 모든 학생과 똑같은 표준화된 시험을 치르지만 더 뛰어난 점수를 얻어 평균치에서 벗어나기 때문이다(Rose, 2018). 영재가 되려면 표준화된 시험 결과에 의해 규정되는 능력이 아니라, 그것과 상관없이 개개인의 능력이 독창적이어야 한다는 듀이의 생각과는 달랐다. 손다이크의 이론에 따라 당시 영재는 평균치의 기준에 의해 판별되었으며, 그것은 지금도 크게 달라지지 않았다. 그는 나아가 쓰기, 산술, 영어 이해력, 읽기 등의 표준화시험을 개발하는 데 기여하였고, 표준화시험들은 미국 전역의 학교에서 채택되었다(Rose, 2018).

평균중심의 표준화, 등급화는 단순히 옛날 미국 이야기라고 치부될지 모르지만, 그렇지 않다. 100여 년 전 손다이크의 개인차 개념은 여전히 우리나라의 수능시험을 포함한 모든 학력평가와 영재 선발의 근간이 되어 있다. 또한 성적의 평균치를 기준으로 학생을 분류하고 그에 따라 차등적으로 교육시키는 것이 교육평등이라는 신념은 미국 교육자들뿐만 아니라 한국의 교육자들의 신념에도 그대로 이어지고 있다. 토드 로즈는 다음과 같이 21세기 교육시스템을 진단한다.

> 현재의 21세기 교육시스템은 손다이크가 의도했던 그대로 운영되고 있다. 우리 아이들은 초등학교 저학년 때부터 평균적 학생에 맞추어 설계된 표준화 교육을 커리큘럼상의 수행력에 따라 분류돼 평균을 넘어서는 학생들에게는 상과 기회가 베풀어지고 뒤처지는 학생들에게는 제약과 멸시가 가해진다. … 지난 세기 동안 우리의 교육시스템은 기름칠이 잘 돼 있는 테일러주의 기계처럼 잘 돌아가도록 개선돼 오면서 애초 구상에서의 설계 목표를 위해 가능한 한방울까지 효율성을 모조리 짜내 왔다. 그 결과가 바로 학생들을 사회에서 적절한 위치에 배정시키기 위한 효율적 등급화였다(Rose, 2018: 91-92).

21세기에 20세기의 낡은 교육시스템으로 교육을 하고 있다는 비판을 하는 사람들도 있지만, 정작 대학수학능력평가(수능)와 같은 20세기의 낡은 평가방식은 그대로 고수하는 경우가 많다. 교육의 표준화 및 등급화는 노동 현장의 '테일러주의'에 부응하고 있고, 현재의 교육체제의 강력한 기반이 되어 있으며, 그 누구도 여기서 벗어나기 어렵다. 교육의 획일성은 여기서 비롯된다. 아이들의 개성이 중요하다고 말은 하면서도 아이들을 표준화된 시험에 맞추어 교육시키려 한다. 아이들은 표준화된 시험에 적응해야 하며, 예외 없이 다른 모든 아이와 똑같은 시험을 봐야 하며, 다른 아이들의 평균치보다 더 뛰어나야 된다. 혁신학교를 추진하는 전라북도 교육청에서는 '참학력'을 주장하고 있는데, 참학력이 평균주의적 사고에서 벗어나 개개인성에 대한 신념에 바탕을 두고 있는지는 불확실하다.

손다이크의 개인차 연구에 대해 비판적인 평가를 했던 막스(Marks, 1980)에 따르면, 개인의 능력차는 단순히 개인의 특성을 기술하는 개념이라기보다는 당시의 특정한 사회적 맥락(산업체제의 테일러주의) 속에서 만들어진 산물로, 사회계급질서를 정당화하고 나아가 자본주의를 정당화하는 이데올로기적 기능을 하였다. 따라서 개인의 지적 능력의 특성에 초점을 둘 것이 아니라 개인차를 정의하는 사람이 누구이며, 개인차는 어떻게 정의되며, 그 정의의 사회적 함의는 무엇인가를 밝히는 데 관심을 가져야 한다는 것이다.

오늘날 평균 중심의 개인차 개념에 입각한 수업방식의 대표적인 예가 수준별 수업이다. 마치 수준별 수업이 개인차 문제를 해결하는 처방처럼 실행되고 있다. 수준별 수업의 전제는 학생 개개인이 가진 지적 능력에 '양적인 차이'가 있다는 것이다. 교사들 역시 대체적으로 이러한 전제를 받아들인다. 교사들이 수업을 하면서 학생들이 가진 능력이 어느 정도인가에 관심을 가지고 있고 그 능력에 맞게 교육을 해야 한다는 생각을 한다. 틀린 생각이 아닌 듯하다. 하지만 듀이는 이러한 생각이 그릇되었음을 주장한다. "한 사람의 능력이 양적으로 다른 사람의 능력보다 많은가 적은가 하는 것은 교사의 관심사가 아니다. 그것은 교사가 하는 일과 하등 관련이 없다"(DE, 274). 이러한 듀이의 주장은 일반적인 상식을 뒤엎는다. 교사가 학생 개개인의 능력의 많고 적음에 관심을 가질 필요가 없다라니! 그렇다면 어떻게 학생들의 수준에 맞게 수업계획을 짤 수 있고, 수업을 진행할 수 있는가? 라는 비판이 나올 수 있다.

듀이의 주장의 핵심은 학생능력의 '양적 차이'에 초점을 맞추지 말라는 것이다. 이는 능력의 양적 차이를 고려한 수준별 교육이 필요하다는 주장에 맞서는 말이다. 학생을 평가하고 분류하는 기능을 하는 학교가 실제적으로 능력의 차이를 강조하는 이유는 다른 데 있다. 프랑스 사회학자 부르디외(Bourdieu)는 '학교적 분류'가 어떤 성격인지를 다음과 같이 표현하고 있다.

> 학교적 분류는 완곡어법화된 분류, 즉 '자연화되고 절대화된 사회적 분류'로서의 계급적 차이를 자연적 차이(지능의 차이, 천부적 재능의 차이)로 변화시키는 하나의 연금술, 하나의 검열을 거친 사회적 분류다. … 학교적 분류는 학문이라는 비준을 거쳐 합법화된 사회적 차별을 이루어 낸다. 바로 거기에 심리학의 역할이 있는 것이며, 심리학은 학교시스템을 강화하는 데 기여한다(Bourdieu, 1995).

그러면 어떻게 해야 하는가? 듀이는 교사들이 학생들의 능력의 차이에 초점을 두지 말고 다른 데 초점을 맞추어야 한다고 주장한다. "교사가 해야 할 일은 각각의 학생이 자신의 능력을 의미 있는 활동을 하는 데 사용할 기회를 갖도록" 하는 데 초점을 맞추어야 한다는 것이다(DE, 274). 능력의 많고 적음이 문제가 아니라 교사가 보기에 비록 적은 능력이라도 자신의 능력을 제대로 사용할 수 있도록 하는 것이 중요하다. 이를 위해 의미 있는 교육활동을 할 수 있는 기회를 제공하는 것이 필요하다는 것이다. 의미 있는 교육활동을 할 수 있도록 기회를 제공해 주지 못한다면 학생들이 아무리 잠재적 능력이 뛰어나다고 해도 그 잠재적 능력을 제대로 발휘하기 어렵다. 사실 잠재적 능력이 제대로 발휘되지 못한다면 그 학생에게 어느 정도 잠재적 능력이 내재하는지 알 길이 없다.

학생이 가진 잠재적 능력은 오로지 학생이 참여하는 교육활동을 통해서 드러날 뿐이다. 능력이란 특정한 사태에서 보이는 그 사람의 반응이나 행동을 떠나서 독립적으로 존재하는 것이 아니다(DE). 따라서 교사의 관심은 학생 개개인에게 '의미 있는 교육활동'을 제공하는 데 집중되어야 하며, 이를 통해 학생들이 자신의 고유한 능력을 제대로 발휘할 수 있도록 하는 것이 필요하다. 의미 있는 교육활동을 할 기회가 주어지게 되면, 평소 능력이 없다고 생각된 학생도 특정한 사태에서는 학생 스스로도 자각하지 못했던 경이로운 독창성을 발휘하기도 한다. 학생의 능력 '타령'은 그만하고, 교사가 수업 중 학생들에게 의미 있는 교육활동을 할 기회를 제대로 제공하는 데 집중해야 하며 이것이 학생들의 변화를 일으킬 수 있는 중요한 수업혁신이다.

혁신학교 모델로 인식되는 배움의 공동체 모델의 개발자인 사토마나부(2001a)가 수준별 수업 자체를 거부하는 이유 역시 수준별 수업이 개인차를 더 고착시키기 때문이다. 배움의 공동체에서 중시하는 '점프'는 아무리 낮은 수준의 아이라도 높은 수준으로 점프할 수 있도록 한다는 의미이다. '점프'는 이론적으로 비고츠키(L. Vygotsky)의 근접발달이론에 근거하고 있다. 이것은 학생의 능력과 수준에 초점을 맞춘 수업이 아니라 교사의 도움을 통해 단계적으로 학생들이 근접할 수 있는 수준의 범위와 정도를 중시하는 것이다(Sternberg, 2010).

능력에 대한 관점에서 손다이크의 주장이 옳고 듀이의 주장이 틀리다는 생각을 할 사람도 있을지 모르지만, 오늘날 뇌신경과학의 연구는 듀이의 관점이 옳다는 것을 증명해 보이고 있다. 로즈는 다음과 같이 말하고 있다.

> 내 이야기를 들으면서 내 경우는 (학업적 · 직업적 성공의) 특별한 사례라고 생각할지도 모르겠다. 하지만 그것이 바로 개개인성의 원칙을 아우르는 핵심이다. 우리는 모두가 특별한 경우이다. 일단 개개인성의 원칙들을 이해하면 당신의 삶에 통제력을 더욱 잘 발휘할 수 있다. 당신 스스로를 평균점수가 말해 주는 모습이 아닌, 있는 그대로의 모습으로 바라보게 되기 때문이다(Rose, 2018: 209).

능력에 대한 종래의 평균 중심적 인식에서 벗어나 학생의 개별성을 존중하는 교육으로 나아가는 것이 교육혁신의 중요한 과제이다. 배움의 공동체도 개별성 존중 교육에 바탕을 두어야 건실하게 성장할 수 있다.

Part

세상의 모든 아이를 위한 민주주의와 교육

02

교육은 사회적 과정이다

06

무의식적 성향 형성의 힘:
환경

사회적 환경이 자라나는 아이들에게 미치는 영향은 절대적이다. 사회적 환경은 행동의 습관을 형성하는 데 영향을 주며, 지적 · 정서적 성향을 형성하는 데도 영향을 준다. 기본적으로 인간은 환경과의 상호작용 속에서 존재한다는 명제로부터 환경에 대한 듀이의 이야기가 펼쳐진다. 아이가 성장하는 환경이 중요하다는 것은 모두가 알고 있으나 정작 부모들은 환경이 자녀들에게 어떻게 영향을 미치는지 잘 감지하지 못한다.

진화생물학에서는 진화 과정에서 유기체의 환경 적응을 중시하는데, 여기서는 '환경'이 인간의 성장에 얼마나 중요한가에 대해서만 생각해 보자. 예를 들어, 학교폭력이 아이들의 공감능력의 결여에서 비롯되는 것이라 여겨지면서 다양한 형태의 공감능력 증진 프로그램이 시행되고 있다. 하지만 공감능력 결여 현상을 영장류 학자의 관점에서 보면 달라진다. 영장류 학자이며 동물행동학자 프란스 드 발(Frans De Waal, 2017)은 본래 인간은 타인의 고통에 공감하는 능력을 본능 속에 가지고 있으며, 그러한 인간의 공감능력은 인류의 기원에 깊이 뿌리박혀 있다는 것을 밝히고 있다. 비단 인간뿐만 아니라 침팬지와 작은 생쥐 등도 공감능력을 본능 속에 가지고 있다. 그런데 학교폭력에 연루된 아이들은 공감능력이 결여되어 있는 것처럼 보이는 이유는 무엇일까? 프란스 드발의 관점에서 보면 아이들이 생활하는 환경이 공감능력을 무뎌지게 하기 때문이다(최재천, 2020. 1. 8.). 따라서 공감능력 프로그램이나 인성교육 프로그램을 시행하기에 앞서 아이들의 공감능력을 무뎌지게 하는 가정과 학교, 사회의 환경이 무엇인가를 살펴보는 것이 매우 중요하다. 듀이는 이렇게 말한다. "행동과 사고와 감정이 일어나는 장으로서의 환경"을 개선하라(DE, 62)!

최근의 뇌과학은 사람이 환경의 자극에 얼마나 민감하고, 그 영향을 받는지를 잘 보여 준다.

> 우리의 뇌는 끊임없이 환경에서 정보를 수집하여 행동을 조종하는 데 쓴다. 그러나 흔히 우리는 환경의 영향을 알아채지 못한다. 한 예로, 점화(priming)효과를 보자. 점화효과가 일어나면 한 대상이 다른 대상에 대한 지각에 영향을 미친다. 예컨대 당신이 따뜻한 음료가 담긴 컵을 들고 있다면 당신과 가족 사이의 관계를 더 우호적으로 서술할 것이다. 반대로 차가운 음료를 들고 있다면 그 관계에 대해서 약간 더 비관적인 견해를 밝힐 것이다. 왜 이런 일이 일어날까? 인간관계의 온기를 판단하는 뇌 메커니즘이 물리적 온기를 판단하는 메커니즘과 포개져서 후자가 전자에 영향을 미치기 때문이다(Eagleman, 2017: 125-126).

정말 그런 것일까? 어떻게 따뜻한 물을 들고 있느냐, 얼음물을 들고 있느냐에 따라 대상에 대한 인식이 달라지는 것일까? 어떻게 악취가 나는 환경 안에 있으면 더 엄하게 도덕적 결정을 내리는 것일까? 또 딱딱한 의자에 앉아 있으면 사업협상에서 더 강경한 태도를 취하게 되고, 부드러운 의자에 앉아 있으면 더 많이 양보하게 되는 것일까? 그것을 뇌과학에서는 한 대상이 다른 대상의 지각에 대한 영향을 미치는 '점화효과'라고 설명한다. 사회심리학에서 점화효과란 시간적으로 먼저 제시된 자극이 나중에 제시된 자극의 처리에 영향을 주는 현상을 말한다(Aronson et al., 2013).

환경은 규범 준수에도 영향을 주는데, 환경을 특정한 방식으로 조성함으로써 규범 준수의 효과를 높일 수 있다. 예를 들어, 공중화장실에서 남성들이 오줌을 쌀 때 오줌이 소변기 밖으로 떨어지게 해서는 안 된다는 규범을 어떻게 준수하도록 할 수 있는가? 과속해서는 안 된다는 교통법규는 어떻게 지키도록 할 수 있을까? 온갖 슬로건을 통해 규칙을 지키도록 유도하지만 별로 효과가 없다. 그렇다고 후진적인 의식 때문에 규칙을 준수하지 않는 것이라고 단정하는 것은 그 행동을 그 사람의 내적 특성으로 귀인하는 근본적 귀인오류를 범하는 것이다.

환경을 통제하거나 조성하는 것이 효과적이라는 것을 잘 보여주는 것이 행동경제학의 저서 『넛지』이다. 여기서 넛지(nudge)는 타인의 선택을 유도하는 부드러운 개입이라는 의미이다(강준만, 2019). 공중화장실 소변기에 파리 그림을 붙여 놓으면 조준을 더 잘하도록 남성을 부추기는 효과가 난다. S자 커브가 많은 사고다발 지역에서 과속하지 않도록 하는 방법은 무엇일까? 커브 시작

지점부터 가로로 흰색 선을 그리면 된다. 선과 선 간격이 급커브 길에 가까워질수록 좁아지게 표시되면, 속도감은 그만큼 커지게 된다. 이런 환경 조성은 질주본능에 무의식적으로 제동을 걸 수 밖에 없게끔 만든다(강준만, 2016). 이것은 캘리포니아주에서 실제 효과를 본 방법이다.

이런 예들은 규범을 준수해야 한다고 강요하거나 설득하기보다는 환경을 통제하거나 새롭게 조성하는 것이 중요하다는 것을 보여 준다. 어떻게 환경의 통제나 조성이 그러한 효과를 가져오는 것일까? 뇌과학적 관점에서 말하면, 새로운 환경의 조성은 '뇌의 무의식적 연결망들'을 살짝 건드리는 자극을 준다. 뇌의 무의식적 연결망을 살짝 건드려 줌으로써 규범 준수 효과가 나타난다.

넛지에 따르면, 노골적으로 강요하는 것보다 무의식적 뇌를 부드럽게 인도할 때 우리의 결정에 훨씬 더 큰 영향을 미칠 수 있다(강준만, 2016). 아이들 교육에서도 부모의 생각, 교사의 생각을 노골적으로 강요하게 되면, 아이들은 자신의 자유를 억압하는 것으로 인식하여 '부메랑 효과'가 나타난다. 무의식적 뇌를 부드럽게 인도할 방법을 찾아보는 것이 부모나 교사인 우리가 해야 할 일이다. 『더 브레인』과 『넛지』에서 보여 주듯이 환경이 중요하다면, 학교는 아이들을 위해 어떤 환경을 조성해 주느냐에 관심을 기울여야 한다.

인간은 자신이 환경에 얼마나 민감하게 반응하며, 그것이 인간의 의사결정에도 무의식적 수준에서 영향을 미친다는 점을 인지한다면, 사소하게 들렸던 듀이의 다음 말이 새로운 의미로 다가올 것이다. "성인이 미성숙한 사람들의 교육을 통제하는 유일한 방

법은 그들의 행동과 사고와 감정이 일어나는 장으로서의 환경을 통제하는 데에 있다는 것이다."(DE, 62)

이렇듯 듀이는 '환경에 의한 간접적인 지도'를 중시한다. 여기서 '환경'이란 어떤 의미인가를 생각해 보자. 『넛지』에서 주장하는 것은 환경이 성향과 습관의 형성에 깊은 영향을 준다는 차원과는 다르다. 『넛지』는 성향과 습관의 형성 차원보다는 환경의 조정에 따라 한순간 사안에 대한 판단을 달라지게 하기도 하고, 규범 준수 효과를 만들어 낼 수 있다는 것을 보여 주는 것이다. 그 점에서 듀이와 차이가 있다. 물론 환경의 조정이 고정되어 있으면, 지속적인 규범 준수의 효과가 나타날 수 있으며, 그것이 무의식적 성향과 습관 형성에 영향을 줄 수 있을지는 모른다.

듀이는 사회적 환경이 아이의 정신적 성향과 행동의 습관 형성에 중요한 영향을 미친다는 점에 주목한다.

> 성향의 대체적인 결은 학교교육과 관계없이 그러한 사회적 영향에 의하여 형성된다. 의식적, 의도적인 교육이 할 수 있는 일은 기껏해야 그렇게 형성된 능력을 자유롭게 신장시켜 더 충분히 발휘될 수 있도록 하는 것과 몇 군데 조잡한 부분을 잘 가다듬는 것, 그리고 그 능력을 행사함으로써 더 큰 의미가 창출될 수 있도록 적절한 대상을 제공하는 것뿐이다(DE, 60).

정신적 성향과 행동의 습관 형성에서 특히 가정환경의 영향은 깊고 미묘하여 다 알기 어렵다. 가정환경은 아이들의 깊은 무의식에 영향을 주기 때문이다. 듀이는 아이들의 언어와 예절과 취향을 예로 든다. 학교에서 이루어지는 것은 의식적이고 의도적인 교육이지만 가정에서 이루어진 교육은 무의식적인 과정이다. 언어, 예절, 취향은 가정환경 속에서 완전히 습관처럼 스며들어 있는 하나의 성향이다.

듀이가 중요하게 생각하는 것은 습관적 성향이 심미적인 가치판단의 표준을 형성한다는 것이다. 학교에서 가르치는 가치판단의 표준은 순전히 상징적인 것에 그치며, 인습적이고 언어적인 수준에 머문다는 것이다. 듀이는 다음과 같이 말하고 있다.

> 가령 한 개인이 음악에서는 인습적으로 이러이러한 특징이 높이 평가되고 있다는 것을 배웠다고 하자. 그리하여 고전 음악에 관하여 꽤 정확한 대화를 할 수 있게 되었다고 하자. 그리고 나아가서는 그러한 특징이 자신의 음악적 표준이 되었다고 진심으로 믿기조차 한다고 하자. 그러나 만약 자신의 과거 경험에서 그에게 가장 익숙했던 것, 그리고 그가 가장 즐겼던 것이 뽕짝노래였다면, 그에게 실제로 작용하는 가치판단의 척도는 뽕짝 수준이라고 보아야 한다. … 습관적 성향이 이후의 음악적 경험에서 가치판단을 할 때 그가 실제로 사용하는 '규범'을 형성해 준다 (DE, 354).

사람의 말투, 예절, 취향은 어렸을 적 가정에서 배운 습관에서 나온다. 우리는 사람들이 사용하는 언어와 말투에서, 예절과 취향에서 그 사람의 인격, 품격을 느끼기도 한다. 말투가 험하고 거칠며 예의가 없는 아이를 보면 가정에서 제대로 못 배운 아이라는 생각을 하는 것이 일반적이다. 우리는 어떤 형태의 언어, 예절, 취향이 품격 있는지를 지속적으로 판단하고 있으며, 그러한 판단 속에는 사회적 표준이 내재되어 있다.

교육사회학자들은 듀이가 제기하지 않았던 다음과 같은 질문을 던진다. 어떤 가정에서 배운 말투, 예절, 취향이 사회적 표준이 되는가? 그 사회적 표준은 어떤 사회집단으로 편향된 표준인가, 아니면 보편적인 표준인가? 번스타인(B. Bernstein)과 부르디외(P. Bourdieu)는 언어, 예절, 취향 등이 사회계급과 연관되어 있다고 주장한다.

영국의 교육사회학자인 번스타인은 아이들이 사용하는 어법이 가정에서 자라면서 형성된 것이며, 가정의 사회계급배경과 연관되어 있음을 주장한다. 일반적으로 영국의 경우 노동계급은 말투, 발음과 억양에서 중간계급이나 상류계급과 다르다고 알려져 있다. 영화 〈빌리 엘리어트〉에서 소년 빌리의 아버지는 발레학교 오디션에 아들과 참석했는데, 아버지는 뭔가를 말하고 싶어 하면서도 하지 못한다. 탄광촌 노동자로 살아온 자신의 한마디가 오디션의 결과에 악영향을 미칠까 봐 걱정이 되었기 때문이다. 자신의 어투, 발음, 억양으로 예술가집단이 자신의 출신계급을 바로 알아차릴 것이 두려웠던 것이다.

번스타인(Bernstein, 1986)이 출신계급에 따라 언어를 사용하는 방식이 다르다는 현실에 주목한 이유를 우리는 쉽게 이해할 수 있다. 번스타인 연구의 독특한 점은 단순히 말투, 발음, 억양에 주목한 것이 아니라 어법의 차이에 주목했다는 사실이다. 번스타인에 따르면, 다양한 출신배경의 어린이들은 사회화 과정을 통해 사용하는 어법이 달라지는데, 이것이 이들의 학업성취에 영향을 미친다.

예를 들어, 중간계급 출신의 아이는 듣는 이가 문맥을 알 수 있도록 정교하게 완성된 문장을 사용하는 '정교한 어법'에 익숙하다. 따라서 노동계급 출신의 아이들보다 공식적인 교육과정이 요구하는 상황에 훨씬 더 잘 적응할 수 있다. 노동계급 출신의 아이들은 듣는 이가 문맥을 알 수 없는 상태에서 자신이 하고 싶은 말만 짧게 하는 '제한적 어법'을 사용한다. 대개 교사들은 노동계급 아이들의 언어능력이 떨어지고 이들이 사용하는 어법이 문화적으로 열등한 어법이라고 간주한다. 그러나 번스타인은 이들이 사용하는 언어방식이 중간계급의 학업문화와 상충하기 때문에 열등하게 느껴진다고 주장한다. 번스타인의 문제의식에는 공감이 되지만 그렇다고 중간계급 중심의 학업문화를 탓하기보다는 노동계급 아이들도 정교한 어법을 쓰도록 가르쳐야 한다는 주장이 제기될 수 있다. 그러나 자신이 익숙한 어법을 사용하지 않는 것은 말처럼 쉽지 않다. 아이들이 사용하는 제한된 어법을 이해하고 존중하되, 학교에서 가르치는 어법도 익히도록 하는 것이 한 방법이 될 수 있다.

사람에 따라서는 노동계급출신이거나 농촌출신이지만 자신이 어렸을 적 가졌던 말투, 발음, 억양, 어법을 버리지 않고 자신의 가치 있는 문화자본으로 만들기도 한다. 시대적 배경은 다르지만 링컨의 자서전에서도 그것을 발견할 수 있다. "링컨은 켄터키와 인디애나에서 아버지, 행크스 소년들, 그의 의붓형제들이 말하는 것을 보면서 이야기하기의 요령을 익혔다. … 그 자신이 '촌놈'이었던 링컨은 어딜 가든 농촌의 음성, 리듬, 매너를 유지했다. 그의 이미지는 농촌생활의 현실에 뿌리내린 것이었다."(Shenk, 2009: 201)

프랑스 사회학자인 부르디외는 사회계급집단들의 취향의 형성에 대해 가장 심도 있게 분석하였다. 취향은 가정에서 자라면서 무의식적으로 습득하게 된 미학적 성향이다. 사회집단을 부르주아 계급, 중간계급, 노동계급으로 분류했을 때, 부르주아가 갖는 취향과 노동자가 갖는 취향이 다르다. 예를 들어, 좋아하는 예술작품에 대한 취향이 다르다. 부르주아지의 취향은 '순수 취향'이며, 노동계급의 취향은 '대중적 취향' 또는 부르주아지에 의해 '야만적 취향'이라 불린다. 일상생활의 소비에서 보이는 계급 간의 취향 역시 다르다. 부르주아지의 취향은 '사치 취향'이며, 노동계급의 취향은 생활상의 필요에 구속된 '필요 취향'으로 확연히 구분된다.

> (미학적 성향은 생활의) 절박성에서 상대적으로 해방된 생활조건에서만 형성될 수 있다. (생활의) 필요성에 대한 종속은 형식상의 탐구와 모든 형태의 예술을 위한 예술이 지닌 무상함과 무의미를 거부하면서 민중계급 사람들로 하여금 실용주의적이고 기능주의적인 '미학'에 경도되게 하는데, 필요성에의 종속은 일상생활의 모든 선택의 원리이다(Bourdieu, 2006: 627-628).

먹고사는 일이 절박한 생활조건에서 사람들은 미적인 측면보다는 실용적이고 기능적인 측면을 중시한다. 예를 들어, 백화점에서 고가의 브랜드 옷이나 가방을 사는 것을 괴로워하고, 저렴하고 실용적인 옷을 사면서 돈을 아끼는 것을 즐거움으로 삼는다. 어렸을 적에 가난하게 자란 사람은 돈이 많아도 자신을 위해 쉽게 쓰지 못하는데, 그것이 자신의 습관적 성향, 곧 아비투스(habitus)가 되었기 때문이다.

미학적 취향은 학교교육에 의해 후천적으로 형성될 수 있는가? 듀이는 의식적인 교육에 의하여 길러진 취향은 결코 자발적이지도 않고 개인의 성품으로 뿌리박힐 수도 없다고 말한다. 학교에서 배우는 것으로는 취향이 만들어지기가 어렵다. 사람들이 가지고 있는 취향은 특정한 계급적인 배경의 가정에서 무의식적으로 형성되는 것이기 때문에 뿌리 깊게 들어간다. 학교에서 의식적으로 가르쳐 주는 것은 개인의 성향에 뿌리박힐 수가 없으며, 단지 순수 취향을 높이 우러러보도록 교육받게 된다는 것이다. 학교에서는 고상한 취향이 가장 보편적인 취향인 것처럼 가르치는데, 그것은 대중적 취향을 가진 계급집단의 아이들로서는 자연스럽게 받아들일 수 없는 억지 표준이다. 고상한 취향, 고급스러운 취향이라는 표준에 자신의 취향을 맞추게 한다면, 그것은 '억지춘향'이 된다는 뜻이다.

듀이는 다음과 같이 말하고 있다.

> 환경의 영향에 비하여 의식적인 교육은 다른 사람들이 생각하는 내용을 한 손 걸러 간접적으로 전해 주는 것 이외의 아무것도 할 수 없다. 의식적인 교육에 의하여 길러진 취향은 결코 자발적이거나 개인의 성품에 뿌리박힌 것이 될 수 없으며, 그 개인이 우러러보도록 교육받은, 위대한 사람들이 생각할 만한 내용

> 을 애써 생각해 내도록 하는 억지 표준을 안겨 줄 뿐이다. 가치 판단의 심층표준은 한 개인이 습관적으로 젖어 있는 사태에 의하여 형성된다(DE, 61).

그렇다면 학교라는 곳은 어떤 곳인가? 학교는 가정환경에서 형성된 심층적인 성향과 습관, 판단기준에 영향을 줄 수 없는가? 듀이는 학교란 사회구성원의 지적, 도덕적인 성향에 영향을 주려는 명백한 목적을 가지고 구성된 환경의 전형적인 보기라고 생각한다. 듀이는 학교의 세 가지 기능을 말한다. 첫째, 학교에서는 복잡한 문제를 토막으로 만들어서 조금씩 순차적으로 전달한다. 둘째, 기존 환경 중의 무가치한 특성들은 제거해서 정신적 습관에 영향을 주지 못하도록 한다. 셋째, 사회환경의 여러 요소들 사이에 균형을 유지하고, 가족과 지역사회 환경의 제약에서 벗어나 보다 넓은 환경과 삶과 접촉을 가질 수 있도록 한다. 학교는 각각의 개인이 속한 사회적 환경의 다양한 영향을 개인의 성향 속에서 조정하는 기능을 가지고 있다. 가정에서 형성된 성향들, 규범들이 존재하며 따라서 이것을 조정하는 역할을 해 줄 사회적 기관이 필요한데, 그 기관이 학교라는 것이다. 공감이 되는 말이긴 하지만 듀이 자신이 앞서 말했듯이 학교가 그런 역할을 어느 정도 할 수 있을지는 의문이다. 아이들에게 미치는 영향력이 학교에 비해 가정과 지역사회의 환경이 너무 크기 때문이다.

학교에 대한 듀이의 생각은 이상적인 것으로 학교의 모습이 그렇게 되어야 한다는 것이지 현실의 학교가 그렇다는 뜻은 아니다. 학교는 사회 · 가정환경의 유해한 특성들을 제거해서 아이들의 정신적 습관에 영향을 주지 못하게 하는가? 또한 사회환경의 여러 요소들 사이에 균형을 유지하고 태어난 가정과 지역사회환경의 제약에서 벗어나 보다 넓은 환경과 접촉하도록 하는가? 현실은 그렇지 않다고 답한다. 가난한 아이들이 마주하는 불리한 가정의 조건들은 어릴 적부터 시작되어 계속 이어지다가 학교에 들어가면 학교생활에 큰 영향을 미친다(Putnum, 2017). 게다가 미국의 경우 빈곤율이 높은 학교와 빈곤율이 낮은 학교 사이의 학습환경이 다르다. 빈곤율이 높은 학교는 교실 분위기가 무질서하고 위험하며 교사의 사기는 떨어져 있고 협동정신과 리더십, 사회성을 함양할 수 있는 학습환경을 갖추고 있지 못하다.

한국은 어떠한가? 학교가 아이들의 지적·도덕적 성향에 긍정적인 영향을 주는 곳이어야 한다는 생각을 가진 사람들이 얼마나 될까? 아이들의 지적·도덕적 성향을 함양하는 것보다는 교과 성적을 올리는 것이 학교의 책임으로 여겨지다 보니 성적으로 학생의 모든 것을 평가한다. 성적에 따라 학생들을 차별하고 우수학생에게는 온갖 형태의 특혜를 제공한다. 입시교육체제에서 그러한 차별은 당연한 듯이 일어나지만 그러한 차별이 아이들의 지적·도덕적 성향에 어떤 영향을 주는지는 관심 밖이다.

이상적인 학교의 모습에 대한 듀이의 견해는 두 가지를 전제하고 있다. (1) 학교는 무의식적인 성향과 습관의 형성에 영향을 줄 수 있다는 전제이다. 이 전제는 앞서 듀이가 말한 바와 다소 상충된다. 듀이는 학교의 의식적인 교육으로는 가정에서 형성된 심층적인 표준을 개선하는 데 그다지 영향을 주지 못한다고 말했기 때문이다. (2) 학교가 가정에서 형성된 성향과 취향에 대해 계급적 편향성을 보이지 않고 중립자적인 위치에 있다는 전제이다. 하지만 학교는 중상류계급의 성향과 취향을 아이들에게 가르쳐야 할 표준으로 삼고, 그것을 강화하며 노동계급의 성향과 습관을 고쳐야 할 대상으로 삼는다는 비판도 있다. 학교가 계급적으로 중립적인 역할을 하는지 또는 편향적인 역할을 하는지는 큰 논쟁거리이다. 학교가 사회계급의 문화, 성향과 취향에 대해 중립적인 위치를 취한다는 말은 이상적인 얘기지 현실은 아니라는 것이다. 그렇다면 학교가 어떻게 아이들의 성향과 취향에 대해 계급적 편향성을 극복하고 듀이가 제시하는 바와 같이 중립자적 역할을 할 수 있을 것인가? 그것은 우리 사회와 교육이 풀어야 할 과제이다.

상당수 혁신학교에서 받아들이고 있는 배움의 공동체는 듀이의 이상에 부합하는 것일까? 배움의 공동체는 학교환경을 어떻게 바꾸고 있는가? 학교환경은 지적 · 도덕적 성향과 습관의 개선에 영향을 주고 있는가? 아이들의 지적 · 도덕적 · 미학적 성향을 형성함에 있어 계급적 편향성을 극복하고 있는가? 전통적인 가치관, 전통적인 교과지식, 전통적인 교수법과 훈육의 방법을 어떻게 바꾸고 있는가? 배움의 공동체는 아이들이 자신의 사회집단의 제약을 벗어나서 넓은 환경과 접촉할 수 있도록 새로운 학교환경을 조성하고 있는가? 혁신학교에서 관심을 기울여야 할 질문이다.

07

학생부종합전형의 잠재력 평가: 발현설의 오류

자아와 환경은 서로 분리되어 있지 않다. 서로를 변화시키는 교변작용 속에서 자아요, 환경이지, 자아와 환경이 분리된 상태하에서의 자아요, 환경은 아니다. 이것이 듀이의 독특한 관점이다. 듀이에 따르면, 자아와 환경은 편의상 분리하여 사용하는 용어일 뿐 실제상으로 환경에서 분리하여 존재하는 자아란 성립되지 않는다. 교변작용의 예로 피아니스트와 피아노의 관계를 생각해 보자. 일반 사람이 보기에 피아노는 하나의 사물이지만 피아니스트에게 있어서 피아노는 단순히 하나의 사물이나 외부환경이 아니며 피아니스트의 분신이다. 그 사람이 연주하는 활동 속에서는 피아노가 하는 일, 연주가가 하는 일의 구분이 안 된다. 피아노와 연주자는 떼어서 생각할 수 없다. 피아노 연주자에게 피아노가 없다면 피아노 연주자라는 이름 자체도 성립될 수 없다.

개인이 발휘하는 어떤 능력과 환경이 하는 일은 구분이 되지 않는다. 환경은 이미 개인의 부분으로, 능력 속으로 스며들어 왔다.

> 환경은 생명체의 특징적인 활동을 조장하거나 저해하는, 또는 자극하거나 금지하는 조건을 뜻한다. … 삶이란 단순히 수동적 생존이 아니라, 능동적 활동의 방식을 뜻하며 바로 그 사실 때문에 환경이라든지 분위기라는 것은 그 활동을 지속시키거나 좌절시키는 조건으로서 그 활동 속에 들어오는 요소를 가리킨다(DE, 53).

우리는 자신에게 주어진 환경의 혜택을 엄청 받으면서도 우리 안에서 힘, 능력으로 작용해 주는 환경 자체를 의식하지 못할 때가 많다. 환경이 자신의 삶에 역경으로 작용할 때에야 환경이 어떠한가를 의식하게 된다. 환경이 자신의 능력을 촉진하는 방향으로 작용할 때는 그것을 당연하게 받아들이기 때문에 그 혜택을 별로 못 느낀다. 자기의 능력을 과대하게 평가하고 자신의 능력이 이 모든 것을 이루어 준 것처럼 착각하게 된다. 그리하여 자신의 성공이 오로지 능력과 노력에 의해 이루어졌다고 믿는다. 그런데 과연 그러한가? 프랭크(Frank, 2018)는 『실력과 노력으로 성공했다는 당신에게』에서 다음과 같이 말하고 있다.

> 사회에서 가장 커다란 경제적 승리를 누가 차지할지 결정하는 경쟁은 언제나 엄청난 수의 경쟁자를 불러 모은다. 대부분은 아니라 하더라도 많은 경쟁자가 상당한 재능과 열정의 소유자다. 하지만 엄청난 행운까지 따라 주지 않는다면 사실상 승자가 되기는 어렵다(Frank, 2018: 125).

행운이란 무엇인가? 단순히 운수 좋은 것만을 말하는 것은 아니다. 좋은 환경에서 성장한다는 것 자체가 행운이다. 가정과 사회가 주는 혜택도 행운이다. 자신이 원하는 대학에 갈 수 있는 준비를 할 수 있게 해 주는 유복한 가정에서 태어났다는 것도 행운이다. 오로지 자신의 능력과 노력으로 명문대학에 들어갔다고 믿는 것과 가정의 지원과 혜택, 많은 행운을 통해 자신이 성공했다고 믿는 것은 인생관과 타자에 대한 태도에서 큰 차이가 있다. 자신의 능력과 노력으로만 성공했다고 믿는 사람들은 자신의 삶에 대해 감사함이 없으며 타자보다 뛰어나다는 우월감과 자기과시에 사로잡히기 쉽다. 가난한 사람들에 대해서는 그들이 능력도 없고 노력도 하지 않은 것이라고 무시하고 그들에 대한 복지도 반대한다. 가정과 사회의 온갖 행운을 누리는 사람들이 공정하고 정의로운 사회 실현을 내세우면서 촛불집회를 한다면 이들이 신봉하는 '공정성'은 무엇일까?

미국사회에서 과거에 가난한 가정의 아이들이 가정이나 공동체의 지원을 통해 보이지 않게 많은 혜택을 받았지만, 오늘날은 그러한 지원을 받지 못한다(Putnum, 2017). 과거 모든 배경 출신의 아이들은 공립학교 교육과 공동체의 지원을 받았고, 이들 중 많은 사람이 사다리 위로 오를 수 있었다. 하지만 지금은 공적 기관과 사적 지원 기관들이 더 이상 가난한 아이들에게 예전만큼의 지원을 해 주지 않는다. 사회학자 퍼트넘(Putnum, 2017)은 이렇게 말하고 있다.

> 나는 열심히 노력했고 그 결과 포트클린턴의 평범한 배경을

> 딛고 출세할 수 있었다고 생각했다. 상당 시간 동안 내가 간과했던 것은 내가 지닌 행운의 상당 부분이 공동체적이며 평등주의적이었던 시대의 가정과 공동체, 그리고 공공 기관 덕분이었다는 사실이다. 나와 반 친구들이 사다리를 오를 수 있었다면, 오늘날 평범한 배경의 아이들 역시 그렇게 할 수 있다고 생각했다. 그런데 이 연구를 마치면서 나는 그렇지 않을 수도 있다는, 그렇게 하지 못할 수밖에 없다는 점을 인식하게 됐다(Putnum, 2017: 331).

교육이 계층상승의 사다리가 되어야 한다고 주장하면서도 정작 가난한 가정의 아이들도 사다리를 오를 수 있는 평등주의적이고 공동체적인 환경을 조성해 주는 일에는 소극적이거나 부정적이다. 학교 간의 경쟁을 유도하고 국가수준학업성취도 평가를 통해 학교교육의 책무성을 강조한다고 해서 '학력향상중점학교'[7]의 저소득층 아이들의 성적이 향상되며, '계층 사다리'를 올라갈 수 있는 가능성이 높아지는 것은 아니다(임순일, 2012).

사실 부유한 가정의 아이들에게 가정과 지역사회 환경만 행운은 아니다. 능력도 천부적으로 주어졌다는 점에서 행운이며, '능력'의 발현은 환경의 영향을 받는다는 점에서 능력이 발현될 수 있는 조건하에서 성장하는 것 또한 행운이다. 능력이라는 것은 흔히 개인의 고유한 정신적인 특성으로 환경과 독립적으로 존재하는 실재로 인식되고 있다. 능력이 사용되는 대상, 사물과의 상호작용 상태가 없어도 능력이 대상, 사물과 독립하여 따로 존재한다고 생각되고 있는 것이다.

능력은 환경과 독립적으로 인간 안에 내재되어 있는 실재라고 인식하는 오래된 이론이 발현설이다. 발현설은 인간 안에 내재된 잠재능력이 고정된 목표를 향해 발현되고 전개되는 것으로 보는 교육관이다(박철홍, 1993). 발현설에 따르면 잠재능력은 태어날 때 이미 결정되어 있고 고정불변이다. 이 발현설은 인간의 잠재능력이 오로지 환경과의 교변작용 속에서 나타나며 교변작용에 의해 변화되는 것임을 도외시한다(DE).

환경과 자아의 교변작용의 관점에서 잠재능력과 환경의 관계를 규정하는 것은 다분히 철학적이고 관념적으로 느껴질 수 있다. 그래서 실제적으로 교육을 논함에 있어서는 교변작용의 개념이 별다른 소용이 없어 보인다. 교육철학에서 논의되는 내용을 보면 교변작용은 대단히 관념적이고 추상적으로 다루어진다. 우리는 우리의 삶과 교육현실 속에서 구체적으로 생각해 보지 않으면 환경과 개인 간의 교변작용 개념은 그저 추상적이고 철학적인 개념으로 기억되고 말뿐이다. 하지만 대학입학전형에 적용해서 생각해 보면, 교변작용은 매우 중요한 의미를 지닌다.

학생부종합전형(구 '입학사정관전형')이 실시되면서부터 잠재능력이 매우 중시되고 있다. 하지만 전형요소로서 잠재능력에 대한 이론적 근거가 확실하지 않으며 그저 상식적인 선에서 규정되고 있다. 성적이라는 외형적 산출로는 아직 다 드러나지 않았지만 개인의 내부에 내재된 잠재능력이 있다고 전제되어 있다. 그리고 이 전제하에서 아직 발현되지 않았을 뿐인 그 잠재능력을 발견해 주자는 것이 학생부종합전형의 취지이다.

학생부종합전형에서는 학생들의 가정과 학교 환경을 어떤 의미로 어떻게 받아들일까? 입시경쟁의 공정성에서 가장 큰 논란의 대상이 되는 것은 가정환경이 좋은 아이와 좋지 않는 아이 간에 생겨나는 격차이다. 가정환경이 좋은 아이들은 어렸을 적부터 자신의 학습능력을 계발하는 데 가정의 문화적 영향을 받았을 뿐만 아니라 고액의 사교육 혜택을 받기도 하였다. 이런 점들은 대학입학전형에서 어떻게 고려되는 것일까? 입학사정관전형이 실시되기 전 대학은 수능성적과 내신 성적을 가지고 평가했다. 그런데 입학사정관전형이 실시되면서 잠재능력을 중요하게 평가한다는 믿음이 널리 퍼져 있다. 물론 입학사정관전형에서는 잠재능력을 고려하여 평가한다. 하지만 잠재능력의 평가에 있어서 잠재력계발에 영향을 주는 환경의 격차를 고려하지 않는다.

입학전형에서 환경의 격차를 왜 고려하지 않는 것일까? 비유하자면, 환경이 어떠하든 참나뭇과는 참나무가 되도록 프로그램화되어 있다는 신념이 작용하기 때문이다. 하지만 교변작용의 관점에서 볼 때는 환경과 잠재능력을 그렇게 이원적으로 분리해서 볼 수 없다. 인간 대 환경, 인간 대 자연, 주체와 객체로 분리시켜서 보는 것은 근대 주체철학의 영향이었다. 근대의 주체철학은 환경이 인간 주체의 밖에 존재한다는 '외재적 관점'을 취하였다. 이러한 외재적 관점처럼 환경과 인간을 이원적으로 분리해서 보는 것은 인간과 환경이 따로 독립적으로 존재하며, 다만 인간과 환경이 만나서 상호작용을 한다고 생각하는 것이다. 한마디로 인간은 주체로, 환경은 객체로 존재한다는 것이다. "그렇게 되면 유기체와 환경이 서로 별개로 '주어진' 것이 되고, 상호작용은 최종적으로 개입하는 제3의 독립적인 것이 되어 버릴 것"이다(정해일, 2010:

19). 교변작용의 관점에서 보면 환경과 인간은 따로 존재하는 것이 아니라 하나의 전체로서 끊임없이 움직이는 운동체로서 존재한다.

따라서 잠재능력이 있다고 하더라도 우리가 확인할 수 있는 잠재능력은 타고난 잠재적 요소와 문화적 환경과의 교변작용에 의해 드러나는 것일 따름이다. 다시 말해서, "인간의 잠재성이 실현되는 것은 순수한 선천적 혹은 내부적 힘의 발현이 아니라, 인간의 마음이 문화적으로 장식되는 것"을 의미한다(박철홍, 1993). 아프리카 원시족 아이의 능력의 발현은 어떻게 되는 것일까? 미국에서 태어났다면 IT분야의 천재가 되어 있을지 모르지만, 다른 문명권에 사는 그 아이는 다른 무엇이 되도록 능력이 조정되고 발현될 것이다.

전통적 발현설은 로즈가 그의 저서 『평균의 종말』에서 말하는 '본질주의 사고'에 해당한다(Rose, 2018). 그에 따르면, 인간의 성격을 인간에게 잠재된 본질적 특성으로 생각하는 본질주의적 사고는 인간의 성격과 행동을 설명해 주지 못하는데, 그것은 인간의 성격이 표현되는 맥락과 상황을 무시하기 때문이다. 성격은 특성과 상황이 상호작용하는 방식으로 나타난다. 잠재력 또한 개인에게 본질적으로 내재되어 있는 자질이라고 생각하는 것도 바로 본질주의 사고이다. 즉, 잠재력은 환경의 영향과 무관하게 분리되어 있으며, 인간에게 내재된 본질적인 자질이라고 보는 것이 본질주의 사고이다. 서울대의 입학사정관전형에는 잠재력에 대한 본질주의 관점이 깔려 있다. 본질주의 사고는 오늘날 많은 심리학 연구에서 타당하지 않음이 밝혀지고 있음에도(Rose, 2018), 서울대

입시전형의 기본적 가정을 구성하고 있다.

서울대 입학전형에서 환경과 잠재능력의 관계를 어떻게 인식하고 있는지를 살펴보자. 서울대는 입학사정관전형에서 학생이 어떤 환경에서 공부했든 그 환경 자체가 중요하지 않고, 그러한 주어진 환경과 여건에서 학생이 어떻게 대응해 노력했는지, 그것을 평가하겠다는 입장을 밝히고 있다. 이러한 입장은 환경에 대한 근대 주체철학의 '외재적 관점'에서 벗어나지 못한 것이다. 서울대의 전형지침에는 이런 내용이 들어 있다.

> 입학사정관은 지원자에게 주어졌던 기회와 환경적 요소, 개인적 특성 등을 염두에 두고 지원자를 평가하게 됩니다. 그렇다고 해서 어려운 환경이나 우수한 환경 자체가 평가에서 중요한 기준이 되는 것은 아닙니다. 다시 말해서 학생의 환경, 그 자체로는 유리한 조건도 불리한 조건도 아닙니다. … 종합평가에서는 환경 자체보다는 주어진 여건에서 학생이 어떤 자세로 대처하였는지에 초점을 맞추어 판단합니다(서울대, 2013: 18).

서울대 전형지침은, 첫째, 열악하고 불리한 환경 그 자체가 전형에서 유리하게 고려될 조건이 아니며, 어떻게 그 환경에 대처했는지를 보겠다는 의미로 해석된다. 둘째, 특목고, 자사고, 8학군 공립학교 학생처럼 학교환경과 가정환경이 좋고, 상대적으로 유리하다고 해서 그 자체가 전형에서 불리하게 작용하지 않으며, 초점은 그러한 우수한 환경을 어떻게 활용했는지를 보겠다는 의미를 담고 있다(김천기, 2019).

이것을 보면 학생의 잠재력 평가에서 무엇을 학생의 메리트로 인정하는지가 분명해진다. 메리트는 학생의 환경 자체가 아니라 학생의 '대응능력'이다. 평가의 초점이 환경 자체가 아니라 학생의 주체적인 계발능력에 두어지는 것이다. 즉, "네가 어떠한 삶의 조건에 있든 어떠한 처지에 있든, 그것은 우리의 관심사가 아니다. 다만, 네가 그러한 조건하에서 어떠한 자기계발과 자구노력을 했는지, 그것만을 보여 주면 된다."는 것이다. 이는 신자유주의적 자기계발담론과 유사하다(서동진, 2009). 이러한 전형지침은 묘한 의미를 담고 있다. 마치 사회경제적 환경의 유리함이나 불리함과 상관없이 학생들이 의지만 있으면 자신의 능력을 계발할 수 있다고 말하는 것 같다.

서울대 전형의 관점을 달리 표현하자면, 서울 강남지역의 상위계층 학생의 합격률이 높은 것은 계층배경의 영향에 기인한 것으로 해석되어서는 안 되며, 계층배경을 자원으로 활용하여 자신의 능력을 계발한 결과이다. 결국 격차를 낳는 것은 학생들이 자신의 계층배경을 능력계발의 자원으로 활용할 수 있는가 여부이며, 계층배경의 차이가 아니다. 다시 말해서, 학생들 간의 합격률 차이는 학생들이 계층배경을 '자원'으로 활용하여 어떻게 능력을 계발했으며 그에 따라 학업성취도는 어떠한가를 평가한 결과라는 주장인 것이다. 이러한 관점에서 보면, 상위계층 학생들의 합격률이 높은 것이 사회문제가 될 하등의 이유가 되지 못한다.

그런데 '주어진 조건'에서의 '계발활동'에 초점을 두게 된다고 하면, '주어진 조건'이라는 환경 자체는 전형에서 고려되지 않는다는 것을 의미한다. '주어진 조건'이 계층과 지역에 따라 어떻게 다른가를 보자. 예를 들어, 강남구에 있는 일반고에서 이루어졌던 교내 비교과 활동을 보자.

> 강남구에 있는 일반고인 ○○고는 교수 등 전문가와 함께 연구를 수행하고 소논문을 쓰는 과제연구(Research and Education: R&E) 프로그램을 '교내 비교과 활동'으로 운영한다. 연구를 지도해 줄 전문가들을 구하는 데 큰 힘이 들지 않는다. 재학생 학부모나 동문 가운데 섭외할 수 있기 때문이다. ○○고는 매년 학기 초 '대학, 정부기관 및 기업체 등에서 근무하며 전문가적 역량을 가지신 학부모'를 모집하는 가정통신문을 보낸다. 지난해엔 17명의 전문직 종사자들이 지도교수로 참여해 '빅데이터 분석 사례 연구' '폐암 진단을 위한 흉부 시티(CT)에서 대사증후군 여부 예측' 등의 주제를 학생들과 연구했다. 이런 활동은 '교내 활동'이기 때문에 학생부의 '세부능력 · 특기사항'에 학생의 학업 능력을 뒷받침하기 위한 소재로 활용할 수 있다. 과제연구는 학생부에 기록될 경우 수시모집 '학생부종합전형'에서 좋은 평가를 받는다고 수험생들이 믿고 있는 '고급 스펙' 가운데 하나다(한겨레신문, 2016. 3. 20.).

강남구에 있는 일반고처럼 학생들에게 '고급 스펙'을 쌓을 수 있는 특혜를 줄 수 있는 고등학교가 전국에 몇 개나 될까? 어떻게 고등학생이 어려운 의학연구논문의 공저자로 등재될 수 있는가? 연구에 참여했던 전문가 · 교수는 공저자로 등재된 학생들에게 부당하게 특혜를 준 것은 아닌가? 그리고 대학은 학생부종합전형을 한다면서 어떻게 그것을 교내 비교과 활동의 실적으로 인정해 줄 수 있는가? 의학논문 1저자 등재 문제로 조국 전 장관의 딸에게 향했던 분노와 비난만큼 이들 고등학교, 연구 참여 교수와 학생, 대학에게도 분노가 쏟아졌어야 마땅하지 않은가? 학생부종합전형의 불공정성에 대해서도 연일 언론의 '융단폭격'이 쏟아졌어야 하지 않은가? 주류 언론은 공정성의 잣대를 자신을 포함하여 이 사회 전체에 보편적으로 적용하지 않고, 오로지 무너뜨리고 싶은 '표적'에게만 선택적으로 적용한다.

서울대의 입학전형에서 근본적으로 주어진 조건, '환경'의 의미가 제대로 이해되지 못하고 있다. 듀이가 말했듯이, 환경이란 유기체와 분리된 객체가 아니라 이미 '유기체 안에 들어와서 활동하는 힘'이다. 즉, 환경과 인간의 잠재능력은 분리된 것이 아니며, 잠재능력은 이미 유리한 또는 불리한 환경과 인간의 교변작용 속에서 형성되고 만들어진 힘이다. 입학사정관전형에서 중요한 요소인 잠재능력 역시 환경과 분리된 순수한 개인 안에 내재된 힘이 아니라 환경과의 교변작용 속에서 형성된 것이다. 불리한 환경에서 성장한 아이는 그 환경과의 상호작용에서 잠재능력이 발달하지 않은 상태로 발현되며, 반대로 부유한 좋은 환경에서 자란 아이는 그 환경과의 상호작용에서 잠재능력이 충분하게 확장되고 발달한 상태로 발현된다.

인간과 환경의 교변작용의 관점에서 보면 서울대가 메리트로서 인정하는 의지와 노력, 열정, 대처능력, 그리고 리더십과 같은 소프트 스킬(soft skill)은 개인에게 내재되어 있는 본질적 특성이 아니라 가정과 지역사회, 학교의 환경 속에서 상호작용하여 나타나는 특성이다. 그러한 특성이 특정 학생의 안에 내재된 본질적인 것으로 보느냐 또는 환경과 상호작용하여 나타나는 것으로 보느냐에 따라 평가 자체가 달라질 수밖에 없다. 서울대 입학사정관전형에서 이 점이 간과되었고, 현재 학생부종합전형도 마찬가지이다. 이는 메리트 정의에서 커다란 차이를 낳는다.

대학입학전형은 〈환경 : 능력〉, 〈환경 : 의지, 열정〉의 이분법적 프레임에서 벗어나 잠재력 계발에서 떼어서 생각할 수 없는 배경과 환경의 영향을 인정하고, 이를 고려하여 메리트를 정의해야 입학전형이 보다 공정해질 수 있고, 계층 간의 불균형이 시정될 수 있다.

08

공동의 것을 형성하는 의사소통

사람들은 세상을 살아가면서 끊임없이 이 세계와 소통을 하며 살아간다. SNS상에서의 끊임없는 대화, 신문방송매체들의 기사가 홍수처럼 날마다 넘쳐난다. 한 사회를 이루어 가는 데 있어 의사소통은 어떤 의미가 있는 것일까? 『민주주의와 교육』에서 듀이가 말하는 의사소통은 완벽한 이론이 아닌 초보적 형태로 제시된 것이다. 따라서 그 내용이 단순하고 약간 싱겁다는 느낌을 받는다. 하지만 전체적인 맥락에서 그 의미를 읽어 내면 우리가 얻는 바가 크다.

듀이가 의사소통에 대해 중요하게 생각하게 된 것은 한 사회가 의사소통 과정을 거쳐서 공동의 목적과 신념, 포부를 갖게 되며, 그것에 대한 공동의 이해를 갖는다고 믿었기 때문이다. 의사소통은 "공동의 것을 가지게 되는 과정"일 뿐만 아니라 다양한 생각과 경험을 교류하는 과정이다(DE, 43). 그러한 소통을 통해 경험과 생각이 확대되고 변화된다. 이 과정에서 사람들은 다른 사람들의 생각과 경험을 나누어 가지며, 사람마다 정도의 차이는 있지만 그 자신의 생각과 경험에 변화가 일어난다. 그런 의미에서 의사소통은 '교육적인 의미'를 가진다(DE, 45).

의사소통과 비슷하지만 다른 것이 '전수'이다. 예를 들어, 전형적으로 교회에서 목사의 설교는 의사소통이 아니라 '전수'이다. 하나님 말씀을 이해하는 데 도움이 된다고 생각된 많은 에피소드를, 성경말씀 몇 구절 인용한 헤드라인 아래 전수하는 형태이다. 그 설교를 받아들임에 있어서는 신도 편에서 어떠한 비판이나 변경이 있어서는 안 되며, 그 자체를 절대적인 말씀으로 '아멘' 하고 받아들여야 한다. 그것이 신앙적 태도라고 여겨진다. 말하자면, 신도는 무조건 아멘으로 받아들일 수밖에 없는 위계적 관계의 틀 속에서 목사는 설교를 통해, 자신의 경험 속에서 해석한 성경말씀을 신도에게 전수한다. 목사 이외에는 아무도 설교하지 못한다. 소로(Thoreau, 2008)가 『월든』에서 말했듯이 하나님 말씀에 대해서는 자신이 독점권을 갖기라도 한 듯 다른 의견을 들으려고도 하지 않는다. 여기에는 의사소통이 개입될 여지가 없다.

다른 사람에게 자신의 경험을 전달하려면 어떻게 해야 되는가? 장인들은 오랜 기술과 경험을 '전수'한다고 표현한다. 전수는 오래된 경륜을 지닌 스승의 앎을 배울 자세가 갖추어진 제자에게 물려주는 것이다. 그런데 우리 경험을 다른 사람에게 얘기할 때는 단순히 "내 경험은 이거야."라고 택배처럼 전달하는 것이 아니며 뭔가 특별한 것이 작용한다. 우리가 혼자 생각할 때하고 다른 사람한테 말할 때는 상당히 달라지는 걸 느끼게 된다. 말을 하다 보면 마음에서 생각지도 못한 게 나오기도 하고, 자신의 경험에 대한 생각 자체가 미묘하게 달라지는 걸 느끼기도 한다. 그것이 의사소통의 힘이다. 경험을 전달하기 위해서는 당연히 다른 사람이 이해할 수 있도록 해야 한다. 듀이가 말한 바대로 "경험을 전달하기 위해서는 그 경험 바깥으로 비켜서서 다른 사람의 눈으로 그것을 보고 그것이 다른 사람의 삶과 어떤 연관이 있을 수 있는가를 생각하면서 그 사람이 그 의미를 알 수 있도록 형식을 가다듬지 않으면 안 된다"(DE, 45). 그뿐만 아니라 "우리 자신의 경험을 다른 사람이 알아들을 수 있도록 말하려면 그 사람의 경험의 한 부분을 우리 자신의 마음속에 동화하지 않으면 안 된다"(DE, 45). 이것이 의사소통이며, 그런 점에서 의사소통은 예술과 같다고 말한다.

자신의 이야기만 한다면 그것은 당연히 의사소통이 아니다. 다른 사람의 생각에 관심을 기울이며 어떻게 하면 다른 사람이 잘 이해할 수 있도록 또한 공감할 수 있도록 할 것인가를 고민하지 않고 자신이 하고 싶은 말만 쏟아 낸다면, 그것은 의사소통이 아니고 독백이다. 『단속사회』라는 책에 이와 관련된 사례가 나온다. 어떤 모임에 나온 한 교사는 학부모와 갈등으로 인해 얼마나 고통스러웠는지를 하소연하는 장면이 나온다. 이 책의 저자는 그 장면에서 충격받았다는 이야기를 한다. 다들 자기 말만 열심히 하지, 서로 다른 이의 말을 경청하고 들어주는 사람이 없었다는 것이다.

> 내가 충격을 받은 것은, 내내 격정적으로 이야기하던 그 교사의 눈 때문이었다. 그는 삼십 분 넘게 하소연하면서도 그동안 단 한 번도 다른 이들을 쳐다보지 않았다. … 누가 그 앞에 앉아 있는지는 전혀 중요하지 않았다(엄기호, 2014: 184).

그런데 그 교사만이 아니라 다른 사람들도 마찬가지였다는 것이다. 나눔의 시간에서 다들 제 순서만 되기를 기다리다 자기 하소연을 할 뿐, 서로의 이야기를 들어주는 것 같지 않았다. 『단속사회』의 저자 엄기호의 말처럼 "상대와 눈을 마주치지 않고, 상대의 반응에 따라 바뀌지 않는 이야기", 그것은 타자와 소통하는 것이 아니라 오로지 혼자만의 독백이다. 그는 이렇게 지적한다.

> 상대가 누구인지와 상관없이 그저 자신의 말을 할뿐이다. 하지만 상대를 고려하지 않는 말은 말이 아니다. … 말이 나눔이 되기 위해서는 자신의 근심과 걱정이 타자가 알아들을 수 있는 언어로 번역되어야 한다. 설사 그것이 사적인 투덜거림이라고 하더라도 자신이 겪고 있는 문제를 자신만이 아닌 모두의 이야기, 아니면 적어도 사회적 관심을 가질 만한 소재로 만들어 내는 작업이 뒤따라야 한다. … 이것이 바로 공적인 이야기를 만들어 가는 과정이다(엄기호, 2014: 186).

더구나 일반 개인이 아니라 교사로서 가지는 경험은 사적 경험이 아니라 공적 경험이다. 공적 경험은 사적인 개인이 아니라 학교라는 공동체에서 교사라는 공적인 직분에서 겪는 경험이며, 공중(public)의 교육담론에 비추어 해석되고 재구성된 경험이다. 그러한 경험은 학교라는 공동체에서 교사들이 학생들과 더불어 행하거나 또는 학생들 속에서 겪어 본 결과물의 해석이다. 말하자면, 교사의 경험은 교실 안에서 학생과의 상호작용 가운데 일어난 작은 경험이지만, 그 경험의 범위를 넓혀 보면, 학교라는 공동체의 맥락에서 일어난 경험이다. 그러므로 다른 교사들과 이야기할 때 그 경험은 전체 학교 상황과 자신의 신념에 비추어 이해되고 재해석되며 재구성되는 것이다.

수도권 근교의 농촌학교인 '산들초등학교 공동체성'을 연구한 서근원(2005)의 질적 연구내용을 보면, 학교 공동체성이 의사소통에 입각하고 있다는 점을 잘 보여 준다. 이 학교의 처음 모습은 학부모 간에, 교사와 학부모 간에 갈등이 일상적으로 발생하고, 그로 인해서 고통스러워하는 모습이었다. 그들은 자신들이 필요로 하는 만큼만 학교의 행사에 참여하고, 자신들과 생각이나 처지가 비슷한 사람들끼리만 어울렸다. 비록 그들이 공동으로 추구하는 관심사와 교육적 이상이 있다고 해도 공동체라고 부를 수 있는 것은 아니었다. 이런 상황에서 그들은 서로 다르다는 것을 인정하고 함께 어울려 살아가기 위해서는 서로를 이해할 필요가 있음을 점차 깨달아 갔다. 이 학교의 한 학부모는 공동체란 "만들어 가는 산물"이라고 말했는데, 듀이가 말했던 의사소통의 의미를 정확하게 담고 있다. 의사소통은 공동의 것을 갖게 되는 과정으로, 공동체를 만들어 가는 핵심적 요소이다.

> 공동체라는 것은 저절로 생기는 것도 아니고, 사람들 마음속에 딱 있어서 찾아내는 것도 아니고, 결국은 만들어 가는 산물이라고 생각해요. 그런데 그 산물이 교감이라면 교감이고 공감이라면 공감인데 그런 얘기 과정 속에서 (만들어지지요). 그러니까 토론 문화도 상당히 중요하지요. 우선 마음이 열리고 그걸 토론해 나가고. 그런데 토론 활동이라는 게 실천 활동과 매개되지

> 않으면 상당히 공허한 울림에 지나지 않고. 그러니까 같은 장에 있는 사람들이 공동체성을 획득하기가 가장 쉽지요. 그러면서 점점 높은 수준의 질을 담보해 나갈 수 있을 것도 같고요(서근원, 2005: 152).

의사소통을 한다는 것은 사람들이 서로 다르다는 것을 이해하고, 서로 다른 생각과 경험의 이야기를 경청하고 공유하며 자신의 한계를 넘어서서 경험을 더 확대해 나가는 것이다. 자기 목적을 위해 상대방을 이용하려는 관계는 진정한 의사소통적 관계가 아니다(DE, 45). 사람들이 서로 상대방을 이용하여 각자가 바라는 결과를 얻는 데만 관심이 있다면, 아무리 대화를 나누고 있다고 하더라도 서로 의사소통을 하고 있는 것이 아니다. 서로를 이용하려는 관계에서는 상대방의 정서적 · 지적 성향이나 동의에 신경을 쓸 필요가 없고 전략적으로 행동하며 자신의 목적만 달성하면 된다. 이런 태도는 의사소통적 태도가 아니라 자신의 목적을 달성하기 위한 전략적 태도이다.

타자를 자신의 목적을 달성하기 위한 수단으로 이용하는 인간관계는 많은 사회집단에서 볼 수 있다. 듀이는 그러한 인간관계는 진정한 '사회적 관계'가 아니며 '기계적 관계'라 부른다. 기계적 관계는 진정한 의미에서 사회집단을 이루고 있지 못한다. 사회집단을 이룬다는 것은 의사소통을 통해 목적을 공유하고 관심을 교환할 수 있다는 것을 의미한다. 그런 점에서 듀이는 사회생활을 의사소통과 동일한 것으로 간주한다.

의사소통의 측면에서 이렇게 물을 수 있다. 현재 학교에서 형성되는 교사와 학생 관계는 '기계적' 관계인가 아니면 '사회적' 관계인가? 교사가 자신이 가르치는 학생과 소통하려 하지 않고 학생이 어떤 성향을 가지고 있는가에 대해 무관심하며 오로지 성적에만 관심을 가진다면 기계적 관계에 그친다. 반면, 학생들과 대화를 통해 소통하며 학생의 재능과 개성, 정서적 성향을 알아주고 지지해 준다면 진정한 사회적 관계를 형성하고 있는 것이다. 이러한 사회적 관계 속에서는 학생들이 가지는 의견들이 어떠하며 교사들의 말에 공감하는지에 관심을 기울인다. 부모와 자녀의 관계 역시 마찬가지이다. 아이의 관심사에 귀를 기울이고 대화를 나누는 부모가 있는가 하면, 아이의 성적에만 관심을 두며 아이의 말을 들으려고 하지도 않고 무시하기 일쑤인 부모도 있다.

학교는 물론이고 가정에서조차도 사회적 관계보다는 기계적 관계가 더 많이 나타나고 있다. 교사나 학부모 모두 학생들의 성적이 곧 아이의 미래라는 생각이 앞서기 때문에 성적에만 관심을 둘 수밖에 없다는 것이 이해되지 않는 바는 아니다. 하지만 아이들과의 의사소통이 사라지고, 오로지 성적에만 집착할 때 그 폐해는 언젠가 고스란히 돌아오게 마련이다. 학부모들의 관심을 끌었던 드라마 〈SKY 캐슬〉의 스토리를 잠깐 보자. 부모들은 자녀의 서울대 의대 입학을 위해서는 영혼이라도 기꺼이 팔겠다는 심정이다. 피라미드의 최상층부에 올라가는 것이 인생의 최고의 목표요, 가치라는 것을 자녀들에게 강요하는 부모들에게 성적은 절대선이다. 자녀들의 욕구와 삶의 목표, 관심사를 무시하고 성적만을 강요한다. 자녀와의 소통이란 존재하지 않는다. 그러는 사이 자녀들은 내적으로 병들어 간다. 주체적으로 자신의 삶을 살 수 있는 능력을 상실하고 부모의 욕망에 의해 주조된 성인으로 삶을 살아간다.

요즈음 수업혁신을 시도하는 혁신학교 운동에서는 교사의 가르침보다는 학습자의 배움을 중요한 화두로 삼는다. 배움에서 중요한 것은 교사와 학생 간에 활발한 소통이 이루어지고 있는가 하는 것이다. 소통은 학습효과에도 긍정적인 영향을 미치는 것으로 인지되고 있다. 하지만 여전히 성적만을 절대선으로 여기는 학교가 있다. 이런 학교의 목표는 오로지 성적을 올리는 것이며 인간으로서의 아이는 어떠한가에 별로 관심을 두지 않는다. 학교장은 학교 구성원들과 소통하려고 하지 않고 성적에 따라 학생들을 차별하며 오로지 학교를 대외적으로 과시할 수 있는 목표를 관철하려 할 뿐이다. 학교가 학업성적의 향상이라는 공동의 관심사를 공유하고 있다손 치더라도 의사소통이 없는 기계적 관계를 유지하고 있다면 진정한 학교공동체라 할 수 없다.

학교에서 흔히 잊고 있는 것은 학생들과의 의사소통 자체가 교육이라는 사실이다. 의사소통이 없다면 진정한 교육활동이 이루어지지 못한다. 단순히 교과서를 가르치고 배운다고 해서 교육이 일어나는 것은 아니다. 의사소통을 통해 경험의 성장을 이루지 못한다면, 그 안에서 진정한 교육활동이 일어난다고 보기 어렵다.

09

사회화의 '질'을 높이는 의사소통

이스라엘인들은 나라를 잃고 수백 년 디아스포라로 살면서도 어떻게 민족의 정체성을 유지할 수 있었을까? 그들에게는 자신들을 한 민족으로 연결해 준 공동의 가치와 이상, 신념과 규범이 있었다. 그것의 토대는 아브라함과 이삭, 야곱 등 조상 대대로 내려온 유일신 여호와 하나님에 대한 신앙이었다. 이스라엘인들의 신앙의 전승과 교육은 그들을 하나의 정체성으로 묶어 주는 힘이 되었다. 유대인의 힘이 그 신앙과 교육에 있다는 것은 누구나 동감하는 것이다.[8]

교육은 사회적 삶의 필연성이다. 개인의 삶에서도 그렇고 공동의 삶에서도 교육은 빼놓을 수 없다. 요즈음은 교육을 순전히 개인주의적 관점에서만 바라보는 경향이 있는데, 교육은 공동체의 사회적 삶과 뗄 수 없다는 점을 흔히 망각한다. 너무도 당연한 이야기이지만 사회가 지속되고 연속성을 가지려면, 어린 세대를 기존의 사회 속으로 사회화시키는 과정이 필요하다. 그 사회 공동의 가치나 신념, 공통의 이상 등을 어린 세대에게 심어 줌으로써 이 사회의 연속성을 유지하는 것이 필요하다.

사회화의 중요성에 대해서는 이미 많은 논의가 있었다. 대표적으로 뒤르켐(E. Durkheim)이라는 프랑스 사회학자는 사회화의 중요성을 그 누구보다도 역설하였다. 고전적 사회학자로 분류되는 뒤르켐은 사회화를 보편적 사회화와 특수 사회화로 나눠서 이야기하였다. 보편적 시민으로서의 보편적 사회화와 특수한 환경, 즉 직업 환경이 요구하는 특수 사회화가 필요하다는 것이다(김천기, 2018). 현대의 미국 사회학자인 파슨스(T. Parsons)는 역할 사회화의 중요성을 강조하였다. 특히 산업사회에서 역할 수행에 필요한 역할 사회화가 중요하다는 것이다(김천기, 2018). 이처럼 사회화는 주로 사회학자들이 많이 얘기를 했던 것이다. 그런데 듀이의 관점은 이들 사회학자의 관점과 어떤 차이가 있는가?

듀이의 『민주주의와 교육』을 통해 독특하게 사회화에 대해서 얻을 수 있는 통찰은 무엇인가? 책 제목인 『민주주의와 교육』이 시사하듯이, 이 책은 민주주의의 원리를 교육과 결부시켜 교육이 어떻게 되어야 하는가를 생각해 본 책이다. 따라서 민주주의의 개념이 먼저 나오고 그 원리를 '어떻게 교육에 적용할 것인가'의 순서로 논의가 될 것 같은데 듀이는 그런 식으로 내용을 구성하지 않았다. 그가 『민주주의와 교육』에서 제일 먼저 얘기하고 있는 것은 사회화이다. 삶의 연속성을 갖도록 하기 위해서는 제일 중요한 것은 사회화이고 교육이 그 역할을 해야 된다는 것이다.

그런데 우리가 여기서 생각해 볼 것은 사회에는 공동의 어떤 목적과 신념이 존재하는가 하는 것이다. 뒤르켐이나 파슨스는 이미 사회 구성원들이 공동의 것을 가지고 있다고 상정한다. 하지만 사회 구성원들이 모두 공동으로 함께 가지고 있는 어떤 목적이나 신념, 가치가 존재하는 것일까? 우리는 그냥 막연하게 그럴 것이라고 생각하지만 과연 그것이 존재하는 것일까? 그렇다고 보는 것이 뒤르켐의 입장이다(김천기, 2018). 사회학에는 합의이론이라는 것이 있는데, 이 합의이론에서는 사회 구성원이 공동의 것을 가지고 있고, 그것은 사회 구성원들의 합의에 기초하고 있다고 본다. 반면에, 갈등이론은 사회 구성원이 가지고 있는 공동의 것이란 없다고 본다. 보편적인 공동의 어떤 목적과 가치가 있다고 한다면, 그것은 그 사회를 지배하고 있는 지배집단의 것이지, 사회 전체 구성원들의 것은 아니라는 것이다(김천기, 2018). 합의이론과 갈등이론 중 어떤 이론적 관점이 맞는 것일까? 우리는 듀이의 민주주의 관점에서 그 의문에 대한 해답을 얻을 수 있다.

우리가 여기서 주목하게 되는 핵심적 개념은 듀이의 '의사소통' 개념이다. 듀이가 말했듯이 의사소통이란 "공동의 것을 가지게 되는 과정"(DE, 43)이다. 그런데 그 의미가 무엇인지 생각해 보자. 우리가 서로 자신의 생각과 경험을 나누다 보니, 그 과정에서 공동의 것을 '발견'한다는 의미를 담고 있는 듯하다. 하지만 인간과 세계의 교변작용(transaction), 즉 상호작용 속에서 서로를 변화시키는 교변작용의 관점에서 보자면, 우리가 공동의 것을 발견하는 것이 아니라 공동의 것을 공동으로 '구성'해 가는 것이다. 이는 자신들의 생각과 경험을 단순히 주고받으며 공동의 것을 찾는다는 의미가 아니라 자유로운 상호작용 속에서 그들이 본래 가졌던 생각과 경험이 변형되고 재구성된다는 것을 의미한다. 듀이는 이렇게 표현하고 있다. "의사소통은 경험이 공동 소유될 때까지 경험에 참여하는 과정이다"(DE, 49). 여기까지 보면, 의사소통은 경험의 공동 소유만을 목적으로 삼는 것 같다. 하지만 "의사소통은 그것에 참여하는 쌍방의 성향에 수정을 가한다."(DE, 49)라고 강조함으로써, 의사소통 과정에서 의사소통 참여자들은 본래 자신들이 가지고 있던 성향에 수정을 가할 수밖에 없음을 말하고 있다.

공동의 것을 가지게 되는 과정에서 의사소통이 중요한 것은 공동의 것이 새로운 세대의 의식과 상관없이 그대로 전수되는 것이 아니기 때문이다. 새로운 세대와의 의사소통 과정에서 기성세대가 가지고 있던 공동의 경험과 신념 등에서 질적인 변화가 일어난다. 즉, 새로운 세대와 기성세대가 가졌던 기존의 목적, 신념, 가치가 변화되고 수정되고 재구성되며 통합된다. 만일 기성세대가 지나온 시대의 삶의 환경 속에서 자신들이 가지게 되었던 경험과 신념, 가치만 절대적인 것으로 고집하고 새로운 세대의 경험과 신념, 가치를 무시하며 배척한다면 상호교섭이 일어나지 않음으로써 사람들의 의식에 질적인 변화가 일어나지 않는다. 중요한 것은 그냥 사회화가 아니라 사회화의 '질'이다.

한 사회 속에서 자유롭고 평등한 의사소통이 막혀 있는데도, 사회 구성원들이 공동의 것을 가지고 있다고 말한다면, 그것은 그들이 만들어 낸 '공동의 것'은 아니다. 민주주의는 개개인의 개성과 성향, 생각을 무시하고 공동의 것을 획일적으로 똑같이 받아들이도록 하지 않는다. 의사소통이란 개개인의 고유성을 전제하는 것이고 사람들 간의 '다름'을 전제한 것이다. 각 사람의 생각과 신념, 가치가 거대한 사회집단의 것에 획일적으로 동화되어야 하고, 모두 같다고 한다면, 의사소통을 구태여 필요로 하지 않는다. 의사소통은 서로 다름을 전제한 것이다.

한편, 듀이는 사람들 간의 차이와 갈등을 무시하거나 중요하게 다루지 않았고 공동의 것을 지나치게 강조했다는 비판을 받기도 한다. 아마 사회적 갈등을 명료하게 표현하지 않아서 그럴지도 모른다. 하지만 공동의 것이란 계급, 인종, 성, 지역 등의 다양성 안에서 의사소통이 이루어지는 가운데 구성되는 공동선을 의미하는 것이다. 공동선은 사회를 끌어가는 주류집단이 만들어 내거나 소수 엘리트 집단이 만들어 내는 것일 수 없다. 만일 그렇다면 그러한 공동선은 공동체의 진정한 공동선이 아니며, 주류집단이나 엘리트 집단의 신념과 가치에서 나오는 헤게모니적 공동선일 따름이다.

기존의 구성원들이 가지는 공동의 경험과 목적을 단순하게 전달함으로써 새로운 구성원이 공동의 것을 알게 되고 공유하게 되는 경우도 있다. 기존의 가치와 신념으로의 '동화'의 경우가 그러하다. 이것도 사회화라면 사회화이다. 그러나 민주주의 기준으로 보면, 이것은 바람직한 형태의 사회화라고 보기 어렵다. 전수 형태로 전달되어서 유지되는 사회는 변화가 없는 정적인 사회이고 보수적으로 흘러갈 수밖에 없다. 그뿐만 아니라 새로운 세대에게 기존의 주류적 가치와 신념을 받아들여 자신의 가치와 신념이 되도록 만드는 것 자체가 '상징적 폭력'이다. 물리적 폭력만이 '폭력'이 아니다. 예를 들어, 다문화사회에서 특히 그러하다. '다문화집단' 구성원의 가치와 신념을 전부 무시하고 주류집단의 가치와 신념 속에 흡수되어 동화되도록 만드는 것은 상징적 폭력이다.

의사소통은 사회현실 속에서 매우 중요한 의미를 지니고 있다. 계급에 따라 생활공간이 분리되어 있고 경험하는 것도 다르면, 서로 다른 경험과 가치를 연결할 수 있는 길은 사회계급집단 간의 활발한 의사소통밖에 없다. 여기서 의사소통이라고 해서 단순히 언어적 소통만 하면 된다는 뜻은 아니다. 서로 다양한 관심사를 공유하고 공동의 경험에 참여하는 가운데 이루어지는 의사소통이 중요하다. 만약 사회계급집단들이 따로따로 자기들만의 폐쇄적인 공동체를 구축하고 집단 간에 자유롭고 활발한 교류와 의사소통이 막혀 있다면, 그 가운데서 사회 전체의 공동의 문화가 생겨날리 없다.

사회동질성을 유지하게끔 하는 공동의 문화가 없다는 것은 교육에서 중요한 의미를 함축하고 있다. 공동의 문화를 전달하는 사회화가 이루어질 수 없다는 것을 뜻한다. 그럼에도 학교에서 학생들에게 공동의 문화를 가르친다면 이때 '공동의 문화'는 어떤 문화인가? 갈등이론은 그것이 지배계급의 문화라고 주장한다. 다시 말해서, 지배계급의 문화가 보편적인 공동의 문화로 둔갑한 것이다(김천기, 2018).

갈등이론의 주장이 맞는지를 확인하기 위해서는 학교에서 가르치는 문화가 공동의 문화인지 지배집단의 문화인지 판단할 수 있는 기준이 필요하다. 그 기준은 무엇이며, 그 기준을 어디서 찾을 수 있는가? 듀이가 공동의 문화 여부를 판별할 수 있는 기준을 직접 제시하지는 않았지만, 우리는 그 기준을 공동의 삶의 방식이라는 듀이의 민주주의 이념에서 이끌어 낼 수 있다. 그것은 다음 두 가지이다. 첫째, 사회 구성원들이 상호 간에 다양한 관심을 공유하고 있는가? 둘째, 자유롭고 평등한 상호교섭이 이루어지고 있는가? 사회 구성원들의 삶이 사회적 계급의 위치에 따라 분리되어 있고 지배계급, 중간계급, 노동계급이 상호 경험하는 바가 다르고 관심사가 다르다고 한다면, 공통의 가치라는 것이 존재하기 어렵다. 그리고 사회 계급과 인종이 다르다는 이유로 상호 간에 상호교섭이 이루어지지 않고, 상호 배타적으로 자신이 속한 집단만의 관심사와 이익만을 추구한다면 공동의 신념과 가치를 합의해서 도출할 수 없다. 듀이의 민주주의 이념에 대해서는 뒤에 상세히 설명하기로 하고, 다만 여기서는 사회계급집단들이 서로 다양한 관심사를 공유하고 공동의 경험에 참여하는 가운데 주고받는 자유롭고 평등한 의사소통이 교육적으로도 매우 중요한 의미를 지니고 있다는 것을 확인하려는 것이다. 공동의 삶의 방식으로서의 민주주의가 우리 사회에서 이루어지고 있어도 그만, 이루어지지 않아도 그만이라고 생각한다면 학교에서 이루어지는 사회화의 성격에 둔감한 것이라 하지 않을 수 없다.

10

개인주의 교육은 사회와 분리된 교육이 아니다

흔히 개인주의 교육은 세계와 타자로부터 분리된 개인을 교육하는 것으로 오해되고 있다. 듀이에 따르면 그러한 개인주의 교육은 '자유방임적' 개인주의 교육이다. 자유방임적 개인주의에서는 개인의 마음이 외부로부터 따로 떨어져 있는 독립된 의식이라고 간주된다. 그리하여 "각 개인의 의식은 다른 사람들의 관념, 소망, 목적으로부터 본래적으로 독립되어 있는, 전적으로 사적이며 스스로 고립된 대륙"이라는 생각을 자연스럽게 받아들인다(Dewey, 1916: 297). 공부도 "개인들과 대상들 간의 고립된 접촉에 의해 생긴 마음 또는 의식의 작용"이라고 본다. 즉, 학생과 교과 간의 고립된 접촉에 의해 생긴 마음의 작용이 공부라고 보는 것이다.

자유방임적 개인주의 교육의 관점을 따르게 되면, 교육의 방식이 달라진다. 일본의 교육학 교수인 사토마나부(2011b: 109)의 지적처럼, "다른 사람에게 의존하여 공부하거나 다른 사람의 힘을 빌려 공부하거나 다른 사람에게 배우는 것을 부정하고" 공부는 혼자 하는 것이며, 혼자 노력하여 목표를 달성하는 것이라고 생각하게 된다. 일본에서는 이러한 교육이 개인주의 철학에 맞는 것이며, 학생들은 각자 "경쟁에서 이기는 것이 최우선이며, 경쟁에서 이기는 것이 최대의 동기부여" 요인이 된다는 신념이 널리 퍼져 있다. 이 점에서 우리나라의 입시경쟁교육도 별반 다르지 않다.

이러한 교육의 방식은 듀이가 생각한 진정한 개인주의 교육과는 거리가 멀다. 듀이는 『민주주의와 교육』의 '개인과 세계'라는 주제에서 개인주의 교육의 참된 정신이 무엇인가에 대해 논구하고 있는데, 개인주의 교육의 전제는 교육이란 "공동의 경험에 대한 개인적인 참여"(DE, 134) 라는 것이다. 다시 말해, 지성들의 연합과 의사소통에 참여하는 것이다. 따라서 학생의 능력은 선천적이거나 고립된 능력이 아니라 사회적 상호작용을 통해 습득된 능력이다.

공부는 혼자서 하는 것이라는 생각을 하다 보면, 공부란 공동의 경험에 참여하며 다양한 지성의 연합과 의사소통에 참여하는 것이라는 사실을 잊게 된다. 공부는 혼자서 하는 것이고 자신이 노력하여 얻은 지식은 자신의 사적인 것이며, 자신의 순수한 능력 덕분이라고 생각하는 학생이 많다. 이런 통념은, 공부는 인류가 이룩해 놓은 공동의 가치 있는 경험에 참여하는 것이고, 우리가 얻은 지식은 공적인 것이며, 우리 모두의 노력을 통해 공동의 경험을 증대하여 후세대에 전달하는 것이라고 생각하는 관점과 천지 차이가 있다. 공동의 활동에 참여한다는 의식이 없다면, 학생들에게 협력학습은 잠시 함께하는 공부의 한 형태일 뿐이다. 듀이는 다음과 같이 말하고 있다.

> 우리 자신의 활동을 시간적 · 공간적 관련 속에서 파악하는 능력이 증가하면 할수록, 우리의 활동은 그만큼 중요한 내용을 가지게 된다. 우리가 주민으로 살고 있는 장소를 공간 속에서 확인할 때, 그리고 우리가 시간 속에서 꾸준히 이어져 오는 노력의 상속자요 전달자임을 알게 될 때, 우리는 결코 형편없는 도시의 시민만은 아님을 깨닫게 된다(DE, 320).

듀이가 생각하는 개인주의 교육은 그의 '사회적 개인주의'란 개념에서 잘 표현되어 있다. 사회적 개인주의는 인간이 세계로부터의 고립을 원한 것이 아니라 세계와의 더 밀접한 관련을 원하였다는 전제에 기초하고 있다(DE). 인간은 자연으로부터, 또 인간의 상호관계성으로부터 벗어나서 자유로워지려고 했던 것이 아니라 자연 '속에서', 또 사회 '속에서' 더 큰 자유를 얻으려고 노력하였다는 것이다(Dewey, 1999). 듀이에 따르면, 인간은 사물과 동료 인간의 세계에 변화를 일으킬 힘을 증대시키고자 했으며, 이 맥락에서 활동의 범위 그리고 그 활동에 포함된 관찰과 관념 그리고 '사고와 행동의 자유'를 증대시키고자 했던 것이다. 이런 관점에서 보면, 듀이가 개인주의 교육의 참된 정신이라 보는 '사고와 행동의 자유'는 자연과 동료 인간의 세계에 변화를 일으킬 힘을 증대시키고자 하는 개인의 활동과 떼어서 생각할 수 없다.

따라서 진정한 개인주의 교육의 의의는 다른 사람에 의존하지 않고 혼자 노력해서 성취를 이룬다는 데 있는 것이 아니라, 학생들이 공동의 활동에 참여하는 과정에서 사고하고 행동할 수 있는 자유를 보장하는 데 있다. 듀이는 교육에서 '자유'란 다름이 아니라 '학습에서 사고'가 차지하는 역할이라고 말한다. 이것은 무슨 뜻일까? "자유는 지적 활동을 스스로 주도해 나가는 것, 독립적으로 관찰하고 새로운 것을 생각해 내며 결과를 예견하고 그 결과에 맞게 잘 적응해 나가는 것 등을 뜻한다"(DE, 437).

교육에서 '자유'라고 하면, 보통 학교의 억압과 통제로부터의 자유 또는 신체적 활동의 자유를 떠올리게 된다. 이러한 자유가 중요하긴 하지만 듀이는 교육에서 자유의 본질은 가르치고 배우는 데 필요한 자유라고 본다. 지적 활동을 자기 주도적으로 해 나가는 것, 자기 자신의 목적과 문제의식을 가지고 자기 자신의 사고를 하는 것, 새로운 관점을 가져 보는 것, 관심의 대상 · 접근 방법에서 자신의 독창성을 가지는 것, 이것이 학생의 자유 속에서 표현되는 개성이기도 하다. 의견의 차이, 관점의 차이, 접근방법의 차이 등을 억압하거나 공부의 방법을 주입식 틀 속에 밀어 넣는 것은 교육에서의 자유와 거리가 멀다. 입시위주 교육에서 듀이가 말하는 자유는 중요하게 취급되지 않는다. 오로지 입시성과를 높이는 것이 중요할 뿐, 그것을 위해 학생의 사고와 활동의 자유를 억압해도 좋다는 인식이 팽배해 있다.

공동체 속에서 개인이 가지는 사고와 행동의 자유는 진정한 개인이 되기 위한 필수적인 조건이다. 이를 위해서는 무엇보다 '지적 예속 상태'를 벗어난 개인이 되어야 한다. "소크라테스가 악법도 법이라 말했으니, 악법도 따라야 한다." 이는 과거 박정희 시대의 유신헌법이 악법이라는 것을 인정하면서도 유신헌법을 준수해야 한다고 궤변을 늘어놓았던 보수 관변 언론의 논리였다. 유신헌법 철폐를 부르짖던 사람들을 향한 비아냥거림이 섞여 있는 말이었다. “소크라테스보다 네가 더 나아?” 이는 권위에 대한 지적 예속을 강요하는 말이다. 거대신문과 방송의 오피니언 리더의 권위에 대중이 지적으로 예속된 상태에서는 자기 자신의 사고를 제대로 할 수 있는 진정한 개인이 될 수 없다.

그러면 교육은 어떻게 해야 하는가? 지적 권위에 예속되지 않고 의식과 사고에서 자유로운 개인이 되도록 해야 한다. 학교에서 교과서를 절대적인 지적 권위를 가진 내용으로 간주하게 되면, 교사와 학생 모두 교과서의 지적 권위에 예속되어 자유롭게 사유하기 어렵다. 우선 교사부터 자신은 전문가가 아니며 많이 부족하다고 느끼기에 교과서에 제시된 내용과 방법과 순서에 따라 수업하는 것이 좋다고 생각한다(서근원, 2011). 물론 지적 권위에 예속되어서는 안 된다는 말이 전문가의 이론이나 교과서 내용을 무조건 거부하라는 뜻은 아니다.

듀이에 따르면, “가르치고 배우는 데 필요한 자유는 곧 우리가 이미 알고 있고 믿고 있는 내용을 확대, 정련시키는 사고와 동일하다는 것을 인식하는 것만으로도 충분하다”(DE, 440). 이미 거대한 지식이나 사상으로 확립된 것을 암송하고 기억하는 것만으로는 지적으로 자유로울 수 없다는 것이다. 지적으로 자유로운 사람은 지적 권위에 주눅 들지 않고, 아무런 두려움이 없이 질문을 할 수 있는 사람이다. 듀이는 다음과 같이 말한다.

> 질문을 가지고 있는 사람, 그의 호기심을 자극하고, 그 질문을 다루는 데에 도움이 될 만한 지식을 추구할 열의를 자아낼 정도로 진정한 질문을 가진 사람, 또 그러한 관심이 효력을 발생하는

데에 필요한 장비를 마음대로 구사할 수 있는 사람은 지적으로 자유로운 사람이다(DE, 440).

지적으로 자유롭다는 것은 세상 사람들이 당연하게 받아들이는 모든 현상에 대해 의문을 가지고 두려움 없이 질문을 할 수 있다는 것이다. 물론 질문을 위한 질문만 하려 드는 것은 방관자적 태도이다. 질문만 하고 질문에 대한 답을 찾기 위해 관련된 지식을 찾아볼 만한 성실함과 열의가 없다면, 그 사람에게 그 질문은 진실하고 절실한 것이 아니다. 질문 속에 진지함과 호기심, 탐구심이 묻어 있을 때 질문은 탐구를 위한 시작이 될 수 있다. 교과수업에서 의문을 가지고 탐구하지 않고, 그저 가르쳐 준 교과서 내용만을 이해하고 암기하는 것만으로 만족한다면 주체적으로 사유하는 진정한 개인이 되기 어렵다.

개인주의의 핵심이 사고와 행동에서 개인의 자유를 얻으려는 투쟁이라면, 그것은 공동체에서 어떤 의미를 지니는 것일까? 민주적 공동체는 듀이가 말한 진정한 개인주의(사회적 개인주의)를 바탕으로 한다. 다시 말해, 개인의 자유, 개성과 다양성을 존중하고 그것을 활용하고 증진하는 공동체가 민주적 공동체이다. 진정한 개인주의 교육은 사회와 분리된 경쟁적인 개인을 길러 내는 것이 아니라 공동체 일원으로서 공동체의 그릇된 신념을 바로잡고 가치 척도를 수정, 변형하는 능동적 주체의 발달을 촉진시키는 것이다.

11

개개인의 성장을 위한 교육과 공동체 교육의 상호관계성

『민주주의와 교육』의 흐름을 개관해 보자. 처음 단계에서는 교육이 무엇인가에 대한 종래의 관점과 논의를 살펴보고 자신의 교육관을 피력하는 순서를 밟는다. 먼저, 교육이란 아이들의 성장을 위한 것이며 성장 이상의 목적이 없다고 주장한다. 그리고 이상적인 성장을 가져오는 교육관은 성장을 잠재적 능력의 발현이라고 보는 발현설의 관점이 아니라 경험의 끊임없는 재구성이라고 보는 관점임을 주장한다. 과거 경험의 가치만을 주장하는 것은 보수적 교육이요, 새로운 환경의 변화 속에서 경험을 계속적으로 재구성하는 것이 진보적 교육관이라는 주장을 피력한다.

개개인의 성장을 절대적 가치로 보는 교육관은 개인이 살아가는 사회집단, 공동체와 무관하게 살펴본 일반적인 교육관이다. 교육에서 아이들 개개인의 성장이 무엇보다 중요하다는 것은 누구도 부정할 수 없지만 교육이 과연 개개인의 성장만을 위한 것인가라는 물음에는 그렇다고 답하기 어렵다. 성장에 대한 논의에 앞서 듀이가 제일 먼저 교육의 사회적 기능으로 사회화를 강조했던 것을 떠올릴 필요가 있다. "집단생활에서 사라져 가는 사회 구성원들이 집단생활에 막 들어오는 구성원들에게 이상, 희망, 기대, 표준, 의견 등을 전달해 주는 과정이 없다면 사회의 삶은 존속할 수 없다"(DE, 42).

요컨대, 듀이는 교육의 두 측면, 즉 개개인의 성장과 사회화(사회적 삶의 존속, 사회적 재생산)를 동시에 중요하게 생각했다고 보는 것이 맞다. 듀이는 개개인의 성장을 중요하게 여기는 개인주의적 이상과 사회화를 중요하게 여기는 사회적 이상은 상호 분리될 수 없음을 강조한다. 양자가 서로 분리되어 있음을 주장하는 교육자들은 양자의 관계를 피상적으로 생각한 것이다. 교육사적 관점에서 플라톤의 철학, 칸트와 루소의 철학, 헤겔의 철학에서 얻을 수 있는 통찰은 모두 교육의 개인주의적 목적과 사회적 목적 실현이 상호 분리될 수 없다고 보았다는 점이다. 이들의 교육사상은 서구 역사에서 교육의 사회적 관련이 두드러지게 문제가 되었던 시기에 나타난 대표적인 것들이었다(DE).

교육사적으로 보면, 개인의 성장과 사회공동체(또는 국가)의 발전이라는 서로 다른 이념이 대립되어 왔다. 이 두 교육이념을 어떻게 민주주의 이념 속에 조화롭게 녹여내어 새로운 것으로 융합시킬 수 있는가 하는 것이 듀이의 과제였다. 듀이는 먼저 교육의 사회적 관련성이 가장 두드러지게 문제가 되었던 세 시기의 대표적인 철학을 살펴본 후 자신의 관점을 제시한다.

먼저 플라톤의 교육철학은 개인이 각각 천성으로 타고난 적성에 따라 다른 사람에게 유용한 일을 할 때 안정된 국가를 이룩할 수 있다는 것을 강조한다. 듀이는 이에 대해 다음과 같이 평한다. "사람의 능력을 발전하고 발달시키는 교육의 기능, 그 능력을 훈련하여 다른 사람들의 활동과 관련을 맺도록 하는 교육의 기능을 플라톤만큼 깊이 있게 통찰한 사람도 찾아보기 어렵다"(DE, 158). 그렇다면 플라톤의 사상은 무엇이 문제였는가? 플라톤 교육철학의 결정적 한계는 그 당시의 사회가 민주주의 사회가 아니라 소수의 계급으로 사람을 구분하는 계급사회였고, 그 계급구조를 그대로 받아들였다는 데 있었다. 결과적으로 플라톤의 교육철학은 당시의 사회계급 속에서 개개인성을 무시하고 "개인을 파묻어 버리는 것"이었다고 듀이는 평가한다.

18세기 개인주의 이상을 내세웠던 루소와 칸트는 어떠했는가? 봉건사회에서는 부정과 악폐가 개인의 자유로운 능력의 발달에 제약을 주었던 것이 현실이었다. 루소는 봉건사회의 외적 제약으로부터 개인의 삶을 해방시켜야 한다는 이상을 추구했으며, 자연을 따르는 교육이 그 이상을 따르는 방법이라고 믿었다(노상우, 1995). 칸트 역시 18세기 마지막 몇 년 동안의 강의를 모은 그의 교육론에서 교육을 인간이 되는 과정으로 정의하였다. "인간은 진정한 의미에서의 도덕적이고 합리적이며 자유로운 존재로 스스로를 만들어 가지 않으면 안 된다. 이 창조적 노력은 세대 간에 걸친 장기간의 느린 교육활동에 의하여 이루어진다"(DE, 16 재인용). 칸트와 루소의 이상은 매우 개인주의적인 교육사상을 제시한 것처럼 보이지만, 듀이는 루소와 칸트의 교육사상은 보편적인 휴머니티(인간성)를 실현하고자 하는 '개인주의적 범세계주의적 이상'을 표현한 것이라 평가한다(DE). 듀이의 평가에 따르면, "18세기의 교육철학은 형식상으로는 고도로 개인주의적인 특징을 나타내지만 이 개인주의의 형식은 고상하고 도량이 넓은 (인간성 실현) 사회적 이상에서 착안된 것이다”(DE, 169). 그 사회적 이상이라는 것은 곧 사회는 인간성이 발휘될 수 있도록 조직되어야 하며 인간의 무한한 완성 가능성이 실현되도록 해야 한다는 것이다. 그러나 부모는 교육을 자녀의 성공과 출세를 위한 수단으로 간주하고, 국가는 교육을 국가의 목적 달성의 수단으로 이용하는 현실에서 범세계주의적 이상이 실현되기 어렵다고 듀이는 지적한다.

한편, 헤겔은 당시 개인의 자질의 완전한 발달을 이상으로 삼는 가치관을 버리지 않으면서도 국가의 이익에 교육이 봉사하도록 만드는 것을 교육의 임무로 생각하였다(DE). 그리하여 국가가 공교육의 수단을 제공하면서 또한 공교육의 목적을 제시해야 한다고 생각하였다. 헤겔은 “초등학교에서 대학에 이르기까지, 학교체제가 애국적인 시민과 군인과 장차 국가의 관료와 행정가를 길러 내며 국방, 산업, 정치적 방어와 확장의 수단을 제공하는 식으로 교육의 실제가 이루어져야 한다.”는 공교육관을 피력하였다(DE, 164). 헤겔의 공교육관은 독일뿐만 아니라 일본과 우리나라에도 강력한 영향을 미쳤다. 듀이는 헤겔의 교육철학이 ‘사회적 효율성’에 대한 이상을 표현한 것이라고 말한다.

오늘날에도 사회적 효율성을 중시하는 헤겔의 교육사상이 공교육체제의 이상으로 들어와 있다. 개인 자질의 완전한 실현과 국가의 이익과 목적의 실현을 조화시키려고 하면서 헤겔철학의 추종자들이 들고 나왔던 것이 ‘국가유기체설’이다. 즉, “고립된 존재로서의 개인은 아무것도 아니며, 오직 조직된 제도 속에서 또 그 목적과 의미를 받아들임으로써 개인은 개인으로서의 진정한 실체를 가지게 된다는 것이다”(DE, 165). 국가유기체설을 잘 표현한 것이 박정희정권 시절의 국민교육헌장이었다. 국민교육헌장에는 “나라의 발전이 나의 발전의 근본임을 깨달아….”라는 구절이 있었다. 국가유기체설에서는 국가를 개인의 우위에 놓을 뿐만 아니라 개인을 부정적인 존재로 본다.

헤겔철학에 따르면 “사적 존재로서의 개인은 국가의 제도와 법의 교육적 훈육에 자발적으로 종속되지 않는 한, 필연적으로 이기적이고 비합리적인 존재로서 그 자신의 욕망과 상황적 요구에 노예가 될 수 없다는 것이다”(DE, 166). 독일의 교육제도는 개인 자질의 계발과 국가의 훈육적 목적을 결합시킨 제도이다. 독일은 초등학교는 물론이고 대학도 보편적인 의무교육의 공교육체제 속에 편입시키고, 모든 사립교육기관도 엄격한 국가통제와 관리를 받게 만든 최초의 나라가 되었다(DE).

듀이 역시 앞서 살펴본 철학자들처럼 개인의 성장과 사회공동체 생활 참여를 중요하게 생각한다. 그런데 여기서 난점은 개인의 성장과 사회공동체 참여를 어떻게 조화롭게 연결시킬 수 있는가 하는 것이다. 자칫하면 사회공동체를 개인보다 우위에 두는 헤겔철학의 오류를 반복할 수 있다. 어떻게 하면 사회공동체에 기여하면서도 동시에 개인의 자유를 신장하고 인간으로서의 성장을 이룩할 수 있는냐 하는 것이 과제이다. 듀이는 “사회적 목적을 향하여 점진적으로 성장해 나가는 개인의 능력을 자유롭게 하는 일”이 중요하다고 말하는 데서 양자의 조화를 생각하고 있음을 드러낸다. 여기서 우리가 묻지 않으면 안 되는 것은 과연 ‘사회적 목적’이 무엇이며 그 목적을 추구하는 '사회'는 어떤 사회인가 하는 것이다. 듀이 역시 "'사회적인 것'이라는 것이 무엇을 뜻하는가 하는 문제에 대하여, 이때까지 교육이론이 밝힌 것보다 훨씬 명료한 개념을 가지도록 요구하고 있다."고 말한다(DE, 168).

듀이가 '사회적인 것'에 대해 말할 때, 어떤 사회적 삶의 형태를 염두에 둔 것일까? 당연히 가치 있는 사회생활형태일 것이다. 그렇다면 과연 무엇이 가치 있는 사회생활형태인가? 예를 들어, '협동과 상호부조의 정신에 입각한 사회생활'이 가치 있는 사회생활형태인가, 아니면 상호 배타적이며 '적대관계에 입각한 목적과 이익을 추구하는 사회생활'이 가치 있는 사회생활형태인가? 각자의 관점에 따라서 다른 판단을 내릴 것이다. 따라서 어떤 사회생활이 가치 있는 형태인지 말할 수 없다고 결론지을 수도 있다.

어떤 사회생활형태가 이상적이고 가치 있는 사회인가를 판단할 수 있는 기준, 규범적 토대는 없는 것일까? 사실 규범적 토대가 없다고 말하는 사람일지라도 전체주의적 국가의 사회는 바람직하지 않다고 판단한다. 그 판단의 기준은 어디서 나온 것일까? 교육과 관련하여 그것의 기준은 매우 중요하다. 왜 그러한가? "교육은 사회적 과정이요, 또 사회는 종류가 다양하기 때문에, 교육을 비판하거나 건설하는 기준에는 그 '특정한' 사회의 이상이 무엇인가가 반드시 문제된다"(DE, 170). 예를 들어, 경쟁적이고 상호 배타적인 자기 이익과 목적을 추구하는 사회에서 교육은 경쟁중심의 가치를 중시하고, 경쟁원리에 따라 이루어지게 된다. 협동적인 관계성을 중시하는 사회에서 교육은 협동적인 관계성의 가치를 중시하고, 추구하는 방식으로 이루어지게 된다. 어떤 교육이 바람직한가? 그것을 평가하는 기준은 무엇인가? 듀이에 따르면 그것의 판단 기준은 '사회적인 것'이다.

듀이에게 있어 그 기준은 사회 구성원들의 관계가 상호 교섭적이고, 다양한 관심사를 공유하며, 가치 있는 경험을 자유롭고 평등하게 주고받을 수 있는가이다. 그런데 이것이 과연 가치 있는 사회생활형태라고 판단할 수 있는 근거는 무엇인가라는 물음이 나오게 된다. 듀이는 『민주주의와 교육』에서 몇 가지 예시를 통해 그 기준이 합당한 것임을 밝히려 한다. 상호교류 없는 공동생활은 사회집단, 예를 들어 상류계급집단 등의 고립성과 배타성을 가져오고 집단 내부의 이기적인 목적만을 추구하는 반사회적 성향을 나타낸다. 그리고 다양한 생활경험의 자유로운 교환이 정지될 때에는 각 개인의 경험 또한 그 의미를 상실한다(DE). 예를 들어, 다양한 생활경험을 가지지 못한 판사도 그렇다. 판사였던 한 변호사는 자신이 현재에 갖게 되는 다양한 경험을 판사 시절 가졌더라면 판결이 달라졌을 것이라고 말한다. 듀이에 따르면 "특권층과 시민 사이의 계급분리는 사회적 삼투작용을 방해한다"(DE, 151). 또한 "다양한 관심을 공유하는 데서 우러나오는 자유롭고 균등한 상호교섭이 결여되어 있으면, 지적 자극이 불건전하게 된다."는 것이다(DE, 152).

듀이에 따르면, 사회 구성원 개개인의 이상적인 지적 · 도덕적 · 심미적 성장을 가져오며, 동시에 사회공동체의 발전을 가져올 수 있는 것은 가치 있는 경험의 교환과 공유이다. 개인과 사회공동체(환경)를 연결시켜 주는 고리는 '경험'이다. 교육은 경험의 끊임없는 재구성이라는 듀이의 정의를 이 맥락에서 이해할 필요가 있다. 이 정의는 교육의 개인적 차원과 사회적 차원을 동시에 내포하고 있다. 먼저 개인적 차원에서 보면, 환경과의 상호작용 속에서 가지게 되는 삶의 경험들이 질적으로 높은 수준으로 재구성되면서 개인은 성장하고 발달한다. 인생의 어느 시점에서 아무리 가치 있었던 경험이라도 거기에 고착되면 고인 물처럼 탁해진다. 지속적으로 사회공동체의 다양한 관심사에 활발하게 참여하는 동안에 자신의 경험이 질적으로 더 높은 수준으로 재구성될 수 있다. 해외로 이민 간 교포들의 경험이 한국에서 살던 어느 한 시기에 고착되는 경우들이 있는데, 그렇게 되면 고국을 떠나기 전 가졌던 의식에서 벗어나기 어렵다. 그리고 사회공동체의 차원에서 보면, 개인에게 가치 있는 경험은 민주적인 공동생활에 참여하면서 생기는 경험들이며, 자신의 경험을 주고받으며 다른 사람들에게도 가치 있게 만든다. 이와 같이 경험은 환경(사회공동체)과의 상호작용 경험으로, 개인의 '경험'을 중심에 두고 보면, 개인의 성장과 사회공동체의 발전이 조화롭게 어울릴 수 있다.

환경과의 상호작용 경험을 통해 아이들이 성장한다면 아이들의 이상적인 성장을 가져오는 사회는 어떤 사회인가라는 의문이 따라 나오게 된다. 지금 시대의 교육자들은 이 질문을 거의 하지 않는다. 학생 개인적 차원의 지적 성장, 또는 성적에만 관심을 두기 때문이다. 18세기에 나타난 교육사상은 매우 개인주의적인 특징을 나타냈지만, 그 개인주의적인 교육사상마저도 "고상하고 도량이 넓은 사회적 이상"에서 착안된 것이다(DE, 167). 그 이상이라는 것은, 곧 사회는 인간성(휴머니티)의 발휘를 전제로 하여 조직되어야 하며, 인간의 무한한 완성가능성이 실현되도록 조치를 취해 주어야 한다는 것이다. 칸트는 인간은 진정한 의미에서의 도덕적이고 합리적이며 자유로운 존재로 스스로를 만들어 가지 않으면 안 된다는 견해를 가지고 있었다. 이 창조적 노력은 세대 간에 걸친 장기간의 교육활동에 의하여 이루어진다. 어린 세대를 기존의 경쟁사회의 현실에 적응하도록 교육하는 것이 아니라 인간성이 더 풍부한 사회를 건설하도록 교육하는 일에 의식적인 노력을 기울일 때에야 칸트의 이상은 실현될 수 있다.

우리는 교육을 통해 만들어 가야 할 바람직한 사회로 어떤 사회를 생각하는가? 지금의 우리 교육에는 이 질문이 빠져 있다. 지금처럼 교육을 주로 심리학적인 차원에서 생각하는 흐름 속에서는 아이들이 장차 살아갈 사회가 어떤 사회인지는 관심 밖이다. 학교교육에서 아이들의 학습능력 계발과 심리적 문제 등에 관심을 두는 것은 당연하지만, 학습심리와 상담의 차원에 지나치게 집중되어 있다. 이런 현상은 한국도, 미국도 마찬가지이다. 루소는 거짓과 부패로 가득찬 사회, 사회적 악폐가 심한 사회에서 교육은 아이들의 성장을 해치게 된다고 생각하였다. 거기서 벗어날 수 있는 교육은 어떻게 이루어질 수 있는가? 지금 시대에는 개인에게 미치는 모든 사회적 병폐의 해로운 영향을 개인의 심리치료로 해결하려 하고 있다. 부모로서 또는 교육자로서 우리가 어린 세대들이 어떤 사회에서 살아가기를 원하는지 보여 주는 것이 현재 우리의 교육방식이다.

Part

세상의 모든 아이를 위한 민주주의와 교육

03

'아이의 배움'의 관점에서 보는 교육목적, 교과지식, 교육방법

12

행함으로써 배운다

듀이의 상호작용 경험 개념은 기본적으로 주체(인간)와 객체(세계)의 이원론을 부정하는 개념이다. 이것이 듀이의 경험철학과 근대철학인 로크의 감각적 경험철학을 구분 짓는 경계점이다. 고대 그리스시대 철학자들의 인식 속에서는 개인과 세계는 분리될 수 없었다. 왜냐하면 세계를 인식하는 주체는 개인이 아니고 신적인 이성이었기 때문이다. 신적인 이성 속에 개인과 세계는 통합되어 있는 상태였다(DE). 그런데 근대 이후에는 세계와 개인을 분리시키는 단계로 접어들게 되었다. 개인과 세계를 이원적으로 분리시키는 근대철학이 감각적 경험주의이고 합리주의였다. 듀이의 경험철학은 개인과 세계를 이원적으로 분리시키지 않는 입장으로 감각적 경험주의와는 기본적인 설정 자체가 다르다.

개인과 세계는 분리되어 있다고 생각하는가? 아니면 연속적인 상호작용의 관계성 속에 있다고 생각하는가? 오늘날 생태주의 철학은 듀이와 마찬가지로 개인과 세계가 분리되어 있다는 근대철학을 거부한다. 생태주의 철학의 뿌리는 듀이의 일원론 철학이라는 주장이 이런 이유에서 연유된다. 근대 철학자인 로크와 베이컨은 세계와 자아를 이원론적으로 분리시켜서 생각하였다. 이렇게 분리되어 있다고 생각하게 되면 이 세계를 어떻게 인식할 수 있느냐 하는 문제가 발생한다. 그것이 철학에서 말하는 인식론의 문제다. 말하자면 인식의 주체와 인식의 대상이 나누어져 있다고 한다면 어떻게 자아가 타자, 세계를 인식할 수 있게 되는가, 어떻게 알 수 있게 되는가, 어떻게 세계에 대한 지식을 얻을 수 있게 되는가 하는 문제가 발생한다. 우리는 세계를 진짜 있는 그대로는 알 수가 없고 오직 마음에 판 찍힌 인상만을 알 수 있다는 식으로 설명하는 로크의 감각경험론이 있으며, 개인의 마음이 아닌 세계는 존재하지 않는다는 식으로 설명하는 유아론적(唯我論的) 철학이 있다(DE).

듀이의 경험철학은 이원론적 경험철학과 다르며, 세계와 타자를 인식의 대상으로 보지 않는다. 듀이의 경험철학에서 경험은 주체와 세계가 상호작용하면서 생기는 경험이다. 다시 말해, 상호작용 경험이란 주체와 객체, 유기체와 환경이 이원적으로 분리되어 있지 않고 연속적으로 서로 영향을 주고받는 관계 속에 있다는 것을 뜻한다. 그것을 표현하는 용어가 '교변작용(transaction)'이다. 듀이는 『민주주의와 교육』에서 '상호작용'이라는 용어를 사용했지만, 나중에 이 용어 대신에 '교변작용'이라는 용어를 사용하였다. '상호작용' 용어는 기계적인 자극-반응이라는 행동주의적 관점으로 오해되기도 하고(김무길, 2005), 독립적으로 존재하는 개체들이 서로 간에 상호작용한다는 인식을 갖게 하기 때문이다. 교변작용 자체가 이미 유기체와 환경은 하나로 연결되어 있고 통합되어 있음을 나타낸다.

듀이의 경험철학이 복잡한 것 같지만 그 명제는 단순하다. 인간을 포함한 모든 유기체는 진공 속에서 존재하는 것이 아니라 언제나 환경 속에서 존재한다는 것이다. 인간은 환경을 떠나서는 존재할 수 없으며, 인간은 환경 '속'에서 살며, 환경에 '의해서', 보다 정확히 말하면 '환경과의 상호작용을 통해서' 살아간다(박홍철, 1993). 이러한 듀이의 경험철학은 환경에 대한 적응을 중시하는 진화론의 영향을 받은 것이다.

이 세계가 인간과의 상호작용으로 이루어진 역동적인 변화로 가득한 세계라면, 인간은 어떻게 세계를 인식하고 지식을 얻을 수 있는가? 듀이에 따르면, 지식의 원천은 '자아'도, '세상'도 아니고, '자연'도 아니며 정신과 환경의 상호작용 속에 존재한다. 이 말은 추상적이어서 이해하기 어려운 말이다. 듀이에 따르면 실재는 스스로 모습을 드러내지 않는다. 실재는 인간이 모종의 행위(action, doing)를 취할 때 그 모종의 행위에 반응하고, 인간은 이 반응을 겪어서 실재의 모습을 알게 된다는 것이다. 즉, 지식은 감각적 경험이 아니라 세계와의 교변작용 속에서 갖게 되는 '실험으로서의 경험'을 통해서만 얻을 수 있다고 보는 것이다. 이것이 듀이의 학습관을 대표하는 표어인 'learning by doing', 즉 '행함으로써 학습한다'는 의미이기도 하다(DE, 291).

그런데 '행함으로써 학습한다'는 말은 많은 오해를 불러일으키기도 하였다. 예를 들어, 몸을 움직여서 사물을 만지고 다루어 보는 활동만으로 학습이 이루어진다는 오해이다. 그렇게 되면 교육에서 오로지 활동(놀이 활동, 수공 활동, 직업 활동, 체험활동 등) 자체만을 중시하게 되는 일이 벌어진다. 그러한 활동이 얼마나 교육적 가치를 가지는가 하는 것은 그러한 활동의 의미를 생생하게 느끼고 깨닫는 데에 그것이 얼마나 도움이 되는가에 달려 있다. 영국 초등학교 학생들의 활동을 보자.

> 교사들은 학생들이 아이디어를 구성하고 글의 맥락과 소재를 발견하려면 직접 경험하는 것이 효과적일 것으로 확신했다. 예를 들어, 3~4학년 학생들은 빅토리아 시대에 농장에서 일하는 어린이의 생활을 생각해 보기 위해 학교 운동장에서 한 시간 동안 괭이로 땅을 파기도 하고, 새를 직접 쫓아 보는 경험을 했다(Christodoulou, 2018: 98)

이런 물리적 활동들을 통해서 아이들은 과연 무엇을 학습했을까? 운동장에서 괭이로 땅을 파고, 새를 직접 쫓아 보는 활동을 했다고 해서, 빅토리아 시대 농장에서 일하는 어린이의 생활이 어떠했는가를 알 수 있었을까? 우리는 그것을 확인하기 어렵다. EBS 프로그램에 나온 외국의 자유학교의 모습을 보면, 영국 초등학생들의 활동보다는 낫지만, 활동의 의미를 알기 어렵다는 점에서는 마찬가지이다. 자유학교에서는 아이들이 교실에서 교과수업에 집중하기보다는 야외에서 많은 활동을 하는 데 시간을 쓴다. 숲속에서 나무 그네를 타고 통나무에 톱질을 하는 활동도 한다. 야외활동이 아이들의 흥미를 유발하고 집중하도록 하는 데 도움이 된다. 하지만 야외활동 자체에 교육적 의미를 부여한다면 이야기는 달라진다. 활동의 의미를 아이들이 느낄 수 있어야 한다. 아이들이 활동의 의미를 알게 되는지는 불확실하다.

활동의 의미를 느끼는 데는 '창조적인 상상력'이 필요하다. '행함으로써 배운다'고 말할 때 듀이가 강조하는 것은 '활동+창조적인 상상력'이다. 듀이에 따르면, "자유로운 상상력이 따르지 않는다면 직접적인 활동에서 상징적인 지식으로 나아갈 길이 없는 것이다. 상상력에 의해서 비로소 상징이 직접적인 의미로 번역되고 좁은 활동과 통합되어서 그 활동의 의미가 확장되고 풍부해진다" (DE, 357). 활동의 의미가 확장되고 풍부해지지 않았다면, 활동 자체에서 아이들이 배우는 것은 별로 없다.

흔히 활동(doing)을 경험이라고 오해하기도 하는데 활동 자체가 '경험'은 아니다. 듀이는 경험을 능동(무엇인가를 '하는 것' doing)과 수동('해 본 것의 결과'를 '당하는 것')의 결합이라고 정의하였다. 이것은 무슨 뜻일까? 예를 들어, "학교 현장에서 가르쳐 본 경험이 있느냐, 교육이론을 안다고 해서 잘 가르칠 수 있느냐?"라는 말을 하는 교사가 있다고 하자. 이 말에는 경험의 우위, 경험의 가치를 중시하는 관점이 들어 있다. 여기서 '경험'이란 무엇을 의미하는 것일까? 흔히 "경험에서 배운다"는 말을 하는데, 이 말 속에는 경험 자체가 중요한 것이 아니라 경험에서 배우는 것이 중요하다는 뜻이 담겨 있다. 자신의 경험이 어떤 의미가 있는가, 넓은 시각에서 사고하며 그 의미를 정확하게 깨닫고 다른 것들과의 관련성을 파악할 줄 아는 것을 의미한다. 그 과정에는 당연히 관련된 지식들이 필요하다. 경험이 가치가 있다고 할 때는 단순히 몇 년 동안 가르쳐 본 경험이 있다는 것이 중요한 것이 아니라 그 경험들의 축적 속에는 그 경험의 의미가 지적으로 파악되어 있으며, 또한 고도의 숙련된 지적인 습관(teaching habit)이 형성되어 있음을 전제하는 것이다.

듀이가 말하는 능동(무엇인가 해 보는 것)과 수동(해 본 것의 결과를 당하는 것)의 결합 형태의 경험은 '실험으로서의 경험'을 의미한다. 실험으로서의 경험이란 무엇일까? 새로운 교수방법을 적용해 보자는 교육부나 교육청의 시도에 대해 교사들이 흔히 쓰는 표현은 "학생을 대상으로 실험해서는 안 된다. 어떻게 학생이 실험의 대상이 될 수 있느냐?" 하는 것이다. 이때 실험은 실험실의 생쥐 실험처럼 인간을 대상으로 한 실험의 의미를 함축하고 있다. 하지만 '실험으로서의 경험'에서 '실험'은 어떤 조건이 갖추어진 실험실에서 실험자가 어떤 의도된 결과를 얻기 위해 조작하는 실험을 의미하지 않는다. 인간의 세계 속에서 일어나는 경험들을 과학적인 실험정신으로 탐색해 본다는 의미가 강하다.

혁신학교를 해 보고 배움의 공동체를 해 보는 것도 새로운 '실험'이며, 또한 교원평가제를 해 보고 입학사정관제를 해 보는 것도 새로운 '실험'이다. 검찰개혁에서 중요한 검·경수사권 조정도 새로운 '실험'이다. 어떤 결과가 나올지는 두고 봐야 하지만, 그것은 듀이가 말한 실험의 결과, '해 본 것의 결과를 당하는 것'(수동)이다. 그런데 그러한 종류의 새로운 실험에 대해서는 인간을 대상으로 한 조작적 실험이라고 보지 않는다. 아무것도 하지 않는 상태가 무 실험 상태라고 볼지 모르지만, 우리는 우리가 익숙해져 자각하지 못할 뿐, 기존의 오래된 (제도의) 실험의 상태 속에 있다. 인위적 실험실 안에서 이루어지는 실험에 대해 문제의식을 가지는 것은 실험자와 실험대상이 이원적으로 분리되어 있고, 실험대상은 자신의 의지와 상관없이 수동적으로 실험을 '당하는' 상태에 놓이기 때문이다. 듀이가 말하는 실험으로서의 경험은 실험자와 실험대상이 분리되어 있지 않으며, 모두가 실험에 참여하는 능동적 주체이다.

예를 들어 보자. 요즈음 혁신학교에서 협동학습을 많이 강조하고 있는데, 교사들의 협동학습방법이 효과적이었는지 알기 위해서는 교사들의 직접적인 '경험'을 들어 볼 필요가 있다. 여기서 경험의 의미는 무엇일까? 교사들이 협동학습방법을 사용해 본 결과 학생들의 수업참여가 높아졌다고 하자. 여기서 협동학습방법을 사용하는 것이 '해 보는 것'(능동)이요, 그 결과로 수업참여가 높아졌다는 것이 '당하는 것'(수동)이다. 말하자면, 협동학습방법을 사용해 본 경험, 일종의 '실험으로서의 경험'을 가지게 되었다는 것이다. 교실에서 이루어지는 실험은 인위적인 실험실 속의 실험이 아니라 조작되지 않는 '자연상태' 속에서 이루어지는 실험이다. 심리학자가 실험연구를 할 때, 특별한 조건의 실험집단을 만들어 실험하는 방식의 실험과는 다른 의미의 실험이다.

그런데 실험으로서의 경험은 가만히 보면, 복잡한 '상호작용의 경험'이다. 앞서 든 예를 보면, 협동학습을 시행해 본 경험이 좋았던 것은 아이들이 협동학습에 대해 보인 반응이 매우 긍정적이었다는 것을 내포하고 있다. 그 반응은 협동학습방법이라는 새로운 자극에 대한 기계적인 반응이 아니다. 그 방법에 대해 아이들의 해석에서 우러나오는 반응이다. 그러므로 교사가 어떻게 협동학습방법을 학생들에게 인식하도록 하는가가 매우 중요하다. 아이들의 충분한 인식과 이해, 공감과 능동적 참여 의지의 형성이라는 사전 과정 없이 그 방법이 좋다는 이유만으로 교사가 일방적으로 시행한다면 그것은 아이들을 수동적인 실험대상으로 만드는 것이며 또한 아이들의 반응도 긍정적으로 나오기 어렵다. 협동학습의 부정적 결과에 직면하게 되면 그 교사에게서 이런 말이 나오기 쉽다. "협동학습이 좋다더니 내 수업에서는 효과가 없어. 그것은 그냥 이론일 뿐이야." 이것이 이 교사가 갖는 경험이다. 어떤 교수법을 시행하던지 간에 그것에 대한 학생들의 인식과 해석, 그리고 그것에서 우러나오는 반응이 중요하다. 여기서 교사의 경험은 교사의 자극과 학생의 반응(해석의 결과로서의 반응)의 상호작용 경험이다.

상호작용 경험이 구체적으로 협동학습에 어떤 의미가 있는가를 조금 더 깊이 생각해 보자. 교사들이 자신이 시행해 본 협동학습의 효과를 이야기함에 있어 협동학습 자체가 하나의 실체로 존재하며 그것 스스로가 효과를 내는 것처럼 말을 한다. 교사들은 협동학습이 아이들의 수업참여를 높이는 데 좋은 방법이라고 말할 때 이미 협동학습방법의 존재 자체가 학생들의 마음과는 무관하게 효과적이고 좋은 방법이라고 간주하고 있는 것이다. 마치 협동학습을 시행하는 교사나 학생과 상관없이 협동학습방법이 그 자체로 효과가 있는 것처럼 생각되고 있는 것이다. 듀이의 표현을 쓰자면 "우리는 우리 자신이나 마음에 고립되어 존재하는 그것들(협동학습)이 대상(학생)의 능동적 활동양식과는 무관하게 그 자체의 작용법칙을 가지고 있다고 생각한다. 이 법칙이 곧 (협동학습) 방법이 된다는 것이다"(DE, 267). 하지만 협동학습방법은 그 스스로 존재하는 실재가 아니라 학생과 교사의 상호작용의 과정 속에서만 인식될 수 있으며 오로지 수업 속에서 경험될 따름이다.

수업상황에서만 협동학습 자체가 하나의 실재로 존재하며 그것 스스로가 효과를 내는 것처럼 오해되는 것만은 아니다. 심리학에서 흔히 시행하는 실험연구에서도 마찬가지이다. 협동학습 자체가 주체(교사와 학생)의 마음이나 경험과 상관없이 독자적으로 존재한다고 전제한다. 그래서 '협동학습이 수업참여에 미치는 효과'라는 연구 제목이 붙어 있는 논문이 나온다. 심리학의 실험연구방식은 주체와 객체를 분리시키는 이원론적 관점에 입각해 있다. 이원론적 관점에서 보면 학생들은 협동학습 실험의 대상이고 교사가 아니라 협동학습 프로그램이 그 실험의 '주체'이다. 이런 관점에 따르면 학생은 협동학습 자체의 영향을 받아 학습효과를 높이는 것이지 교사의 영향을 받는 것이 아니다. 과연 그러한가? 실험상황에서 만일 교사가 실험의 주체이고 종속변인(협동학습효과)이 교사의 영향을 받는 것이라면 협동학습방법을 사용한 교사변인도 통제를 해야 한다. 그러나 교사변인을 통제하는 실험연구는 별로 없다. 학생의 다양한 변인을 통제할 따름이다.

본래 실험연구는 연구목적을 위해 의도적으로 실험적 조건을 만들어 실험주체와 객체로 분리시키는 방식이다. 그것은 있는 그대로의 자연상태에서의 실험이 아님에도 이러한 자연과학의 실험 방식에 익숙하다 보니 교실상황에서도 주체와 객체가 분리된 것처럼 인식하는 착각이 일어난다. 듀이는 교육학에서 자연과학적 실험의 한계에 대해서 다음과 같이 말하고 있다.

> 물리학에서 측정이 지니는 특권을 교육의 문제에까지 맹목적으로 연장하는 일이 발생하지 않도록 해야만 한다.… 실험실 실험에서는 조건을 강력하게 통제하여 알아내고자 하는 몇몇 요소만을 최대한 고립시킨다. 그리하여 그 결과도 오직 그처럼 조건(변인)이 통제된 상황에서만 적용된다. 인간을 교육하는 작업에서는 이러한 조건의 통제는 애당초 불가능하다. 끼어드는 변인의 수가 엄청나다. 훌륭한 교사는 자신이 현재 수행하고 있는 작업에 뚜렷하게 관련되어 있지 않은 변인을 잘 헤아린다. 교사가 처한 상황은 질적인 상황이며 교사의 헤아림은 그 자체가 질적인 것이다(Dewey, 1929: 64-65).[9]

실제 상호작용이 일어나는 교실상황에서 주체(교사)와 객체(학생)의 이원론적 관점은 맞지 않다. 협동학습이 효과를 낼 수 있었던 것은 교사와 학생의 상호작용이 있었기 때문이다. 학생의 반응은 교사가 자신의 방식으로 시행한 협동학습에 대한 주체적인 해석의 결과이었고, 그 학생들의 반응은 교사의 입장에서는 신선한 자극이 되며 교사는 그 자극에 대한 자신의 해석을 통해 교사로서의 반응을 보이는 일련의 상호작용의 과정이다. 이런 견지에서 보면 학생을 실험의 대상, 객체라고 할 수 없고 협동학습 프로그램 자체를 실험의 주체라고 할 수 없다. 교실의 있는 그대로의 자연상태에서 일어나는 상호작용의 경험 속에는 실험하는 주체와 실험되는 객체로 분리될 수 없다.

13

사고한다는 것은 말과 행위의 결과에 관심을 갖는 것

대개 듀이 사상이라 하면 '경험'을 많이 떠올린다. 하지만 듀이는 경험을 제일 우선시한 게 아니라 사실은 사고력을 최고의 우선순위에 놓은 것처럼 보인다. 대개 거꾸로 생각해서 "듀이는 사고능력보다는 경험을 중시한다."라고 하지만 듀이는 "경험에서 가장 중요한 것이 사고라는 경험"이라고 말한다(DE, 236).

교사들이 수업에서 결국 주안점을 둬야 될 것은 아이들의 사고습관 향상이며, 어떻게 하면 사고습관을 향상시킬 수 있을 것인가가 교사의 고민사항이 되어야 한다. 아이들의 사고습관을 함양하는 교육을 하자는 말에 동의하지 않을 교사는 없고, 다만 사고습관을 함양하는 방법의 차이만 있다고 생각하기 쉽다. 하지만 "우리는 사고하는 방법에 관해 이야기를 하며 그렇게 이야기하는 것이 타당하기도 하지만 방법에 관하여 명심해야 할 중요한 사항은 사고가 바로 방법, 지적인 경험의 방법이라는 것이다"(DE, 248). 즉, 지적인 경험을 하려면 '사고'라는 '방법'에 의거해야 한다는 것이다. 여러 가지 교수학습방법을 연구하고 있지만 교사들이 잊어서는 안 되는 것은 사고(思考)가 일어날 수 있도록 하는 것, 그것이 학습의 핵심이라는 것이다.

요컨대, 교육에서 가장 중심적인 것은 학생들이 사고하고 탐구할 수 있도록 하는 것이요, 그것이 바로 학습이다. 그런데 이렇게 말하는 것만으로는 특별한 느낌이 오지 않는다. 학습에서 사고가 중요하다는 것은 누구나 알고 있는 진부한 말로 느껴진다. 하지만 듀이가 말하는 '사고'는 교육심리학에서 말하는 '사고'와 그 의미와 쓰임이 다르다. 듀이 텍스트에서 그 차이가 무엇인가를 찾아보고 확인해 보지 않으면 안 된다. 그렇지 않으면 듀이의 '사고'라는 개념은 '무(無)맛'이다.

사고라는 것은 주관적이며 개인의 경험과 관련되어 있다. 사고한다는 것은 의심, 의문을 제기하는 것이다. 모든 것이 불확실하다. 사고는 불확실성에서 출발한다. 사고의 과정을 통해서 지식을 비판하고 수정한다. 그리고 실재에 대한 신념을 재조직한다. 이것이 사고의 작용이다. "사고는 의심 또는 불확실성에서 시작한다. … 사고는 탐구, 탐색, 추구의 태도를 나타낸다. 사고의 비판과정을 통하여 참된 지식이 수정, 확장되며 실재에 관한 우리의 확신이 재조직된다"(DE, 429). 인간이 사고한다는 것은 단순히 사고력이라는 심리학적 특성을 발현한다는 의미를 넘어서서 "이전에 받아들여진 신념을 수정 변형하는 능동적 주체"(DE, 441)가 된다는 것을 의미하며, 확립된 진리에 의문을 제기하고 스스로 사고하면서 탐구하는 능동적 주체가 된다는 것을 의미한다.

듀이가 말하는 사고가 무엇인지는 지식과 비교할 때 더욱 확실해진다. 듀이에 의하면, 사고와 지식은 다르다.

> 지식과 사고 사이에는, 전자가 객관적이요 개인과 무관한 반면에 후자는 주관적이요 개인과 유관하다는 점에서 구분이 성립한다. 어떤 의미에서 보면, 지식이라는 것은 우리가 당연한 것으로 받아들이는 것을 가리킨다. 지식이라는 것은 끝난 것, 확립된 것, 우리의 통제 하에 있는 것으로서, 그것에 관해서는 더 이상 문제 삼을 필요가 없는 것을 가리킨다. 우리가 완전히 알고 있는 것(즉, 지식)에 관해서는 사고할 필요가 없다(DE, 429).

이렇듯 듀이는 사고와 지식을 확연히 구분 짓는다. 듀이의 지식관은 지식을 절대시하는 종래의 지식관과 다르다. 절대적 지식의 관점에서 봤을 때는 어떤 확립된 진리에 대해서 의문을 가질 것 없이 그 지식을 통달하고 소유하면 된다고 생각하지만 사고라는 것은 뭔가 의문을 계속 가지기도 하고 문제의식을 갖고 불확실한 면들을 더 탐구하는 것이다. 사고와 지식의 구분은 학습에 매우 중요한 함의를 지니고 있다. '학습'한다는 것은 주어진 지식을 있는 그대로 습득한다는 뜻인가, 아니면 '사고'한다는 뜻인가? 어떤 관점을 취하느냐에 따라 수업은 판이하게 달라진다.

흔히 아이들이 지식을 습득할 때 어른들은 사고한다고 생각한다. 그러나 지식의 습득과정에서 아이들은 사고하는 것이 아니라, "오직 문제의 상황과 직접 부딪쳐 씨름을 하고 자기 자신의 해결책을 모색, 발견할 때에만 사고를 한다"(DE, 257). 따라서 부모와 교사가 해야 할 일은 지식을 전해 주는 일이 아니라 사고를 자극하는 상황을 만들어 주는 일이다. 특히 교사는 교과지식을 전달해 주고 학습자가 얼마나 정확히 그 내용을 재생하는가를 확인하는 일이 중요한 것이 아니라 학습자의 활동에 함께 참여하면서 학습활동에 공감해 주고 학습이 일어날 수 있도록 하는 것이 중요하다.

학교에서 흔히 사용하는 '발견학습'이라는 것도 학습자로 하여금 능동적으로 무엇인가를 발견하도록 하는 것이며, 학습자가 자신의 목적을 달성하기 위하여 주어진 학습자료를 활용하도록 하는 것이다. 발견학습을 이미 교과서에 나와 있는 답을 찾아내는 것으로 오해하기도 하는데, 그것은 발견학습이 아니다. 교과서 내용을 찾아보면 답이 나와 있음에도 애써 발견학습을 하도록 할 필요는 없다. 학습자가 새로운 관점에서 문제의식을 가지며, 자신의 사고과정을 통해 자신의 의문에 대한 답을 발견해 내는 과정이 중요하다. 물론 학습자가 제기하는 문제가 학습자를 좌절시킬 정도의 수준이어서는 안 되며, 학습자의 사고를 일으키기에 충분할 만큼 크면 된다. 그리고 무엇인가를 사고하고 발견한다는 의미가 아무것도 없이 오로지 머릿속에서 스스로 생각하고 발견해 내라는 뜻은 아니다. 그 누구도 그렇게 할 수는 없다. 발견학습에는 사고의 자료가 필요하다. 듀이는 이렇게 말한다. "사고의 자료는 '생각'이 아니라 행위요, 사실이요, 사건이요, 사물들 사이의 관계이다"(DE, 253).

그릇된 발견학습의 방식과 비슷하게 학교에서 학생들이 하는 논술 글쓰기도 오로지 머릿속에서 스스로 생각해서 글을 쓰는 것으로 오해되기도 한다. 그렇게 해서는 논술 글쓰기를 할 수도 없을 뿐더러 논술 글쓰기를 통해서 지적으로 성장하기도 어렵다. 논술 글쓰기도 사고의 자료를 필요로 한다. 듀이가 말하듯이, "사고를 효과적으로 하기 위해서는 현재의 문제를 해결하는 데에 필요한 자원으로서의 경험이 있어야 한다"(DE, 253). 학습자가 지적으로 잘 훈련되어 있다는 것은 "마음속에 지식과 경험의 자원을 최대한 많이 갖추고 있어서 자신의 필요에 따라 그 풍부한 자원 속에서 무엇을 뽑아낼 수 있을까를 늘 궁리한다는"(DE, 254) 뜻이다.

앞서 사고가 무엇인가에 대해 대략 그 특징을 말했지만, 사고에 대한 정의를 확실하게 하지는 않았다. 듀이가 말하는 사고는 '활동과 결과 간의 관련성을 파악하는 것'이다. 이것이 듀이가 내리는 사고의 정의이다. 환경(세계, 타자)에 대해 어떠한 활동을 통해 자극을 줌으로써 환경에 어떠한 결과가 나타나는가, 그 관련성을 파악하는 것이 '사고'이다. 이런 의미에서 듀이가 말하는 사고는 '반성적 사고'이다. 이러한 사고의 정의는 그의 경험철학의 관점에서 나온 것이다. 경험이란 활동과 결과 간의 관련성을 의미하는 것으로, 경험과 사고는 불가분의 관계에 있다. 그래서 '사고적(思考的) 경험'이라는 일원론적 개념이 나온 것이다. 경험과 사고의 분리를 당연하게 여긴 것이 전통적인 이원론적 철학이었다. 듀이의 사고 개념이 일원론적 경험철학에서 나온 것임을 놓친다면, 학습에서 사고에 대한 듀이의 모든 논의는 혼돈 속으로 빠져들 수밖에 없다.

듀이는 사고의 특징이 무엇인가를 몇 가지 제시하면서 "사고한다는 것에는 또한 결말에 대해서 관심을 가진다는 것을 뜻한다."

(DE, 238)고 말하고 있다. 이 말은 실험(경험)의 결과에 대해 관심을 가진다는 의미이지만, 그 의미가 쉽게 다가오지는 않는다.

듀이가 말하는 사고의 특징을 보여 주는 예로 '왕따' 문제를 보자. SBS 스페셜 '학교의 눈물'이라는 왕따 문제를 다룬 프로그램이 방영된 적이 있다(SBS, 2013. 1. 20.). 가해 학생과 피해 학생들이 다 함께 며칠 공동생활하는 과정을 담은 다큐이다. 이 다큐를 보면서 특별히 생각하게 된 것이 있다. 가해 학생은 약한 학생을 괴롭히고 그 순간 가학적인 쾌락을 느끼는 것으로 끝난다. 그런데 피해 학생은 엄청 고통을 받는다. 중요한 것은 가해 학생은 자신의 행동으로 인해 피해 학생이 어떤 고통을 겪고 있는지 자신의 행동의 결과에 직면하지 않는다는 것이다. 직면을 하지 않기 때문에 자신이 어떤 행동을 하고 있는지 자각하지 못한다.

그런데 이 프로그램에서는 피해 학생이 어떤 감정을 느꼈는지 심리극을 통해 보여 준다. 가해 학생은 그것을 관찰한다. 심리극에서 피해 학생이 자신의 감정을 격렬하게 표출한다. 가해 학생에게 직접 감정을 표출하는 것이 아니다. 직접 하게 되면 가해 학생은 방어적으로 변하기에 그 과정을 성찰할 수 있는 내적인 여력을 갖지 못한다. 특정한 가해 학생을 대상으로 하지 않고 앞에 놓인 의자가 가해 학생인 것 마냥 그 의자를 향해 그동안 자신이 하지 못했던 말과 감정, 행동을 직접적으로 표출한다. 이것이 심리치료에서 흔히 쓰는 '의자기법'이다. 화면에서 나타난 가해 학생의 모습을 자세히 관찰해 보면 표정에 미묘한 변화가 일어남을 볼 수 있다. 피해 학생의 감정 표출 장면을 통해서 가해 학생은 무엇에 직면하게 되는가 하면, "내가 괴롭혔던 애들이 내적으로 큰 고통을 겪고 있고, 분노심과 증오감이 크구나." 라는 사실, 즉 자신이 행한 행동의 결말에 직면하게 된다. 그것이 가해 학생이 갖게 되는 하나의 경험이다.

그 장면을 보고도 무덤덤한 애들도 있지만 그걸 보면서 자신의 폭력적 행동으로 인해 그 피해 학생에게 어떤 일이 일어났는지 알게 되면서 가해 학생 안에서 미묘한 변화가 일어난다. 만일 자신의 행동이 어떤 결과를 가져오는가를 정확히 알았다고 한다면, 자신이 했던 행동의 의미를 이해할 수 있게 된다. 자신의 행동이 상대에게 어떤 결과를 초래하는가에 대해 관심을 갖는 것은 중요하다. 이것이 듀이가 말하는 '사고'이다. 즉, 자신의 행동이 어떤 결과를 초래했는가를 반성적으로 살펴보는 사고이다. 이러한 반성적 사고가 작용하고 있다면 자신의 말과 행동의 결말에 대해서까지 관심을 갖게 된다.

어떤 학생들은 자신의 행동이 어떠한 결과를 가져오는지에 대해서 별로 관심을 갖지 않는다. 이들 학생은 "사고에 따른 행동"을 하는 것이 아니라, 듀이의 표현으로 하면 "방종한 행동"을 하고 "기계적 행동"을 한다(DE, 237). 방종한 행동은 "순간적인 행동을 가치의 척도로 삼고, 자신의 행동과 환경의 에너지 사이의 관련을 도외시한다"(DE, 237). 예를 들어, 다른 학생을 괴롭히고 따돌리는 것이 결과적으로 상대에게 어떠한 고통을 야기하는지를 도외시한다. 그저 "다른 아이들 괴롭히는 그 순간에 기분이 좋으면 그것으로 그만이다." 라고 편하게 생각한다. 기계적 행동은 "이때까지 많은 학생들이 너 나 할 것이 없이 다 왕따를 했는데, 그게 왜 문제야. 그것은 우리 학생들의 문화이잖아."라는 생각으로 행동하는 것이다. 방종한 행동과 기계적 행동 모두 "현재의 행동에서 흘러나오는 장차의 결과에 대하여 관심도 없으며 책임도 지지 않는" 행동이다. 듀이는 "사고라는 것은 바로 그 책임을 받아들이는 것을 말한다"(DE, 237). 사고한다는 것은 결말에 대하여 관심을 가지는 것이며, 그 결말에 대한 책임을 기꺼이 받아들이는 것을 말한다. 이것이 듀이가 경험의 관점에서 정의하는 반성적 사고의 개념이다.

듀이의 반성적 사고개념은 도덕 수업에서 활용되기도 한다. 예를 들어, '존 듀이의 반성적 사고를 통한 도덕적 가치습관화 지도방안 연구'를 보면, 중학교 2학년 학생들을 대상으로 화난 감정의 언어표현조절 방법이 제시되어 있다. 연구자(심형섭, 2007)는 듀이의 반성적 사고 훈련을 하도록 함으로써 욕설을 자제할 수 있는 능력을 함양할 수 있었다고 밝히고 있다. 이 프로그램의 내용을 보면, '반성적 사고과정을 통한 사건의 재해석'이라는 제목하에 (1) 친구에게 욕설한 사건, (2) 그때 당시의 해석, (3) 지금 그때 당시의 사건을 해석해 볼 때 가능한 해석과 잘못한 점 등으로 구성되어 있다. 프로그램 내용에 하자가 없어 보이지만 이 프로그램에는 결정적인 맹점이 있다. 자신이 화를 내고 욕한 일이 상대에게 어떠한 '결과'를 가져왔는지에 대해 관심을 갖도록 하는 내용이 없다. 욕을 먹은 아이가 어떠한 상태에 놓이게 되었는가에 대해서 관심을 가지며, 그 결과에 대한 책임을 받아들이도록 하는 과정이 있어야만 반성적 사고가 일어났다고 할 수 있다.

14

지식은 행동을 지적이게 하는 습관이다

우리가 공부해 가는 방식은 단순히 지식을 이해하고 암기하는 방식과 다르다. 학교에서 지식이란 이미 당연한 것, 이미 확립된 것, 더 이상 의문의 여지가 없는 것으로 간주되지만 우리가 지식을 공부한다는 것은 사고한다는 것이요, 사고한다는 것은 질문한다는 것이며, 질문한다는 것은 탐구하는 것이다(DE). 탐구하는 것은 우리의 질문에 대한 답이 나와 있지 않기 때문이다. 우리는 탐구과정을 통해서 답을 찾아간다. 탐구과정은 어렵다. 많이 생각해야 되고 때로는 답을 찾지 못할 수도 있고 길을 헤맬 수도 있다. 하지만 그런 과정을 통해서 우리가 한 걸음 더 나아가는 것이다. 기존의 지식이 수정되고 확장되는 것이다. 탐구한다는 것은 텍스트에서 이미 답으로 정해진 것을 찾는 것이 아니다. 다양한 각도에서 의문을 가지고 생각을 해 봄으로써 답을 찾아가는 과정이다.

예를 들어, 듀이의 『민주주의와 교육』을 읽는 것은 그 안에 우리가 원하는 궁극적 해답이 있어서가 아니라 우리 교육이 어떻게 나아가야 할 것인지 우리 고민에 대한 답을 찾아가는 한 방편이며 탐구과정일 뿐이다. 그 내용이 이런 것이구나 하고 안다고 해서 그 앎 자체가 우리의 삶과 교육에 하등의 도움을 주지는 않는다. 듀이의 민주주의 이론은 우리 교육문제를 해결하기 위한 방편이고 참고자료일 뿐이다. 이것이 듀이의 지식론이 말하는 바이기도 하다.

듀이의 지식론은 많은 논쟁을 불러일으키지만 그만큼 우리가 학교에서 가르치는 지식에 대해 많은 생각을 하게끔 한다. 듀이의 지식론을 보면 "지식은 우리의 행동이 지적인 것이 되게 하는 모든 습관을 가리킨다"(DE, 489). 교과지식을 열심히 공부해서 우수한 성적을 얻었다 해도 그 학생의 행동이 지적이게 하는 습관이 형성되어 있지 않다면 우수한 성적이라는 것은 무엇을 의미하는 것일까? 과연 지식을 습득했다는 것, 학습했다는 것은 무엇을 뜻하는 것일까? 누가 어떤 관점에서 규정할 것인가?

듀이에 따르면 "지식이라는 것은 지금 우리의 의식(머리) 속에 들어 있는 그 무엇이 아니라, 지금 일어나고 있는 일을 이해하는 데에 우리가 의식적으로 사용하는 성향을 말한다"(DE, 489). 이러한 지적 성향이 없다면 지식을 소유한다는 것이 어떤 의미가 있는 것일까? 지식을 소유하고 있어도 지금 이 세계에서 그리고 우리 사회에서 일어나고 있는 일을 이해하는 데 그 지식을 사용하지 못한다면 또한 우리의 행동을 지성적이 되도록 하지 못한다면 그 지식은 점수 따는 용도 이외에는 별 쓸모가 없다. 듀이는 다음과 같이 말하고 있다.

> 그것이 처음 알아낸 사람에게는 진리였고, 그 사람에게는 지

식으로서 기능을 수행했다 하더라도, 이 사실이 곧 학생들에게 그것이 그런 올바른 의미의 지식이 된다는 것을 보장하지 않는다. 그것이 학생 개인의 삶에 결실을 가져오지 않으면 그 학생에게는 지식으로서 의미가 없다(DE, 487).

교과서에 담겨 있는 것이 지식이라고 생각되기도 하지만, 공부하는 입장에서는 그것이 올바른 지식은 아니다. 듀이는 지식이란 학생들의 개개인의 삶에 결실을 가져와야 한다고 주장한다. 그렇지 않은 지식은 장식품 지식에 불과하다. 가르치고 배우는 데 있어 이 점을 생각해 볼 필요가 있다. 교과서 내용이 지식이고 시험에 나오는 것이므로 우리는 그것을 알아야 하고 머릿속에 기억해야 한다고 생각하기도 한다. 그러나 머릿속에 기억된 것이 지식은 아니다. 자신의 사유방식과 지적 성향에 변화를 가하는 것이 지식이다. 책의 저자는 어떻게 사유했는지, 자신의 사유방식과 비교해 보기도 하고, 자신의 이전의 사유방식에 어떤 부족함이 있었는지를 확인하고, 자신의 사유방식을 계속 개선해 가는 것이 중요하다. 이것이 교과공부의 일차적인 목적이다. 교과내용을 정확히 알면 되지, 우리가 그것에 대해서 비판적으로 사유하고 소통하는 것이 왜 중요한가라고 의문이 제기될 수 있지만 머릿속에 그저 많은 교과지식을 저장했다고 해서 제대로 공부를 했다고 할 수 없다.

학교에서 아이들에게 지식을 가르친다는 의미는 무엇일까? 디지털 시대에 지식은 학교에서가 아니라 인터넷을 통해 얼마든지 얻을 수 있으므로 이제 학교교육은 지식교육보다는 인성교육에 더 집중해야 한다는 주장도 나온다. 아주 오래전 EBS 사장이 어떤 라디오 프로그램에서 이런 말을 하는 것을 들은 적이 있다. "스마트폰 시대에 학교에서 할 일이 없어졌다. 스마트폰을 통해 수많은 정보와 지식을 얻을 수 있는데 구태여 학교에서 지식을 얻을 필요는 없어졌다. 이제 학교의 역할은 지식의 전달이 아니라 인성교육에 있다." 지식을 공부한다는 뜻을 단지 정보와 지식의 획득이라고 생각하기 때문에 이러한 주장이 나오는 것이다.

근래에는 핵심역량 교육과정이 중시되고 있다. 학생들이 무엇을 아는 것이 중요한 것이 아니라 무엇을 할 수 있느냐가 중요하다는 것이다. 후자를 강조해서 하는 말일뿐 무엇을 알지 못하는데 어떻게 무엇을 할 수 있겠는가. 핵심역량이 4차 산업혁명 시대에 요구되는 능력이기 때문에 가르쳐져야 한다면, 그것은 듀이가 말한 문제해결 능력과 연관되어 있는 것처럼 보인다. 하지만 듀이가 지식이나 핵심역량이 일상생활의 문제해결에 도움이 되기 때문에 가치 있는 것이라고 말한 것은 아니다. 이것은 듀이가 말하는 지식이 무엇인가에 대한 오해에서 비롯된 것이다. 예를 들어, 이홍우(1992b)는 듀이가 말하는 지식을 "하는 지식"이라고 규정하고, 진짜 중요한 지식은 일상생활과 무관하고, 문제해결에도 도움이 되지 않지만, 세계에 대한 안목을 갖게 하는 "보는 지식"이라고 주장한다. 이 주장과 대비하여 듀이가 지식을 무엇이라 말했던가를 상기할 필요가 있다.

듀이는 지식이 지금 일어나고 있는 일을 이해하는 데에 우리가 "의식적으로 사용하는 성향"이며 또한 지식은 "우리의 행동을 지적인 것이 되게 하는 모든 습관"(DE, 489)이라고 규정한다. 이와 같이 듀이는 학교에서 가르치는 지식을 그저 일상생활의 문제해결을 위한 것으로 단순화하지는 않았음을 기억해 둘 필요가 있다.

지식이 '습관'이라는 듀이의 주장은 언뜻 이해가 되지 않는다. 교과지식은 학습자와 무관하게 저기에 떨어져 있는 실재인데 반해, 습관은 학습자 자신의 성향이다. 그런데 어떻게 지식이 습관일 수 있는가? 듀이가 말하는 습관으로서의 지식의 의미에 대한 해명이 필요하다.

지식이란 학습자와 관련 없이 동떨어져서 홀로 존재하며, 학습자가 접근해 오기를 바라는 객관적 실재라고 생각되기 쉽다. 하지만 학습자 편에서 보면, 지식이란 자신에게 인식되어 들어오기 전까지는 지식이 아니다. 교과서 속에 담겨 있는 지식은 학습자와 상관없이 객관적으로 존재하는 지식이라고 생각될 수도 있지만, 그 지식이라는 것은 학습자가 '지식'이라고 이름을 불러 주기 전까지는 지식이 아니라 교과서라는 사물 속에 담긴 문자일 뿐이다. 우리 안에 이해되어 재구성된 것이 지식이지, 독자적으로 존재하는 추상적인 무엇이 지식이 아니다. 말하자면 학습자 또는 독자와의 상호관련 속에서 지식으로 존재할 따름이다. 학습자와의 상호관련 속에서 존재하는 지식이란 엄밀히 말해서 객관적으로 존재하는 불변의 지식이 아니라 학습자의 사고과정을 거쳐서 재구성된 지식이다.

여기서 『민주주의와 교육』에 충실하게 해석하자면, 지식은 하나의 능동적이고 지적인 반응과 행동을 하게 하는 습관 자체가 되어야 한다는 것이다. 듀이의 습관으로서의 지식에 대한 정의를 살펴보면, 종래의 교과지식이론과는 다르다는 것을 알 수 있다. 듀이는 지식이란 교과 속에 담겨 있는 무엇이라고 교과의 측면에서 정의하는 것이 아니라, 오히려 지식을 배우는 학습자 편에서 지식을 정의한 것이다.

'습관으로서의 지식'은 지행합일의 지식론을 연상시킨다. 많은 지식을 안다고 해도 그리고 세계를 보는 지식을 태산처럼 높이 쌓았다고 해도 그 사람의 행동이 지적이지 않으면 그 지식은 그 사람에게 진정한 지식이 되지 못한다. 의식적으로 자신의 반응이나 행동을 지적으로 보이려고 할 때가 아니라, 무의식적으로 나오는 체화된 반응과 행동에 교양과 지성이 배여 있을 때 그 사람은 습관으로서의 지식을 가지고 있다고 할 수 있다. 학문중심 교육과정을 중시하는 어떤 학자는 학문교과를 탐구하는 학자들에게는 일반인에게 없는 세계를 보는 안목이 생긴다고 주장하지만, 어느 정도 그렇다는 점을 인정한다 해도 사회현실에서 보이는 학자들의 반응과 행동이 과연 지적인 깊은 사유 속에서 우러나온 것인가 하는 의문이 들 때가 많다.

듀이는 지식을 단지 행위의 지성화 측면에서만 말한 것은 아니다. 지식은 성향의 한 부분으로 조직되어야 한다고 말한다. 다시 말해, 지식은 단지 머릿속에 들어 있는 무엇이 아니라 지적 · 도덕적 · 미학적 성향으로 변해야 한다는 것이다. 듀이에 따르면, 지식은 "지금 일어나고 있는 일을 이해하는 데에 우리가 의식적으로 사용할 수 있는 성향"(DE, 489)이다. 지식을 습득했다고 하면서도, 세계에서 일어나고 있는 일을 지적으로 이해하는 데에 그 지식을 사용하는 습관이 형성되어 있지 않다면 그 사람에게 그 지식은 진정한 지식이 되지 못한다.

지식을 자신의 습관(성향)으로 내재화 했다면, 세계에서 일어나는 그 일이 우리 자신과 어떻게 관련되는지를 파악하며, 우리가 처한 잘못된 상황을 바로잡으려는 목적을 가지게 되고, 그러한 목적을 위하여 우리가 가지고 있는 성향의 일부를 사용하게 된다. 이것이 공동체적 삶을 살아가는 민주시민인 '공중(the public)'이 지녀야 할 습관으로서의 지식이다.

예를 들어 보자. 서구 현대철학에서 많은 관심을 모은 철학 중에 프랑스 철학자인 레비나스(E. Levinas)의 '타자 중심주의'가 있다. 레비나스는 유태인으로 전쟁의 비극과 홀로코스트를 경험하면서 그것이 서구의 주체중심적인 인식론과 윤리에서 비롯된 것이라고 진단하고, 그 대안으로 타자 중심윤리를 주장하였다. 우리가 레비나스의 타자성 철학을 보면 그의 철학세계를 알 수 있고, 세계에서 한발 물러나 관조하면서 타자라는 존재를 성찰적으로 바라볼 수 있게 되기도 한다.

그런데 문제는 현실세계 속에서 삶을 살아가는 데 있어서 자신의 삶의 철학으로 레비나스의 타자 중심적 윤리를 받아들일 수 있는가, 즉 타자 중심적 윤리에 따라 살 수 있는가 하는 것이다. 신자유주의적인 무한경쟁에 내몰리는 생존의 긴박한 상황 속에서 타자 중심적 윤리가 자신의 존재 자체 속에, 습관 속에 붙박힌 지적 성향이 될 수 있는가 하는 것이다. 삶의 현실에서 아는 것과 실천하는 것은 별개의 문제가 된다. 보통 사람으로서는 실천하며 살기 어렵다. 그렇게 해서는 생존할 수 없다는 두려움을 갖기 때문이다. 하지만 레비나스는 그의 존재와 삶 자체 속에 타자 중심적 윤리가 영구적이고 지속적인 지적 · 도덕적 성향이 되어 있었을 것이다. 만일 레비나스가 자기 철학에 따라 살지 않았다면 그 철학은 허구일 수밖에 없다. 타자 중심적 윤리가 가지는 의미를 거듭 경험해 본 결과로 그것이 자신의 성향의 한 부분으로 형성된 사람만이 타자 지향적인 가치를 가지게 된다. 우리 자신의 직접적인 경험을 통해 타자 중심적 윤리가 우리 인식과 행위 속으로 들어오지 않는다면, 그것은 우리 삶과는 무관하다. 훌륭한 철학자의 타자 중심적 윤리에 감동을 받아 타자 중심적 의무와 미덕을 외적 표준으로 받아들인다고 해도 그것은 순전히 자신의 교양을 장식하기 위한 상징에 불과하다. 『주체해석학』에서 푸코(Foucault, 2007)가 사용한 용어로 표현하면, 그것은 실존적 삶의 장비인 '파라스케우에(paraskeue)'가 아니라 외형적인 교양인 '파이데이아(paideia)'이다.

학생들이 타자 중심적 윤리를 공부하고 그것에 대한 지식을 가지고 있다고 해도 그 지식은 자신의 것이 아니요, 듀이의 표현대로 "한 손 거친 것"이다. 그 경우의 지식이라는 것은 오직 타자 중심적 윤리가 찬탄할 만하다는 것을 아는 것이요, 그들이 타자 중심적 미덕을 나타내 보이면, 그만큼 사람들이 자신들을 훌륭한 인물로 찬양한다는 것을 아는 것이다. 이리하여 인정 욕구에 의해 자신이 드러내 보이고자 하는 타자 중심적 윤리와 본래 가지고 있던 자신의 심층적인 가치 사이에 균열이 생긴다. 이러한 균열은 타자 중심적 윤리가 자신의 내적 성향이 되지 못할 때, 즉 자신의 존재 속에, 습관 속에 뿌리박지 못할 때 일어나는 현상이다. 그 결과로 "무의식적인 위선과 성향의 불안정"을 겪게 된다(DE, 355). 교회에서 예수의 가르침은 설교하지만, 자신은 삶의 현실에서 실천하지 못하는 목사의 위선과 성향의 불안정도 이러한 이유로 생기는 것이라 생각해 볼 수 있다.

일반지식 교육도 크게 보면 도덕적 성격을 띠지 않는 게 없다(DE). 지식 자체만을 강조하는 지금의 지식교육은 도덕적 성격을 띠고 있지 않지만, 지식이 개인의 습관 및 목적과 연관되면 그 자체가 도덕교육적 성격을 갖게 된다. 듀이는 다음과 같이 말하고 있다. "금고털이 도둑이 다이너마이트에 관하여 가지고 있는 지식은 그것이 표현되는 언어적 형식에 있어서는 화학자의 지식과 완전히 동일하다. 사실상 그것은 각각 상이한 목적과 습관의 관련 속에 짜여들어 있고, 그렇기 때문에 그 의미가 서로 다르며 따라서 동일한 지식이 아니다"(DE, 504). 말하자면, 개인의 지적 성향과 목적에 따라 지식이 사용되는 방식이 달라지기 때문에 그것은 윤리적 함의를 지니고 있다는 것이다.

교사들은 교과지식에 대해 어떤 관점을 가지고 가르치는 것일까? 요즈음 수업혁신, 아이 눈으로 수업 보기 등 많은 참신한 논의가 있지만, 그것은 수업방법에 관한 것일 뿐 교과지식 자체에 대한 관점의 전환을 담고 있는 것은 아니다. 사실 지식관이 바뀌면 자연스럽게 교육방법도 바뀌게 되어 있다. '교육과정 재구성'이 요즈음 강조되고 있지만, 교육과정 개발의 차원에서 교사가 교육과정을 창의적으로 구성한다는 의미보다는 국가교육과정 실행의 차원에서 교과서 내용을 지역과 학교 실정에 맞게 구성하거나 주제별로 구성한다는 의미가 강하다.[10] 예를 들어, 공감중심 교육과정 재구성, 협력중심 교육과정 재구성, 주제통합 교육과정 재구성

등이 이야기되고 있지만, 교과 지식관의 변화를 보여 주는 것은 아니다.

교실수업을 교사가 아니라 아이의 눈으로 봐야 한다는 주장이 타당하다고 받아들여진다면 수업에서 가르치는 지식 역시 '아이의 눈'으로 볼 수 있어야 되지 않을까? '습관으로서의 지식관'은 이런 측면에서 새롭게 인식되어야 한다. 수업혁신은 교과지식에 대한 관점의 전환을 토대로 이루어져야 한다. 그렇지 못하다면, 수업혁신은 수업방법의 혁신으로 한정되고, 전체 교육의 혁신을 이루어 내기 어렵다.

15

배움의 관점에서 교육을 정의하기: 경험의 재구성

교육이란 무엇인가? 입시교육은 왜 그릇된 교육이라고 비판받는 것일까? 그릇된 교육을 바로 세우기 위해서는 교육이 무엇인가에 대해서 끊임없이 묻지 않으면 안 된다. 교육방법에 대해서는 교사들의 관심이 많으나 정작 '교육'이 무엇인가에 대해서는 거의 질문을 하지 않는다. 교사들은 지금 내가 학교에서 가르치고 있는 일이 교육인데, 철학적으로 교육이 무엇인가를 알아야 할 필요가 있는가라고 반문할지 모른다. 교사들에게 필요한 것은 교육의 방법이지, 교육이 무엇인가를 아는 것은 아니라는 것이다.

교사들의 그런 생각이 이해가 되지 않는 것은 아니다. 사실 교육이 무엇인가를 알아보면, 철학자마다 각기 다 다르기 때문에 무엇이 제대로 된 정의인지 알기도 어렵다. 우리나라에서 대표적인 교육의 정의는 "인간행동의 계획적인 변화"로 알려져 있는데, 이는 교육학자 정범모가 내린 정의이다. "인간행동의 계획적인 변화"라는 정의는 교육을 학습자가 아닌 교육자나 국가의 관점에서 조작적, 기술적으로 내린 정의이다. '조작적'이라 함은 관찰할 수 없는 것을 관찰 가능하도록 조작한다는 뜻이다. 인간의 마음의 변화는 보이지 않는다. 외현적으로 나타난 행동만이 관찰 가능하다. '기술적'이라 함은 교육의 가치를 제시하기보다는 교육의 현상을 있는 그대로 관찰하고 기술한다는 뜻이다(이홍우, 1992a).

영국의 교육철학자인 피터스(R. Peters)의 교육에 대한 정의도 대표적인 정의이다. 피터스에 따르면, 교육은 "모종의 가치 있는 것이 도덕적으로 온당한 방식으로 의도적으로 전달되고 있거나 전달된 상태" 또는 "교육 개념 안에 붙박여 있는 세 가지 준거를 충족시키는 방향으로 가치 있는 활동 또는 사고와 행동의 양식으로 사람을 입문시키는 성년식"이다(이홍우, 1992a). 세 가지 준거란 교육은 모종의 가치를 추구하는 활동이며, 교육은 "지식과 이해 그리고 모종의 인지적 안목을 형성하는 것이며, 교육은 최소한의 학습자의 의식과 자발성을 전제한다."는 것이다(이홍우, 1992a). 이렇게 교육은 모종의 가치 있는 것을 전달하거나 입문시키는 것이라고 교육자의 관점에서 정의되는 교육은 탈가치지향적인 정범모의 교육개념과 다르다.

이러한 대표적인 교육의 정의를 염두에 두고 듀이의 교육에 대한 정의를 살펴보자.

> 이상적인 성장을 가져오는 교육관은 교육을 경험의 끊임없는 재조직 또는 재구성이라고 보는 관점이다. 교육은 언제나 즉각적인 목적을 가지고 있으며, 활동이 교육적인 성격을 띠는 한 그것은 반드시 그 목적–즉, 경험의 질의 직접적 변형–에 도달한

> 다. 유아기, 청년기, 성인 생활, 이 모든 단계는 교육적으로 보아 동일한 수준에 있다. 즉, 각각의 경험단계에서 참으로 학습된 내용이 바로 그 경험의 가치를 이루는 것이요, 모든 단계에서 삶의 으뜸가는 목적은 그 단계에서의 삶의 의미를 풍부하게 하는 데에 있는 것이다(DE, 140-141).

교육이란 '경험의 끊임없는 재구성'이라는 말은 무슨 뜻인가? '경험'이 무슨 뜻인지 이해하기 어렵고, '재구성'한다는 말도 어려운 말이다. 이 정의는 전문적인 교육철학자가 아니면 이해하기 어려운 말이다. 교사들이 쉽게 이해할 수 없는 정의이며 따라서 듀이의 정의는 교육현장에서 알아도 그만, 몰라도 그만인 정의로 인식되기 쉽다. 차라리 교육이란 인간의 이상적인 지적 · 정서적 · 인격적 성장을 이룩하는 활동이라고 정의했다면 더 이해하기 쉬웠을 것이다. 하지만 인간의 이상적인 성장은 무엇이며 어떻게 가능한가라고 묻는다면 대답하기가 난감해진다. 듀이는 삶의 경험이 지속적으로 깊어지고 확장되는 과정 없이는 이상적 성장이 이루어지기 어렵다고 말한다. 그러니 듀이의 교육에 대한 정의를 무시하고 지나갈 수는 없는 일이다.

듀이의 교육에 대한 정의를 보면, 교과지식에 대한 언급은 한마디도 없기 때문에 교과지식과 경험의 관계는 무엇인지, 교과지식은 경험 속에서 어떠한 역할을 하게 되는지에 대한 의문이 생겨난다. 그에 대한 잠정적인 답은 이렇다.

> 개인이 활동하고 있는 현재의 환경과의 관련이 단절될 때, 과

거의 문화유산은 그 현재의 환경과 대립되는 달갑지 않는 환경이 된다. 과거 문화유산의 가치는 현재의 시점에서 우리가 하는 일들의 의미를 증대시키는 목적에 사용된다는 점에 있다(DE, 145).

학생들이 공부하는 교과내용이 '과거의 문화유산'이라고 한다면, 그 교과내용은 현재의 활동하고 있는 환경과의 관련 속에 들어와야 하며, 현재의 시점에서 학생들이 하고 있는 일들, 경험의 의미를 증대시키는 목적에 사용되어야 한다는 것이다. 다시 말해, 경험의 의미를 증대시키는 목적을 위한 교과이며, 경험을 떠나서 교과의 의미와 역할은 없다고 보는 것이다. 흔히 이해하듯이 교과지식을 배우기 위한 출발점으로 학생의 경험을 중시하는 것만은 아니다.

듀이가 '경험의 끊임없는 재구성'을 교육으로 보는 이유는 앞서 말했듯이 경험의 재구성이 지속적인 성장을 가능하게 하기 때문이다. 다시 말해서, 듀이는 교육에서 인간의 지적 · 정서적 · 도덕적 성장을 중요하게 생각하는데, 인간의 성장은 경험의 끊임없는 재구성 없이는 어렵다는 것이다. 만일 한 개인이 이전의 경험에 고착되고 그 경험이 절대적인 것이 되면, 더 이상 경험의 재구성이 일어나지 않으며 성장은 일어나지 않는다. 흔히 "내가 해 봐서 아는데 말이야."라며 자신의 경험을 대단한 것처럼 내세우는 경우가 있는데, 아무리 그 경험이 훌륭하다고 해도 그 경험에서 한발 더 나아가지 못한 상태에서는 그 경험에 고착된 상태에 빠진다. '이상적 성장=경험의 끊임없는 재구성=경험의 질적 변형'으로 도식화될 수 있다. 경험의 '끊임없는'이란 무슨 뜻일까? 인간의 삶의 어떤 단계, 예를 들어 청소년기에 성장이 일어나고 끝나는 것이 아니라 노년기까지 평생에 걸쳐 일어나는 삶의 경험이 재구성된다는 뜻이다. 노년기는 살아온 어떤 시대의 경험에 고착되기 쉽다. 새롭고 폭넓은 경험과 가치, 관점, 취향 등을 받아들임으로써 자신의 삶의 경험을 새롭게 지속적으로 일신하려 하지 않으면 지적 · 정서적 · 정신적 성장은 멈춘다. 소로가 『월든』에서 썼던 표현대로, 우리가 사람들을 만날 때마다 "우리 자신이라는 저 곰팡내 나는 해묵은 치즈를 새로운 맛이라고 내놓게" 되면(Thoreau, 2018: 164), 우리는 한 인간으로 곰팡내나는 치즈처럼 신선미가 떨어진다. 이 광활하고 큰 세계에서 인류가 가졌던 많은 가치 있는 경험을 폭넓게 받아들여야 지속적인 성장이 가능하다. 나이와 상관없이 사회세계와 자연세계 속에서 일어나는 일에 흥미와 관심을 가지고 다양한 지적 관심사를 공유하며 가치 있는 경험을 주고받을 때에 성장이 이루어진다. 민주적 공동체가 성장에 필요한 이유는 바로 여기에 있다.

'경험의 재구성'이 무엇인가를 조금 더 생각해 보자. 여기서 '경험의 재구성'을 교과 경험으로 한정하여 '교과지식의 재구성'이라고 생각해 본다면, 경험의 재구성이 가지는 의미를 파악해 볼 수 있다. 학습이란 교과지식을 아무런 수정 없이 절대적으로 수용하는 과정이 아니라 학습자의 사고과정을 거치면서 재구성하는 것이다. 구성주의이론이라는 것도 이것을 말하는 것이다. 구성주의는 인식주체가 외부의 객관적 실재를 그대로 받아들이는 것이 아니라 지식의 구성 또는 형성에 개입한다고 보는 관점이다. 이 관점에 따르면, 지식은 '이미 거기에 주어진 상태로 있는 것'이 아니라 개인의 인식작용에 의해 능동적으로 만들어지고 재구성되는 것이다(김무길, 2005).

혁신학교에서 관심을 가지고 배우고 있는 배움의 공동체 모델도 구성주의에 입각해 있다. 일본 교육학자 사토마나부의 '배움의 공동체' 모델을 한국에 알리는 일에 앞장서고 있는 손우정은 다음과 같이 말하고 있다.

> '배움의 공동체'에서 배움이란 만남과 대화를 특징으로 하는 활동이며, 학습자는 지식이나 기능의 수용자가 아니라 의미와 관계를 구성하는 활동적인 주체로 정의된다. … 이러한 새로운 '배움론'의 이론적 기반이 되고 있는 것이 바로 구성주의 학습론이다(손우정, 2011).

하지만 학습자의 주관에 따른 교과지식의 재구성이 학습자에 따라 다르면, 어떤 학습자가 구성한 지식이 적합성을 지니는지를 판단하는 객관적 기준이 있어야 한다는 주장이 나올 수 있다. 객관적 기준이 없다면 누구의 교과지식의 재구성이든 다 옳다는 '상대주의'의 함정에 빠질 수 있다는 것이다. 일리가 있는 비판이다. 사회적 구성주의학자인 비고츠키(L. Vygotsky)가 주장했듯이, 학습자의 정신작용도 사회적·문화적 상황에 놓여 있는 만큼 교과지식의 재구성을 순전히 개인의 주관적인 정신작용이라고 볼 수는 없다(김무길, 2005). 그렇기는 해도 학교현장에서 수업을 해야 할 교사 입장에서 구성주의에 대한 의문이 말끔히 해소되는 것은 아니다.

지식구성의 주관성 문제에 대해 구체적으로 생각해 보자.[11] 경기도교육청(2018)은 혁신학교의 지향점으로 학생들의 '지식창조'를 중시하면서, 교육과정의 재구성을 통한 배움 중심 수업을 제시하고 있다. 부연하자면, 이때의 지식창조는 문자 그대로 학생들이 이전에 없던 새로운 지식을 만들어 내는 것이 아니라 국가교육과정의 교과지식에 대한 재구성을 강조한 것으로 보인다. 배움 중심을 실현하기 위한 수업방법으로는 프로젝트 수업, 토론수업, 블록수업 등이 권장되고 있다(강민정, 2013; 성열관, 2014). 이러한 변화는 이전과는 달리 일방적인 전달을 지양하고 교사들이 학생들의 활동과 참여를 수업의 중요한 부분으로 고려하고자 하는 의지를 보여 주는 것이라 할 수 있다. 하지만 이 담론에서는 다양한 교수학습 방법이 도입된다는 것을 제외하고 학생들의 지식창조 및 의미구성과 관련하여 교사가 구체적으로 무엇을 할 수 있는지, 다시 말해 학생의 배움에 참여하고 개입하여 어떠한 변화를 함께 가져올 수 있는지에 대한 설명이 충분하지 않다. 사실 혁신학교에서 지식의 의미구성에 대한 유일한 책임자이자 주체로서 학생을 강조한 맥락을 고려할 때(경기도교육청, 2018), 이때의 교사는 뒤로 물러서서 학생의 자기 주도적 학습과 지식창조가 이루어질 수 있는 여건을 조성하고 지원하는 촉진자 역할로 이해된다. 그런 점에서 혁신학교의 배움 중심 담론에는 학생의 의미구성 과정에서 교사는 어떻게 개입하며, 교사의 가르침이 어떻게 영향을 미치는가를 고려하는 차원이 결여된 것이라고 볼 수 있다.

이와 관련해서 듀이의 경험철학에 기초한 비에스타(Biesta, 2014)의 논의가 도움이 된다. 비에스타는 지식이 하나의 객관적 실재로서 개인의 인식 바깥에 존재하며 인식되기를 기다리는 것으로 이해하는 전통적 관점을 비판한다. 하지만 동시에 비에스타는 앎의 형성에 있어 개인의 주관성에만 초점을 맞추는 관점도 학습자의 지식 습득을 온전히 학습자 개인에게만 맡기는 극단적 주관주의로 이어질 수 있다고 보았다(Biesta, 2014). 비에스타에 따르면, 지식에 대한 객관주의나 주관주의적인 접근과는 달리, 지식은 의사소통을 매개로 한 상호작용의 산물이자 동시에 상호주관적으로 구성된다.

이것은 무슨 뜻일까? 학습자의 주관적 의미구성이 어떠한 내용이든 그것이 그 학습자 개인만의 독특한 사고과정을 통해 형성된 것이니 그것으로 충분하다고 생각한다면 교사가 개입할 여지가 없어진다. 교사는 단순히 배움을 촉진하는 보조자의 역할로 그치게 된다. 다시 말해, 학습자의 앎의 형성을 오로지 누구도 관여할 수 없는 학습자 혼자만의 영역으로 본다면, 교사의 역할은 학습의 촉진자로서만 규정될 수밖에 없다. 이런 방식의 학습자의 배움은 주관적 독단성에 빠지기 쉽다.

교사는 학생에 의해 이미 결정지어진 앎의 구성과정에 대한 단순한 촉진자로 이해될 수는 없다. 비에스타(Biesta, 2014)에 따르면, 학습자의 '의미구성'은 교사와의 의사소통을 매개로 한 상호작용의 산물이다. 그렇다면 학생의 의미구성에는 교사의 심층적인 개입이 반드시 전제되어야 한다. 여기서 '개입'은 과거 전통적인 방식, 즉 학생을 가르쳐야 할 대상이고, 수동적인 존재로 간주하는 개입이 아니다. 교사와 학생이 동등하고 대칭적인 관계를 형성하고 그 안에서 대화와 상호작용을 주고받는 것을 전제로 한 개입이다. 즉, 학생과의 직접적이고 지속적인 의사소통을 통한 상호주관적 이해를 바탕으로 학생이 몰입하고 있는 지점과 관련해 성장을 가져올 수 있는 질문을 제기하는 등의 교육적 개입을 하는 것이다(Biesta, 2004, 2012).

배움을 강조함에 있어 지식재구성을 위한 의사소통과 심층적인 개입이 소홀히 된다면, 혁신학교가 표방하는 배움 중심 수업이 학생의 지적 사유의 질적 변화를 가져오리라는 보장은 없다. 무엇보다 배움 중심 수업에서 중시하는 지식창조, 자기 생각 만들기가 독단적인 주관성에서 그치는 것이 아닌 상호작용을 통해 구성된 앎인지 담보할 방법이 없기 때문이다. 이와 관련하여 숙고해 봐야 할 점은 학생들의 지식창조, 지식의 재구성이 무엇인가 하는 것이다. 학생이 갖는 주체성, 주관성을 넘어서는 상호주관적 앎으로서의 '주체성'과 모든 것을 결국 자기 자신으로 환원시키는 독단적인 주관성으로서의 '주체성'을 구분하는 것이 매우 중요하다(Biesta, 2006). 이러한 구분을 바탕으로 다시 한번 혁신학교의 배움 중심 담론을 살펴보면, 학생과 교사의 의사소통 및 교사의 심층적인 개입이 소홀히 여겨진다는 점에서 학생이 상호주관적 앎으로서의 주체성보다는 독단적인 주관성으로서의 주체성에 도달할 여지가 크다. 즉, 학생이 지식 속에 담긴 새로운 관점과 사고, 논리구조와 접촉할 때에 기존의 자신의 관점을 반복하는 데 그칠 가능성이 크다는 것이다. 혁신학교의 배움 중심 담론은 학생이 수업과정 속에서 자신의 사유방식에 새로움을 더하는 것 없이 자기 자신을 반복하게 되는 것, 즉 독단적인 주관성으로서의 '주체성'을 배제할 장치를 갖추고 있지 못하기 때문이다. 다시 말해, 학습자의 의미구성 과정에 교사의 상호주관적 개입 혹은 '가르침'의 중요성이 적절히 고려될 이론적 여지가 없다는 것이다.

혁신학교의 배움 중심 담론이 학습자의 성장을 지향하는 것이라면, 학습자가 교과지식의 새로운 관점 및 논리구조를 접할 때 자신의 비판적 사고과정을 통해 이를 질적으로 변형시킬 수 있도록 해야 한다. 또한 동시에 그 과정에서 학습자 자신의 경험, 관점과 사고도 질적으로 변화되어야 한다. 이것이 듀이가 말하는 '교변작용(transaction)'으로서의 지식의 재구성이라 할 수 있다. 그리고 이를 가능케 하는 것이 바로 학습자의 의미구성 과정에 대한 교사의 상호주관적 개입, 즉 가르침인 것이다.

구성주의의 배움 관점에서는 학습자의 교과지식의 재구성에만 관심을 둘 뿐 교과지식을 재구성하는 주체인 학습자의 변화에 대해서는 관심을 보이지 않는다. 교과지식을 수용하는 학습자, 즉 교과지식 속에 담긴 새로운 관점과 사고, 논리구조와 접촉하는 학습자 자신의 질적 변화를 수반하지 않는다면, 교과의 재구성은 학습자가 기존의 자신의 관점을 반복하는 것이며, 기존 관점을 고수하는 것이나 다름없다. 학습자의 사유방식에는 새로운 변화가 없고, 여전히 진부한 자신의 관점을 주장하는 데서 벗어나지 못한다면, 학습자에게 진정한 학습이 일어났다고 보기 어렵다.

예를 들어, 교과지식을 공부하게 되면 그것이 당연히 학습자의 경험의 세계에 영향을 줄 것이라 기대하게 된다. 즉, 학습자가 종래에 가졌던 인식, 성향, 관점, 반응의 방식에서 질적인 변화가 일어날 것이라고 기대한다. 그런데 자신의 삶의 세계 속에서 가졌던 인식, 성향, 관점, 반응의 방식이 달라지지 않고, 구태의연하게 습관처럼 굳어진 성향, 비성찰적이고 기계적인 반응을 반복하고 있다면, 학습이 일어나고 지적으로 성장했다고 볼 수 있는가? 반성적 성찰과 새로운 사유방식에 의해 자신의 상호작용 경험에서 질적인 반응의 변화가 일어나야 지적 성장이 일어났다고 말할 수 있다. 교과를 공부하는 가운데 새로운 관점과 개념을 습득했다 해도 자신의 삶의 세계 속에서 일어나는 상호작용 경험의 재구성과 반응에서 질적 변화가 일어나지 않는 한 지적 성장이 일어났다고 판단하기 어렵다. 그저 교과지식이 많아졌을 뿐이다. 자신의 비판적 사고과정을 거쳐 자신의 성향의 일부로 받아들인 지식이 자신의 사고습관과 무관하고 인간과 세계를 보는 안목에 무관하다면, 그 지식은 학습자의 성장에 아무런 도움이 되지 않는 것이다.

교과지식의 재구성이 진정한 의미의 재구성이 되려면 교과지식과 학습자 양편에서 변화가 일어나야 한다. 즉, 교과지식이 학습자의 비판적 사고과정을 거치게 되면서 질적으로 변화되어야 하며 또한 동시에 학습자 자신의 경험, 관점과 사고도 질적으로 변화되지 않으면 안 된다. 이것이 듀이가 말하는 '교변작용', 즉 자아와 환경의 상호작용 속에서 일어나는 자아와 환경의 질적 변화 속에서 이루어지는 교과지식의 재구성의 의미라 할 수 있다. 이러한 의미의 교과지식의 재구성은 학습자의 편에서 달리 표현하면, 학습자 자신의 '경험의 재구성'이라 말할 수 있다.

16

교육활동에서 우러나오는 교육목적

학생을 가르치는 교육의 목적이 무엇인가라고 묻는다면, 교사로서 그 답을 하는 것이 쉽지 않다. 대개는 알려진 교육의 목적 중 하나를 가져다가 적당하게 맞춰서 대답하기 쉽다. 교육의 목적은 교사들의 교육활동과 직접 관련을 맺고 있지 않기 때문에 별로 관심을 갖지 않는다. 교육의 목적은 현재의 교육활동에서 멀리 떨어져 있는 철학적 차원의 고려 대상이지 현재의 활동에 반드시 필요하고 실질적으로 고려해야 하는 차원의 것은 아니다. 듀이가 보기에 교육의 목적이 학교의 교육활동과 무관하게 동떨어진 관념적이고 철학적 차원의 목적이라면 그것은 진정한 목적이 아니다.

또한 학교 외부에서 학교현장의 실제적인 교육활동과 무관하게 부과되는 외적인 목적 역시 진정한 목적이 아니다. 그것은 교사의 교육활동을 외부의 고정된 목표에 맞추어야 한다는 요구에 부응하게 함으로써 교사의 교육활동을 경직되고 획일적으로 만든다. 듀이는 상부로부터 하달되는 교육목적이나 외부에서 주어지는 교육목적에 대한 경계심을 가지고 있고 그것의 폐단에 대해 문제의식을 가지고 있다.

> 교사들은 그 목적(상부당국의 목적)을 아이들에게 강제로 부과한다. 이 사태에서 빚어지는 최초의 가장 중요한 결과는 교사의 지력이 자유롭게 발휘되지 않는다는 것이다. 교사의 지력은 상부에서 내려진 목적을 받아들이는 데에 국한되어 있다. 개개인의 교사가 권위적인 장학관의 지시나 교육방법에 관한 교과서의 지침 또는 규정된 교수요목 등등을 완전히 벗어나서 자신의 마음을 학생의 마음과 교과에 직접 맞닿도록 할 자유를 가지고 있는 경우는 참으로 드물다. 학생들은 이중, 삼중의 외적 강요에 의하여 그들의 목적을 부여받고 그 결과로 그들 자신이 당시의 경험에 비추어 자연스러운 목적과 그들이 따르도록 가르침을 받은 목적 사이의 갈등으로 말미암아 끊임없이 혼란을 겪는다(DE, 184).

외부의 목적에 의해 통제를 받는 일은 '노예적인' 일이라는 플라톤의 정의를 따른다면 위계적 구조 속에서 통제를 받는 교사와 학생의 일은 '노예적인 일'이 된다(DE). 듀이에 따르면 외부(교육당국)에서 강제하는 교육목적은 가르치고 배우는 일을 오로지 외부에서 부과된 목적을 달성하는 수단으로 전락시킨다. 외적인 목적은 교사의 자율성과 지성을 발휘할 수 없게끔 만든다. 외부에서 교사의 행동의 과정에 부과된 목적은 "고정되고 경직되어 있으며, 주어진 사태에서 지력을 발휘하는 것이 아니라 이러이러한 일을 하라는, 외적으로 내려진 명령이다"(DE, 186). 교사들에게 자유롭고 지적인 교육활동을 유발하기보다는 교사들의 교육활동에 제약을 가한다. 그 결과 교사의 교육활동이 '노예적인 일'이 된다. 교사의 마음이 상부에서 하달된 목적을 달성하는 데 있기보다는 '학생의 마음과 교과'에 직접 맞닿도록 할 자유가 교사들에게 있어야 한다.

어떤 것이 진정한 교육의 목적인가? 교사의 안목을 넓혀 주고 교육활동을 단순히 성적의 결과(수치)의 측면에서 고려하지 않고 그보다 더 넓은 범위의 교육 결과(경험의 성장)의 측면에서 고려할 수 있도록 하는 목적이다. 또한 실제적 교육활동과 관련을 맺으며, 주어진 사태에서 자율성과 지성을 발휘할 수 있도록 지적 자극을 주는 목적이다.

듀이는 다음과 같은 비유를 들어 진정한 목적이 무엇인가를 말한다.

> 예컨대, 한 마리의 토끼를 겨냥한다고 하자. 우리가 바라는 것은 바로 총을 쏘는 것이며, 이것이 우리가 하고자 하는 활동이다. 이와는 달리 우리가 바라는 것이 그 토끼라고 말한다 하더라도 그 토끼는 우리의 활동과 동떨어진 것이 아니라 우리의 활동 속의 한 요인이다. 우리는 토끼를 먹으려고 한다든지 우리의 총솜씨를 자랑하고 싶어 한다든지 하여간 무엇인가를 하기 위하여 토끼를 쏘려고 한다. 그것 자체, 다른 것들과 유리된 그것 자체가 아니라 그것으로 무엇인가 하려고 한다는 것, 그것이 우리의 목적이다. 우리가 얻고자 하는 대상은 능동인 목적(활동을 계속

해 나가는 것)의 한 국면에 지나지 않는다. 이것이 바로 활동을 자유롭게 한다는 말의 의미이다(DE, 179).

얼핏 들어서는 이해하기 어려운 비유이다. 듀이의 설명에 따르면, 목적은 표적이 아니라 표적을 맞추는 행동이다. 중용에서 말하기를 "활쏘기는 군자의 덕성과 비슷한 바 있으니, 활을 쏘아 과녁을 벗어나더라도 오히려 그 이유를 자기 몸에서 구한다". 도올 김용옥은 이 중용의 정신은 듀이가 말한 목적론과 같다고 주장한다(도올 김용옥, 2011). 중용의 이 말은 무슨 뜻인지를 보자. 『맹자』의 말이 중용의 말에 대한 주석이라 생각된다. "내가 남을 그토록 사랑했는데, 사랑해 준 그가 나를 친하게 생각지 아니 하면 나의 인(仁)을 반성하라!" 맹자는 이어서 또 이렇게 말한다. "내가 남에게 예를 다했는데, 그가 나에게 응당한 보답을 하지 않으면 나의 경(敬)을 반성하라!" "행하여 내가 기대한 것이 얻어지지 않을 때는 항상 그 원인을 나에게 구하라. 나의 몸이 바르게 되면 천하 사람들이 모두 나에게로 돌아온다"(도올 김용옥, 2012: 390).

공경의 마음으로 남에게 예(禮)를 다하는 행위는 까다로운 예법에 맞추어 정확하게 예를 다해야 한다는 외부의 목적에서 나오는 것은 아니다. 외부에서 요구하는 예법에 맞추어 정확하게 예를 다하는 목표 자체가 목적이 될 때, 그리고 그것에 의해 사람들의 평가를 받는다는 것을 의식하여 예를 다한다면 그것은 경직되고 본래의 정신을 잃은 것이 된다. 사람에 대한 공경의 마음의 발로에서 나오는 예이어야 하며 그 예는 거친 숨을 고르고 마음을 고르며 몸가짐을 고르게 하는 조식(調息), 조심(調心), 조신(調身)을 통해 자신의 몸가짐을 잘하는 것이다. 그러므로 외적인 예법(과녁)이 '목적'일 때와 공경의 마음으로 자신의 몸가짐을 잘 다스리는 것이 목적일 때의 '목적'은 다르다. 듀이가 말하는 진정한 목적은 후자의 목적이다. 공경의 마음으로 자신의 몸가짐을 잘 다스려서 나오는 결과가 예법에 맞는 행동이어야지 그것의 앞뒤가 바뀐 목적은 진정한 목적이 아니다. 외부에서 요구하는, 까다로운 외적인 예법에 맞춘 행동을 하는 것이 목적이고, 자신의 몸가짐을 다스리는 것은 그 목적을 달성하기 위한 수단이라면 그 목적은 그 사람에게 삶의 내재적 의의를 줄 수 없다.

듀이는 자신이 의미하는 목적에 대해 농부의 농사짓는 일을 비유로 들어 설명한다.

> 농부는 농사짓는 활동을 할 때 여러 가지 동식물을 사용하지 않으면 안 된다. 농부가 그 동식물에 진정한 애착을 가지고 있는가, 아니면 농부가 오직 그것이 가져올 결과에만 관심을 가지고 있고 그 결과를 얻기 위한 수단으로서 그 동식물을 사용하려고 하는가는 그의 삶에 심각한 차이를 가져올 것이다. 전자의 경우에는 그의 활동 자체가 의의를 가지며 활동의 국면 하나하나가 그 자체로서 가치를 가진다. 그는 매 단계에서 그의 목적을 실현하는 경험을 가진다. 그에게 있어서 장기적인 목적, 또는 예견되는 결과라는 것은 그만큼 앞을 내다보는 눈으로서 그의 활동을 언제나 충만하고 자유롭게 버티어 준다. 만약 그가 앞을 내다보지 않으면 그의 시야는 가리어지고 말 것이다. 목적은 활동의 다른 부분이 그렇듯이 결정적으로 행위의 '수단'이다(DE, 180).

그러나 듀이가 비유로 든 농부와는 달리, 농부가 농사짓는 목적이 가급적 수확을 많이 해서 돈을 많이 버는 것이라고 한다면 그 결과에만 관심을 가진다. 진정한 애착 없이 토지, 동식물을 자신이 원하는 결과를 얻기 위한 수단으로서만 이용하려 한다. 필요하면 GMO도 사용하고, 소도 성장호르몬을 먹이며 비인간적인 집단 사육을 할 수 있다. 농사를 짓는 일을 그저 많은 수확을 올려서 돈을 많이 버는 것에만 목적을 둔다면, 농사를 짓는 과정은 그 목적을 달성하기 위한 수단에 불과하다. 이런 농부의 경우, 농사를 짓는 활동 하나하나가 그 자체로서 가치를 지니지 못하고, 자신의 성장의 능력이 향상하는 경험을 가지지 못한다. 듀이가 비유로 든 농부와는 삶에서 심각한 차이가 생겨난다.

교사의 교육활동이 외부에서 부과된 목적을 달성하기 위한 수단이 아니라 그 자체로 가치가 있는 유목적적인 활동이라면 그 활동과정 속에서 교사는 참된 농부처럼 행동할 것이다. 경험의 성장이 이루어질 수 있도록 학생들의 말을 경청하고 공감하며, 학생들을 세심하게 배려하며, 어떤 상황에서도 학생들을 지지하기 마련이다. 교육활동 자체에서 나오는 활동의 내재적 목적을 갖고 있기 때문에 교사와 학습자는 그 활동 자체에 충만하고 자유로운 '흥미'를 가질 수 있으며, 그 활동에서 내적인 만족감을 가질 수 있다. 학습자가 배워야 할 교과는 문제해결을 위한 "유목적적인 활동의 과정에서 도움이 되는 사물, 관념, 원리로서만 의미를 지닌다" (DE, 224).

그러나 외적인 목적을 달성하기 위한 수단으로 교육활동과 학생을 바라보게 되면, 외적인 목적에 도달할 수 있도록 학생을 엄격하게 관리하고 통제하는 시스템이 작동하게 된다. 예를 들어, 성적을 높여야 한다는 상부의 목적이 하달되고, 그 목적의 달성 정도에 따라 교사가 평가를 받고, 성과급이 달라진다고 하면 교사의 교육활동은 성적을 높이기 위한 수단으로 변질된다. 이는 신자유주의 정책의 흐름에서 더욱 강하게 나타난다. 신자유주의 정책을 시행한 미국에서는 국가수준 학업성취도 평가를 실시하고 그 결과에 따라 학교를 평가하며 계속 성적이 부진할 경우 교사를 해고하고 학교를 폐쇄하는 조치를 취하기도 하였다(Ravitch, 2011). 학생의 성적만으로 학교와 교사의 모든 것을 평가하는 책무성 시스템이 작동하게 되면 교사들은 시험에 대비한 수업을 하지 않을 수 없기 때문에 갈등과 좌절감을 느낀다. 시험 위주 수업을 좋아하지 않고 학습자 중심의 수업을 실천하고 싶어 하는 교사들이 느끼는 좌절감은 더욱 크다. 미국이나 한국이나 비슷한 현상이다(Ro, Jina, 2016).

진정한 목적은 "학습자의 활동을 외부의 목적에 구속되지 않도록 하고 자유롭게 하는 것"이다(DE, 178). 학습자의 활동은 그 자체로서 의의와 중요성을 가지며, 활동 이외의 다른 어떤 것(외부의 목적)을 위한 '수단'이 결코 되지 않는다. 듀이가 말하는 '수단'은 목적과 분리될 수 없다. 어떤 활동국면에서 목적이었던 것이 다음 활동을 위한 수단으로 연속적으로 이어진다. "활동의 내부에서 그 활동을 이끌기 위한 계획으로서 생겨난 목적(aim)은 목적인 동시에 수단(means)이며, 여기서 목적과 수단은 편의상 구분에 지나지 않는다"(DE, 180). 활동 속에서 형성되는 목적이거나 활동에 내재된 목적이란 "활동의 내부에서 그 활동을 이끌기 위한 계획으로서 생겨난 목적"(DE, 180)이며, 이러한 목적은 목적인 동시에 다음의 장기적인 목적에 이르게 하는 수단이기도 하다.

목적과 수단의 관계에 대한 이해를 돕기 위해 집짓는 건축의 예를 생각해 보자. 집을 짓기 위해서는 구체적인 실행계획을 세우고, 필요한 수단을 강구해야 한다. 그리고 그 과정에서 생겨나는 목적[12]이 있으며, 그것은 활동을 이끌기 위한 계획으로서의 목적이다. 시간적으로 구분해서 볼 때 최종적인 도착점에 도달하는 것이 목적이고, 그 이전 단계에서의 모든 활동의 목적은 최종적인 도착점에 도달하기 위한 수단이라고 볼 수 있지만 동시에 그것은 집짓는 과정의 시점에서 볼 때는 그 자체로 중요한 목적이 된다. 입시성과 올리기가 실제적인 교육목적이 되고 이 목적만을 바라보고 공부한다면 교실수업은 경직된 방식으로 이루어질 수밖에 없다. 학생들의 관심과 흥미, 재능 등을 충분히 고려하고 그들이 능동적으로 자신의 목적을 가지고 교육활동에 참여하도록 이끌기가 어렵다. 이 경우는 학생들이 오직 공부가 가져올 '결과'에만 관심을 가지고 있고 그 결과를 얻기 위한 수단으로서 학교공부를 이용하려는 것이다. 그러므로 학생의 학습활동 전체가 그 자체로서 의의를 가지지 못하며 학습활동 국면 하나하나가 그 자체로서 가치를 지니지 못한다.

듀이의 목적론에 대해 여러 가지 의문이 생기기도 한다. 듀이가 말하는 교육목적은 학습활동 내부에서 우러나오는 것으로 일반적이고 궁극적인 교육목적은 아니지 않는가 하는 것이다. 활동의 내부에서 생기는 목적은 큰 목적이 아니라 그때그때 활동의 과정에서 생겨나는 일시적인 좁은 범위의 목적이라는 비판에 직면한다. 말하자면, 지금 현재 하고 있는 활동에 지나치게 목적이 국한되어 있다는 인상을 주는 것은 사실이다. 그뿐만 아니라 듀이의 목적론에 대해 듣다 보면 혼란이 생긴다. 교육목적이 각자의 교육활동에서 우러나오는 것이라면, 공통의 교육목적을 갖기가 어렵지 않는가 하는 것이다. 포괄적이고 더 높은 차원의 교육목적이 있지 않으면 아무래도 학습활동이 거시적으로 어떤 방향으로 가고 있는지 확인하기 어려운 측면이 있다.

듀이 연구자들은 이렇게 말한다. 듀이가 말하는 목적은 두 가지 차원을 포함한다. 첫째, 하나의 경험을 포괄하는 목적이며, 둘째, 전체 삶을 포괄하는 목적과 이상이다. 즉, "개개의 하나의 경험은 현재하고 있는 경험 특유의 목적에 적응함과 동시에 전체 삶의 이상적 목적에 헌신하게 된다."는 것이다(박철홍, 허경섭, 2006: 119). 하지만 이런 말은 추상적이어서 이해하기 어렵다. 연구자들이 말하는 '삶의 이상적 목적'은 중요하지만, 그것은 어디까지나 개인적인 차원의 것이며 공동의 삶의 방식과는 무관하다.

교사와 학생이 그들의 활동 속에서 목적을 가져야 한다는 말이 제멋대로 하고 싶은 대로 아무 목적이나 추구해도 된다는 뜻은 아니다. 자유로운 소통을 통해 공동의 관심의 범위를 확장하는 것이 공동의 삶의 방식이라고 한다면, 각자의 교육활동에서 우러나오는 교육목적 역시 공동의 관심을 지향하는 것이다. 듀이의 다음 말을 목적론과 연관시켜 생각해 보자. "자신의 행동(목적)을 다른 사람들의 행동(목적)과 관련짓고, 다른 사람들의 행동(목적)을 고려하여 자신의 목적과 방향을 결정하는 것이 바로 공동생활이며, 그것을 통해 다양한 능력이 충분히 발휘되도록 하는 것이다"(DE, 44).

공동생활의 상호교류 속에서 나온 교육목적, 교사와 학생의 지력이 충분히 발휘될 수 있는 목적이야말로 진정한 교육목적이라 할 수 있다. 상호소통 없이 일방적으로 위에서 아래로 부과하는 목적, 교사와 학생의 지력을 제한하는 목적, 학생들 개개인 간의 소통이 단절된 목적, 그 어느 것도 진정한 교육목적이라 하기 어렵다.

교사들이 외부에서 강제적으로 부과되는 교육목적을 따라야 하는 상황이 발생하는 것은 교육목적을 부과할 수 있는 권력을 가진 집단과 그것을 실행해야 하는 집단이 위계적으로 분리되어 있기 때문이다. 그들 간에 자유로운 상호소통이 없다. 만일 위계적 분리를 넘어서서 자유롭고 평등한 의사소통이 활발하게 일어나고 서로의 의견을 주고받을 수 있다면 교육목적이 일방적으로 부과될 수 없다. 오히려 그 목적은 논쟁과 상호이해와 협의를 바탕으로 만들어지는 공동작품으로 교사의 활동을 구속하는 것이 아니라 오히려 자유롭게 하며 더 폭넓게 이루어질 수 있도록 할 수 있다. 바람직한 일반적인 교육목적이 어떻게 나올 수 있는가에 대해서 듀이는 직접적으로 언급을 하지 않고 있지만 적어도 듀이의 민주주의 정의의 맥락에서 보면 상호교류가 활발히 일어나는 공동생활을 전제한 것일 수밖에 없다.

공동의 관심사를 지향하는 교육목적은 현재 처해 있는 개별적인 상황의 조건을 무시하고 설정되어서는 안 되며 또한 변화하는 상황 속에서 융통성 있게 조정될 수 있어야 한다. 그리고 수업에서의 자유로운 활동을 제한해서는 안 되며, 오히려 다양한 활동을 촉진하는 것이 되어야 한다. 진정한 교육목적은 "우리의 안목을 넓혀 주고, 더 넓은 범위의 결과(또는 관련)를 고려"할 수 있도록 해 주며(DE, 185), 또한 교사들의 반응을 수동적이고 기계적으로 만드는 것이 아니라, 자유롭고 능동적이며 지적으로 만드는 것이다.

17

수업에서 학습경험: '아이 눈으로 수업 보기'

정신과 육체가 이원적으로 분리될 수 없는 것과 마찬가지로 인간의 경험과 사고 역시 이원론적으로 구분될 수 없다. 그것을 표현하는 용어가 '사고적 경험'이다(DE, 243). 듀이에 따르면, 가치 있는 경험은 모두 사고적 경험이며, 사고는 경험과 불가분의 관계에 있다.

사고적 경험 개념이 실제 교사의 수업과 어떻게 관련되어 있는지를 생각해 보자. 최근 몇 해 동안 혁신학교 운동이 확산되면서, 혁신학교에서 일본의 '배움의 공동체' '핀란드 교육방식' '아이 눈으로 수업 보기' 등이 교육 모델로 받아들여지고 있다. 이러한 모델 가운데 일본의 배움 공동체는 듀이의 교육철학에 입각해 있다는 것은 알려져 있고, '아이 눈으로 수업 보기'(수업대화모델) 역시 듀이의 경험 철학적 요소를 차용하고 있다(서근원, 2011). '수업대화모델'은 기본적으로 교육인류학적 모델에 입각한 것이지만 그 모델에서 핵심적 부분을 차지하고 있는 아이들의 수업경험 관찰은 듀이의 '사고적 경험' 개념에 의거하고 있다.[13] 수업대화모델은 듀이의 '사고적 경험' 개념을 아이의 수업 경험 관찰이라는 맥락에 도입하여 사용하고 있다는 점에서 독창적이다(서근원, 2011). 이러한 독창성은 교실수업의 새로운 세계를 열어 놓았다. 교실수업을 종래의 수업자 중심의 관점에서 벗어나 아이의 경험 중심의 관점에서 볼 수 있도록 수업관찰의 패러다임을 바꾸어 놓았다. 교육인류학적 질적 연구가 외부자적 시각이 아니라 '내부자중심 시각(emic perspective)'을 취하기 때문에 학생을 내부자로 본다면 수업과정에서 교사의 시각이 아니라 학생의 시각으로 관심의 초점이 이동하는 것은 당연하다.

실제 이 수업대화모델을 살펴보면 듀이의 경험 개념이 수업과정에서 얼마나 중요한지를 알 수 있게 된다. 경험 개념은 학습자의 학습경험에 초점을 두게 한다. 따라서 교사가 어떻게 수업하는지 보다는 교사와의 상호작용 속에서 학습자가 어떻게 교과수업을 경험하느냐가 주된 관심사가 된다.

다음 내용은 한 초등학교 교사가 동료교사의 수업장면에서 영호라는 아이의 수업경험을 관찰한 것이다(서근원, 2011). 이 수업관찰에서 핵심은 영호의 학습경험을 파악하는 것이며, 학습경험은 수업 분석의 핵심요소를 구성한다. 이 교사가 작성한 영호의 '수업경험'표를 보면, 그 '경험내용'은 다음 여섯 가지로 제시되어 있다. (1) "나라가 도대체 몇 개야?" (2) "이게 오늘 할 건가?" (3) "퍼즐을 맞춰 봐야지." (4) "지구본을 가지고 거리를 재 보자." "어디인지는 알겠는데 솔직히 잘 모르겠어." (5) "마무리 해야겠어. 틀린 걸 고치자." (6) "끝났다 놀아야지."(서근원, 2011: 105-106)

이 여섯 가지는 듀이가 말한 사고적 경험이 될 수 있는가를 생각해 보자. 영호가 중얼거린 것을 가지고 영호의 학습경험이라고 볼 수 있을까? 여기서 교사의 학습경험 추론은 영호의 활동과정에서 영호에게 순간순간 떠오른 파편적인 생각들을 추적한 것으로 보인다. 이런 파편적인 생각들이 어떤 의미를 지니고 있는지 별다른 설명이 없다. 그것을 핵심적인 수업경험으로 파악하고 그것에 의미를 부여하려고 노력하는 일이 아이의 학습경험의 본질을 이해하는 데 얼마나 도움이 될까?

그럼에도 만일 파편적인 생각도 사고의 과정에서 일어난 것이고 그 자체도 경험이라고 주장한다면, 이 학습경험으로부터 학생 스스로 무엇을 배웠는가를 생각해 봐야 한다. 경험 자체가 중요한 것이 아니라 경험으로부터 무엇을 배웠는가, 즉 어떤 의미를 깨닫게 되었는가 하는 것이 중요하기 때문이다. 그리고 그 의미를 지각하게 되었다면, 그것은 아이가 경험과정에서 모종의 반성적 사고를 하고 있다는 것을 보여 주는 것이다. 관찰자는 아이가 지각하는 의미가 무엇인지를 알았는가? 그리고 그 의미는 교육적으로 의미 있다고 판단할 수 있는 것인가? 그 판단을 위해 관찰자가 사용하는 교육의 의미체계에 대해 반성적으로 생각하게 되었는가? 이런 질문들이 제기된다.

영호의 수업관찰을 했던 교사가 수업대화모델에서 말하는 경험의 의미를 잘못 이해한 것인지, 아니면 수업대화모형에서 말하는 경험의 의미 자체가 모호한 것인지 구분하기는 어렵다. 실제 질적 교육 연수에 참여한 교사들은 이 교사의 수업분석의 틀을 그대로 따르고 있고, 학생의 경험을 똑같은 방식으로 추론하며, 학생의 단편적인 속생각을 똑같이 '경험'으로 파악하는 오류를 범하고 있다.

예를 들어, 5학년 사회과 수업, '인구가 도시로 집중되는 까닭'을 관찰한 교사의 수업과정분석표를 보면 '경험내용'으로 "나를 찍고 있나?" "조사학습지 여기 해 왔지, 이거 가지고 뭐하지?" "시뮬레이션이 뭐야?" "집을 어디에 어떻게 그릴까?" "그래 이런 것도 있었어." "나만의 가상세계는 완성되어 가고 있어." 등을 분석하였다.[14] 담당교사의 수업과정분석표를 보면, '경험내용'으로 "수업공개네. 날 찍나?" "음, 오늘은 이사에 대해 공부하는구나. 우리 집은 직장 때문에 이사 왔는데." "집을 어디에다 그릴까?" "천 명 어떻게 그리지?" "이렇게 그리면 되겠다." "2, 3번도 하라고 하시니까 나도 빨리 써야겠다. 다했다!" 등을 분석하였다.[15] 전국심포지엄 연수[16]에 참여한 교사들의 수업과정분석표를 보면 '경험내용' 역시 위와 비슷하다.

학생의 중얼거림 속에는 학습내용과 관련된 문제의식과 의문이 조금이라도 담겨 있는가? 인구가 도시로 집중하는 까닭을 알아야 할 이유가 무엇인가를 생각해 볼 수 있게 하는가? 그것을 앎으로써 도시의 집중현상을 막고 농어촌지역으로 인구를 분산시킬 수 있는 아이디어를 생각해 볼 수 있도록 하는가? 학생들에게 자신의 의문에 대한 답을 찾아갈 수 있는 적절한 레퍼런스(references)가 제공되고 있는가? 수업대화모델에서 이 질문을 다루기에는 적절하지 않다. 교사의 수업방식은 주 관찰대상이 아니다.

학생들의 중얼거림이 정말 경험내용이라고 교사들이 생각했다면, 이는 사고적 경험에 대한 개념적 혼동에서 비롯된 오해이다.

이들 교사들이 분석한 내용을 보면 경험과 무관한 내용들이 들어 있다. 그런 결과로 수업분석이 애초 목표로 했던 사고적 경험 파악을 어렵게 한다. 수업대화모형은 아이들의 경험세계를 탐구함에 있어 사고적 경험을 핵심적 개념으로 설정하고 있음에도, 사고적 경험이 무엇인지 수업대화모델 연수에 참여한 교사들은 숙지하지 못한 상태에 있다. 이와 같이 수업대화모델이 아이의 눈으로 수업을 보는 눈을 갖게 해 준다는 장점이 있음에도, 수업분석에 있어서 핵심이 되는 경험 개념 하나가 모호함으로 인해 교사가 애써 노력하여 얻은 수업관찰 자료와 분석 전체가 쓸모없는 것이 되어 버릴 수 있음을 보여 준다.

수업대화모형의 수업구조분석이 학습경험을 밝히는 데 목적이 있다면, 관찰자 교사의 수업구조분석은 첫 단추부터 잘못 채운 것이다. 수업자는 '학습지'를 가지고 수업을 하였는데, 그것이 마치 문제해결학습인 것마냥 오해하였다. 학습지의 '문제'가 학생들의 흥미와 사고를 유발할 수 있는가를 고려했어야 한다. 학습을 유발하기 위하여 계획된 사태나 경험에 대하여 우리가 물어야 할 가장 중요한 질문은 그것에 담긴 '문제의 질'이 어떠한가 하는 것이다. 학습지의 문제 풀이 과정에서 아이들에게 모종의 학습경험이 일어날 것이라고 착각함으로 말미암아 사고적 경험이 당연히 발생했을 것이고, 그것을 찾을 수 있다고 믿음으로써 관찰과 경험추론에 많은 시간과 공력을 허비해 버리고 말았다.

관찰자가 아이의 학습경험을 추론하고 확인하기 위해서는 그 전제로 수업과정에서 아이들에게 의미 있는 학습경험이 일어나야 한다. 그런데 이 전제가 쉽게 간과되고 있다. 마치 어떤 수업을 하든지 사고적 경험이 일어나는 것은 당연한 것이고, 관찰자가 해야 할 일은 사고적 경험이 무엇인가를 추론하고 확인하는 일인 것처럼 인식되고 있다. 수업 자체가 사고적 경험이 일어날 수 있도록 설계되지 않았음에도 아이의 사고적 경험이 어떠한가를 파악하려고 한다면, 그야말로 '연목구어(緣木求魚)'가 된다. 단순히 오대양 육대주라는 단편적인 '팩트'를 가르치는 수업에서나 학습지 문제를 푸는 수업에서 사고적 경험이 일어나기 어렵다. 학습지 풀이는 문제해결학습을 가능하게 하지 않는다. 자신의 문제의식 속에서 문제의 상황과 직접 부딪쳐 씨름을 하면서 스스로 자신의 해결책을 찾는 것이 아니다. 얼마만큼 교과내용을 기억하고 정확히 재생하는가를 단편적으로 확인하는 것이 학습지 풀이다. 거기에는 새로운 아이디어를 창출하려는 '사고'가 작용하지 않는다.

아이들의 학습경험을 파악하는 데 있어 핵심적인 '경험' 개념이 제대로 이해되지 못했음에도, 수업을 열심히 관찰하고 방과 후에 교사들이 남아서 그 관찰내용을 서로 이야기하며 공유해 가면 무엇인가 크게 수업이 혁신된다는 장밋빛 환상을 가지고 있는 경우도 있다. 심지어는 자신들이 하는 일이 고귀하여 그것을 지켜야 한다는 신념이 강한 나머지 자신들의 수업혁신방식에 대해 제기되는 비판에 귀를 막고 듣지 않는 폐쇄적인 마인드를 가진 학교도 있다. 물론 한편으로 이해되지 않는 바는 아니다. 자신들이 하는 일에 남다른 열정과 헌신으로 전념하게 되면, 그 일이 더욱 가치있게 인식되는 '노력의 정당화 효과'가 생기기 때문이다.

듀이의 경험 개념은 철학자들이나 사용하는 추상적인 철학적 개념 같지만, 아이의 학습경험을 파악하는 데는 가장 핵심적 개념이므로 교사가 몰라도 그만, 알아도 그만인 개념으로 치부될 수 없다. 앞서 살펴본 바와 같이 교육인류학의 내부자적 관점에 의거한 관찰과 추론, 분석의 과정만으로는 아이들의 학습경험을 파악할 수 없다. 수업대화모델에 기초한 수업혁신에서도 사고적 경험이 무엇인가에 대한 듀이의 개념을 기본적으로 이해하지 않으면 아이들이 수업에서 가지게 되는 학습경험이 무엇인가를 정확하게 이끌어 낼 수 없다.

18

자신감과 능동적 반응을 키우는 교육방법

학생들을 어떻게 하면 잘 가르칠 수 있을까 하는 것이 교사들의 가장 큰 고민이다. 단순히 '교과'를 잘 가르치는 것이 아니라 '학생'을 잘 가르치는 일이다. 교과를 잘 가르치는 일은 '교과'에 방점이 있으며, 학생을 잘 가르치는 일은 '학생'에 방점이 찍혀 있다. 전자의 관점을 취하면, 교과는 학생의 경험과 무관하며 오직 학생들이 배워야 할 절대적인 그 무엇이 된다. 이 경우 "교과에 대한 학생의 태도는 그냥 배워야 한다는 식이 되고 마는 것이다"(DE, 270). 기민하고 집중적인 반응을 유발하기 어렵다. 교과를 오직 배워야 한다는 생각에서 교과를 배우도록 하는 것은 교과와 마음을 분리시켜서 보는 경우이다.

이렇게 말한다고 해서 수업에서 교과내용이 중요하지 않다는 것은 아니다. 오히려 그 반대이다. 요즈음 혁신학교에서 수업개선을 위해 수업방법 연구에 치중하고 있는데, 교과내용 연구는 흔히 별개의 것으로 간주된다. 하지만 수업방법 연구가 교과지식과 관련된 많은 배경지식과 정보를 공부하는 것과 별개의 차원은 아니다. 그런데 마치 어떤 교과에든 적용할 수 있는 수업방법이 있다고 믿는 것 같다. 그렇지 않다(DE). 수업방법을 지나치게 강조하다 보면, 교사가 자신의 교과를 깊이 또 정확하게 알고 있어야 한다는 사실을 망각하게 된다. 그러다 보니 자신의 교과내용(주제)에 대한 심화된 연구를 소홀히 하게 된다. 교과내용과 관련된 많은 레퍼런스(references)를 읽고 내용에 대한 더 깊은 이해를 해야 한다. 그래야 교과내용에 대한 이야기가 깊이가 있고 풍성해진다.

> 학문의 내용이 '조직'되어 있다는 사실은 곧 그것이 이미 지적인 활동을 거쳐 나온 산물이라는 뜻이요, 말하자면 '방법화'되어 있다는 뜻이다. … 방법이라는 것은 교과와 다른 것이 아니라 바로 교과가 배열된 모양(내용의 체계화, 관련성 제시, 앞으로의 연구와 탐구를 용이하게 함)을 가리키며, 다만 그 배열이 교과를 가장 잘 활용할 수 있도록 이루어진 것을 가리킨다. 방법이 내용의 바깥에 있는 경우는 절대로 없다(DE, 264).

교과내용과 교육방법이 뗄 수 없는 관계에 있다는 것은 좋은 수업을 보면 알게 된다. 예를 들어, '정의란 무엇인가?'라는 샌델(M. Sandel) 교수의 강의를 보면 샌델은 각 주제에 대한 수업을 스토리와 질문으로 시작한다. 벤덤의 공리주의에 대한 첫 강의를 보자.

> 우리는 전차 기관사인데, 전차의 브레이크가 고장이 났다. 이대로 달리면 앞에서 철로를 정비하고 있는 인부 다섯 명이 죽는

다. 그런데 전차를 비상 철로로 돌리면 비상 철로를 정비하던 인부 한 명이 죽는다. 당신은 어떻게 할 것인가?(EBS 하버드 특강 '정의란 무엇인가' 제3강)

센델은 교수학습방법으로 스토리텔링과 질문의 방법을 사용하고 있다. 그런데 내용 없는 스토리텔링과 질문이라는 것이 따로 있는가? 스토리와 질문의 내용을 어떻게 구성하느냐에 스토리텔링과 질문의 효과성이 달려 있는 것이지, 스토리텔링과 질문의 교육방법 그 자체가 효과성을 가져다주는 것은 아니다. 교사라면 누구나 스토리텔링과 질문의 방법이 좋다고 생각하여 사용하고 싶어 해도 쉽게 그 방법을 사용하지 못한다. 왜 그러한가? 각 주제에 대하여 흥미를 유발하고 깊은 사고를 할 수 있도록 이끌 수 있는 스토리를 만들어 내고 질문내용을 구성하는 것이 어렵기 때문이다. 그 주제에 대해 깊이 있고 완전하게 "사물을 끝까지 꿰뚫을 정도"로 이해해야만 주제에 적합한 스토리와 질문을 만들어 낼 수 있다. 예를 들어, 벤덤의 공리주의에 대해 강의하기 위해서는 그 이론의 핵심을 이해하고 있어야 할 뿐만 아니라 그와 연관된 정의론, 즉 칸트의 도덕철학과 롤즈의 정의론 등에 비추어 그것의 장단점을 폭넓게 사고할 수 있어야 한다. 교사도 마찬가지이다. 교사가 자신의 교과에서 학생들의 수준에 맞는 스토리텔링과 질문이 가능하려면, 먼저 교사 개개인이 교과에 담긴 각 주제에 대한 레퍼런스를 읽어야 하고, 교과내용과 관련된 아이디어를 이끌어 내야 한다. 이 일을 교사 개인이 개별적으로 하는 것보다는 교사 탐구공동체를 만들어 함께 하면 더욱 효과적이다. 교과별 탐구공동체 또는 여러 교과의 공통적인 탐구공동체를 형성하고 참여하는 것이 한 방법이다. 주제에 대한 심화된 이해를 바탕으로 어떻게 스토리텔링을 구성하고 질문내용을 만들 것인지 그것을 수업과정에서 어떤 시점에 어떻게 제시할 것인지를 함께 연구해 갈 수 있다. 교사들이 할 일은 이것이다. 수업개선을 한다고 하면서 수업방법을 연구하는 데 교사들이 많은 시간을 허비하거나 비효과적으로 쓰고 있는 것은 수업방법이 따로 있다고 생각하여 교과지식과 별개로 수업방법을 연구하기 때문이다.

게다가 교육방법을 연구한다는 것이 기존의 처방된 단계를 기계적으로 따르는 것으로 오해하는 경우들이 있다. '배움의 공동체 수업'을 하는 수학교과 연구수업을 본 적이 있는데 교사 자신의 익숙하던 방법을 버리고 새로운 방법에 따라 설정된 단계를 기계적으로 따르고 있었다. 그러다 보니 안타깝게도 '수박 겉핥기 식' 배움의 공동체 수업이 되고 말았다. 내 자신의 수업방법이 아니라 남의 수업방법이기 때문에 제대로 따라 할 수 없는 것은 당연하다. 배움의 공동체 수업방법이 교사가 활동하는 사태에 거치적거리는 장애가 된다면 그것은 없는 것만 못하다.

교사들에게 많이 알려진 협동학습, 배움의 공동체 학습 등을 어떻게 받아들여야 하는가? 두 가지 극단적인 모습이 있다. 하나는 학생을 가르치는 동안에 따라야 할 처방이나 모범으로 간주하여 그것을 기계적으로 따르거나 그와는 반대로 아예 무시해 버리는 것이다. 교육학적 지식과 방법을 받아들임에 있어 교사 자신의 마음, 지적인 반응, 창의성, 융통성이 무엇보다 중요하다. 자신의 교육활동 속에서 교육학적 지식과 방법은 하나의 레퍼런스일 따름이다. 그

레퍼런스를 자신의 수업 개선의 자원으로 삼아서 자신의 수업을 융통성 있게 변경하고 창의적으로 개선해 보는 과정이 중요하다. "만약 교사가 그런 것들은 기계적으로 받아들인 것이 아니라 그가 일하고 있는 특이한 사태의 필요, 자원, 난점 등을 파악하는 지적인 수단으로서 배웠다면 그것은 건설적인 가치를 지니게 된다. 결국 모든 것은 교사 자신의 반응방식에 달려 있는 것이다"(DE, 273).

예술가의 예를 들어 보자. 뛰어난 예술작품은 예술가의 타고난 재능이나 순간적인 영감에 의해서 만들어지는 것이라는 생각이 있는가 하면, 과거의 뛰어난 예술가들의 방법을 공부하고 그것을 열심히 따르는 것이라는 생각이 있다. 양 극단 모두 잘못된 것이다(DE). 예술가는 자신의 영감에 의존해서 위대한 작품을 만드는 것이 아니다. 과거 유파들의 전통을 자신의 작품활동을 하는 데 있어 중요한 레퍼런스로 공부한다. 과거에 위대한 작품을 낸 사람들의 작업과정과 그 결과를 연구하며 기초적 수준에서 세세한 방법, 재료와 도구에 관한 철저한 숙지, 화포와 물감과 붓, 그리고 모든 도구의 조작방법을 배운다(DE). 고전적인 방법을 활용하되 그 방법을 새로운 용도에 맞게 사용하며 창조적으로 변형하는 것이다. 교사의 교육방법도 마찬가지이다. 중요한 것은 교사 자신의 지적인 반응이다. "다른 사람들-특히 이미 전문가가 된 사람들-이 사용했던 표준화된 방법 또는 일반적인 방법을 아는 것은 그것이 개인인 자신의 반응을 더 지적인 것으로 하게 하는가 아니면 개인이 자신의 판단을 행사할 필요가 없도록 하는가에 따라 가치를 가지기도 하고 해로운 것이 되기도 한다"(DE, 274).

어디에나 적용할 수 있는 표준화된 교육방법이라는 것은 없다.

다만, 학생들의 반응을 이해하고 그 반응을 좀 더 효율적으로 이끌기 위해 어떤 일을 해야 하는가가 중요하다. 듀이는 교과수업에서 중요한 것으로 두 가지를 든다. 첫째, 학생들이 문제를 다루는 구체적인 사태에 직면하도록 한다. 둘째, 그 문제상황에 대해서 학습자가 능동적 관심을 가지도록 한다. 듀이에 따르면 교과 자체가 능동적인 관심을 자극할 수 있도록 조직되어야 하며 문제상황이 제시되어야 한다. 원래 지식이라는 것은 "문제상황에 대한 능동적 관심의 발로"(DE, 294)이기 때문이다. 다시 한번 샌델의 '정의란 무엇인가' 강의를 보자. 그는 자유지상주의에 대한 설명을 이론으로 시작하지 않는다. 실제 사회적 문제상황, 구체적인 사태를 제시한다.

> 미국의 상위 1% 부자가 미국 전체 부의 3분의 1을 소유하는데, 이는 하위 '90%'에 해당하는 사람들의 부를 모두 합친 것보다 많다. 따라서 어떤 사람들은 이러한 불평등은 부당하며 부자에게 세금을 부과하여 가난한 사람을 도와야 한다고 주장한다. 반면, 반대의견을 지닌 사람들은 이들이 시장경제에서 자유로운 선택으로 부를 얻었다면 전혀 부당하지 않다고 한다. 즉, 공리주의의 관점에서는 부의 재분배는 전체적인 행복의 증대로 공리가 상승할 것이라고 주장하지만, 자유지상주의자들은 규제 없는 시장을 옹호하면서 정부 규제에 반대한다. 여러분은 어떻게 해야 한다고 생각하는가?(EBS 하버드 특강 '정의란 무엇인가' 제3강)

교과지식을 세밀하고 정교한 문장으로 가르치려 한다면, 오히려 그것이 이해를 방해하게 된다. 대학 1학년 때 철학수업을 들은 적이 있었는데, 소크라테스 조각상처럼 생긴 그 교수는 정확하고 정교한 문장으로 쓰인 자신의 원고를 읽어 내려가고 있었다. 학생들은 이해하기 어렵고 지루하고 따분해졌다. 이 수업은 철학의 내용을 정확하게 전달하는 데 목적을 둔 수업으로 학생들과 의사소통하려는 의지가 없었고, 학생들의 관심과 흥미를 유발하는 데는 무관심하였다. "문제상황에 대한 학생들의 능동적인 관심"을 이끌어 내는 것에 관심을 가졌다면, 센델 교수의 수업처럼 바뀌었을 것이다.

학생들이 불평등의 문제상황에 즉각적인 관심이 있을 때 학생에게서 적극적이고 능동적인 '반응'이 나오게 된다. 여기서 능동적 반응은 지식내용에 대한 반응이다. "우리가 참된 지식을 얻는가 아닌가는 오로지 우리가 그 전달받은 내용에 어떻게 반응하는가에 달려 있다"(DE, 296). 교과공부를 통해 다른 사람에게 지식이었던 것을 받아들인다고 해서 그것이 곧 우리의 지식이 되는 것은 아니다. 그 지식은 우리에게 지식을 얻게 하는 자극이며, 우리가 어떻게 능동적으로 반응을 하는가가 중요하다. 교과지식에 별다른 관심과 능동적인 반응이 일어나지 않고 그저 전달된 지식의 내용을 암기하는 방식으로는 참된 지식을 얻을 수 없다. 그런 점에서 학생들이 질 높은 능동적 반응을 보일 수 있도록 하는 것이 교과수업에서 매우 중요하다.

듀이가 중시하는 '질 높은 능동적 반응'이란 무엇인가? 학생들의 반응은 가지각색이다. 교사의 다그침에 마지못해서 보이는 소극적이고 의미 없는 반응, 질적 수준이 떨어지는 반응, 적극적이고 질적 수준이 높은 반응 등이 있다. 당연히 적극적이고 질적 수준이 높은 반응이 수업의 질과 분위기를 바꾸어 놓는다. 듀이에 따르면 질 높은 능동적 반응은 즉각적 태도, 개방된 마음, 집중과 전념, 책임감 등의 요소를 내포하고 있다. 이는 교과의 지식을 효율적으로 다루는 방식이기도 하다(DE, 280).

첫째, 능동적 반응은 즉각적인 태도를 보이는 것이다. 즉각적 태도란 엉뚱한 것에 신경을 쓰거나 멍하니 쳐다보거나 하지 않고, 교과에 즉각적으로 또는 직접적으로 관심을 가지는 것을 나타낸다. 즉각적 태도는 '자신감'을 가지고 있음을 나타내는 것이다. 자신감이란 자기가 해야 할 일에 곧장 단도직입적으로 나아가는 태도를 뜻한다. 듀이는 다음과 같이 자신감을 감명 깊게 정의하고 있다. "그것은 자신의 능력에 대한 의식적인 신뢰가 아니라, 사태의 가능성에 대한 무의식적 신념을 가리킨다. 자신감은 사태가 요구하는 조건으로 스스로를 끌어올리는 것을 뜻한다"(DE, 276).

흔히 자신감은 자신의 능력에 대한 의식적인 신뢰라고 생각하는 경향이 있다. 흔히 "너 자신의 능력을 믿어라." 하는 말을 듣곤 한다. 그것은 의식적으로 애써서 자신의 능력을 믿으라고 하는 것이다. 하지만 의지적으로, 의식적으로 자신의 능력을 믿고자 해서 믿어지는 것은 아니다. 자신감은 무의식의 신념이다. 교육심리학에서 말하는 자기효능감은 자기 능력에 대한 신뢰와 믿음을 가리키는 말로 듀이가 말하는 자신감과 비슷하면서도 다르다.

보통 자신감이라 하면 자신의 성과를 남과 비교하여 가지는 자신감이다. 그런데 이런 자신감은 약점이 있다. 자신의 능력을 벗어나는 일이나 상황은 피하려는 경향이 있다. 부정적인 평가를 받기 싫어서이다(Aronson et al., 2013). 보다 높은 새로운 단계로 올라가기 위한 자신감이 아니라 자신이 해결할 수 있다고 믿는 정도의 문제만을 선택하는 자신감이다.

진정한 자신감이란 무엇일까? 자만심은 아니다. 『최고의 교육』에서는 자신감을 두 가지 측면에서 말하고 있다. 첫째, 실패를 두려워하지 않고 도전해 보는 의지이다. 대체적으로 아이들은 실패를 두려워한다. 부모들 역시 결과에만 초점을 맞추기 때문에 결과가 잘못 나오면 실패라고 간주한다. 어떤 아이가 95점짜리 성적표를 자랑스럽게 부모에게 보여 주었는데, 부모가 "나머지 5점은 어디 갔지?"라고 말하면, 그 아이는 자신감이 떨어지게 된다(Golinkoff & Hirsh-Pasek, 2018). 실패란 "어떻게 하면 성공할지에 대한 지표를 제공한다"(Golinkoff & Hirsh-Pasek, 2018: 316). 아이들이 배우는 과정에서 경험하게 되는 실패에 대해 아이들이 이해하도록 배려하면 아이들의 인내심과 사고력이 향상된다. 둘째, 자신감은 도전정신이다. 도전정신은 오늘날 말하는 '그릿(grit, 끈기)', 즉 목표달성을 위해 지녀야 할 열정과 인내심, 지구력을 뜻한다(Golinkoff & Hirsh-Pasek, 2018).

듀이가 말하는 '자신감'은 능동적 반응이라는 측면에서 규정된다. 특별히 탁월한 사람을 빼고는 보통 우리는 의식적 수준에서 느끼는 자신감이 별로 없다. 우리의 능력에 대한 의식적인 신뢰가 부족하다. 하지만 우리는 우리가 다루어야 할 문제사태에 직면하기를 피하려 하기보다는 사태가 요구하는 조건에 집중하다 보면 우리 스스로(사고 에너지와 정서 에너지)를 이끌어 올리게 된다. 그렇게 하지 않고서는 우리가 관심을 둔 문제사태에 직면하여 문제를 해결할 수 없기 때문이다. 우리 안에 문제를 해결할 수 있는 어떤 아이디어나 방안이 내재되어 있기 때문이 아니라 문제사태가 해결될 가능성 그것을 해결할 수 있는 아이디어는 어디엔가 있고 그것이 우리에게로 올 것임을 믿기 때문에 회피하지 않고 우리가 해야 할 일에 단도직입적으로 나아가는 것뿐이다. 이것이 듀이가 말하는 의미의 자신감이다.

뇌과학은 자신감에 대해 어떻게 말하고 있는 것일까? 뇌과학은 '무의식적 뇌'를 말한다. 문제해결의 아이디어는 어떻게 나오는가? 문제해결에 대한 자신감에서 나오는 것은 아니다. 문제해결의 아이디어를 얻기 위해 아이디어를 짜내는 힘든 일을 의식적으로 노력한다고 해서 되는 것도 아니다. "그 아이디어는 당신의 무의식의 뇌가 만들어 낸 작품이다"(Eagleman, 2017: 123). 그렇다고 아이디어를 얻기 위해 많은 참고자료를 읽고 생각하는 노력이 필요 없다는 뜻은 아니다. 다만, 무의식의 뇌가 오랫동안 기억에 담아 놓은 것들을 수없이 새롭게 조합해 보고, 그 결과를 평가하는 과정을 거친 후에 아이디어를 의식의 표면 위로 떠오르게 하는 것이다(Eagleman, 2017). 그때 우리는 그렇게 말한다. "내게 방금 아이디어가 떠올랐어." 뇌과학적으로 '자신감'을 표현하자면, 우리가 잘 때에도 문제해결의 아이디어에 도달하기 위해 스스로 수많은 조합의 과정을 통해 아이디어를 창조하는 무의식의 뇌를 믿는 것이라 할 수 있다.

그런 의미에서 자신감은 누구나 가질 수 있으며 아이들에게도 자신감을 가질 수 있도록 도울 수 있다. 자신감이 "사태가 요구하는 조건으로 스스로를 이끌어 올리는 것"을 뜻한다면(DE, 276), 타자와의 상호작용 속에서 자신에게 없었던 자신감이 생겨나기도 한다. 예전에 배우 김혜수가 JTBC 앵커 손석희와 대담하는 프로에서 동료 배우 한석규에 대해 이렇게 말한 적이 있다. "그와 함께 연기를 하다 보면, 그는 우리 모두를 이끌어 올리는 힘을 가졌다." 마찬가지로 교사 역시 공부하고 활동하는 아이들을 자연스럽게 '이끌어 올리는 힘'을 발휘할 수 있다. 이것을 교육심리학적으로 어떻게 이해할 수 있을까? 비고츠키(L. Vygotsky)는 근접발달영역(zone of proximal development)의 개념을 제시하였는데, 아이가 독립적으로 수행할 수 있는 수준과 교사의 도움을 받고 수행할 수 있는 수준 간의 범위를 일컫는다. 이 개념에서 중요한 것은 교사가 적절한 도움을 주게 되면 아이들이 혼자서는 도달하기 어려웠던 수준으로 도약할 수 있게 된다는 것이다(Sternberg, 2010). 함께 소통하며 협력적으로 활동한다는 것은 단지 협력의 가치만 있는 것이 아니다. 서로서로를 사태가 요구하는 조건 또는 수준으로 에너지와 능력을 끌어올려 준다는 데 의의가 있다.

둘째, 능동적 반응이란 개방적인 마음을 보이는 것이다. 문제의 해결책을 찾기 위한 즉각적인 활동, 탐구를 해야 되는데 그 과정에서 가장 기본적인 것은 개방적인 마음이다. 개방적인 마음은 새로운 관점과 정보 및 지식을 받아들이며 문제를 해결하는 데 필요한 사항들을 공정하게 받아들이는 것이다. 개방적인 마음과 반대되는 것은 '확증편향'이다.

확증편향은 자기가 보고 싶은 것만 보고 믿고 싶은 것만 믿는 현상으로 정보의 객관성과는 상관없다(강준만, 2013). 자신의 선입관을 뒷받침하는 근거만 수용하고, 자신에게 유리한 정보만 선택적으로 수집하는 것이다. 확증편향은 누구나 가질 수 있기 때문에 이해할 수 있는 면이 있다. 그런데 어떤 언론 보도 중에는 아예 확증편향적 사고에도 미치지 못하는 것도 있다. 확증 편향적 사고는 자신의 선입관을 뒷받침할 객관적 근거라도 수용한다. 누군가를 '공공의 적'으로 몰아가기 위해 온갖 의혹을 제기하다 그 의혹이 틀렸다는 팩트가 나오면 팩트는 무시하고 또 다른 의혹을 끝없이 제기하는 보도도 많이 있다.

사회적 영향력이 큰 언론사의 기자들은 마땅히 자신들의 기사가 불확실한 사태에 진실의 빛을 던져 주고 있는가, 그리고 어떤 결과를 가져오는가를 공정하게 바라봐야 한다. 그렇지 않고 오로지 자신들의 의도하는 특정한 결과가 나오기만을 바란다면 개방적인 태도와는 거리가 멀다. 듀이는 개방적인 마음에 대해 이렇게 말한다. "개방적인 마음이라는 것은 현재의 불확실한 사태에 빛을 던져 주는 모든 고려사항, 그리고 특정한 행동에 따라올 결과를 결정하는 데에 도움이 되는 모든 고려사항들을 공정하게 받아들이려는 마음가짐을 가리킨다"(DE, 278). 개방적인 마음과 태도는 교과공부 과정에서 길러져야 하는 중요한 요소이다.

셋째, 능동적 반응은 집중과 전념을 보이는 것이다. 집중과 전념이 없이는 지식을 얻을 수 없다. 집중해서 공부하라 해도 마음속에서 온갖 욕구와 욕망이 다른 쪽으로 흘러가는 학생들이 있다. 무의식적으로 마음이 끌리는 쪽으로 생각은 흘러가기 마련이다. "나는 별로 하고 싶지 않은데 공부를 해야 돼. 시험 보니까." 이렇게 내키지 않는 공부를 억지로 하려고 하니, 학생들은 힘들어한다. 정신작용의 본성적이고 자발적이고 생생한 부분 사용이 되어야 되는데 그것이 안타깝게도 유실된다. 학생들이 가지고 있는 사고 에너지, 상상력의 가장 깊은 관심이 객관적으로 용인되는 학습활동에는 동원되지 않고 있다. 왜 이러한 현상이 나타날까? 여러 가지 이유가 있겠지만 수업에서 수행하는 목적이 학생의 현재의 관심이나 능력 범위 바깥에 있는 것도 한 이유이다. 이러한 상태에서 공부를 시키려면, 교사들은 외적 강압을 가할 수밖에 없고 공부의 내용 그 자체와는 관계없는 외적 보상에 의해 동기를 유발할 수밖에 없다.

넷째, 능동적 반응은 책임감을 보이는 것이다. 여기서 책임감이란 '지적 철저성'이다. 배우는 교과내용 속의 어떤 주장, 진술이 타당한지 아닌지에 별로 관심이 없다면 그리고 설령 관심이 있다 할지라도 교과내용에 안이하게 동조한다면 그런 공부는 피상적인 지식 습득에 그치고 만다. 공부하는 과정에서 안다는 것, 믿는다는 것의 표준을 엄격하게 하는 것이 필요하다. 내가 이걸 안다는 게 도대체 뭘 의미하나? 나의 정말 밑바닥에 있는 본성적이고 자발적인 생생한 부분 모든 무의식의 정서까지도 완벽하게 거기에 동의하는가? 내가 동의한다는 것은 그만큼 내가 철저하게 그것을 검토했고 받아들였다는 것이고 그때 지적 철저성은 "사물을 끝까지 꿰뚫어보는 것이다"(DE, 284). 별로 동의도 하지 않는데 교과내용이니 그냥 어쩔 수 없이 받아들이는 태도는 지적 철저성이 결여된 상태이다. 그것은 제대로 된 공부가 아니다.

이상에서 듀이가 중시한 능동적인 반응의 요소에 대해 말했지만, 그것은 단순히 방법상의 문제가 아니라 지적 성장이라는 큰 교육목적의 테두리 속에 들어 있다. 따라서 교수학습방법이 지적 성장을 불러일으키는지를 살펴보지 않으면 안 된다. 여러 가지 학습방법이 있지만 그것의 가치는 지적 성장을 촉진하는가에 달려 있다.

학생들이 지적으로 성장한다는 것은 무엇을 뜻하는가? 교과내용을 많이 알고 있고 시험에서 높은 점수를 받았다고 해서 지적으로 성장했다고 말할 수 있을까? 듀이는 이렇게 말한다. "지적 성장은 시야의 부단한 확장과 그로 인한 새로운 목적, 새로운 반응의 형성을 필요로 한다"(DE, 278). 시야가 부단히 확장되려면 이전까지 알려지지 않았던 새로운 관점을 적극적으로 환영하는 지적 포용성이 필요하다. 또한 기존의 목적에 수정을 가하도록 하는 사항들을 심각하게 고려하는 적극적인 열망이 필요하다. 어떤 사태를 보는 시야가 확대되었다는 것은 그저 시야가 넓어지는 것으로 끝나는 것이 아니라 그 사태에 대해 새로운 반응을 보일 수 있다는 것이다. 학교에서 배우는 것은 많은데도 학생들이 자신의 삶의 세계에서 일어나는 사태를 보는 시야는 좁고 구태의연한 반응을 보인다면 지적으로 성장한 것은 아니다.

지적 성장의 과정에는 새로운 관점, 새로운 정보, 경험들이 마음 안으로 들어와서 축적되고, 침전되고 숙성되도록 마음의 문을 열어두는 태도가 필요하다(DE). 원하는 결과(문제해결이나 정답)를 조급한 마음으로 빨리 얻으려고 억지로 강요해서는 안 된다. 지적 과정은 대체로 성숙하는 데 시간이 걸린다. 부모는 아이들의 단기적인 성과에 조급해서는 안 된다. 장기적인 관점에서 아이가 지적으로 성장할 수 있도록 배려하는 것이 아이를 위한 것이다. 삶의 세계에서 일어나는 일을 바라보는 아이의 넓은 시야, 그리고 반응의 지적 수준에 주목하고 부모 역시 의미 있는 반응을 해 주는 것이 아이의 성적에 대한 반응보다 더 필요하다. 듀이는 이렇게 말한다. "정답을 내는 것이 아닌, 지적 과정의 질이 교육적 성장의 기준이라는 것을 모든 교사들이 깨닫는다면 그야말로 교육의 혁명이라고 불러도 좋을 결과가 나타날 것이다"(DE, 279).

19

환경에 대한 생존능력을 키우는 교육: '여우의 이성'

유기체의 생명은 환경과의 끊임없는 상호작용 속에서만 생존하며 진화한다. 이러한 듀이 철학의 근본 명제는 『민주주의와 교육』의 논의의 기저에 있는데, 이는 다윈의 진화론[17]에서 영향을 받은 것이다. 『민주주의와 교육』에서 말하는 환경, 상호작용, 성장, 적응, 경험의 개념 모두 진화론적 맥락에서 이해될 수 있다.

다윈의 영향을 받았다면, 듀이는 적자생존과 생존경쟁, 자연선택이라는 진화의 원리를 자신의 철학의 기반으로 삼았다는 뜻인가? 그렇다면 어떻게 진화의 원리에 입각해 민주주의 원리를 설파하고 교육철학을 세울 수 있었을까 하는 의문이 나올 수 있다. 듀이는 스펜서(H. Spencer)의 사회진화론처럼 힘센 사자가 아프리카 초원의 왕으로 군림하듯이 사회적 강자가 약자를 지배하는 것이 자연의 순리이며, 이러한 순리를 받아들일 수밖에 없다고 주장한 것일까? 사회진화론은 구시대의 유물이 아니라 지금도 사회의 불변의 법칙처럼 받아들여지기도 한다. 과거 식민지 시대에 강자가 약자를 잡아먹는 것은 자연법칙이라고 믿었고, 서구열강이 힘없는 나라를 지배하고 착취하는 것을 부끄럽게 생각하지 않았다. 기독교 국가라고 스스로 자부심을 품고 있는 영국 등의 서구열강이 그러했다. 기독교 정신을 받아들였다면 서구 열강의 식민 지배를 사회진화론으로 정당화하지는 못했을 것이다. 성경의 가르침에 따르면 이 세상을 지배하는 것은 자연법칙이 아니라 하나님의 공의이다. 성경 이사야서에 다음과 같이 말씀이 기록되어 있다.

> 그때에 이리가 어린 양과 함께 살며 표범이 어린 염소와 함께 누우며 송아지와 어린 사자와 살진 짐승이 함께 있어 어린아이에게 끌리며 암소와 곰이 함께 먹으며 그것들의 새끼가 함께 엎드리며 사자가 소처럼 풀을 먹을 것이며 젖 먹는 아이가 독사의 구멍에서 장난을 하며 젖 뗀 어린아이가 독사의 굴에 손을 넣을 것이라. 내 거룩한 산 모든 곳에서 해됨도 없고 상함도 없을 것이니 이는 물이 바다를 덮음같이 여호와를 아는 지식이 세상에 충만할 것이니라(이사야, 11: 6-9).

듀이의 진화론 이해는 스펜서의 사회진화론과 다르다. 유기체의 많은 다양한 형태가 있지만 그것이 어떻게 해서 생존하게 되고 진화하게 되었는지, 그 메커니즘이 무엇인지, 아직까지 명확하게 밝혀지지는 않았다. 그 메커니즘이 적자생존으로 설명되어 왔지만 그것은 가설일 뿐이고 어떻게 해서 그렇게 생존하면서 진화할 수 있었는지는 여전히 미스터리한 의문점으로 남아 있다. 이 점은 화이트헤드(A. Whitehead)가 그의 저서 『이성의 기능』에서 지적

했던 바이다. “죽어 없어진다고 하는 단순한 사실이 곧 환경에 대한 부적응의 실증이라고 하는 것은 하나 더하기 하나는 곧 둘이라고 동의어를 반복하는 것 이상의 얘기는 아니다. … 환경에의 적응이라고 하는 요소가 진화의 유일한 결정적 요소가 된다고 하는 가정이 곧 생존경쟁설의 핵심인 것이다”(Whitehead, 1998: 42). 그리고 적자생존으로는 상향적인 진화의 방향을 설명할 수 없다는 것이다. 왜 유기체의 종들이 “물질의 무기화학적 분배로부터 발전되어 나왔는지, 그리고 시간이 지남에 따라 더욱 더 고등한 유형의 유기체의 종들이 진화하였는지”를 적자생존의 논리로 설명할 수 없다는 것이다.

현재에도 학자들 간에는 적자생존의 경쟁관계 속에서 가장 잘 적응한 유기체가 살아남고 진화를 했는지 아니면 상호의존과 협력의 메커니즘이 작용해서 진화하게 되었는지 이견이 있다. ‘이기적 개인의 팃포탯 전략’이란 부제가 붙은 액설로드의 『협력의 진화』, 보울즈와 긴티스의 『협력하는 종』 등은 상호의존성과 협력을 인간의 진화의 메커니즘으로 주장한다.

진화론에서 말하는 적자생존을 어떻게 이해하는 것이 맞는 것인지에 대해서도 학자들 간에 많은 논쟁이 있었다. 예를 들어, 적자생존에서 말하는 ‘적자’는 무엇이며, 자연생태계적 환경에 ‘적응’한다는 것은 어떤 뜻인가? 생존경쟁에서 말하는 ‘생존한다는 것’은 무엇이며, ‘경쟁’이란 무엇인가? 생존을 위한 노력이 상호의존성이나 협력과 대립적인 것인가? 적자생존은 환경에 가장 잘 적응한 종, 환경에 가장 적합한 종이 살아남는다는 뜻이며, 동물세계의 약육강식을 뜻하는 것은 아니다.

생존경쟁(struggle for survivals)이란 말은 '비유적 표현'으로, 살기 위해서 서로를 도태시키려고 경쟁한다는 의미라기보다는 생존하기 위해 노력한다는 뜻으로 이해되는 것이 더 타당하다(조경민, 2011). 예를 들어, 사막에서 자라고 있는 풀 한 포기도 뜨겁고 건조한 환경에서 생존하기 위해 노력하고 있다는 것이다. 다윈에게 있어서 생존경쟁은 삶을 유지하기 위한 모든 노력과 행위를 지칭하는 개념이며, 따라서 경쟁이란 말보다 생존을 위한 노력이나 고투로 번역하는 것이 다윈의 의도를 정확히 전달하는 것이라는 주장이 설득력을 얻고 있다(최재천, 2012).

그리고 진화론적 관점에서 개미와 꿀벌, 인간과 같은 종의 경우에는 생존하기 위한 노력이 상호의존적이고 협력적으로 이루어졌다는 점이 강조되고 있다. 최재천은 꿀단지 개미를 예로 든다.

> 개미가 식물이나 진딧물 같은 데서 단물을 채취해 오는데 그걸 담아 둘 항아리가 없어서 '살아 있는 꿀단지'를 만든다. 개미 중 일부가 천장에 올라가 매달리는 거다. 그 개미 배 속에 다른 개미들이 꿀을 집어넣으면 배가 100배 이상 커진다. 먹을 게 없으면 게워내고, 아니면 또 담고, 그렇게 몇 달을 견딘다. 실험을 위해 천장의 꿀단지 개미 몇 마리를 빼냈더니 다시 몇 마리가 자발적으로 천장으로 기어올라가 매달리는 게 관찰되었다. … 모두가 같이 희생을 감내하면 참을 수 있지만, 지나치게 불균형적으로 일방의 희생이 계속되면 협력 시스템은 깨진다. … 희생을 평준화해서 골고루 나누고 어느 일방이 혼자 손해 보지 않게끔 하는 것, 그것이 협력을 촉진하는 기반이다. 민주주의는 진화의

결과물이다(한겨레신문, 2015. 1. 23.).

최재천의 생물진화론 관점에 따르면, 인류가 25만 년 생명의 역사를 통해 전수받은 것은 경쟁의 시스템이 아니라 협력의 시스템이다. 물론 사회가 비민주적일 때는 협력의 시스템이 깨지는 경우가 있다. 최재천의 적절한 비유처럼 인간사회에는 꿀단지 개미도 아닌데 너무 오랫동안 너무 일방적으로 무거운 짐을 짊어진 채 삶의 벼랑 끝에 매달려 있는 이들이 있다. 희생의 몫을 함께 나눠 지지 않는 한, 협력의 시스템은 붕괴하고 각자도생의 생존경쟁만이 난무하게 되는데, 그것은 자연적인 상태가 아닌 사회가 만들어 놓은 인위적인 상태이다. 이런 맥락에서 보면 공동의 삶의 방식으로서의 민주주의에서 상호의존성과 협력에 대한 듀이의 진화론적 구상은 이해될 수 있다.

진화론의 적자생존 원리에서 말하는 환경에 대한 '적응' '생존'이란 무슨 뜻인가를 조금 더 비판적으로 살펴보자. 환경에 대한 적응이 환경에 맞춰서 수동적으로 '적응'한다는 뜻인가? '적응'과 '생존'의 의미를 이해하는 데는 화이트헤드의 『이성의 기능』이 도움이 된다. 그 내용은 어떤 면에서는 놀랍게도 듀이의 관점과 매우 유사하다. 화이트헤드는 이 책에서 진화에 대한 새로운 관점을 제시하고 있다. 새로운 관점을 제시하려면 당연히 기존의 생존경쟁, 적자생존 관념의 진화론을 비판하고 극복하는 과정을 거쳐야 한다. 듀이도 마찬가지로 그 과정을 거쳐야 한다. 그래서 화이트헤드의 이야기를 하는 것이 듀이가 말한 유기체의 환경과의 상호작용을 이해하는 데 더 도움이 될 것 같다.

화이트헤드는 유기체의 환경과의 상호작용에 있어서 능동적인 적응을 더욱 적극적으로 강조한다. 이 점에서 듀이도 같다. 듀이는 적응에 대해 이렇게 말하고 있다. "교육은 때로 환경에 대한 개인의 적응을 가능하게 하는 습관을 획득하는 일로 정의된다. … 여기서 적응이라는 것은 목적을 달성하기 위한 수단을 '통제'한다는 적극적인 의미로 이해되어야 한다"(DE, 100). 적응을 환경에의 동화를 뜻하는 것으로 생각하는 관점에 의하면, "환경은 고정된 것으로서, 유기체의 변화가 따라야 할 고정된 목표 또는 표준을 나타내는 것이요, 적응이라는 것은 이 고정된 외적 조건에 우리 자신을 맞추어 넣는 것으로 생각된다."고 듀이는 비판한다(DE, 100).

화이트헤드는 실제 유기체가 생존해 온 방식을 보면 환경을 자신에게 맞춰서 계속 개조시키는 과정이었다고 주장한다. 능동적인 적응에 대해서 어떻게 썼는지 들어 보자.

> 우리에게 더 친숙한 동물들의 사소한 행동조차 잘 살펴보면 그것은 자신의 환경을 개조하는 행위이다. 가장 단순한 생명체들도 그들의 먹이가 그들에게 헤엄쳐 들어오도록 만든다. 고등한 동물들은 그들의 먹이를 추적하며 포획하고 조작한다. 그렇게 행동함으로써 그들은 그들의 환경을 그들 자신 목적을 위해서 변형시키고 있는 것이다. 어떤 동물들은 그들의 먹이를 구하기 위해서 땅을 파기도 하며 어떤 놈들은 그들이 포획할 대상을 어슬렁거리며 추적한다. 물론 이러한 모든 생존 작전들이 바로 환경에 적응이라고 하는 흔한 이론이 의미하는 것들일 것이다.

그러나 이러한 행동들은 환경적응이라는 그런 말로 매우 부정확하게 표현되고 있는 것이다. 그런 말의 배면으로 진짜 중요한 사실들은 다 빠져나가 버리고 있기 때문이다. 생명의 고등한 형태들은 그들의 환경을 개변하는 데 능동적으로 종사하고 있다고 하는 그 능동적 사실이야말로 가장 중요한 것이다. 인류라는 종을 생각하는 데 있어서도 바로 환경에로의 그 능동적 공격이라는 사실이야말로 그의 생존에 가장 불출한 사실이란 점을 잊어서는 아니 될 것이다(Whitehead, 1998: 47).

화이트헤드는 유기체의 환경에 대한 능동적인 적응을 '환경에 대한 능동적인 공격'이라는 적극적인 표현으로 바꾸어 쓴다. 보통은 유기체는 환경에 자신을 맞춰서 수동적으로 살아가는 것처럼 보이지만 실제로는 그렇지 않다는 이야기를 하고 있다.

환경에 인간이 적응한다는 것은 곧 환경에 대한 능동적인 공격이라는 말이 내포하고 있는 의미는 무엇인가? 인간이 능동적으로 적응하는 것은 살기 위한 것이다. 하지만 그저 살기 위한 것이 아니라 잘 살기 위한 것이며, 나아가 더 살기 위한 것이다. 어떤 다른 형이상학적인 목적을 위해서 그렇게 하는 것은 아니다. 화이트헤드는 다음과 같이 말하고 있다.

이제 나는 인간의 환경에 대한 능동적 공격을 설명하는 데 다음의 3 중에의 충동이 자리 잡고 있다고 하는 테제를 제의한다: i) 산다, ii) 잘산다, iii) 더 잘산다. 실상 삶의 기술이란, 첫째, 생존하는 것이며, 둘째, 만족스러운 방식으로 생존하는 것이며, 셋

> 째, 만족의 증거를 획득하는 것이다. 우리 논의의 바로 이 시점에서 우리는 이성의 기능이라는 주제로 되돌아가야 할 필요성을 느낀다. 이성의 기능이란 바로 삶의 기술의 증진이다. 이성의 원초적 기능은 바로 그 공격을 환경에로의 방향으로 지우는 것이다(Whitehead, 1998:48-49).

능동적인 적응은 생존능력을 높여 준다고 말하고 있는데, 여기서 '생존'의 의미가 무엇인가를 화이트헤드(Whitehead, 1998)는 세분해서 이야기하고 있다. 생존의 의미에는 세 단계가 있다. 첫째는 단순하게 생존하는 것이고, 둘째는 그냥 생존하기 위해서 사는 것이 아니라, 잘 사는 것이고, 셋째는 보다 더 잘사는 것이다. 환경을 능동적으로 개변시키고 활용하는 것은 궁극적으로는 더 잘 살 수 있도록 하기 위함이다. 그렇게 더 잘 살 수 있도록 하는 것이 삶의 기술, 아트라는 것이다. 그렇다면 '더 잘 산다'는 의미는 무엇일까? 단순히 생존한다는 것과 어떻게 다른가?

새로운 환경에 직면해서 단순히 생존하는 것에 머물지 않고 더 잘 살아갈 수 있도록 하는 무엇인가가 인간에게 있어야 할 것 아닌가? 거기에서 작용하는 것이 바로 '이성의 기능'이라는 것이다. 화이트헤드에 따르면 진화의 방향에서 보면, 보다 더 잘 살게 되는 방식으로 적응해 가는 것이 '상향적으로 진화'하는 과정이다. 그리고 '상향적 진화'가 가능하도록 기능하는 것이 '이성'이다.[18] 여기에서 '이성'은 플라톤의 사변이성이 아니라는 것은 자명하다.

화이트헤드의 이성의 개념이 가지는 의의를 도올 김용옥은 그 이성 개념이 서구의 전통적인 개념을 파괴시켰다는 점에서 찾는다. 서구의 전통적인 이성의 개념은 플라톤의 이성인데, 플라톤의 이성은 신적인 성격을 지닌 이성이다. 이 세계를 초월해서 세계 위에 우뚝 서서 세계를 개관하고 이해하고 판단할 수 있는 신적인 능력이다. 그 신적인 능력을 인간이 가지고 있다는 것이다. 그러한 초월적 성격의 이성은 사변적 이성이라고 불린다. 화이트헤드(Whitehead, 1998)가 말하는 이성은 사변적 이성이 아니라 환경에 적응해 가는 과정에서 나타나는 이성이다. 환경 속에 적응해서 잘 살아갈 수 있게 하는 이성은 초월적인 이성이 아니다. 이러한 이성은 '실천이성'이라고 불리기도 하고, '유기체적 이성'이라고 불리기도 한다. 실천이성을 화이트헤드(Whitehead, 1998)는 '여우의 이성'이라고 부르기도 한다. 그 이성은 실제적인 삶을 살아갈 수 있게 만들어 주는 기능을 한다.

화이트헤드의 실천이성과 듀이의 지성(intelligence) 개념을 비교해 보면 비슷하다. 듀이는 플라톤의 사변적 '이성' 개념을 쓰지 않고 지성이라는 용어를 쓴다. 드물게 듀이가 사용하는 이성의 개념은 플라톤의 이성 개념과 다르다. "이성이라는 것은 이전의 경험의 내용이 새로운 경험에 대해서 가지는 의의를 지각하는 데에 관련을 맺도록 하는 능력"(DE, 488)이다. 듀이가 말하는 이성은 경험의 의미 지각 능력이다. 듀이가 교육을 경험의 끊임없는 재구성이라고 정의할 때 전제하는 것은 경험의 재구성을 가능하게 하는 이성이 존재한다는 것이다. 그 이성을 듀이는 지성이라고 부른다.

듀이에게 있어 환경에 적응해서, 환경을 개변시켜 가면서 보다 더 잘 살 수 있게끔 이끌어 주는 요소가 지성이다. 화이트헤드의 실천이성을 듀이 논의에 도입한 것은 듀이의 지성에 대한 이해를 돕기 위한 방편이었다. 듀이가 화이트헤드 이야기를 한 것은 아니다. 화이트헤드의 실천이성과 듀이의 지성 간에 어떤 공통점과 차이가 있는지는 연구되어야 할 주제이다.

이상의 이야기는 플라톤의 사변이성과 환경과의 상호작용 속에서 작용하는 실천이성을 구분할 수 있도록 하기 위한 것이었다. 물론 화이트헤드와 듀이는 다르다. 화이트헤드는 사변이성과 실천이성을 통합하는 입장을 취하는데, 거기에서 듀이와 갈라진다. 듀이가 플라톤의 사변이성을 완전히 거부했는지는 연구되어야 할 주제이지만 듀이가 플라톤의 사변이성에 관심을 두지 않는 것만은 분명하다. 화이트헤드의 통합적 관점에서 보면 그것이 듀이의 한계라고 지적할지 모른다.

교육과 연관시켜 도식적으로 이야기해 보면 이렇다. 플라톤의 이성은 세계 현상을 위에서 바라보면서 관조하고 이해하는 이성으로 현실 삶의 거친 소용돌이를 헤쳐 나갈 수 있게 하는 실천이성, '율리시스의 이성'(율리시스: 트로이 목마의 계략을 만들어 낸 장군의 이름)이라 불리는 이성과는 다르다. 이홍우는 피터스나 허스트(R. Peters & P. Hirst)의 교육이론을 지지하는 학자로 이들은 공통적으로 학문지식의 내재적 가치를 주장하는 하는데 이 내재적 가치라는 것은 플라톤의 사변적 이성에 기초하고 있다. 이들 교육학자들은 높은 데서 관조하고 세계를 이해하는 그런 안목 그 자체가 보편적인 가치라고 생각한다. 환경 속에서 직면하게 되는 삶의 구체적인 문제를 해결하는 데 도움이 되고 안 되고는 별 상관이 없다.

이에 비해 듀이는 환경 속에서 사람이 살아가면서 부딪히는 삶의 문제를 해결할 수 있는 힘, 지성을 중시한다. 그런 점에서 봤을 때 듀이가 교과지식을 보는 관점이나 이성을 보는 관점이 상당히 도구적이고 실용주의적이라고 생각할 수 있다. 하지만 듀이는 이성을 경제발전 등의 도구로 쓰자는 의미가 아니며 삶의 환경을 개변하며, 부딪히는 문제를 해결할 수 있는 지성을 갖추도록 하자는 것이다. 이를 위해서는 구체적인 경험 속에서 나오는 지적인 요소를 활용할 수 있게 해 줘야 하며, 플라톤의 사변적 이성을 가져와서 삶의 복잡한 환경의 소용돌이 속에서 사용할 수 있도록 하기는 어렵다는 것이다. 그것이 큰 차이라 할 수 있다.

이렇게 교육에 있어 이홍우, 피터스, 허스트와 듀이의 차이를 간단하게 언급했지만 양자 간에는 보다 근본적인 차이가 있다. 피터스 쪽은 서양 전통철학의 본질주의 관점을 취하며 듀이는 진화론에 근거하여 반 본질주의적 관점을 취한다는 것이다. 서양철학의 대상과 목적은 그 유구한 전통 속에서 이데아, 텔로스(목적), 에이도스(본질), 신, 사물 그 자체, 절대 정신 등으로 이름만 바뀌었을 뿐 언제나 고정불변하는 '실재'와 본질의 파악이었다(정현철, 2011).

듀이는 진화론적 관점을 받아들이게 되면서, 전통철학의 형이상학적 목적론과 고정불변한 본질적 형상의 관념을 상정하는 본질주의가 더 이상 타당하지 않으며, 종래의 형이상학적 인간관도 근대의 인간관으로 적합하지 않다고 생각하였다(정현철, 2011). 그에게 진화론이 가지는 의미는 인간을 이해하는 데 있어서 특정한 형이상학을 필요로 하지 않게 한다는 데 있다. 듀이뿐만 아니라 근대철학자인 홉스(T. Hobbes)와 루소(J. Rousseau) 역시 전통적인 형이상학의 관점에서 더 이상 인간을 이해하려 하지 않았고, 진화론적 관점에서 인간을 이해하려 하였다. 진화론적으로 인간을 이해했다는 것이 흔히 오해하듯이 인간을 원숭이에게서 진화한 결과물로 보았다는 뜻은 결코 아니다. 그들은 탈형이상학적이고 탈종교적인 방식으로 인간을 이해하려는 관점의 전환을 보였다는 점에서 의의가 있다(정현철, 2011).

물론 듀이, 홉스, 루소가 탈형이상학적으로 인간을 이해했다고 해서 그 인간 이해가 동일한 것은 아니다. 예를 들어, 듀이의 인간관은 근대철학자 홉스의 진화론적 인간관, 즉 '만인의 만인에 대한 투쟁' 식의 인간관과는 달랐다. 홉스는 진화론을 수용하면서 인간의 상호주관성을 배제하였지만, 듀이는 인간의 상호주관성을 자신의 사회철학과 교육철학의 근간으로 삼았다. 홉스는 자연상태 속에서 인간은 상호주관적 관계를 구성할 수 없는 고립적 존재이며 자연적 본성인 이기적 욕구에 지배된 존재라고 생각하였고, 이 인간의 모습이 과학적 탐구에서 전제해야 할 인간의 자연스러운 모습이라 생각하였다(Honneth, 2012). 그러나 듀이는 홉스의 진화론적 인간관과 달리, 인간은 사회적 존재로서 상호주관성을 필요로 하며, 그것이 인간의 본연의 모습이라고 이해하였다. 그것이 듀이가 진화론을 통해 궁극적으로 도달했던 인간 이해였다(정현철, 2011).

진화론적 관점에서 듀이는 초월적인 텔로스, 목적을 향한 진보를 전제로 한 전통철학과 교육관에 반대하지만 그렇다고 목적과 이상을 아예 철학과 교육에서 버린 것은 아니다. 듀이는 세계를 초월적인 목적을 향해 진보해 나가는 곳이 아닌 불확정적이고 끊임없이 변화해 나가는 곳으로 바라본다. 그에게 불확정적인 세계는 열린 세계이며, 또한 가능성의 세계이다. 이 세계 속에서 인간은 초월적인 형이상학적 목적이 아니라 끊임없이 인간 자신의 이상과 의미를 창조해 나간다(조경민, 2011). 이렇듯 진화론적 관점에 서 있는 듀이의 사상을 전통철학에 입각한 사유체계와 세계관, 교육관의 관점에서 이해하기는 어렵다. 그것이 피터스와 이홍우 등이 듀이의 교육이론을 비판하는 이유이며, 그들이 전통철학의 입장에 서 있는 한 듀이의 철학적 관점과 평행선을 그릴 수밖에 없다.

진화론이 딱딱하고 이해하기 어려운데, 구태여 듀이의 진화론적 관점을 알아야 할 필요가 있을까? 서두에서 말했듯이 『민주주의와 교육』에서 다루어지고 있는 성장, 적응, 환경, 경험 등은 모두 진화론적 맥락에서 이해될 수 있는 개념들이다. 그리고 다음에서 말하게 될 교과의 가치에 대한 관점을 이해하는 데 있어서도 중요한 이론적 길잡이를 해 준다.

20

교과는 그 자체로 배울 만한 가치가 있는가

국어, 영어, 수학, 사회, 과학, 음악, 미술 교과 등은 그 자체로 내재된 가치가 있는 것일까? 아니면 교과 자체로 가치가 있는 것이 아니라 단지 실용적인 쓸모가 있는 것일까?

흔히 듀이는 프라그마티즘 철학자이기 때문에 실용적인 유용성의 관점에서 교과의 가치를 주장할 것이라 생각하지만, 그것은 오해이다. 듀이는 교과가 '삶의 의미를 풍성하게 해 줄 수 있는 한'에서 그 교과는 내재적으로 가치가 있다고 생각한다. 듀이는 영국의 교육철학자 피터스와 허스트처럼 그 자체로 교과의 내재적 가치가 있다고 말하는 듯하면서도 조건이 붙어 있다. "삶을 풍성하게 하는 한"이라는 조건이다. 삶을 풍성하게 한다는 의미가 무엇인지 알기는 어렵다. 『민주주의와 교육』의 다른 곳에 이런 표현이 있다. "교과는 미성숙한 아동의 현재의 경험에 내재되어 있는 의미를 실현하도록 도와주는 것"(DE, 302)이며, 따라서 그 원래의 기능을 벗어나서는 그 자체로서 가치를 갖지 못한다는 것이다. 말하자면, 삶을 풍성하게 한다는 것은 현재의 경험에 내재된 의미를 실현하는 것이며, 따라서 교과는 아동의 경험에 내재된 의미를 실현하도록 하는 한에서 내재적 가치가 있다는 뜻이다. 듀이는 다음과 같이 말하고 있다.

> 우리는 교과를 내재적 가치를 가진 '감상적인 것'과 교과 이외의 다른 가치나 목적을 추구하는 '수단적인 것'으로 구분해서는 안 된다. 어떤 교과에 있어서든지 올바른 가치판단의 표준은 그 교과가 경험의 즉각적 의의에 대하여 어떤 기여를 하는가를 직접 인식함으로써 형성된다(DE, 373).

듀이는 교과의 가치판단의 기준을 '경험'이 가지는 즉각적인 내재적 가치에 기여하는가에 두는 것이 그의 독특한 점이다. 예를 들어, 예술 교과는 사람들의 일상적인 "평범하고 사소한 경험" 안에 들어 있는 넓고 깊은 의미를 드러내어 주는 것이 되어야 한다(DE, 359). 보통은 평범하고 사소한 일상의 경험이라고 그냥 지나치는 경우가 허다하지만, 예술 활동을 통해 우리는 그 안에 들어있는 넓고 깊은 의미를 깨닫게 되면서, 자신의 사소한 일상의 경험이 가지는 의의를 놓치지 않게 된다. 그뿐만 아니라 예술 활동은 "그 척도에 미달되는 상태에 대하여 불만을 일으키며, 주위 환경을 만족스러운 수준에 도달시키려는 욕구를 만들어 낸다"(DE, 359). 우리에게 예술적 감각이 있다면, 우리의 삶의 물리적 · 사회적 환경에 무관심할 수 없으며 그것을 개선하려는 욕구를 가지게 되는 것이 당연하다. 학생들도 예술교과가 이러한 기여를 한다는 것을 "직접적으로 인식"할 때 예술교과의 가치를 알게 된다는 것이다.

교과가 내재적 가치가 있다는 것과 외재적 가치가 있다는 것은 실제 교육함에 있어 어떤 차이가 있는 것일까? 교과가 그 자체로 가치를 가진다고 생각하게 되면, 크게 두 가지 교육방식이 나타난다. "지금 성장해 나가고 있는 사회구성원으로서의 학생의 활동 속에 교과를 조직해 넣은 것이 아니라 이미 고정된 문장형식으로서의 교과내용을 익히고 재생해 내는 능력을 길러 주는 것"(DE, 302)이 교사가 할 일이라고 생각하게 된다. 또 하나는, 교과는 인류의 문화유산 중에서 가장 정제된 형식으로 담아낸 것이며, 따라서 그 자체로 가치 있는 것이므로 교과 속에 담긴 지적 안목과 관점을 함양하는 것이 교육에서 할 일이라고 생각하게 된다. 이것이 피터스와 허스트(R. Peters & P. Hirst)의 관점이다.

피터스나 허스트의 교육철학적 관점을 공유하는 국내 대표적 학자는 이홍우이다. 이홍우(1992b)가 쓴 『교육과정 탐구』라는 오래된 책이 있다. 다시 살펴보면서 매우 흥미로운 이야기를 발견하게 된다. 이홍우는 모든 교과의 가치는 교과 안에 있다고 말한다. 내가 국어교사이고 국어교과를 가르친다면 그 가치가 어디에 있는지는 아이들에게 말을 할 수 있어야 된다. 그러면 '그 가치는 국어 교과 밖에 있다'라고 말하기는 어렵다. 국어교과에는 그 자체에 내재된 가치가 있다고 봐야 한다. 하지만 모든 교과를 그렇다고 말하기는 어렵다. 영어교과는 교과 자체에 어떤 내재적 가치가 있는지 찾아보면 대답하기가 조금 난감해진다. 영어교과에 대해서는 외적인 목적을 달성하기 위한 수단으로서의 가치가 있다고 생각하는 교사들도 있다. 그래서 영어교과는 '도구교과'라는 표현이 따라다닌다.

이홍우는 교과가 가지는 내재적 가치를 아주 고도의 추상적인 용어로 표현하고 있다. 그의 말을 그대로 옮겨 보면, "세계를 지적으로 이해하는 관점과 태도를 갖도록 한다는 점에서 교과가 내재적 가치가 있다". 이런 관점은 학문교과를 통해서 함양하게 되는 이성이 사변적 이성이라는 관점에 토대를 두고 있다. 환경에 능동적으로 대처해 가면서 살아갈 수 있는 지적 능력을 '실천이성'[19]이라고 한다면 세계를 관조하면서 지적으로 이해해 줄 수 있게 하는 이성은 '사변이성' '플라톤적 이성'이다. 사변이성은 삶의 상황을 초월해 있는 위치에서 이 세계를 지적으로 바라볼 수 있는 안목을 갖추도록 하는 것이다. 그런 점에서 구체적인 삶의 상황에서 유리되어 있다.

그런데 흥미롭게도 허스트(P. Hirst)의 후기의 입장은 달라진다. 화이트헤드의 개념을 사용하자면, 사변적 이성에서 실천이성으로 선회한 것이다. 실제 허스트는 '실천이성'이라는 용어를 사용한다. 이 점에서 보면 허스트의 교육관은 듀이의 교육관 쪽으로 이동한 것으로 이해된다.[20]

허스트의 후기 입장을 담은 그의 글 『교육, 지식 그리고 사회적 실천』에서 그는 교육이란 학생들을 지식의 형식으로 입문시키는 것이 아닌 사회적 실제(social practice)로 입문시키는 것이라고 주장한다(Hirst, 1994). 이것은 무슨 뜻인가? 피터스와 허스트가 과거 중시했던 교과의 '지식의 형식'에 입문시킨다는 것은 이론적 합리성의 계발을 가장 중요한 교육의 임무로 본다는 뜻이다. 하지만 허스트는 이론적 합리성의 계발로는 부족하다고 주장한다. 이론적 합리성의 계발은 좋은 삶을 실질적으로 영위하는 것과는 직접적으로 관련이 없다는 새로운 인식에서 나온 것이다. 좋은 삶을 영위하는 데 있어서는 실천이성을 발달시키는 것이 교육의 과제이며, 이는 사회적 실천으로의 입문으로 나타난다. "교육이 근본적으로 좋은 삶을 영위하는 일과 관련이 있고, 좋은 삶은 인간이 이성과 합리성을 충분히 발휘하여 사는 삶이라고 할 때에, 여기서의 이성과 합리성은 초월적인 것이라기보다는 일차적으로 우리가 실지로 살아가는 삶과 사회와 직접적으로 관련된 것이다"(유재봉, 2003: 199). 이렇게 이해하면 허스트의 입장이 어떻게 변화했는지 확연히 알 수 있다.

교과의 내재적 가치를 주장하는 이홍우는 주지교과(主知敎科)의 가치를 보편적이고 지적인 안목의 형성에서 찾는다. 따라서 그는 교육을 통해서 얻을 수 있는 모든 것은 주지교과 교육에 내재되어 있음을 주장한다. 예를 들어, 인성교육이니 도덕교육이니 하는 모든 것은 주지교과 교육을 통해서 이루어질 수 있다고 주장한다(이홍우, 1992b).

주지주의적 관점에서는 학교폭력이 심각한 사회문제로 부상하면서 인성교육이 중시되는 현상에 대해서 마땅치 않게 여긴다. '아니 지식교육과 별개로 무슨 인성교육이야'라는 비판이 나올 수 있다. 교과를 제대로 가르쳤으면 저절로 인성교육까지 되는 것이라는 주장이다. 즉, 주지교과 교육을 받은 결과로 인성은 자연스럽게 형성된다는 것이다. 주지주의적 관점에서 볼 때 지식교육을 빼고 인성교육이라는 것은 별개로 있을 수 없다. 교과지식교육,

인성교육을 따로 이야기할 수 있는 게 아니라는 것이다. 인성 형성의 결과를 가져오지 못했다고 한다면 지식교육이 무언가 잘못된 것이라고 주장한다. 교과지식교육을 제대로 했으면 인성교육 효과가 저절로 따라온다는 전제하에서 주장되는 논리이다.

주지주의적 관점의 논리를 따르면, 교과교육이 제대로 되었는지를 판단하는 근거는 지적으로 이해하는 안목과 태도를 형성했는가, 또한 인성 형성의 효과를 유발했는가 하는 것이다. 사실 그가 말하는 교과교육이 인성 형성과 상관관계 또는 인과관계가 있는지는 검증할 길이 없다. 교과교육을 통해서 인성 형성이 안 되었다면, 교과교육 방식에 문제가 있는 것인지, 교과를 교육하는 것 자체에 문제가 있는 것인지 알기 어렵다. 허스트는 그런 주지주의적 교과관이 잘못되었음을 이렇게 고백하고 있다. "나의 입장에서 큰 실수는 이론적 지식을 건전한 실천적 지식과 합리적인 인성 발달을 위한 논리적 기초로 보았다는 점이다. 지식이 이론적 형식에 입각한 교육을, 교육에 있어서 여타 모든 것의 궁극적인 토대로 보았던 것이다"(Hirst, 1994: 197).

그런데 이홍우의 저작인 『교육과정 탐구』에는 의외의 이야기가 이어져 나온다. 이홍우는 다음과 같이 말하고 있다.

> 오늘날 주지교과를 가르친 결과가 민족주체의식이나 반공사상을 고취하는 데 하등 영향을 미치고 있지 못하다면 그것은 주지교과를 가르치는 방법에서 그 원인을 찾아야 할 것이며 결코 주지교과와는 다른 종류의 교과, 즉 민족주체성교육, 국민정신교육 그리고 통일교육 등 비주지교과를 설정할 것은 아니다(이

홍우, 1992b: 32).

인성교육이 제대로 안 된 것은 주지교과 교육이 제대로 안 된 결과인 것처럼 민족주체의식이나 반공사상의 고취가 제대로 안 된 것 역시 주지교과 교육이 올바르게 되지 않은 결과라는 주장이다. 주지교과를 가르치면 국가이념을 고취하는 교육의 효과가 나올 수 있을 것이라는 가정은 과연 맞는 것인가? 그런 교육의 효과를 보장할 수 있는 근거는 무엇인가? 무엇보다 그 교육의 효과라는 것이 과연 '교육적'이며 '도덕적'인지를 판단할 수 있는 이론적 근거는 무엇인지 알기 어렵다.

냉전시대의 '반공사상' 고취를 그 역시 중요하게 생각하였고, 주지교과 교육이 제대로 되면 당연히 누구나 투철한 반공의식을 가지게 된다고 믿고 있었다. 그의 논리를 따른다면, 오늘날 탈냉전시대에도 주지교과 교육을 제대로 받은 학생들은 반공사상에 투철해 있어야 한다. 그는 시대를 초월한 보편적 지적 안목에서 볼 때 반공사상은 반드시 가르쳐야 할 이념이라는 전제를 깔고 있는데, 반공사상의 고취가 교과의 보편적 안목이라는 근거는 어디에서 나온 것인지 말이 없다.

그의 주장대로 제대로 주지교과를 가르친 결과 인성함양, 민족주체의식, 반공사상의 고취 효과가 나타난다고 하면 과거 독일의 주지교과 교육이 나치즘의 고취에 영향을 주고, 일제의 주지교과 교육도 군국주의의 고취에 영향을 주었던 것은 어떻게 설명할 수 있을까. 당시 주지교과 교육을 받은 독일이나 일본의 학생과 교사들이 보편적인 안목을 가지게 되어 나치즘이나 일제 군국주의가 나쁘다고 판단할 수 있었을까? 그가 주장하는 내용에 비추어 보면, 주지교과가 제공하는 '보편적인 안목'에는 국가이념에 대한 판단 능력은 포함되어 있지 않은 것 같다.

교과지식의 형식에 입문하고 이론이성을 함양하는 것이 교과를 배우는 목적이라고 주장한다고 해서 그것이 잘못된 것이라고 말하는 것은 아니다. 그런데 그 목적에 공감하는 사람들은 주로 학문의 세계에서 자신의 존재이유를 찾는 학자들이다. 학문의 세계와 실제 사람들이 살아가는 삶의 경험의 세계는 다르다. 학문의 세계에서 사는 학자들이 이론이성이 발달하여 삶의 경험의 세계에서 작동하는 지배이데올로기를 자명한 것으로 받아들이지 않을 것 같아도 꼭 그렇지만은 않다. 허스트(Hirst, 1994)의 주장처럼, 사회세계 속에서 실제 합리적으로 판단하고 행동할 수 있는 실천이성이 학문의 지식을 통해 자동적으로 발달하는 것은 아니기 때문이다. 학생들은 학문의 세계에서 살도록 교육받는 것은 아니다. 자신이 살고 있는 삶의 세계를 이해하는 지적 시야가 넓어지고, 사회적 사태에 대해 비판적인 반응과 행동을 보일 수 있는 지성이 형성되도록 교육을 받는 것이다. 그때에 교과는 그 자체로 배울 만한 가치가 있다고 말할 수 있다.

Part

세상의 모든 아이를 위한 민주주의와 교육

04

'교사'라는 주체는 '타자(학생)'에 매개된 결과이다

21

교사는 왜 자신의 교육활동에 몰입하기 어려운가

교사는 자신이 하는 일에 충만하고 자유로운 흥미를 가지는가? 자신이 하는 일에 명확한 목적의식을 가지고 있는가? 그리하여 지성이 충분히 발휘되는가? 듀이에 따르면, 그 답은 교사가 하는 일의 성격에 달려 있다. 표준화와 위계화의 분업구조를 가진 산업체제 속에서 대부분의 일은 충만한 흥미를 가질 수 없게 만든다. 이것이 듀이의 시대적 진단이었다. "일을 하는 사람이 그 일에 모종의 명확한 목적의식을 가지고 있지 않기 때문에 또는 그 일이 겨냥하는 목적이 한정된 성격의 것이기 때문에 거기에는 지력이 충분히 동원되지 않는다."고 말한다(DE, 221). 산업체제 속에서 자신의 활동, 일에서 자유로운 흥미를 가질 수 없는 사람들, 실제적 사태를 통제할 수 없는 사람들은 '노예상태'에 있다고 주장한다. "대부분의 인간은 여전히 경제적인 면에서의 자유를 누리지 못하고 있다. … 오늘날의 경제적 조건은 여전히 많은 사람을 노예의 상태로 몰아넣고 있다"(DE, 221).

그런데 경제적인 면에서 자유를 누리지 못하고 노예상태로 살아가는 것은 민주시민으로서의 자유를 제한받는다는 점에서 문제이지만, 그것은 또한 이 세계에 대한 관점과 태도에 큰 영향을 준다는 점에서도 문제이다. 듀이는 이렇게 말하고 있다. "세계에 대한 인간의 기본태도는 인간이 종사하는 활동의 범위와 성질에 의하여 결정된다"(DE, 221).

이 말은 어떤 의미로 이해될 수 있는가? 예를 들어, 사람들의 민주적 태도와 신념은 어떻게 형성될 수 있는가라고 묻는다면, 의식교육을 통해서 이루어질 수 있다고 대답할지 모른다. 하지만 단지 의식교육을 통해서 이루어질 수 있는 것은 아니다. 왜냐하면 인간은 자신이 참여하는 세계, 그리고 그 활동에 의해서 의식이 결정되기 때문이다. 이것이 듀이의 관점이다. 듀이의 관점은 의식이 존재에 의해 결정된다는 마르크스 관점과 매우 비슷하다. 듀이는 인간의 존재 상태와 무관한 의식과 태도에 대한 관념론을 배격한다.

교사의 예를 들어 보자. 교사의 의식과 태도는 대체적으로 교사들이 참여하는 교육활동의 범위와 성격에 의하여 결정된다. 교사가 하는 일의 성격을 바꾸지 않고서 교사의 의식과 태도만을 바꾸려 한다면, 그것은 헛된 노력이다. 예를 들어, 신자유주의정책에 따라 수요자중심교육을 내세우며 학교들도 시장에서처럼 경쟁적이며, 교사들이 상인처럼 자신의 이익에 따라 활동하도록 만든다면, 교사의 의식과 태도는 그 방향으로 형성된다(권미경, 2016; 김천기, 2007). 이런 현실을 무시하고 교사들에게 교사로서의 자세와 의무감을 강요하는 것은 효과가 없으며, 교사의 활동을 규정짓는 조직 특성과 사회적 조건을 고려해야 한다.

교육의 질은 '교사의 질'을 넘어서지 못한다는 말이 있다. 그런데 교사의 질은 무엇에 의해 결정되는가라는 질문은 그 말에 이어서 나오지 않는다. 교사가 자신이 적극적으로 참여해서 무엇인가를 해 보려는 자세를 가지고 있다고 하더라도, 학교관료조직 속에서 교사의 활동이 지나치게 제한된 범위 속에서 이루어지다 보면, 교사는 자신이 하는 일 자체에 '흥미'를 갖기 어려우며 제 역량을 발휘할 수 없다(양항룡, 2020). 이러한 상황이 지속되면 적극적으로 노력하려는 시도를 포기하게 되고 교사의 역량은 떨어지게 된다.

교사의 일은 위계적인 조직구조 속에서 관리자의 감독을 받으며 표준화된 작업방식에 따르는 기계적인 일이다. 물론 공장 노동자의 일과는 그 성격이 다르다. 교사의 일은 비교적 자율적이며 지적인 일이다. 그러기는 해도 어떤 면에서는 교사가 하는 일은 단순 반복적이고 기계적인 일이기도 하고, 자신의 아이디어와 구상에 따라 가르치는 내용과 평가방식을 자율적으로 변경하기도 어렵다. 그렇게 변경할 경우에는 교사 스스로 그것의 타당성을 입증해야 하고 그렇지 못하면 학교관리자나 동료교사의 문책과 비난을 받게 된다. 심지어 "교과서에 제시된 소재와 방법, 활동을 따르지 않고 또한 정해진 시간 동안에 수행하지 않으면 교육과정을 이행하지 않은 것"으로 질책을 받을 수 있다(서근원, 2011: 214).

한 연구에 따르면, 학교조직이 관료적으로 운영된다고 느낄수록 교사의 창의적 직무수행과 직무열의가 떨어진다. '창의적 직무수행'은 "수업과 관련하여 새로운 방법 제시, 동료 교사에게 창의적 아이디어 제공, 업무처리에 새롭고 혁신적인 아이디어 제시"

를 의미한다(배상훈, 홍지인, 2012: 261). '직무열의'는 "일할 때 의욕이 넘침, 매일 등교하고 싶음, 내 일에 열정적임, 일이 나를 고무시킴, 교직에 대한 자부심, 일에 몰두할 때 행복, 일에 집중 등"(배상훈, 홍지인, 2012: 261)을 의미한다. 교사들은 누구나 자신의 일에 몰두하면서 행복해지기를 바란다. 그것을 가로막는 구조적 장애물은 경직된 관료적 조직 운영, 공장과 비슷한 테일러주의적 일의 방식이다. 교사의 창의적인 활동과 열의는 말로 강조한다고 해서 생기는 것이 아니라 그것이 일어날 수 있는 자율적인 학교분위기와 창의적이고 지적인 활동을 보장해 주는 학교여건을 만들어 주는 것이 필요하다(배상훈, 홍지인, 2012).

사람이 자신의 하는 일(노동)에 목적의식과 흥미를 잃게 되면, 그 일은 그저 생계용이며, 자신의 삶의 의미와 흥미를 두는 활동은 자신의 사적인 영역으로 좁혀지게 된다. 교직도 마찬가지이다. 듀이는 다음과 같이 말하고 있다.

> 산업, 정치 방면에서 현재 우리가 하고 있는 대부분의 사회활동이 이 부류에 속한다. 거기에 종사하는 사람들이나 그것에 직접 영향을 받는 사람들이나 할 것 없이, 자신이 하는 일에 충만하고 자유로운 흥미를 가질 수 있는 사람은 아무도 없다. 일을 하는 사람이 그 일에 모종의 명확한 목적의식을 가지고 있지 않기 때문에, 또는 그 일이 겨냥하는 목적이 한정된 성격의 것이기 때문에, 거기에는 지력이 충분히 동원되지 않는다. 바로 이런 상황에서 대부분의 사람들은 그들 자신의 내면세계로 움츠러든다(DE, 221).

듀이의 말 중에 주목해서 볼 점은, "이러한 (자신의 일에 목적의식과 흥미를 가질 수 없는) 상황에서 자신의 내면세계로 움츠러든다."는 지적이다. 사람이 내면세계로 움츠러들게 되면, "자기 마음 속의 사적인 감상이나 환상 속에서 피난처를 찾게 된다. 그들의 정신생활은 감상에 흐르고 자신의 오락이나 취미를 즐기는 것"에 국한되어 있다(DE, 221). 내면세계로 물러나서 자신의 취미생활을 즐기는 것을 보통 '여가'라고 여긴다.

오늘날 여가활동으로 현실세계로부터 내면세계로 물러나 내면세계를 탐구하는 많은 수련 프로그램이나 수행 프로그램들이 성행하는 현상을 볼 수 있다. 이러한 현상을 어떻게 바라봐야 하는가? 내면세계 탐구가 필요 없다고 말하는 것이 아니다. 내면세계로 물러남은, 진정한 쉼을 누림이요, 고요한 가운데 세상이 만들어 내는 온갖 '가짜 관념'을 벗어나 자신과 세계의 진실을 있는 그대로 바라볼 수 있도록 하기 위함이다. 그것은 오직 자기 자신에게로만 관심이 기울어져 현실도피적인 자기 환상과 만족을 누리기 위한 것이 아니요, 오히려 세계와 사회적 삶의 조건이 나아지도록 변화시키기 위해 "잠시 물러나서 태세를 정비하고 준비를 갖추는 기회"로 삼는 것이다(DE, 221). 노동자의 여가적인 예술활동도 감상에 흐르고 내적 풍경을 즐기는 것이 아니요, 일상에 무심히 지나치는 사물과 세계가 인간의 마음에 더 의미가 있도록 자신의 예술활동을 통해 세계와 사물에 변화를 일으키는 것이 되어야 한다는 것이다. 그것이 본래 예술이 갖는 의의이다(DE).

교사 역시 마찬가지이다. 교육활동보다는 자신의 취미활동에 몰입하는 교사가 있는가 하면, 학교에서 헌신적으로 교육활동을 하는 교사도 있다. 자기 자신이 하는 교육활동에 대해 명확한 목적의식을 가지고 그 일에 몰입하며, 지력을 발휘할 수 있는 조건이 만들어지면 헌신적인 교육활동을 하는 교사들이 있다. 학교 내에서 교사가 자유롭게 교육활동을 할 수 있는 자율성이 제도적으로 보장될 때 헌신적인 교사들이 늘어난다. 혁신학교에서 교사들에게 자율성을 최대한 부여하려는 이유도 여기에 있다.

교사가 하는 일과 관련하여 '메타프락시스(metapraxis)' 교육이론은 듀이와는 다른 관점을 제시한다. '일상의 실천을 초월하는 실천'을 중시하는 메타프락시스 교육이론에서는 이론적 교과를 공부하는 집단과 실제적 활동에 종사하는 집단을 구분하는데, 이것은 "초월적 기준의 확립을 위한 실천에서 어떤 역할을 하는가에 따른 구분"이라고 설명한다(차미란, 2011). 이론적 집단과 실제적 활동집단의 구분은 자본주의 사회의 계급의 구분과는 아무런 관계가 없으며 초월적이고 자연적 필연성에 따른 것이라는 것이다. 그러면서 이렇게 말한다. "오늘날 그 일에 종사하고 있는 사람들, 교사 또는 학자라는 이름으로 불리는 사람들 중에 자신이 하고 있는 그 일이 '지배계층이 누리는 차별적 특권'이라고 생각할 사람은 아무도 없을 것이다"(차미란, 2010: 260).

하지만 교수 학자가 이 사회의 '지도층'으로 차별적 특권을 누린다는 생각을 하는 사람들이 많다. 그리고 이론적 집단과 실제적 활동집단의 구분이 마치 초월적 기준에서 오는 것이요, 자본주의사회의 계급구분과는 아무런 관련이 없다는 주장은 객관적인 사회적 사실에서 나온 것은 아니다. 사회학자 부르디외(Bourdieu, 2006)에 따르면, 교수 학자는 문화자본의 양이 많다는 점에서 지배계급의 피지배분파에 속한다. 또한 교사집단은 이론적 집단이 아니라, 실제 하는 일의 성격에 비추어 보면 '실제적인 활동집단'이다.

메타프락시스 교육이론에서는 교사의 일에 대해 이렇게 인식한다. 교사가 "그 일이 참으로 어떤 것인지 안다면, 자신이 하는 그 일이야말로 인간으로서의 의무를 다하고, 삶의 의미를 실현하는 일이라는 것 또한 받아들여야 한다"(차미란, 2011: 260). 메타프락시스 교육이론의 관점에서는 그렇게 주장할 수 있다. 그러나 그것은 이론의 관점일 뿐 사회현실 속의 교사의 일과 의무는 메타프락시스 교육이론에 의해 규정되지 않는다. 초월적인 기준에 의거하여 마치 그것이 인간으로서의 의무를 다하는 것이요, 삶의 의미를 실현하는 것이라고 말하는 것은 지나치게 관념적이라는 평가를 받기 쉽다. 교수집단이나 교사집단 그 누구도 사회분업체계 속에서 벗어나 초월적인 일을 하는 것이 아니다. 왜 메타프락시스 교육이론에서는 초월적인 것을 지상에 끌고 내려와서 교수집단이나 교사집단의 하는 일을 초월적인 것으로 만들고 싶어 하는 것일까? 플라톤의 이데아 잔상이 남아서일까? 아니면 부르디외가 지적하듯이 그들이 하는 일의 초월성을 주장하는 것은 세속적인 분업체계 속에서 매겨지는 그 일의 상대적 가치를 뛰어넘으려고 하는 상징적 이해투쟁일까? 여기서 부르디외의 다음 말이 의미심장하다. "엄밀한 의미로 세속적인 이해와 관련해서 가장 명백한 초월은 이해투쟁들의 내재성으로부터 생기는 것이다"(Bourdieu, 2006: 528-529).

정말 메타프락시스 교육이론의 관점에서 학교교육을 바꾸고 싶다면, 먼저 학교교육의 현실을 직시하고, 무엇이 잘못되었는지, 어떻게 바꾸어야 하는지를 구체적으로 제시하는 작업부터 선행되어야 한다. 교사가 하는 일이 과연 충분히 자유롭고 지적이고 이론적인 일인가? 위계적 관료조직의 표준화된 틀 속에서 교사가 하는 일이 교사의 지성과 영혼의 존엄성을 제대로 발휘하게 하는가? 학교현장의 현실에 눈 감고 교사가 가르치는 일은 신성하다고 말하는 것은 현실 개선에 별다른 도움이 안 된다. 가르치는 일이 신성함에도 현실이 그렇지 못하기 때문에 어떻게 개선해야 한다고 주장한다면 그것은 좋다. 하지만 그런 주장을 하지 않고 가르치는 일이 무조건 절대적으로 신성하다는 주장은 현실과 이상을 구분하지 못하는 데서 나온다. 듀이는 교육의 이상과 학교교육의 현실을 구분하며, 그에 따라 교사의 일이 교육당국의 감독과 통제로부터 자유롭고 지적인 일이 될 수 있어야 한다고 주장한다.

22

교사의 열정을 만드는 힘은 무엇인가

"그 선생님은 왜 그렇게 애들에게 열심이지?" "다른 이유가 있겠어. 교원평가에서 성과급을 많이 받으려고 그러는 거지."라며 열정적인 교사에 대해 경멸적으로 바라보는 시각이 없지 않아 있다. 긍정적으로 보자면, '경멸'의 시선은 이 세상이 자기이익 중심으로 움직이지만 그래도 교사는 순수한 교육적인 동기에서 가르쳐야 한다는 암묵적인 윤리의식에서 나오는 것일 수도 있다.

그런데 교사가 의무감이나 자기이익을 위해서 열심히 가르치는 것만은 아니다. 이렇게 말한다고 해서 현실 속에서 자기이익의 추구가 얼마나 강력한 힘을 가지는지를 무시하는 것은 아니다. 의무감이나 자기이익만으로 교사의 동기를 설명하기에는 한계가 있다는 것을 말하려는 것이다.

현실 속에서 사람들이 온당히 받아야 할 '자기이익'은 무시할 수 없고 무시해서도 안 된다. 경영자가 자기이익만 챙기고, 노동자들이 정당하게 받아야 할 이익을 나누지 않으면서 희생을 강요한다면 그것은 부당하다. 노동자들의 기여에 대한 물질적 · 정신적 보상은 그 일을 수행한 노동자의 기여에 대한 사회적 '인정'을 포함하는 것이다.

학교에서 교사가 열심히 교육활동을 하는 동기는 무엇인가? 교육개혁이 성공하려면 교사가 적극적으로 호응해 주는 것이 매우 중요하게 때문에 교사가 교육활동을 하는 동기는 무엇인가를 정확히 아는 것은 중요하다. 이 질문을 하는 것은 단지 교사의 동기가 순수한 교육적 열정과 헌신에서 나오는 것인지, 아니면 열심히 가르쳐야 학생들에게 인정을 받고 승진도 할 수 있다는 이해타산에서 나오는 것인지를 알기 위한 것만은 아니다. 교사들의 자발적인 협업이 이루어질 수 있는 토대가 무엇인지를 알기 위해서이기도 하다. 교사가 자신이 가르치는 일에 관심, 흥미를 갖는 것은 교사로서 인성이 훌륭하거나 이해관계를 가지기 때문만은 아니다.

오늘날 우리 사회는 무한경쟁과 각자도생, 자기이익(self-interest)에 의해서 움직이는 시장중심 사회이다. 시장뿐만 아니라 교육도 마찬가지로 경쟁과 자기이익에 따라 이루어져야 한다고 믿는 사람들도 많다. 교사가 자기이익을 중시하는 것은 당연하다고 전제하고 자기이익을 자극하는 정책적 방법을 많이 활용하려는 것이 신자유주의 교육개혁의 특징이다. 시장경쟁 논리인 신자유주의 기조 하에서는 내적인 동기를 유발하려 하기보다는 외적인 동기 유발 방법, 즉 교사의 자기이익 추구를 자극하는 방법들이 많이 활용되고 있다. 교사들의 교육활동도 시장영역에서 장사를 하는 일과 다름이 없다는 전제가 깔려 있다.

신자유주의자들의 주장에 따르면 학교도 시장경쟁 논리에 따라야 하며 교사는 시장의 상인들처럼 자신의 교육상품을 팔기 위해 경쟁해야 한다. 상인들은 돈을 벌기 위해 시장에서 얼마나 애쓰는가! 그런데 교사들은 무사안일하기 그지없다. 가만히 있어도 고객이 주어지고, 고객이 무엇을 요구하든 상관없이 구태의연하게 자기 식대로만 가르치고 있으니 말이다. 이런 '나태한' 교사들에게 강한 자극을 주기 위해서는 교사들을 '시장판'으로 끌어들여야 한다. 학생들에게 장사를 잘해서 '이문'을 남기지 못하면 시장에서 '퇴출'시켜야 한다. 이것이 바로 신자유주의 시장경쟁 논리이다(김천기, 2018).

그러나 과연 교원의 동기를 '당근과 채찍'으로 불러일으킬 수 있는가 하는 의문이 제기되어 왔다. '당근과 채찍'은 인간의 하위욕구(생존과 안전 욕구)를 중시하는 맥그리거(McGregor)의 X이론과 비슷하다(김천기, 2018). 아이들의 인지적 · 도덕적 · 사회적 성장을 책임진 교사에게 시장경쟁이 교육적 동기를 불러일으키는 데 적절한 것인지 의문이 제기된다. 하지만 이런 문제의식 없이 교사의 손익계산의 동기를 자극하는 방법들이 정책달성의 수단으로 쉽게 활용되고 있다.

예를 들어, 다른 교사들의 몫을 떼어서 몰아주는 식의 성과급제도는 많은 논란이 있음에도 지속되고 있고, 학교폭력 해결을 위해 학교폭력에 더 관심을 갖도록 학교폭력 담당교사에게 승진 가산점을 부여하는 방법이 쓰이고 있다(나종민 외, 2015). 학교폭력학생부 기재정책도 마찬가지이다. 이는 학생들 역시 자기이익을 좇는 경제적 동물임을 전제한 것이다. 즉, 가해 학생들에게 학생부 기재와 대학입시에서의 불이익을 가중시키면 가해 학생 입장에서는 자기이익에 손실을 가져오는 행동을 하지 않을 것이라는 것이다(김천기, 2013). 만일 학생들이 자기이익을 합리적으로 추구하는 경제적 동물이 아니라 사회적 인정을 추구하는 사회적 동물이라면 이야기는 달라진다.

그런데 경쟁구조를 만들어 자기이익을 자극하는 정책을 편다면 교사와 학생의 윤리적 관계는 어떻게 되는가 하는 의문이 생겨난다. 나딩스(N. Noddings)의 배려 윤리, 부버(M. Buber)의 '나와 너'의 관계 윤리, 레비나스(E. Levinas)의 타자성 윤리 등이 제시하듯 교사와 학생이 공급자와 수요자의 경제적 관계가 아니라 윤리적 관계가 되어야 한다고 주장한들 현실과 유리된 공허한 주장이 되기 쉽다(권미경, 2016). 교사들에게 자기이익을 자극하는 정책이 현장에서 쏟아진다면 교사와 학생의 관계는 어떻게 되는가? 교육상품을 팔고 사는 식의 거래가 이루어지는 익명의 관계가 된다. 그래도 교사와 학생의 관계는 '익명의 관계'가 아니지 않는가라고 말할 수는 있다. 하지만 교사가 학생들의 이름을 안다고 해서 익명의 관계가 아니라고 말하기는 어렵다. 왜냐하면 장사하는 사람들도 고객의 이름 정도는 알고 개인적인 정보도 어느 정도 알고 있기 때문이다. 그러나 그렇다고 고객에 대해 배려하고 지지하는 역할을 하는 것은 아니다. 교사들도 수업하는 교실에서 학생들의 이름을 다 아는 것도 아니고 종종 학생의 번호를 부르는 것으로 이름을 대신하는 경우도 많다. 그러니 익명의 관계와 다름없다는 말이 나올 수 있다.

교사의 입장에서 열심히 가르치는 일은 월급을 받는 피고용인으로서 당연하고 학생들은 수업료를 냈으니 그만한 배움을 얻어

가는 것으로 충분하다고 생각할 수 있다. 그것만으로 교사와 학생의 관계가 이루어지면 되는 것이지 구태여 교사와 학생의 관계에 '윤리적 관계'라는 무거운 윤리성을 부여할 필요는 없다는 생각을 할 수 있다. 레비나스의 타자성 윤리를 왜 교사가 학생들을 대할 때 적용해야 하는가? 무엇 때문에 배려의 윤리를 가져야 하는가? 상도덕만 지키면 되는 것 아닌가? 평범한 사람은 가질 수 없는 타자성의 윤리, 배려의 윤리를 교사인 내가 가져야 한다는 의무를 왜 스스로에게 부여해야 하는가? 타자성을 주장하고 배려를 주장하는 철학은 이 물음에 대해서 대답할 수 있는가? 그들의 윤리적 정당성을 무엇에 두고 있는가를 찾아보지 않으면 안 된다.

적대적인 경쟁사회요, 승자독식의 사회에서 교사가 무슨 타자성의 윤리요, 배려의 윤리를 가질 수 있으며 더구나 학생들에게 가르칠 수 있는가? 이런 회의론이 나올 수 있다. 물론 도덕과목에서 레비나스의 절대적 타자성이나 부버의 '나-너 관계'의 윤리를 하나의 지식으로 가르칠 수는 있다. 하지만 학생들에게 자신의 삶의 윤리로 받아들이도록 하기는 어렵다.

오늘날 자본주의 사회의 사람은 자신에게 이해관계가 없으면 별로 관심을 갖지 않는다는 생각이 지배적이다. 특히 오늘날처럼 자신과 관련된 자그마한 이해관계에도 민감해지는 신자유주의 이념 세대에는 더욱 그러하다. 나에게 이익이 되는 것이 없는데 내가 왜 관심을 가져야지 하는 생각을 한다. 이런 세대에게 어떻게 타자의 윤리성, 배려의 윤리성을 가르칠 수 있는가? 이런 의문이 나올 법하다.

여기서 키워드는 '자기이익(self-interest)'이다. 이것만이 사람들을 움직이는 강력한 원천, 힘이라 간주되는 시대이다. 경제적 관점에서 볼 때는 당연하다고 여겨질 수 있지만 사회적 관점에서 볼 때는 개인들이 각자 자신만의 이익을 추구한다면 협업, 사회적 연대, 공동의 삶이라는 것 자체가 불가능하다. 이것이 자본주의적 근대사회의 딜레마였고, 프랑스 사회학자인 뒤르켐(E. Durkheim)의 고민이었고, 듀이의 고민이기도 하였다. 그 딜레마를 풀려는 시도는 여러 가지로 이루어졌는데 일찍이 프랑스 스펜서(H. Spencer)는 다음과 같은 해법을 내놓았다. 시장에서 개인들은 자기중심적 효용계산에 따라 교환관계들을 맺고 이러한 교환관계에서 개인적 이익이 충족되며 이에 따라 "개인적 이해관심의 자발적인 합치"에 의해 사회적 연대가 산출된다는 것이었다(김천기, 2017). 즉, 노동분업에 참여한 개인들 간에 서로 협력하고 유대가 형성될 수 있는 것은 그것이 자기 자신의 이익에 합치되기 때문이다. 스펜서의 계약적 연대 주장은 오래된 것이지만, 놀랍게도 오늘날 신자유주의적 주장, 즉 개인의 사익 추구가 사회적 선을 이룬다는 주장과 비슷하다(김천기, 2017). 하지만 뒤르켐은 스펜서의 견해에 동의하지 않았다.

> 좀 더 깊이 들여다보면, 이해관심의 조화는 모두 잠재적인, 혹은 단순히 연기된 갈등을 감추고 있음을 알 수 있다. 이해관심만이 지배하는 곳에서는 어떤 것도 대립하는 이기주의에 제동을 걸지 않기 때문에, 각각의 자아가 다른 자아와 전쟁상태에 있다(Durkheim, 2013: 133).

뒤르켐의 이 말은 홉스의 "만인에 대한 만인의 투쟁 상태"에 대한 우려를 반영한다. 이런 투쟁 상태에서는 고립된 개별 주체들이 쉽게 상호의존과 협력 상태로 나아갈 수 없다. 서로 이해관계가 합치될 때에는 상호 협력 상태로 나아갈 수 있지만, 이해관계가 상치될 때 연대는 깨어지고 갈등과 대립의 불안정한 상태로 바뀐다.

자기이익만을 추구하는 개인들이 존재하는 사회에서 공동의 삶의 방식이란 지극히 어렵다. 듀이가 말하는 공동의 삶의 방식으로서의 민주주의, 사회적 협력이 자기이익만을 쫓는 개인들의 연합에 의존한다면 민주주의는 위태롭고 사회적 협력은 언제나 와해될 위험에 노출된다. 그런데 듀이는 어떻게 공동의 삶의 방식을 민주주의라고 내놓을 수 있었을까? 그는 공동의 삶의 방식을 말할 때 다양한 관심사의 공유를 첫 번째 요소로 제시하였다. 다양한 관심사를 공유하는 개인들은 자기이익에만 관심을 갖는 개인이 아니다. 공동의 삶을 영위하면서 다양한 관심사를 공유하고 소통하는 개인이다.

'self'와 'interest' 개념은 듀이가 말하는 공동의 삶의 방식과 관련하여 매우 중요하다. 공동의 삶 방식의 근간을 이루는 것은 협동적인 분업관계이며 협동적 분업관계 속에 왜 사람들이 참여하며 일을 하게 되는가? "그거야 당연히 자신의 이익을 얻기 위한 것이지."라는 주장은 공리주의적이다. 그런데 노동(협업)의 윤리를 공리주의적 토대에 놓는 데는 한계가 있다. 노동분업관계 속에서 공리주의는 교사의 행동에 진정으로 동기를 부여하는 것이 무엇인지를 제대로 설명하지 못한다. 교사들이 열심히 일하는 활동의 내용과 성격이 무엇인지와 무관하게 행위의 동기가 설명되고 있다. 즉, 교사들이 열심히 일하는 동기는 그 일을 잘함으로써 얻게 되는 보상에 있다는 것이다. 그런데 외적 동기화 방법(보상)에 의해 유발되는 교사의 행위는 보상이 지속적으로 주어지지 않으면 사라지고, 또한 지속되고 있는 동안에는 사회심리학에서 말하는 '과잉정당화' 효과가 일어난다. 과잉정당화 효과란 자기 행동의 동기를 자기의 내부에서 찾지 않고 외부에서 주어진 보상에서 찾는 현상을 말한다(Aronson et al., 2013).

그렇다면 교사의 행위를 칸트의 윤리적 관점으로 설명할 수 있는가? "왜 저 교사가 저렇게 열심히 하는 것일까?" 칸트의 윤리적 관점에서 보기에는 교사로서 마땅히 해야 할 도덕적인 의무감 때문에 하는 것이다. 교사는 이해관계에서 벗어난 '무사무욕'으로 학생을 가르치는 일을 하는 것이다. 만일 교사로서 내가 열심히 하고 있는데 누군가가 "너는 왜 그렇게 열심히 해, 뭔가 꿍꿍이속이 있어." 그렇게 규정하려 들 수 있다. 하지만 "아니야, 나는 교사로서 아무런 사심 없이 마땅히 그렇게 해야 되기 때문에 하는 것뿐인데 왜 나를 그렇게 보는 것이지?" 하고 반문할 수 있다. 칸트가 말한 자아는 무사무욕적인, 보편적인 도덕률에 따라 행동하는 자아이며, 모든 것을 이해타산으로 계산하는 자아를 거부하는 자아이다. 칸트의 무사무욕적인 자아는 훌륭하지만 교사의 교육활동의 성격과 무관하게 언제나 도덕적으로 무사무욕적이어야 하는 자아이다.

매사 성실한 기독교신앙을 가진 한 교사가 있다. 그 교사는 당연히 자기이해관계 때문이 아니라 학생들을 열심히 가르쳐야 한다는 무사무욕적인 사명감과 의무감으로 열심히 가르칠 것이라 생각되었다. 그 교사는 교직에 보람을 많이 느낄 것이라고 주변에서는 생각했지만 정작 그 교사는 보람보다는 늘 가르치는 일에 고민이 많았다. 가르치는 일이 단순 반복적이고 기계적이며 또한 상부에서 내려오는 일을 하지 않으면 안 되었다. 학생들도 상대하기 힘들고, 학생들과의 관계를 풀어 가기도 어려웠다. 이 말을 하는 이유는 교사의 행위동기를 교사가 하는 일의 성격, 교사와의 관계, 학생들과의 관계를 고려하지 않고 그 교사의 인성이나 도덕성 자체로 설명하려는 것은 적절하지 않다는 것이다. 다시 말해서, 교사의 행위의 순수한 동기를 순전히 교사의 내적인 도덕성에서 찾으려는 시도는 한계가 있다는 것이다.

교사가 자신이 하는 일 자체에 끌려 몰입하는 교육활동, 아이에 대한 따뜻한 관심을 가지고 배려하는 교육활동은 교사의 성과급으로 될 수 있는 일이 아니요, 또한 단순히 교사로서 의무감을 일깨움으로써만 되는 것도 아니다. 교원평가와 성과급의 차등지급 등은 모두 자신의 이익을 중시하는 이기적 자아가 있다는 것을 전제한 것이다. 하지만 성과급이나 교원평가와 무관하게 혁신학교 교사들의 열의와 열심을 어떻게 설명할 수 있는가?(나종민, 김천기, 2015) 이와는 반대로 학교 일에 무관심하며, 성과급도 포기하고 자신이 늘 해 오던 방식대로 반응하는 교사들의 안이함은 어떻게 설명할 수 있는가?

듀이는 공리주의나 칸트윤리학도 아닌 제3의 접근방식을 취한다. 'self-interest'란 무엇인가에 대해서 우리는 별로 생각하지 않고 '자기이익'이라는 기존의 해석을 받아들인다. 듀이는 그러한 해석에 대해 근원적인 의문을 제기한다. 'self'란 무엇이며, 'interest'란 무엇인가? 자아라는 것은 과연 존재하기나 하는 것일까? 'interest'는 왜 물질적 이익만을 의미하는 것으로 축소되었는가? 사회학자 부르디외가 주장하듯이 그것이 담고 있는 '상징적 이익'의 의미는 왜 없는가?(나종민, 2016) 또한 그것이 담고 있는 관심, 홍미의 의미는 왜 사라졌는가?

시장에서 합리적 행위를 중시하는 경제학적 관점을 취하는 경우 자아를 이기적인 것으로 규정하고 교원정책을 펴게 되는데 거기서 교원정책의 오류가 발생한다. 교사에게 이기적 자아를 형성하고 강화하는 결과를 가져오기 때문이다. 듀이는 이렇게 말한다. "자아는 이미 만들어진 것이 아니고, 행동의 선택에 의하여 끊임없이 형성되고 있다"(DE, 498). 듀이의 자아관은 자아를 부정하는 불교의 무자아관과 비슷하다. '자아가 엄연히 존재하는데 왜 그것을 부정하는가?'라고 반문할 수 있다. 그 사람이 가진 습관이 자아로 오인되는 것뿐이다. 듀이는 이렇게 말하고 있다. "이때까지 (자신이) 익숙하게 (습관적으로) 해 오던 일을 자아와 동일시한다"(DE, 500).

듀이에 따르면 공리주의와 칸트철학 간에는 공통점이 있다. 자아는 고정되고 고립된 실체이며 행동에 앞서서 이미 존재하는 것으로 설정되어 있다(DE). 즉, '인간은 기본적으로 자기이익을 추구한다'라고 할 때 이해관계를 추구하는 이기적 자아가 선행적으로 존재한다는 것이 공리주의의 전제이다. 칸트는 공리주의와는 달리 도덕적이고 고상한 선험적 자아가 선행적으로 존재한다고 전제한다. 하지만 탐욕적인 자아이든 도덕적인 자아이든 고정되고 고립된 불변의 '자아'라는 것이 존재하는 것일까? 이것은 일찍이 불교에서 던진 질문이며, 또한 듀이가 던진 질문이기도 하다.

듀이의 관점에 따르면, 타자와 세계에 대해서 관심을 갖는 자아는 고정된 자아가 아니다. 그 자아는 세계에 참여하고, 상호작용하면서 발현되는 자아이다. 듀이는 이렇게 말하고 있다. "보다 넓고 큰 자아는 관계를 거부하는 것이 아니라 포섭하는 자아다. 이러한 자아는 여태까지 예측하지 못한 관련을 자기 자신의 것으로 받아들여 확대되는 것이다"(DE, 490). 또한 "자아라는 것은 이미 만들어져 있는 것이 아니요, 행동의 선택에 의해서 끊임없이 형성되고 있다는 것을 인정하는 순간 모든 딜레마, 앞서 말한 의무와 이해관계의 대립 문제가 사라진다"(DE, 498). 그 아래 문장을 보면 매우 의미심장한 말이 나온다. "한 사물에 대하여 능동적으로 표현하는 관심의 종류와 양이 그 사람의 자아의 질을 나타내며 그것을 가늠하는 척도가 된다. 관심이라는 것은 자아와 사물의 활동적, 유동적 동일성을 뜻한다"(DE, 498).

이 세계와 자연, 사물에 관심을 가지고 참여할 때 나타나는 '자아의 질'과 자신의 소소한 일에만 목숨을 걸고 이 세계의 일에는 관심을 두지 않을 때 나타나는 자아의 질은 다르다. 소방대원이 위험에 처해 있는 사람을 구하려고 하는 것은 이해타산 때문이 아니며, 그 순간 자아가 그렇게 표현이 되는 것이다. 혁신학교에서 교육활동을 할 때 몰입하는 자아 역시 교육활동과 관련된 많은 것에 관심을 기울이고, 다양한 관점을 포용하는 자아이다.

사람은 늘 각성을 하지 않는 한 좁은 자아에 매몰되고 그것이 자신이라고 착각을 하기 쉽다. 좁은 자아가 갖는 이해관심이 삶에서 가장 중요한 것이라고 착각하고 그 이해관심에 따라 자아가 움직이게 방임한다. 소수이지만 어떤 교사는 나이가 들어가는데 학생들에 대해서는 별로 관심이 없고 공적인 관심사에서는 생각이 멀어지고 취미생활을 하거나 주식이나 부동산 투기 등을 하며 돈벌이에 몰입하는 경우가 있다. 여기서 이런 행태를 탓하자는 것이 아니라 무엇에 홍미와 관심을 가지고 있는가를 보면 현재의 그 사람의 자아의 질적 수준을 가늠할 수 있다는 것이다.

"관심(흥미)이라는 것은 자아와 사물의 활동적 · 유동적 동일성을 뜻한다."는 듀이의 말은 무슨 뜻인가? 사물에 관심과 흥미를 갖는다는 것은 잠시 흥미를 느끼는 심리적 상태를 가진다는 뜻이 아니라 자신이 흥미와 관심을 갖는 사물 자체와 동일성을 띨 정도로 깊이 몰입되어 있다는 것이다. 한 패브릭 아티스트는 다음과 같이 자신의 작업에 대한 흥미를 표현한다. "작업에 몰입하는 그 순간 육체적 고단함을 뛰어넘는 재미와 성찰은 우리를 위로하고 용기를 주며 삶을 풍요롭게 한다"(정은, 2016). 사람이 무엇에 흥미와 관심을 갖느냐는 그 사람의 자아의 질을 나타낸다. 사람의 흥미와 관심사가 달라지고 선택하는 관심의 종류와 범위가 넓어지면 그 속에서 표현되는 자아는 달라진다. 교사도 마찬가지이다. 교사로서 자신의 교육활동에 깊은 관심을 가지고 고민하며 몰입되어 있는 자아는 그만큼 큰 자아이다.

교사 중에는 이렇게 말할 사람도 있을 것이다. "그것은 알겠는데, 어쨌든 교사 중에는 철저히 자신의 이해득실만을 따지는 자아를 선택하는 교사가 있다. 그러한 자아를 어떻게 바꿀 수 있는가?" 자신의 이해득실을 따지는 교사의 편에서 보면, 이해할 만한 점이 있다. 특히 혁신학교로 지정되면 더 많은 시간과 관심을 가르치는 일에 쏟아야 하는 부담이 따른다. 또한 자신의 오래된 습관이 바뀌어야 하는데 그것은 쉽지 않다. 그 새로운 사태에 대하여 귀찮다는 생각이나 부담감으로 등을 돌릴 수 있다. 지난날 귀찮은 형편을 당하지 않고도 잘 지내왔는데 왜 이때까지 해 오던 대로 해서는 안 된단 말인가? "이러한 유혹에 빠지는 것은 곧 자아를 좁고 고립된 것으로 생각하는 것이며 그것을 완전하게 고정되어 있는 것으로 취급하는 것이다"(DE, 500). 자아를 바꾼다는 것은 오랫동안 일 해 오던 익숙한 습관을 수정하는 일이다. 그것은 쉬운 일이 아니다.

교사로서 당연히 '의무감'을 가지고 열심히 수업을 연구하고 가르쳐야 한다는 것이 아니다. 의무감을 강요하는 것은 별 소용이 없다. 중요한 것은 하는 일, 활동에 대한 'interest'이다. 따라서 중요한 것은 하는 일과 활동을 하면서 그것의 의의와 보람을 스스로 느끼는 것이다. 만일 하는 일과 활동에서 의의를 느낄 수 없다면 관심을 갖도록 하기는 어렵다. 따라서 교사가 하는 일과 활동의 성격에 대해서도 생각을 해 보지 않으면 안 된다. 단순히 의무적으로 부과하는 일 또는 교사의 자기이익을 자극하는 방식으로 부과하는 일로는 교사에게 그 일 자체에 대해 흥미와 관심을 갖게 하기 어렵다. 교사의 교육활동의 동기를 유발하는 데 있어 이 점을 고려해야 한다.

23

교사와 학생의 관계의 윤리: 공정성과 배려

역사적으로 근대 주체는 근대 이전 시대의 주체와 다르다. 근대 주체는 우주와 세계의 중심에 서며 세계와 우주를 대상으로 놓고 인식하는 주체로서 자리매김된다. 이와는 달리 고대 그리스에서 주체는 사물을 사용하는 주체 혹은 육체기관을 사용하는 주체, 곧 '영혼'으로 인식되었다(Foucault, 2007). 푸코는『주체의 해석학』에서 고대 그리스의 황금률이었던 자기배려를 논의하면서, 근대 사회의 주체와는 다른 주체의 의미를 밝힌다. 명예와 명성, 부와 권력을 배려하는 것은 자기배려가 아니며, 또한 자신의 능력과 신체를 배려하는 것도 자기배려가 아니다. 능력과 신체를 사용하는 주체로서의 영혼을 배려하지 않으면 자기배려가 아니다. 여기서 주체는 자신의 능력과 신체를 사용하는 주체로서의 영혼을 의미하는 것으로 근대의 주체와는 그 성격과 의미가 다르다.

흔히 말하는 '주체철학' 또는 '의식철학'은 사물과 세계를 철저히 '주체 중심으로 사유하는 데카르트적 근대철학'을 일컫는다

(Habermas, 2006). 주체철학은 이원적 인식론에 바탕을 두고 있다. 즉, 자아와 타자, 자아와 세계는 서로 별개로 떨어져 있는 독립된 실체이며, 주체와 객체로 이원화된 존재라는 것이다. 이런 점에서 이원론을 부정하는 듀이 철학은 근대 주체철학과는 궤를 달리한다. 그런데 주체철학은 인식론을 넘어서서 도덕철학 영역으로 가면 인식의 주체를 인식의 대상인 세계와 완전히 대립적인 관계로 설정하게 된다. 그리하여 철저하게 타자와 세계를 타자화, 대상화하고 심지어 자신의 목적을 위한 수단으로 사용한다는 것이 근대의 주체철학의 본질적인 문제라는 비판이 제기된다(노상우, 2010). 이는 포스트모더니즘의 관점에서 나오는 비판이다.

프랑스 철학자 레비나스와 데리다는 포스트모던적 비판의 선구자이다. 이와 관련된 연구들은 대체적으로 근대철학에서 주체와 이원론적으로 분리된 세계와 타자는 오로지 주체 자신의 목적을 달성하기 위한 수단으로 전락했다고 비판한다(노상우, 권희숙, 2009; 노상우, 안오순, 2008). 예를 들어, 주체철학은 철저히 자아중심성에 기초하고 있으므로, 타자에 대한 배려, 자아와 타자와 교류하는 간주관적 영역, 나-너의 진솔한 관계 등의 교육적 의의를 드러내지 못한다는 것이다(우정길, 2011). 따라서 "자아에 집중하여 타자와 의사소통하고 상호작용하면서 존재의 성숙을 이끌어 주는 간주관적 관계성이 지닌 '근원적 힘'을 도외시하는" 주체철학을 파기하지 않으면 안 된다는 주장이 제기되어 왔다(노상우, 2010: 43).

주체철학이 자아와 타자(그리고 세계)를 분리시키는 이원적 인식론을 담고 있다고 해서 논리적으로 반드시 자아가 상대를 객체화하고 수단화하게 되는가에 대해서는 의문이 남는다. 이 세상에는 타자와 세계를 수단으로 착취하고 이용하는 일들이 허다하다. 특히 자본주의적 경제체계 속에서는 세계와 타자를 목적 달성을 위한 합리적 수단으로 이용하려는 목적합리성이 작동한다(Habermas, 2006). 이것은 무엇을 뜻하는가? 주체와 객체 관계 속에서 목적합리성에 따라 대상을 도구로 이용하게 되는 경우는 도구적 이성이 작동하는 국가체계와 경제체계의 영역 안에서이다. 주체철학에 대한 비판에서 사회경제적 조건을 고려하지 않고 주체철학이 대상을 도구화한다는 주장은 납득하기 어려운 점이 있다.

칸트철학을 생각해 보자. 칸트철학은 주체와 대상을 분리시키는 이원론이기는 하지만 타자를 억압하고 착취하는 주체 모델이라고 규정하기는 어렵다. 칸트는 세계를 인식하는 주체의 순수이성과 도덕적 실천을 가능하게 하는 실천이성으로 이성을 나누었다(심준섭, 노상우, 2018). 그리고 칸트는 그의 도덕철학에서 타자를 주체와 분리된 대상으로 보았다. 그에 따라 타자와의 관계성 속에서 윤리적 주체가 형성되는 것이 아니며 타자와 아무런 관계 없이 윤리적 주체가 설정된다. 타자에 대해 독립적인 존재인 자아는 스스로 도덕률을 입법할 수 있는 실천이성을 가지고 있다. 여기서 중요한 점은 '자아는 도덕률을 스스로 입법한다'는 것이다. 그런데 그 도덕률은 타인뿐만 아니라 자기 자신에게도 보편적으로 적용될 수 있는 도덕률이어야 한다. 누구에게나 적용될 수 있는 도덕률이 못 되면 그것은 보편적 도덕률이 될 수가 없다. 한마디로 자기 스스로 보편적이고 이성적인 작용에 의해서 보편적인 도덕률을 세우는 것이고 그것을 자신과 타인에게 적용하는 것이다. 이렇듯 칸트의 도덕철학에서 대상을 이용하는 도구화가 일어날 수 있는 이론적 여지는 없다.

다만, 다음과 같은 비판은 제기될 수 있다고 생각된다. 칸트의 도덕철학에서는 개인의 도덕적 완성을 가장 중요하게 생각한다. 개인의 도덕적 완성을 이루어 내고자 하는 노력은 필요하지만, 그것은 어디까지나 자신을 도덕적으로 완성하고자 하는 개인주의적 의식의 발로이다(Noddings, 2003). 이 경우에 있어서는 도덕적 완성에 자신의 의식의 에너지가 집착되어 있는 것이지, 자신이 관계를 맺고 있는 사람들 자체로 에너지가 집중되어 있는 것은 아니다. 말하자면, 도덕적이 되고자 하는 동기는 자신의 도덕적 완성에 있는 것이며, 타인을 보살피고, 그의 필요를 채워 주며, 그의 참된 자아를 회복할 수 있도록 도와주는 데 있는 것이 아니다. 표면적으로는 다른 존재를 도와주는 행위를 한다 해도 그것은 어디까지나 보편적인 도덕적 규칙과 자신에 대한 도덕적 완성의 욕구에 따라 된 것이며, 다른 존재를 향한 사랑이 발로가 되어 그렇게 하는 것은 아니다. 이것이 칸트의 도덕철학에 대한 나딩스(Noddings, 2003)의 비판의 핵심이다.

칸트의 윤리학은 롤즈의 정의론으로 이어지는데, 롤즈(Rawls, 1999)의 정의론은 타인에 대한 배려의 차원을 주장하는 것이 아니다. 사회공동체를 규율하는 사회정의를 세우는 일이다. 즉, 사회공동체가 어떻게 모두에게 공정한 사회정의를 시행할 것인가 하는 정의의 대원칙을 세우는 일이다. 롤즈의 정의의 원칙은 타자에 대한 배려에서 나오는 정의가 아닌 남성적인 정의의 원칙이며, 공적인 원칙이라는 비판을 받기도 한다. 여성적인 배려 윤리의 원칙이 아니며 사적인 관계를 규율하는 윤리가 아니라는 비판이다(Gilligan, 2016).

그런데 여성주의적 관계성 윤리와 비교해서 살펴볼 것은 에릭 프롬의 사랑의 윤리이다. 프롬(Fromm, 2006)은 그의 저서 『사랑의 기술』에서 이런 말을 한 바 있다. 공정성의 원리는 타자에 대한 사랑과는 무관하다. 공정성의 원리와 사랑의 원리를 비교해서 생각하게 한 프롬의 말은 예수의 말씀을 떠오르게 한다. 예수는 성경에서 '네 이웃을 네 몸처럼 사랑하라'고 하셨다. 네 이웃은 가까운 이웃집 사람을 말하는 것이 아니라 '강도 맞은 사람'이다. 예수가 '진정한 이웃'이라고 불렀던 사람은 종교적 율법을 잘 지킨다고 하면서도 강도 맞아 죽어 가는 사람을 외면하고 지나간 종교지도자는 아니었다. 유대종교인들로부터 배척 당하고 멸시를 받던 '사마리아 사람'이었다. 세월호 유가족에게 도움의 손길을 내밀기는 커녕 외면하고 비난하면서 하나님 뜻을 운운했던 이 땅의 어떤 대형교회 목사들은 결코 착한 사마리아 사람이 아니었다. 예수께서 가르쳤던 사랑의 윤리는 공정성의 윤리와는 차원을 달리한다.

미국에서 홈리스가 겨울에 주차장에서 얼어 죽는 일이 발생해도 미국인들은 그것을 별로 개의치 않는다. 공정성의 윤리가 작동되는 미국사회에서는 그러한 일은 당연하다고 생각된다. 잘 살게 되는 것은 능력이 뛰어나기 때문이고, 살 집 없이 거리로 내몰려 배회하는 것은 능력이 없고 게으른 탓이라고 생각된다. 공정성의 윤리가 작동하는 사회에서 홈리스가 된 것은 능력이 없는 탓이니 누구를 원망하랴! 는 것이다. 그러나 부모의 부와 가정의 온갖 행운과 특권이 세습되는 사회에서 홈리스가 생기는 일이 공정성의 윤리가 제대로 작동한 결과인지는 의문이다. 부모가 자녀의 뒤를 돌봐 줄 수 있는 경제적 능력이 있다면 자녀 중 누가 홈리스가 되겠는가. 예수께서 종교지도자에게 하셨던 말씀, '너도 가서 (사마리아 사람처럼) 그렇게 하라'는 말씀은 공정성의 윤리와는 다른 차원의 윤리이다. 사실 공정성의 윤리가 냉정한 인간의 윤리인 것 같지만, 본래 롤즈가 그의 정의론에서 주장하는 공정성은 인간의 존엄성에 대한 존중의 윤리에 기반을 둔 것이다. 이것이 망각되고, 인간을 위한 공정성의 윤리가 아니라 공정성을 위한 공정성의 윤리가 주장되고 있는 것이 현실이다.

길리건(Gilligan, 2016)과 나딩스(Noddings, 2013)는 이원론에 입각한 칸트의 도덕철학을 거부하는 대표적인 여성주의 학자들이다. 이들은 칸트의 윤리학에 대해 매우 비판적이다. 칸트의 윤리학이 상호 소통, 상호 교류가 빠져 있는 주체 중심의 윤리학이라는 것이다. 나딩스와 길리건이 봤을 때 칸트의 윤리학은 순전히 남성 중심적 윤리학이다. 여성들은 상호 소통, 교류를 중시하며, 타자를 배려하는 감성적 배려심을 지니고 있다. 상호 교류와 배려를 철학의 중심에 두려면 칸트의 주체/객체 이원론 철학을 거부할 수밖에 없다. 이원론 철학을 설정해 놓고 타자에 대한 배려, 소통을 이야기하는 것 자체가 난센스이다. 이원론 철학에서는 타자를 배려하는 것이 중요한 게 아니다. 나의 보편적인 도덕률에 충실하면 되는 것이다. 도덕률에 있어서 완전히 자율적인 사람이 되는 것이 도덕적으로 성장하는 것이며, 여성성의 특징이라 할 수 있는 배려를 잘한다고 해서 도덕적 성장을 이룩하는 것은 아니다. 이런 관점에서 보면, 칸트의 남성 중심적 도덕철학에 이론적 기초를 두고 있는 콜버그(Kohlberg, 1984)의 도덕성 발달단계이론은 인간의 보편적인 발달단계이론이 될 수 없다.

교사들은 칸트나 롤즈의 정의의 원칙보다는 배려의 윤리적 관계를 주장하는 나딩스의 배려 윤리가 교실에서 의미가 있다고 생각할 것 같다. 정의의 원칙, 평등의 원칙은 딱딱하고 어려우며, 아이들과의 관계에서는 적용될 수 없는 것이라는 생각이 들 수 있기 때문이다. 정의의 원칙, 평등의 원칙은 교육행정가와 교육정책입안자에게 필요하며, 교실에서는 배려와 보살핌을 중시하는 관계의 윤리학이 더 실제적으로 도움이 된다는 생각을 할 수 있다. 실제적으로 교실에서 학생들을 어떻게 대해야 할 것인가 하는 문제를 풀어갈 때는 역시 타자성의 윤리, 배려의 윤리가 훨씬 더 도움이 많이 된다. 정의의 원칙은 철저하게 관계성의 대칭성을 전제하며, 배려는 관계성의 비대칭성을 전제하는 윤리적 태도, 다시 말해서 일방적으로 한쪽(교사)이 다른 한쪽(학생)에 대해서 배려하는 태도이다(Honneth, 2009).

그런데 '배려'를 공정성의 원칙을 떠나서 생각해 볼 수 있는가 하는 의문이 제기될 수 있다. 이런 예를 생각해 보자. 한 초등학교 남교사는 배려에 대해 다음과 같이 말한다.[21]

> 학교에서 근무한 경력이 6년여 정도에 불구한 내가 관리자에게 가장 많이 들었던 말은 '양보와 배려'였다. "젊으니까 양보해야 하며, 남자니까 여자에게 배려를 해 주어야 한다." 지금도 알게 모르게 많이 듣고, 양보하고 배려하고 있지만, 도대체 왜 그

래야 하는지는 솔직히 모르겠다. 처음에는 저번 학교만의 고질적인 문제인 줄 알았지만, 학교를 옮겨 보니 정도는 약해졌지만 매한가지였다. 늘 공정하지 못한 것을 봐야 하고, 누군가는 이해할 수 없는 이유로 배려를 해 주어야 한다. 젊을 때는 내가 가지고 있는 일말의 정의감으로 정말 많이 부딪히고 싸웠다. 하지만 돌아오는 건 미움받을 용기의 필요성 정도였다.

이 교사는 교사에게 은근히 강요되는 '배려'가 서로 지켜야 할 공정성의 규범과 부딪히는 사례를 이야기하고 있는데, 진정한 배려란 무엇이고, 공정성 규범과 상충될 때는 어떻게 해야 하는가 하는 문제를 제기하고 있다. 사실 강요된 배려는 진정한 배려일 수 없다. 배려란 본인 자신의 공감과 자발성에서 나오는 것이지 일방적인 강요에 의해 나올 수 있는 성격은 아니다. 정확히 말하면 상급자가 당사자인 교사의 의사와 관계없이 다른 교사를 배려하도록 강요하는 것은 관리자가 어떤 이유에서인지는 모르지만 그 교사를 배려하는 것일 뿐, 강요받는 사람이 어쩔 수 없이 하는 '배려'는 거절하기 어려운 상급자의 압력을 따르는 행위일 뿐이다.

또 한 예를 생각해 보자. 입시위주의 교육을 하는 고등학교에서 성적이 우수한 학생들에게 다양한 특혜를 주는 일이 사회적 물의를 빚곤 한다. 우수한 학생들에게는 기숙사 배정의 우선순위, 특별 도서관의 이용 혜택, 학원수강료 지원 등 여러 가지 혜택을 주고 있다. 이렇게 학생을 성적에 따라 분리, 차별대우하는 것은 도덕적으로 정당한가? 그 판단의 규범적 준거는 정의의 원칙인가 아니면 관계의 윤리학인가? 교사와 학생 간의 윤리적 관계 측면에서 생각해 보면, 능력과 상관없이 존재의 절대적 타자성을 인정하며, 배려하는 교육적 관계를 형성해야 마땅하다. 한편, 칸트의 정언명령에 따른다면, 누구나 능력과 상관없이 인간으로서 동등한 존엄성과 동등한 권리를 지닌 존재로 존중되어야 한다. 따라서 학생들을 능력에 따라 차별해서는 안 되며 공정하게 대해야 한다. 이것은 배려의 윤리를 갖지 않더라도 교사들이 마땅히 지켜야 할 정의의 원칙이다.

교사들에게는 학교에서 일어나는 차별에 대해 문제의식이 있을 것이다. 하지만 학교는 차별을 멈추지 않는다. 왜 그러한가? 단지 배려의 윤리가 부재하기 때문이 아니라 '도구적 이성'이 작동하기 때문이다(Habermas, 2006). 특히 학교관리자에게는 도구적 이성이 작동한다. 학교를 빛내 줄 우수학생은 학교의 명예와 위상이라는 '주가'를 올려 줄 유망주로 인식된다. 능력의 차이가 있으므로 차별 대우하는 것은 당연하다는 학교관리자의 신념 앞에서, 능력과 상관없이 학생들은 인간으로서 동등한 존엄성과 권리를 지닌다는 말은 큰 벽 앞에 부딪히는 메아리일 뿐이다. 말인즉, 능력의 차이에 따른 차별 대우라고 하지만, 그것은 명목상의 이유이고, 학생을 학교의 위상을 높이는 수단으로 인식하고 있는 것이다. 따라서 배려의 윤리가 작동하려면, 단순히 교사들에게 배려의 윤리를 가지도록 하는 것으로 해결되는 것은 아니다. 문제의 원인은 단순히 교사들에게 배려의 윤리가 부재하기 때문이 아니고, 학교라는 조직에서 도구적 이성이 작동되기 때문이므로 따라서 먼저 학생들을 학교목적 달성의 수단으로 보는 도구적 이성의 작동이 멈추지 않으면 안 된다.

지금까지, 이원성을 부정하는 관계성의 철학이 어떻게 도덕철학으로 발전하는가를 살펴보았다. 듀이는 도덕철학의 수준까지 관계성의 철학을 발전시키지는 못하였지만 이원적 주체철학을 부정하고 관계성을 복원하는 철학을 제시했다는 점에서 관계성의 윤리를 이해하는 데 크게 도움이 된다.

24

교육활동에서 교사와 학생이 '함께 주체' 되기

교실에서 수업을 하다 보면 이런 상황이 종종 생기기도 한다. 학생들이 하는 꼴이 맘에 안 들어서 학생과 별다른 상호작용이나 의사소통하려는 마음을 아예 단념하고, "듣고 싶으면 듣고, 듣기 싫으면 말아라."는 식으로 교과내용만을 무미건조하게 설명하고 수업을 끝낼 수 있다. 이때 교사는 학생과 분리되고 단절되어 있다는 느낌을 받는다. 학생들의 생각, 그들의 감성과 접촉하지 않았기 때문이다. 학생은 교사와 동떨어진 저편에 있고 교사인 나는 이편에 있다. 나와 그들 사이에는 단절의 골이 깊어져 간다. 그것만이 아니다. 저편에 있는 학생은 교사인 나의 인식의 대상, 학업성적이나 행동특성에 의해 분류되고 평가되는 대상으로 객체화된다. 그 학생들과 교사인 나는 함께 수업에 참여하면서 소통하며 경험을 주고받는 '함께 주체'가 되지 못한 것이다. '함께 주체'가 아닌 관계에서는 교사와 학생 각자의 주관적 인식과 판단을 뛰어넘어 서로 변화된 상호주관적 관계로 발전하지 못한다.

이 예화 속에서 우리는 주체-객체의 분리 모델과 '주체-함께 주체'라는 대화모델이 무엇인가를 이해해 볼 수 있다. 이 예화에서 교사와 학생은 주체와 객체로 분리된 관계라는 것을 알 수 있다. 교실수업 상황에서 교사가 주체이며, 학생은 객체화되어 있는 '주체-객체' 관계 모델은 근대교육학의 유산으로 파기되어야 할 모델로 비판받고 있다.

앞의 예화에서 '함께 주체'란 표현은 "한 주체(교사)가 제3의 공간(교실)에서 또 다른 하나의 독립된 주체(학생)를 만나는 것이 아니라 한 주체는 이미 자신의 존재에 참여하는 '함께 주체'를 만나는 것이다"(우정길, 2011: 110). 이러한 의미의 '함께 있음'은 그 구성 자체가 '이질적이며, 형성 자체가 상호주관적'이다. 이것은 어떤 의미인가? '나'는 어떤 사람을 만나느냐에 따라 달라진다. 누구를 만나느냐와 상관없이 동일한 자아로 표현되는 것은 아니다. 상대와 상호작용하는 가운데 주체인 나의 모습은 달라져 있다. 즉, 상대와의 상호관계 속에서 형성되는 '나' '주체'이며, 상호관계를 벗어나서 늘 똑같은 동질성을 지닌 분리된 주체가 아니라는 것이다. 독일 철학자 마스켈라인은 이렇게 말한다. "상호주관성의 영역에 참여되어 있는 자아와 타자의 정체성은 이미 확정된 어떤 실체가 아니다"(우정길, 2007: 109 재인용). 이 문장 속에 교사와 학생을 대입시켜 보면, 교실수업상황은 각자의 주관성이 분리되어 있고 부딪히는 영역이 아니라 각자의 주관성을 넘어서서 상호주관성이 형성되는 영역이다.

현대 교육철학적 과제는 근대교육학의 주체-객체 모델의 극복이다. 이 모델은 인간을 사유하는 주체와 사유의 대상이 되는 객체로 양분한 뒤, 오로지 주체의 관점에서 객체를 파악하며, 주체의 관점에서 인식된 세계만이 확실하고 자명하다는 철학적 신념이다(우정길, 2011). 듀이가 선구적으로 그 모델을 과감하게 파기할 수 있게 한 개념이 교변작용임을 안다면, 교변작용의 교육학적 의미를 다시금 조명할 필요가 있다. 듀이의 교변작용 개념은 독립된 주체와 주체의 상호작용이 아니라 교변작용 속에서 형성되는 주체와 세계를 전제한다. 다시 말해서, 교변작용은 "주체와 객체의 불가불리성"을 표현하는 개념이다. 박철홍은 이에 대해서 다음과 같이 말하고 있다.

> 전통철학에서는 … 유기체와 유기체와는 완전히 독립된 사물, 즉 환경이 '이미' 있고 그 다음에 상호작용이라는 제3의 실체, 또는 작용이 발생한다고 보았다. 상호작용이 발생할 때에, 상호작용에 의해서 독립된 세계에 존재하던 두 개의 범주가 한자리에 모이게 되고 관계를 맺게 된다. 상호작용은 이미 주어진 미리 존재하는 것을 결합시켜 주는 '제3의 독립된 것'이다. … 여기에 대하여 듀이는 … 존재의 일차적 모습은 환경과 유기체로 분리된 상태가 아니라 '상호작용' 그 자체라고 주장한다(박철홍, 1994: 286).

듀이의 교변작용 경험의 개념은 하버마스나 마스켈라인의 '상호주관성' 개념과 매우 유사하다. 하버마스의 상호주관성이 무엇을 의미하는지 보자.

> 상호주관성이란 말이 자꾸 오해를 주는데, 말뜻만 보면 먼저 주체들이 있고 주체들 사이에서 성립된 관계가 상호주관성인 것처럼 여겨지거든요. 그러나 하버마스가 상호주관성을 얘기할 때는 상호주관성이 우선성을 갖습니다. 상호주관성의 형성은 2중의 과정인데, 의사소통을 통해 주체가 형성되고, 형성된 주체가 더 높은 수준의 상호주관성을 형성한단 말이죠. 거기에서 만약에 상호주관성 개념을 주체가 있고 주체들 사이에 벌어지는 관계라고 한다면, 주체철학에서 벗어난 게 아니고 그것의 한 변형이죠. 그것을 뒤집어 놓은 것, 즉 의사소통행위를 통해서 주체가 형성된다고 하는 것이 패러다임의 전환이죠(장춘익, 1996, 우정길, 2007: 109 재인용).

앞의 인용문에서 "만약에 상호주관성 개념을 주체가 있고 주체들 사이에 벌어지는 관계라고 한다면, 주체철학에서 벗어난 게 아니고 그것의 한 변형"이며, "그것을 뒤집어 놓은 것, 즉 의사소통행위를 통해서 주체가 형성된다고 하는 것이 패러다임의 전환"이라는 이 말을 앞서 인용한 듀이의 교변작용의 개념과 병렬시켜 놓고 보면 놀라울 정도로 비슷하다. 듀이 역시 인간과 세계의 교변작용을 통해서 마음과 주체가 형성되는 것이지 독립된 주체와 주체가 서로 만나서 상호작용을 하는 것이 아니라고 본다. 그래서 듀이는 '상호작용'이라는 용어 대신 '교변작용(transaction)'이라는 용어를 사용한 것이다. 자아라는 것은 이미 세계와의 상호작용으로 인해서 상호작용의 범위 속에서 들어와 있기 때문에 세계(타자)의 영향을 받은 자아다. 상대의 영향을 받지 않은 그런 자아를 추출해서 말하기는 어렵다. 개념상으로는 분리를 시킬 수 있지만 실제상으로는 불가능하다. 교변작용의 개념에서는 독립적이고 고정된 자아(주체)라는 것이 존재하는 것이 아니라 이미 세계(타자)와의 상호작용 속에서 끊임없이 변화를 겪는 자아이다. 세계(타자)도 자아와 마찬가지이다.

주체-객체 모델을 넘어선다는 것이 어떤 것인지를 부버의 『나와 너』의 대화모델에서 찾아볼 수 있다. 부버의 대화모델을 살펴보는 것은 주체-객체 모델을 극복하기 위한 교육학적 논의를 펴는 데 있어 듀이의 교변작용이 갖는 의의를 이해하고자 함이다.

부버의 철학은 '관계 · 사이 철학'으로 명명된다. 그런데 부버의 철학에서 말하는 나-너 관계 모형이 나-너 분리 모형으로 해석되기도 한다(우정길, 2011). 즉, '나'와 '너'를 분리된 실체로 상정하는 주체 철학적 관점에서 부버의 철학이 해석되기도 한다. 다음 말의 의미를 생각해 보자. '나'는 어떤 사람을 '그것'으로 대한다. '그것'으로 대한다는 것은 상대를 하나의 '사물'로 대한다는 것이다. 이와는 달리 '너'로 대한다는 것은 인격적인 '너'로 대한다는 것이다. '너'로 대한다는 것은 "나의 존재를 기울인 행위요, 나의 본질 행위이다"(Buber, 1982: 17). 또 부버는 말하기를 "'너'와 '나' 사이에는 어떠한 개념 형태도, 어떠한 예비지식도, 어떠한 환상도 없다"(Buber, 1982: 17). 예를 들어, 내가 너를 아는데 사회적 분류도식(학벌, 직업, 지역, 계급, 인종 등의 범주로 사람을 분류하는 도식)이 끼어들지 않는다. 부버는 여기서 더 나아가 이렇게 말한다. "사람은 '너'를 접함으로써 '나'가 된다"(Buber, 1982: 40). 상대를 인격적인 너로 대한다고 해도 서로에게 영향을 주고받는 교변작용적인 관계성이 일어나지 않는다면, '나와 너'가 분리되어 있는 상태이다. 부버는 이런 상태를 '너와 너의 관계'라고 부르지 않는다.

요즈음 인성교육법까지 생기는 등 인성교육이 강조되고 있다. 학교폭력 문제를 해결하기 위해 학생들의 인성교육이 필요하다는 현실적 절박감에서 나온 것이다. 인성교육의 전제는 잠재적 가해 학생들은 나쁜 인성을 가진 아이들로 이들에게 선량한 인성을 가질 수 있도록 하면 공격적이고 폭력적인 행동을 하지 않을 것이라는 것이다. 폭력 문제의 해결 여부는 결국 가해 행위자의 인성과 노력으로 환원된다. 말하자면 가해 행위자는 '힘을 가진' 절대적 나이며, '나'의 의도와 의지에 따라 타자를 괴롭힐 수도 있고, 행복하게 해 줄 수도 있다. 부버의 용어로 표현하자면, '나'의 의지에 따라 타자를 '너'로 대할 수 있으며, 언제든지 '그것'으로 대할 수도 있다. 인성교육론에서 말하는 인성교육의 핵심은 타자를 '그것'이 아니라 '너'로 대할 수 있도록 만드는 것이다.

여기서 '나'는 타자와 병합과 분리가 자유로운 독립된 존재라는 가정에 기초하고 있다(우정길, 2011). 이것은 바로 '나' 중심의 주체철학의 모델이다. 인성교육은 이 주체철학의 모델에 입각한 것이다. 인성교육은 그 '나'에게 규범적 · 윤리적 책무성을 부과하는 데 목적을 두는 것으로, 그 '나'가 규범적 책무성으로 무장될 때 학교폭력은 사라진다. 인성교육에서 타자인 약한 학생에게 인정과 존중, 포용력을 발휘할 수 있도록 하는 것이 중요하게 여겨지지만, 여기서 타자의 대상화는 변함없는 전제다. 즉, 타자는 내가 노력해서 감싸 주거나 받아들여야 할 대상이거나, 아니면 때리고 괴롭히고 이용하는 대상이라는 점에서 똑같은 행위의 대상 · 객체이다.

하지만 부버의 관계철학은 주체철학과 다르다(우정길, 2011). 부버가 말한 관계 · 사이 철학에서 '너와 나'는 서로 분리된 '너와 나'가 아니라 나와 너의 주관적 의식을 넘어선 상호주관적인 상태의 '너와 나'이다.

부버의 나와 너의 관계성은 의사소통적 상호주관성으로 다 포괄하여 이해하기에는 어려운 신비주의적인 차원이 내포되어 있다. 너와 나 사이 영역의 역동성 진원은 나의 노력이나 주체의 의도가 아니라 '독점의 힘과 은총'이다(Buber, 1982). 부버가 말하는 타자에 대한 포용과 인정은 '주체 없음'의 상태에서 일어나는, 즉 은총의 영역에서 일어나는 포용과 인정이다. '주체 없음'은 주체와 객체의 소멸을 의미하며, 부버의 대화철학의 가장 큰 특징이기도 하다. 부버에 따르면, 역설적이게도 자아를 잃음으로써 사이 관계를 얻게 되며, 주체와 객체 또는 나와 너가 사라진 곳에서야 비로소 사이 관계가 그 본래의 의미를 획득하게 된다(우정길, 2011).

학교 상황에서 교사와 학생의 관계를 보자. 교사에게는 학생과의 관계에서 교사로서 지켜야 할 규범적 의무가 있다. 타자인 학생에게 인정과 배려, 포용력을 발휘해야 한다는 것도 규범적 요청이다. 교사가 표현하는 '배려' '포용'은 비유적으로 표현하자면, 분리된 개체(학생)들을 결합시켜 주는 '접착제'와 같은 역할을 한다(우정길, 2011).

그런데 교사가 "내가 너희들을 배려하고 있고, 포용하고 있어. 너희는 그것을 알아야 돼."라는 자의식을 가지고 배려하고 포용한다면, 학생들은 어떻게 받아들이게 될까? 헨리 데이비드 소로가 『월든』에서 했던 말이 떠오른다. "만약 의식적으로 내게 선을 베풀려는 계획을 품고 내 집으로 누군가 오고 있다는 사실을 확실히 알게 될 경우 나는 그의 선행이 내게 베푸는 결과, 즉 그 선이라는 것이 내 핏속에 섞일까 두려워 입과 코와 귀와 눈을 흙먼지로 가득 채워 질식하게 만드는 저 아라비아 사막의 건조하고 뜨거운 모래폭풍을 피하듯 죽을힘을 다해 달아 날 것이다"(Thoreau, 2008: 87). 누구도 자신에게 의식적으로 선행을 베풀려는 사람의 마음을 받으려 하지 않는다. 자신이 그저 선행과 자비의 시혜를 받아야 하는 대상으로 인식되는 것도 싫고, 또 그 사람의 선행과 자비는 나중에 그 사람에게 배은망덕이라고 분노할 수 있는 권리의식을 주기 때문이다. 한 주체가 어떤 대상에게 의식적인 배려와 포용을 베푸는 관계는 주체-객체 관계이다. 만일 교사와 학생의 인격적 상호작용의 과정에서 배려와 포용이 서로에게서 저절로 흘러나오는 것이라면, 그때 교사와 학생은 진정한 나와 너의 관계가 된다.

부버의 '나와 너'의 철학뿐만 아니라 타자의 절대적 타자성을 중시하는 레비나스(E. Levinas)의 철학도 근대의 주체-객체 모델을 파기하는 대표적 철학이다. 그의 절대적 타자성 철학을 이해하기 위해서는 나치독일 치하에서 그가 겪었던 삶의 배경을 알 필요가 있다. 그는 유대인으로서 다른 포로들과 함께 하노버 근처에서 5년간 혹독한 수용소 생활을 하였다. 그의 회고에 의하면, 수용소 포로들이 숙소로 돌아올 때 반갑게 짖어 준 개야말로 '독일의 마지막 남은 칸트주의자였다'(뉴스앤조이, 2006. 3. 2.). 나치독일 치하에서 '인간을 수단이 아니라 목적 그 자체로 대하라'는 칸트의 가르침을 실천한 것은 그 개뿐이었다는 것이다. 레비나스의 이런 경험은 서구의 주체철학에 대한 철저한 반성으로 이어진다. 데카르트 이래로 서구철학에서는 주체 중심적 인식론이 절대적이었다. 칸트도 그렇고, 현상학도 그렇고 '인식'은 결국 그 인식의 주체인 자아를 중심으로 한 인식이다. 자아중심, 주체중심으로 타자와 세계가 환원되고 포섭된다(강영안, 2005).

예를 들어, 주체철학에서 타자는 주체인 나에 의해 인식되고 구성된 타자이며, 학교에서는 교사(주체)인 나에 의해 학생은 인식되고 분류되고 평가되는 타자이다. 자아를 중심에 두고 타자를 대상화, 도구화하는 것이며 이는 필연적으로 자아로부터 타자를 향하는 폭력이다. 레비나스가 말하는 타자의 절대적 타자성은 자아와 동일한 존재로 환원되지 않으며, 자아와는 별개의 고유한 인격, 유일무일성, 불가지성이며 '하나님의 흔적'이다(강영안, 2005). 레비나스는 서구의 근대의 주체철학이 전체주의적 망령이 되었다고 생각하였고, 그의 철학은 정반대 방향으로 나아간다. 즉, 주체는 '타자'에 의해서만 제대로 규명될 수 있다고 본 것이다.

그런데 "나에게로 환원되지 않는 타자가 교육이론에서 갖는 의미는 무엇인가?"를 묻지 않을 수 없다(우정우 2011: 152). 다시 말해서, 교사인 나의 인식과 행위의 대상이 아닌 학생을 개별적으로 어떻게 알 수 있고, 학생의 유일성과 고유성에 이론적 비중을 두면 교육은 어떻게 할 수 있는가 하는 의문이다. 교육을 하지 말라는 이야기가 아니냐는 회의론까지 나올 수 있다.

게다가 학생의 절대적 타자성을 인정한다면, 교사가 학생에 대해 지녀야 할 윤리적 태도는 무엇인가? 교사는 자신이 가르치는 학생에 대해 타자중심적 윤리적 관계를 가져야 한다. 그러나 실행하기 어려운 타자중심적인 윤리적 태도를 교사에게 너무 당연하게 요구하는 것은 아닐까? 타자의 시선에서 교사는 윤리적 책무의 무거운 짐을 요구받는데, 윤리적 태도를 갖추고 마음의 준비가 된 채로 교직에 입문한 교사는 어려움이 덜하겠지만, 그렇지 못한 채 교직에 입문한 교사는 타자에 의해 원치 않는 무거운 윤리적 짐을 지게 된다. 이는 교사들에게 가혹한 감정노동을 요구하는 일이 아닐까?

교사는 학생들과의 관계에서 날마다 감정노동에 시달리고 있는데도 불구하고, 배려와 존중, 타자성 존중이라는 윤리적 태도까지 요구받는다면 더욱 힘들 수밖에 없다. 더구나 교사는 각자 근무하는 상황, 시달리는 감정노동의 정도와 담당하는 업무환경이 다름에도 불구하고 경제논리 속에서 측정하기 애매한 성과에 따라 차등적 보상을 받고 있다. 또한 학교조직 속에서 성적을 중시하는 목적합리성에 따라 교육목적을 달성해야 한다는 압박을 받고 있으며, 학생들을 성적에 따라 분류하고, 관리하는 기능적인 일을 하지 않으면 안 된다. 이러한 현실에 더하여 교사에게 윤리적 책무성을 과다하게 부과하는 것은 교사들에게 실행가능성을 높이는 것이 아니라 교사들에게 무거운 짐만 더하는 격이 된다.

타자의 절대적 타자성 윤리를 그런 방식으로 교육에 적용하는 것은 여전히 주체-객체 관계 모델에서 벗어나지 못한 것이다. 우정길은 절대적 타자성의 교육적 의미에 대해 다음과 같이 말하고 있다.

> 교육자가 철저히 소극성을 견지하고 교육대상에 대한 자신의

> 영향을 최소화하는 것, 한 개인의 실존적 유일성과 다름성에 대해 가능한 한 최대의 보전을 꾀하는 것, 자신을 비롯한 기존세대의 지식체계로 이 유일무이한 개인을 파악하기를 중단하는 것, 근원적 비교 불가능의 존재인 각각의 인간을 대상화하고 범주화하는 일을 멈추는 것, 선한 의도에서나마 외부적 작용을 통해 이 개인을 형성하려는 혹은 강제하려는 일을 멈추는 것 등이 바로 그것이다. 교육에 대한 이러한 다소 극단적이고 심지어 이단적이기까지 한 이해는 칸트와 루소 혹은 근대교육학의 시조라 불리는 코메니우스 이래 서양교육철학사 전반에 걸쳐 사실상 그 예를 찾아보기 어렵다(우정길, 2011: 152).

우리는 교사로서 학교에서 사회적 분류도식('우수한/열등한, 부유한/가난한, 모범적인/일탈적인' 등)으로 유일무이한 개인을 범주화하고 평가하는 일을 멈추는 것, 비록 '선한 의도'일지라도 학생을 어떻게든 바꾸어 보려는 강제성을 멈추는 것, 이 두 가지는 실행 가능성과 별개로 교사로서 명심하고 주의해야 하는 것이다. 교육 현실에 타자성 윤리의 적용이 쉽지만은 않다. 하지만 타자성 철학의 교육적 의의를 적극적으로 밝히려는 연구는 시도되고 있다. 예를 들어, 노상우와 권희숙(2009)은 레비나스의 절대적 타자성 윤리의 관점에서 수요자중심 교육의 문제를 제시하고, 교사와 학생이 어떤 관계성을 지향해야 하는가를 밝히고 있다.

> 그렇다고 학생중심의 교육학적 관계가 정당한 것인가? 지금 우리나라에서 유행된 이 표어는 교사중심교육에 대립하는 차원

에서 도입되었고 그것을 통해 학교교육의 혁신을 도모하려는 이념으로 제시된 것인데 이 역시 Levinas적으로 보면 문제이다. 학생중심은 교사를 단순 보조자로 전락시켜 교수-학습관계에서 교사의 타자화를 암시하는 것이기 때문이다. 타자존중의 교육원리는 교사이든 학생이든 주체의 유아론적 성(城)에서 벗어나 절대적 타자성 실현을 가능하게 하는 교육학적 관계를 지향하고 있고, 타자와의 관계를 통한 교육의 목적은 개인의 자아실현으로 드러나지 않으며, 타자를 환대하고 섬기는 윤리적 관계회복에 있음을 알 수 있다(노상우, 권희숙, 2009: 14).

노상우와 권희숙의 타자성 윤리의 적용은 타자 환대와 섬김의 윤리적 관계에 방점이 있다. 어느 일방의 환대와 섬김이 아니라 교사와 학생이 서로에 대하여 가지는 윤리이다. 이 관점은 레비나스의 '타자성 철학'에 기초한 비에스타(Biesta)의 교육철학적 관점과 맞닿아 있다. 비에스타는 기본적으로 교사와 학생이 동등하고 대칭적인 관계를 형성하고 그 안에서 대화와 상호작용을 주고받는 것으로 이해한다(Biesta, 2012). 비에스타가 보기에 교사와 학생은 각각 절대성을 지닌 타자로서 존재하기 때문이다(Biesta, 2006). 절대성을 지닌 타자라는 것은 상대방이 나의 기준으로 판단되거나 나 자신으로 동일시되거나 환원될 수 없는, 즉 나의 관점에서 감히 객체화하거나 수단화할 수 없는 주체로 상정되는 것을 의미한다(Biesta, 2006). 그렇기 때문에 교육 내에서 교사와 학생의 역할이 동일하지 않을지라도 그것이 곧 교사가 학생에게 혹은 학생이 교사에게 종속되거나 환원되는 관계로 이어지지 않는 것이다.

만약 자기 환원적 관계로 이해될 경우, 교육에서 교사와 학생의 대화가 나타나지 못하고 교사 혹은 학생의 자기 독백 혹은 자기 반복으로 그칠 수밖에 없다(Biesta, 2012). 그러나 학생과 동등한 주체로서 상호작용을 하는 교사는 학생에게 세계의 타자성을 가져다주며, 학생은 자신이 가지고 있는 새로움과 타자성을 교사에게 가져오는 상호작용적 관계를 맺는다(김한길, 김천기, 2018).

그런데 한 가지 의문은 어떻게 교사에게 또는 학생에게 타자성 윤리가 생겨날 수 있게 하는가이다. 그 의문을 푸는 실마리는 레비나스의 타자성 철학에서 얻을 수 있다(강연안, 2005). 교사라는 주체는 인식의 주체로서의 주체나 '자아'가 아니라 '타자(학생)'에 매개된 결과이다. 이때 타자는 기술적 조작의 대상이 아니라 최대한의 경의를 가지고 대해야 할 윤리적 무한자에 가깝다. "헐벗은 모습으로, 고통받는 모습으로 정치적 · 경제적 · 사회적 불의에 의해 짓밟힌 자의 모습으로 타인이 호소할 때 그를 수용하고 받아들이고 책임지고 그를 대신해 짐을 지고 사랑하고 섬기는 가운데 주체의 주체됨의 의미가 있다"(강연안, 2005: 32-33). 이것이 타자를 '매개'로 하여 형성되는 주체라는 뜻이다. 레비나스의 이 말은 성경 속의 예수를 떠오르게 한다. 타자는 고통에 겨운 모습으로 우리 앞에 현현하며 그것을 통해 하나의 지평, 즉 윤리적 지평이 열린다.

타자의 고통스런 얼굴을 대하기 전에 주체는 단지 먹고 마시고 즐기며 향유하는 존재일 뿐이다. 자기의 거주와 향유 안에 고립된 주체는 어떤 윤리적 책임도 느낄 수 없다(강연안, 2005). 교실에서 타자(학생)의 얼굴의 현현은 하나의 사건으로 주체(교사)를 '침범'

한다. 보통 교사들은 학생의 '얼굴'을 제대로 보지 않는다. 피상적으로 스칠 뿐이다. 그런데 어느 순간 학생의 '얼굴'이 교사 안으로 들어올 때가 있다. 그리고 그 얼굴은 교사인 나에게 말을 건넨다. 그것이 내 존재 속으로의 '침범'이다. 이때 타자(학생)의 얼굴에서 드러나는 고통은 주체(교사)를 일깨우는 고통이다. 때로 교사는 학생과의 관계에서 이러한 체험을 한다. 종래의 주체-객체의 관계를 깨뜨리는 새로운 관계의 열림의 순간이다.

지금까지 다분히 어려운 주제인 주체-객체 모델과 관련하여 이야기 한 것은 개인과 세계(타자) 간의 연속성, 교변작용을 주장하는 듀이의 철학이 주체 중심적 철학과 어떻게 다른가를 보여 주기 위한 것이기도 하지만 교육자들에게도 중요한 의미를 지니고 있다고 생각되었기 때문이다. 듀이가 부버나 레비나스와 사상적으로 다르지만 주체-객체 모델을 거부했다는 점에서 공통적이기 때문에 듀이가 분명하게 드러내지 못했던 주체철학의 문제를 부버 및 레비나스의 철학을 통해 더 생각해 보자고 한 것이었다. 그리고 주체철학이 교육에서 왜 극복되어야 하는 문제 모델로 제시되는가를 이해하기 위함이었다.

Part

세상의 모든 아이를 위한 민주주의와 교육

05

'공장형 교육시스템'의 계급재생산 교육의 틀 깨기

25

자본의 지배로부터의 자유: 듀이의 자유주의

듀이는 사회적 관계성, 사회적 상호작용을 매우 중요하게 생각한다. 여기서 우리가 갖게 되는 의문은 이것이다. 듀이는 자유주의자이지 마르크스주의자도 아니고 보수적인 공동체주의자도 아니다. 자유주의자는 개인의 권리, 자율성, 자유로운 선택 등의 가치를 중요하게 생각한다. 공동체적인 삶의 관계성, 공동선은 자유주의자의 관심사는 아니다. 듀이는 자유주의자임에도 불구하고 왜 공동의 삶의 방식, 사회적 관계를 중요한 철학적 과제로 삼았던 것일까?

오늘날 이 의문을 다룰 이유와 중요성이 특별히 있는가? 공동체적인 삶의 관계성, 공동선을 중시하는 듀이의 자유주의는 정치는 물론이고 교육과 직접적인 연관성이 있으며, 좋은 삶을 향한 공공철학을 담고 있기 때문이다. '정의란 무엇인가'라는 강의로 우리나라에 많이 알려진 샌델(M. Sandel)은 오늘날 자유주의가 현실정치에서 어떤 결함을 지니고 있는지에 대해 다음과 같이 말하고 있다.

> 최근 자유주의(미국 민주당)는 공동선의 목표를 주장하는 데 실패해 비틀거렸고, 이는 보수주의자들(미국 공화당)에게 미국 정치에서 가장 잠재성 있는 (도덕적) 자원을 양도하는 결과를 낳았다. 자치와 공동체의 공공철학은 자유주의자들이 자신의 목적을 위해 이러한 자원을 다시 되찾을 수 있게 해 줄 것이며, 민주당이 도덕적 · 정치적 진보를 추구하는 당으로서의 면모를 회복하게 해 줄 것이다(Sandel, 2016: 76).

샌델은 오늘날 미국 민주당의 자유주의가 필요로 하는 것이 듀이의 자유주의라고 주장한다. 샌델은 지금의 미국 민주당이 그렇듯이 자유주의가 언제나 도덕이나 공동체, 종교에 대한 이야기를 꺼렸던 것은 아니라고 말한다. 그 실례가 듀이의 자유주의이다(Sandel, 2016).

듀이의 삶과 사상이 '미국 자유주의의 절정'을 보여 주었다고 평가하는 라이언(A. Ryan) 역시 이 점에 대해서 다음과 같이 말하고 있다.

> 듀이의 자유주의는 다르다. 그것은 명백히 인간의 품위와 필요, 이익을 확대하고 진보시키는 데 전념하는 진정한 자유주의이다. … 그럼에도 불구하고 논쟁의 여지가 있는 세계관, 좋은 삶의 구성요소에 대한 논쟁의 여지가 있는 견해 등을 두루 갖추고 있으며, 종교적 논쟁에서 편을 들고 권리의 옹호에 집착하지 않는다. … 듀이의 자유주의가 찬양하는 개인은 자신의 일과 가족, 지역공동체, 그 공동체의 정치에 철저하게 관여하고 강요나

> 위협, 타의에 의해 공동체 활동을 하지 않으며, 당면한 책무에 몰두하는 것과 조화를 이루는 자기표현의 장으로 공동체를 보는 사람이다(Sandel, 2016: 285 재인용).

듀이는 민주주의의 의미를 공동의 삶의 방식이라고 규정하는데, 오로지 공동의 삶의 방식을 영위하는 가운데 인간은 지적으로, 도덕적으로 성장할 수 있다고 믿었기 때문이다. 공동체적 삶에서 벗어나서는 인간은 성장할 수 없다는 것이 듀이의 명제이다. 이처럼 듀이는 공동의 삶의 방식에의 참여, 상호의존성을 중시하는데, 오늘날 공동체주의를 연상케 한다. 샌델(Sandel, 2012)은 그의 다른 저서 『민주주의 불만』에서 오늘날 공동체주의 내용도 보면 결국 듀이를 되풀이한 것이라고 말한다. 공동체주의는 듀이의 '리허설(rehearsal)'이라고 평가한다.

하지만 그렇다고 듀이가 주장하는 공동의 삶의 방식으로서의 민주주의를 공동체주의적인 것으로만 보기 어렵다. 공동의 삶의 방식인 민주주의는 듀이의 자유주의(liberalism)를 빼고는 이해하기 어렵다. 듀이가 생각하고 있는 자유주의가 무엇이기에 적극적인 사회적 관계까지 포괄하고 공동생활까지 포괄하는 주장까지 갈 수 있었느냐 하는 것이 의문으로 떠오른다.

듀이의 저술 중에 『자유주의와 사회적 행동』이 있다. 이 책은 듀이가 인생의 후반기에 쓴 것이며, 『민주주의와 교육』은 중반기에 쓴 책이다. 듀이의 자유주의는 무엇인가? 고전적 자유주의에는 '사회적 행동(social action)'이라는 언어가 없다. 본래 자유주의는 개인주의를 중시하는 것으로 우리는 알고 있다. 그것도 원자화된 개인주의, 즉 세계 · 타자와의 관계성에서 분리되어 떨어져 나가 있는 개인을 하나의 독립된 절대적 존재로 인식하는 개인주의이다. 그렇기 때문에 사회를 변혁시키기 위한 집합적인 사회적 행동의 필요성을 주장하는 것은 자유주의에서는 생각하기 어렵다.

『자유주의와 사회적 행동』을 보면 듀이의 자유주의는 로크, 벤담, 밀 등의 고전적 자유주의나 오늘날 자유지상주의와는 다르다는 것을 알 수 있다. 듀이는 자유방임적 자유주의를 벗어나 새로운 자유주의의 기초를 놓은 철학자이다. 그것이 그를 미국의 사상사에 있어서 독보적인 위치로 올려놓았다. 그의 자유주의가 기존의 자유주의와 어떻게 다른가를 그가 사용하는 기본적 어휘에서 확인해 볼 수 있다. 보울즈와 긴티스(Bowles & Gintis, 1986)는 그들의 저서 『민주주의와 자본주의』에서 마르크스주의와 자유주의의 구분을 이렇게 하고 있다. 마르크스주의의 어휘목록에는 '자유' '권리' '선택'의 언어, 나아가 '민주주의'라는 언어가 포함되어 있지 않다. 그에 반해, 자유주의의 어휘목록에는 '노동 착취'와 '공동체'가 없다. 그것이 전통적인 자유주의의 특징이다. 이에 비해 듀이의 자유주의에는 '계급적 억압' '노동착취' '공동체'라는 언어가 들어 있다.

『자유주의와 사회적 행동』은 듀이가 생각하는 진정한 자유주의가 무엇인지 그 사상을 잘 담아 놓고 있다. 듀이는 이 책에서 자유방임적 자본주의를 옹호하는 고전적 자유주의의 문제를 비판하는 데 많은 분량을 할애한다.

듀이가 보기에 자유주의의 근본적인 문제는 무엇인가?[22] 듀이는 소수가 권력을 소유하는 시대가 모든 사람을 위한 자유의 시대를 대신하게 되었으며, 자본을 가진 사람이 권력을 갖게 되는 시대가 왔다고 주장한다. 예전에 노무현 대통령이 이런 말을 한 적이 있다. "권력은 이미 기업으로 넘어갔다." 정부가 할 수 있는 일이 별로 없다는 비관적인 말이었다. 이 사회의 권력은 이제 대기업이 장악하고 있으며, 정부는 무력한 시대가 왔다는 증언이기도 하다.

듀이(Dewey, 2000)에 따르면, 초기 자유주의는 구체제를 무너뜨리는 해방의 이념이자 사회변혁의 원동력이었다. 자유주의의 주인은 봉건사회의 탯줄을 끊고 새롭게 역사의 주역으로 등장한 부르주아 계급이었다. 이들은 절대왕정의 봉건적 특권과 맞서 상업과 산업활동의 자유, 신분적 자유를 위해 투쟁했다. 또 봉건적 신분질서로 개인을 속박하는 국가나 공동체에 대항해 개인의 가치를 옹호했다. 듀이는 본래 자유주의에서 주장한 '자유'는 특정한 억압적 세력의 영향으로부터의 해방을 의미하는 것이었다고 주장한다.

> 한때 자유는 노예제로부터의 해방을 의미했다. 또 다른 시기에 자유는 농노제로부터의 해방을 의미했다. 17세기 후반에서 18세기 초반에 이르기까지 자유는 전제왕정으로부터의 해방을 의미했다. 한 세기가 지난 뒤 … 산업자본가들을 해방시키는 것을 의미했다. 오늘날 자유는 경제적 불안정으로부터의 해방, 그리고 대중이 바로 곁에 있는 막대한 문화자원에 참여하지 못하게 막는 강압과 억압으로부터의 해방을 의미한다(Dewey, 2000: 54).

1930년대 경제공황의 시대에 자유는 국가 억압으로부터의 자유가 아니라 물질적 결핍으로부터의 자유를 의미했고, 거대 자본에 의한 강압과 억압으로부터의 해방을 의미했다. 따라서 듀이에 따르면, 국가가 경제적 불평등 문제를 해결하기 위해 개입하는 것은 자유주의에 합당한 것이었다. 당시에 국가의 개입을 개인의 자유에 대한 억압으로 간주하던 자유주의를 사이비 자유주의로 규정하고 듀이는 국가의 개입이 대다수의 자유를 보장하는 수단임을 역설하였다. 듀이는 이미 국가의 힘을 능가하는 수준에 이르게 된 조직화된 자본의 지배력을 우려하였으며, 자본의 지배력을 정당화하고 옹호하는 이념으로 변질된 자유주의를 보수적 이데올로기라고 비판하였다. "비록 그 단어(자유주의)가 같다고 해도 소수가 억압적 수단에 저항하기 위해 사용하던 말과 이미 권력을 지닌 자들이 그들의 권력과 부를 유지하는 도구로 사용할 때 그 의미가 다르다"(Dewey, 1935).[23] 정말 예리하고 정확하게 문제의 본질을 꿰뚫는 지적이다.

듀이의 말은 설득력이 있는가? 국가의 간섭, 억압으로부터 사적 영역이 자유로워진 것은 자유주의 관점에서 볼 때 바람직하다. 그런데 사적 영역 속에 거대한 경제 권력이 등장하면서 거대자본이 개인의 삶을 지배하는 시대가 되었고, 이제는 국가보다는 경제 권력이 자유로운 사회체제의 장애물이 되어 버린 현상이 생기게 되었다는 것이다(Dewey, 2000).

자유주의는 사적 영역의 자유를 주장하면서도 사적 영역에 등장한 거대한 권력이 개인의 권리와 자유를 억압하는 엄연한 현실을 외면한다고 듀이는 비판한다. 즉, 대기업집단의 탐욕과 이기심이 사회적으로 제어되고 통제되지 않으면 시민의 자유를 파괴할 수 있음을 자유주의자들은 간과했다는 것이다. 이 점에서는 오늘날 국가의 개입을 무조건 악으로 보고 시장의 무한자유를 선으로 보는 신자유주의도 마찬가지이다.

듀이(Dewey, 2000)에 따르면, 자유방임적 자유주의는 새로운 형태의 자본 권력과 경제력을 가진 소수집단의 무제한적 자유를 옹호하면서도 정작 경제 능력이 부족하거나 경제 혜택을 받지 못한 계급의 자유는 옹호하지 않았다. 경제적으로 어려운 계급의 사람들에게는 실질적인 자유가 결여되어 있다는 현실을 애써 외면하였다. 또한 자유방임적 자유주의는 경제적 자유가 최대로 허용될 때에 더욱 평등해질 것이라고 주장했지만, 실제에 있어서는 경제적 불평등이 더욱 커졌으며, 경제력을 가진 소수가 다수의 자유를 억압하고 지배하는 결과가 나타났다. 비록 "절대주의 국가권력에 용기 있게 항거하여 맞선 것이 자유주의였지만 이 자유주의는 이제 '현상 유지(status quo)'의 지적 정당성을 제공하면서 포악한 지배자가 되었다"(Dewey, 2000: 54).[24]

흥미로운 점은 자유방임적 자유주의자들은 무제한의 자유를 주장했지만, 그 결과가 평등이 아니라 불평등으로 나타나자 경제적 자유방임주의를 방어하는 논리를 개발하였다(Dewey, 2000). 개인의 천부적 능력이 다르다는 자연적 사실을 근거로 경제적 불평등은 천부적 능력의 차이가 자유롭게 발현한 결과이며 이는 자연적인 현상이라는 논리가 등장하였다. 21세기를 사는 우리들도 여전히 자유방임적 자유주의자처럼 생각한다. 재산과 경제적 불평등은 자연적 현상, 즉 능력의 차이라는 것이다. 이에 대해 듀이는 어떻게 주장했는가? "이렇게 재산과 수입의 불평등이 개인의 자연적 구성(능력)의 차이와 비례의 관계에 있다고 주장할 만큼 무모한 사람은 없을 것이다"(Dewey, 2000: 37).

듀이의 시대에는 그렇게 무모하게 주장하는 사람들은 별로 없었던 것 같다. 하지만 오늘날은 재산과 수입의 불평등이 능력의 불평등과 비례관계에 있다고 무모하게 주장하는 사람들이 많다. 설령 그러한 비례관계가 실제로 있다고 해도 그 비례관계가 만들어 내는 경제적 불평등의 삶은 도저히 참을 수 없는 삶이며, 소위 '자연적 법칙'이 효력을 발휘하지 못하도록 조직화된 사회적 노력이 개입되어야 한다는 것이 듀이의 생각이었다. '타고난 능력이 다르다'는 자연적 법칙('is')에서 '차별적으로 대우해야 한다.'는 사회적 법칙('ought to')이 도출될 수는 없다. 이 점을 사회정의의 관점에서 가장 명료하게 논의한 철학자는 롤즈(J. Rawls)이다. 자연에는 동식물을 지배하는 자연적 법칙이 있듯이 인간사회에는 인간의 사회적 관계를 규율하는 법칙, 인간이 만들어 낸 '사회적 법칙'이 있다. 자연적 법칙이 곧 사회적 법칙이라는 논리는 사회적 약육강식의 논리이다. 세계열강이 약소국을 식민지로 지배하던 때에 써먹던 논리였다. 야수적인 정글 법칙이 사회세계에서 효력을 발휘하도록 방임할 것인가? 아니면, 인간적인 삶이 이루어질 수 있는 사회적 법칙을 만들어야 할 것인가? 오늘날 우리에게 주어진 질문이다.

자유주의는 본래 자본주의를 정당화하는 이념이 아니라 기존의 억압체제의 정당화에 대한 비판 정신이라고 주장하면서 듀이는 이렇게 말한다. "자유주의는 특정한 역사적 사건들의 산물인데 자유주의 교리들이 영원한 진리로 확립되는 순간 그것은 진전된 사회의 변화를 반대하는 기득권의 도구로 전락한다."(Dewey, 2000: 53-54). 우리 시대에도 듀이만큼 자유주의에 대한 근본적인 성찰과 비판이 있는가? 자유주의가 가진 자들의 경제적 기득권을 유지시키는 이념적 도구가 아니라 경제적 착취와 억압에 처한 다수의 자유를 실현하기 위한 해방이념으로써 거듭나야 한다.

자유방임적 자유주의에 대한 듀이의 비판은 지금으로부터 약 100년 전 나온 것이다. 오늘날 우리사회에서 자유주의는 어떤 의미로 받아들여지고 있는가? 우리사회의 보수가 주장하는 자유주의는 어떤 의미의 자유주의인가? 거대자본의 사회지배력과 사회경제적 양극화를 옹호하는 이데올로기로서의 자유주의인가, 아니면 거대자본에 대한 통제와 양극화의 감소를 주장하는 해방이념으로서의 자유주의인가?

26

정의로운 노동분업이 민주주의의 토대이다

산업사회의 등장으로 전통적인 공동체가 와해되고 오늘날 자본주의적 산업사회는 계급갈등과 대립으로 분열된 사회상을 보이고 있다. 계급적 위치에 따라 사람들이 거주하는 공간이 급격히 분리되어 가고 사람들의 삶의 방식도 달라지고 있다. 그런데 어떻게 이런 현실 속에서 공동의 삶의 방식이 가능하고 사회통합이 가능한 것일까? 전통적인 농촌사회와는 달리 산업사회에서 공동의 삶의 방식이 이루어질 수 있는 토대가 있는 것일까?

듀이는 공동체적 삶의 방식으로서의 민주주의 토대를 어디에서 찾은 것일까? 이런 질문은 별로 제기되지 않았다. 해방 후 미군정 하에서 교육행정의 책임자였던 오천석은 듀이의 민주주의를 강조하였는데 그는 민주주의가 이루어질 수 있는 사회경제적 토대를 간과한 채 시민의식 교육을 통해서 가능하다고 주장하였다(김천기, 1992). 듀이는 오천석과 달리 삶의 세계와 의식을 분리시켜 생각하지 않았다. 듀이는 공동의 삶의 방식이 이루어질 수 있는 토대를 협동적 노동분업체계에서 찾았다(Honneth, 2009). 민주주의와 노동분업이 어떤 관계가 있다는 것인가? 그 관계성을 생각해 보지 않은 사람의 관점에서는 다소 엉뚱하다는 생각을 할 수도 있다.

그런데 조금만 생각해 봐도 정상적인 노동분업은 협동적인 공동의 작업에 의존하고 있으므로 노동분업이 공동의 삶의 방식과 무관할 수 없다는 것을 알 수 있다. 또한 협동적 분업이 사회적 연대의 토대라는 사회학자 뒤르켐(Durkheim, 2013)의 주장을 상기해 보면, 공동의 삶의 방식으로서의 민주주의와 협동적인 노동분업의 연결은 뛰어난 통찰이었음을 인정하지 않을 수 없다. 이 점에서 듀이의 민주주의는 공화주의적 민주주의 전통이나 절차주의적 민주주의 전통과 다르다(Honneth, 2009).

듀이에게 있어 "민주주의는 모든 시민이 자신들이 공유한 목적을 분업을 통해 실현하려는 의도로 형성된 자유로운 결사"이다(Honneth, 2009: 353). 이런 이유로 듀이의 민주주의는 경제민주주의에 대한 요구를 담고 있다. 즉, 분업체계 자체가 민주적이고 공정한 형식의 분업체계가 되어야 하며 오로지 이러한 분업체계를 통해서 공동의 삶이 이루어지며, 인간은 그 안에서 사회 전체의 유지에 기여할 수 있는 재능과 능력이 바로 자신 안에 있음을 경험할 수 있게 된다는 것이다. 그렇다면 정의롭고 공정한 분업체계란 무엇이며 그것이 어떻게 공동의 삶의 방식으로서의 민주주의와 연관되는 것일까? 이 의문은 『민주주의와 교육』에서 다루는 주제이지만 듀이는 아쉽게도 양자 사이의 연관성을 체계적으로 설명하지는 않았다.

샌델(Sandel, 2012)의 『민주주의 불만』을 보면, 그 의문에 대한 답을 부분적으로나마 찾아볼 수 있다. 샌델은 듀이에 대해서 많은 언급을 하고 있는데 거기서 우리의 관심사를 이끌어낼 수 있다. 자본주의가 발달하고 공장이 들어서면서 노동자들이 생산현장에서 노동을 하게 되었는데, 이것이 민주주의에 어떤 의미를 지니는가에 대해서 관심을 기울인 사람들이 공화주의적 철학을 가진 사람들이었다. 대단하지 않은가? 오늘날에도 이런 문제의식을 갖는 사람이 많지 않음에도 100년 전도 아닌 훨씬 그 이전에 민주주의 관점에서 노동문제에 깊은 관심을 기울인 사람들이 있었다는 것이 놀랍기만 하다.

1800년대 후반 미국사회가 급격하게 산업화, 도시화되면서 가난한 공장 노동자들은 도시 슬럼가에서 살고 있었다. 그 슬럼가에서 공동체 활동했던 활동가가 제인 애덤스(Jane Adams)였다. 듀이도 제인 애덤스와 함께 활동했다. 듀이는 제인 애덤스를 가장 존경했고, 공동체적 삶의 방식으로서의 민주주의 역시 그로부터 영감을 받은 것임을 고백한 적이 있다(김진희, 2010). 당시 많은 노동자들이 공장지대로 몰려들었고, 그들의 삶이 피폐해진 상황 속에서 그들의 삶의 여건을 어떻게 개선할 것인가 하는 문제가 가장 시급한 해결과제였다. 계급 간의 분리 문제, 빈부격차 문제는 단순히 잘 살고 못 사는 문제가 아니라 사회 전체의 공동체를 와해시키는 문제라는 것이 그들의 인식이었다. 이들의 비판적 인식은 오늘날에도 여전히 타당하다. 양극화 문제는 단순히 잘 살고 못 사는 경제적 문제가 아니다. 사회 전체의 공동체, 공동의 삶의 방식을 와해시킨다는 것, 그것이 문제이다.

『민주주의와 교육』에서 민주주의는 공동의 삶의 방식이라 했던 것도 이러한 사회적 배경에서 나온 것이다. 듀이는 공동의 관심사에 참여하고, 자유롭고 평등한 의사소통이 이루어지는 민주주의는 노동분업에 참여하는 집단의 사회적 관계 속에 정착되어야 한다고 생각하였다. 하지만 자본주의 체제의 노동분업구조는 자유롭고 평등한 노동분업구조가 아니라 위계적 노동분업구조이다. 이러한 분업구조하에서 손발의 역할을 수행하는 노동자들은 자신의 목적 구상과 실행의 아이디어를 박탈당한 채 위에서 지시한 명령에 따라서 수동적으로 일을 하지 않으면 안 되었다. 임금노동자는 인간으로 존중받는 것이 아니라 임금노예, '기계'와 다름없이 취급당하였다. 당시 공화주의적 철학을 가진 사람들은 의문을 제기했다. '임금노예'가 어떻게 민주시민이 될 수 있으며, 거기서 어떻게 민주주의를 말할 수 있겠는가? 이 의문은 민주주의가 발달한 현시대에도 여전히 의미심장하다.

『민주주의와 교육』을 보면, 공장노동자들의 노동의 현실이 그 배경을 이루고 있다. 듀이는 반복적으로 노동현실에 대해 문제의식을 제기한다. 공장의 임금노동자들은 위에서 주어진 일을 기계적이고 노예적으로 하고 있으며 그 일 자체가 비지적이고 부자유한 일이라는 것이 그의 비판의 요지이다. 『민주주의와 교육』에서 왜 교육에 대해서는 철학적으로 많이 논하지 않고 노동자의 노동문제에 대해서 비판을 하는 것일까? 이 점을 못마땅하게 생각하는 교육학자들도 있다(이홍우, 2009b). 듀이는 노동자의 노동문제와 교육을 떼어서 생각할 수 없다고 주장한다. 위계적 노동분업체계에서의 노동의 성격은 학교에서 이루어지는 교육활동과 밀접히 관련되어 있다고 생각한다. 위계적 조직 속에서 표준화된 교육과정에 따라 모든 교사는 동일하게 가르쳐야 하며 학생들도 표준화된 교육과정의 틀 속에서 수동적으로 생활하지 않으면 안 된다. 교사와 학생 모두 하는 일이 '기계적인 일'이고 '노예적인 일'이라는 것이다.

'노예적인 일'이라는 표현은 자본주의 사회의 통념상으로는 받아들이기 어려운 말이다. '기계적인 일'이라는 것까지는 동의할 수 있겠지만, '노예적'이라는 표현은 인간의 존엄성을 깎아내리는 것으로 불쾌감을 느끼게 할 수도 있다. 노동자들은 자유계약에 의해 일을 하게 되는데, 어떻게 노예적인 일이라고 말할까? 듀이는 기존의 통념을 벗어나서 자본주의 체제하의 노동분업의 현실은 '병리적인' 현상이고 그러한 현실 속에서 하는 '일'이라는 것은 '노예적인 일'이라는 것이다. 이것이 듀이가 자본주의 노동분업에 대해 내리는 규범적인 평가이고 판단이다.

> 오늘날의 경제 조건은 여전히 많은 사람들을 노예의 상태로 몰아넣고 있다. 따라서 실제적 사태를 통제하는 사람들의 지력이 자유로운 것이 되지 못한다는 결과가 나온다. 그들의 지력은 인간적인 목적을 위하여 세계를 굴복시키는 일에 자유롭게 활용되는 것이 아니라 그들 자신에게만 도움이 되는 비인간적인 목적을 위하여 다른 사람들을 조종하는 데에 쓰인다(DE, 222).

듀이는 노동자의 일이 노예적이라고 주장하는데 '노예적'이라는 정의가 무엇인가? 듀이는 플라톤의 노예 정의를 받아들인다.

"노예는 그 행동을 통제하는 목적을 다른 사람으로부터 받아들이는 사람"(DE, 152)이라는 것이 플라톤의 정의였다. 보통 '노예'라고 하면 미국의 남북전쟁 당시 흑인노예를 떠올리게 되는데, 플라톤의 노예 정의는 노예의 본질을 짚고 있다.

> 예컨대, 사람이 말을 부릴 때 말은 그 행동이 적용되는 사회적 용도에 진정으로 참여하는 것이 아니라는 사실에서 찾을 수 있다. 말을 부리는 주인은 말이 하는 일이 말에게 이익이 되도록 상황을 조작함으로써(먹이를 주는 것 등) 그 주인에게 이익이 되는 결과를 얻는다. 그러나 말은 십중팔구 거기서 하등 새로운 관심을 가지게 되지 않을 것이다. 그는 공동활동의 동업자가 아마 아닌 것이다. 만약에 말이 동업자가 된다면 말은 그 공동의 활동에 종사함으로써 그 일에서 상대방이 가지는 것과 동일한 관심을 가지게 될 것이다. 그렇게 되면 그는 이미 말이 아니라 사람의 생각과 감정을 나누어 가지게 될 것이다(Dewey, 2009: 55).

주인과 말의 관계는 고용주와 임금노동자의 관계를 뜻한다. 임금노동자를 '말'로 비유하면 임금노동자를 모욕하는 것이라는 비판이 나올 수 있지만 잠시 그 의미를 생각해 보자. "공동의 활동에 종사함으로써 그 일에서 상대방이 가지는 것과 동일한 관심을 가지게 될 것"은 듀이가 말하는 민주주의 기본 '관심사의 공유'에 해당된다. 고용주와 임금노동자가 동등한 "공동 활동의 동업자"라는 의식을 가지는가가 중요하다. 고용주가 임금노동자를 동등한 공동 활동의 동업자라고 생각할까? 십중팔구, 그러지 않을 것이다. 동업자는커녕 마음껏 부려 먹다 일회용 컵처럼 버리는 대상으로 여기는 경우가 많다. 고용주 입장에서 보면 노동자는 그저 자신에게 고용되어서 자신이 시키는 일을 하면 되는 것이고 그 대가로 당근(임금)을 받으면 될 뿐, 자신과 동등한 공동 활동의 동업자가 결코 될 수 없다.

고용주와 임금노동자의 관계에 대해서 생각해 보자. 샌델의 『민주주의 불만』에서 남부와 북부 간의 노예해방을 둘러싼 논쟁사를 보면 듀이가 왜 '노예적인 일'이라는 그런 용어를 사용했는지 이해가 절로 된다.

1800년대 미국 남북전쟁의 역사를 보면, 남부 노예제의 문제뿐만 아니라 북부의 산업적 노예제의 문제에 대한 심각한 논쟁이 있었음을 발견할 수 있다(Sandel, 2012). 당시 북부의 임금노동자도 남부의 노예 못지않은 노예라는 문제인식이 있었다. 자발적 자유노동관을 가진 북부의 사람들은 공장의 임금노동자는 임금을 받고 자발적으로 노동을 수행한다는 점에서 남부노예와는 다르다고 주장한다. 하지만 남부의 노예주들은 이렇게 반박한다. "주인이 노예를 지배하듯이, 자본이 노동을 지배한다." 그러면서 이렇게 주장한다. "양자의 유일한 차이는 남부의 주인들은 자기 노예들이 아프거나 늙으면 부양을 하는 등의 책임을 지는 반면, 북부의 자본가들은 자기네 노예들에 대해 아무런 책임도 지지 않는다는 점이다"(Sandel, 2012: 243 재인용).

남부노예제의 이념적 지도자인 피츠휴는 노예제 폐지론자들의 주장을 이렇게 반박하였다. "자유노동자라는 잘못된 이름으로 불리고 있는 사람들에게 살아가기에 충분한 재산이나 자본을 주어 그들을 실질적으로 자유롭게 하시오. 그런 다음에 우리 남부인들에게 흑인을 자유롭게 하라고 요구하시오"(Sandel, 2012: 245 재인용).

남(남의 나라)의 나쁨이 나(나의 나라)의 좋음을 증명하는 것이 아니듯 북부임금노동의 문제가 남부노예제를 유지해야 한다는 당위성을 정당화하지는 않는다. 다만, 여기서 중요한 것은 남부노예제 옹호론자들이 비판했던 임금노동의 노예적 성격은 상당한 설득력을 갖는다는 점이다.

당시 뉴욕타임스(1869년)는 사람들이 독립적 직공에서 임금노동자로 신분이 전락하는 것에 대해 이렇게 표현하였다. "요즈음 남부에 만연해 있는 노예제만큼 나쁘지는 않지만 그에 못지않게 절대적인 노예제였다"(Sandel, 2012: 254 재인용). 당시 급진적 공화주의자이자 저널리스트인 고드킨 역시 "자신의 노동을 팔기로 동의하는 사람은 자신의 도덕적 · 사회적 독립을 넘겨주기로 암묵적으로 동의하는 것"이라고 비판하였다(Sandel, 2012: 254 재인용). 이들의 문제의식은 산업계의 임금노동자들은 민주주의의 성공에 필수적인 존엄성과 독립, 공공정신을 빼앗기게 된다는 데 있다. 지금 시대에는 잊어졌지만, 임금노동의 문제가 20세기의 법적 · 정치적 담론을 지배하였던 미국 역사의 흐름에서 보면 듀이의 산업제 노예 논의는 뜬금없는 주장이 아니라 공화주의적 관점과 맥이 닿아 있는 것이다. 듀이가 산업제 노예의 문제에 대해 주장하려했던 것은 다른 사람의 목적에 의해 통제받는 노동자는 사회의 공동의 관심에 참여하지 못하며, 다른 사람들과 자유로운 평등한 상호교섭을 하지 못한다는 점에서 민주시민이 되기 어렵다는 것이다.

지금 우리 시대에도 관통해 들어오는 명쾌한 비판이다. 임금노동자로서의 역할을 하다 보면 왜 진정한 민주시민이 되기 어려운가? '민주주의는 회사 문 앞에서 멈춘다.'는 말이 공감을 얻는 이유는 무엇인가? 자신의 노동을 파는 노동자는 독립적인 자영업자와 다르다. 물론 지금은 많은 자영업자 역시 불평등한 '갑을 관계'에 속박되어 있기는 하지만, 당시 미국사회의 자영업자는 독립적이었고 인간으로서의 존엄성을 지킬 수 있었다. 인간이 피고용인으로서 자신의 노동을 판다는 것은 자신의 도덕적 · 사회적 독립성을 넘겨주기로 동의한 것이며, 인간으로서의 존엄성과 독립성, 공공정신을 빼앗기게 된다는 것을 의미하는 것이었다. 그것은 민주주의에 심각한 문제를 초래한다는 것이 당시 공화주의 공공철학의 비판이었고 듀이 역시 동일한 문제의식을 가지고 있었다.

이것이 교육에 주는 의미는 무엇인가? 기업이 필요로 하는 노동자를 양성하는 역할을 학교가 해야 한다는 기능주의적 관점에서 보면 학교가 순응적인 노동자를 양성하는 것은 당연하다. 순응적인 노동자라 함은 노동규율을 내면화하여 권위에 대한 순응과 인내, 외적 동기화 등의 인성을 갖는다는 뜻이다.

그런데 다른 한편에서 보면, 민주주의 사회에서 자치능력을 갖춘 민주시민이 될 수 있도록 교육하는 것은 당연한 책무이다. 민주주의 사회에서 그것은 부정하지 못한다. 학생들은 한 인간으로 성장하면서 인간으로서의 존엄성과 독립성을 인정받고 도덕적 · 사회적 독립을 유지하며 공공정신을 가질 때 민주시민이 될 수 있다. 그러나 순응적인 노동자가 된다는 것이 자치에 필요한 인성인 독립성, 진취성, 독창성을 상실하고 도덕적 · 사회적 독립성을 넘겨

준다는 것이 된다면, 그것은 자치 능력을 갖춘 민주시민 양성이라는 교육목적과 직접적으로 배치된다. 이것이 교육이 안고 있는 딜레마이다.

예를 들어, 전라북도 김승환 교육감은 상업계 졸업생의 삼성 취업을 반대했다는 이유로 언론의 질타를 받은 바 있다(연합뉴스, 2015. 9. 15.). 교육감이 삼성 취업을 반대했던 본래의 취지는 반도체 공장의 작업환경이 어떠하든지 취업을 시키는 것이 최고의 선처럼 간주되는 현실에 대해 문제를 제기하자는 것이었다. 학생들의 취업을 위하는 것이 학교의 당연한 의무처럼 주장하려면, 먼저 그들이 장차 일하게 될 공장의 열악하고 위험한 작업환경의 개선에도 목소리를 내야 하지 않을까. 듀이처럼 순응적인 노동자가 아니라 민주시민으로서 도덕적 · 사회적 독립성을 지키는 노동자가 될 수 있도록 교육해야 한다고 주장하지는 않는다고 해도 말이다.

흔히 언론이 '제왕적 대통령제'는 비판하면서도 사원들을 파리 목숨처럼 여기는 제왕적 기업회장의 모습은 비판하지 않는다. 기업회장을 대하는 사원들의 모습은 어떠한가? 사원들은 기업의 회장을 임금을 대하는 신하처럼 일렬로 도열하여 허리를 깊이 숙여 맞이한다. 민주시민의 일원인 사원이 직장에서는 마치 신하처럼 머리를 조아리며 복종하는 모습이 민주주의 사회에서는 어색한 풍경이다. 또한 군주시대 왕처럼 제왕적 기업회장이 그 아들에게 자신의 '권좌'를 물려주는 것은 민주주의 사회에서 이상하지 않은가?

기업의 고용주에게 생존이 매여 있는 임금노동자는 직장에서 존엄성을 지닌 독립적인 존재로 인정받지 못한다. 민주시민은 존엄성을 지닌 독립적이고 자율적인 개인이다. 임금노동자가 인간으로서의 자존감과 존엄성, 독립심을 존중받기 위해서는 위계적이고 억압적인 노동관계가 민주적으로 바뀌어야 한다. 경영자집단과 노동자집단이 서로를 공동의 동업자로 인정하고 존중하는 가운데 자유롭고 평등한 소통이 이루어지는 민주적 노동관계가 되어야만 비로소 노동자들도 노동현장에서 인간으로서 자존감과 독립심을 유지할 수 있다. 나아가 노동자들은 현장의 노동경험과 식견을 토대로 공동체의 다양한 관심사를 공유하며 협동적으로 문제를 해결하는 집단지성의 주체가 될 수 있다.

27

기능주의적 효율성이 아닌 사회적 효율성 교육

우리나라 민주주의 교육의 이상은 무엇인가? 민주주의 이상에 부합되는 교육은 어떻게 이루어져야 하는가? '민주주의 교육'하면 보통 일반시민의 생각에는 교육기회의 균등을 의미한다.

하지만 '민주주의 교육'이라고 했을 때, 교육의 전반적인 측면이 모두 고려되어야 한다. 단순히 교육의 기회를 평등하게 하는 것만 가지고는 민주주의 교육을 실천하고 있다고 말하기에는 부족하다. 교육의 목적과 교육의 내용은 무엇이 되어야 하는지, 또 교육의 방법은 어떻게 되어야 하고, 학제와 학교조직은 어떻게 되어야만 그것이 민주주의 교육의 이념에 맞는 것인지를 생각해 봐야 한다.

여기서는 교육목적을 중심으로 생각해 보자. 듀이에 따르면, 근대 이후 중요시된 교육목적은 자연적 발달, 사회적 효율성, 교양, 이 세 가지이다. 그런데 이 교육목적들이 서로 잘 어울리는지를 살펴볼 필요가 있다. 예를 들어, 혁신학교는 어떤 목적을 추구하는가? 아동의 자연적 발달을 함양하고자 하는가, 아니면 교양적인 소양을 키우는 자유교육을 추구하는가? 또는 개인의 자연적 발달보다는 사회적 효율성을 추구하는가? 전통적인 견지에서 볼 때, 사회적 효율성과 교양은 서로 다른 교육 차원에 속한다. 교양교육은 상류층을 위한 자유교육에 속하며, 사회적 효율성 교육은 노동계급을 위한 직업교육에 속한다. 따라서 교육에서 교양과 사회적 효율성 목적은 서로 어울릴 수 없는 배타적인 목적이었다.

교육목적도 민주주의 이념에 따라 규정되어야 한다면, 자연적 발달이나 교양교육은 민주주의 이념에 부합되는지, 또한 사회적 효율성 교육은 민주주의 이념에 부합되는지를 생각해 보지 않으면 안 된다. 근대 시민사회 성립의 사상적 기초를 다졌던 루소는 자연주의 교육사상을 피력하였다(노상우, 1995). 자연주의 교육사상에서는 자연적 발달을 중시하여 몸을 움직이는 신체활동을 존중하고, 아동의 개인차를 존중하며, 아동의 흥미의 성장과정을 중시하였다. 자연적 발달을 중시한 자연주의 교육사상은 기존의 권위와 사회질서에 동화시키는 억압적 교육을 거부하고 인간의 선한 본성을 회복하려는 교육사상이라고 평가받는다(노상우, 1995: 248).

한편, 교육목적으로서 사회적 효율성은 어떠한가? '사회적 효율성'이라는 용어는 현대 교육학에서 잘 쓰지 않는 용어이다. 산업화가 급속도로 진행되던 20세기 초 미국의 산업조직에서 중시되었던 '효율성'을 염두에 두고 쓴 표현이라 생각된다. 사회적 효율성은 '사회적 유용성'의 다른 표현이라 할 수 있다. 사회적 효율성은 사회경제적 목적을 달성하는 데 있어서 '효율적'이어야 됨을 말하는 것이다. 예를 들어, 경제 발전의 효율성을 높이기 위한 교육이 되어야 하거나 또는 국가경쟁력을 높이는 효율적 수단이 되어야 한다는 것이다. 즉, 교육이라는 수단을 통해 사회적 · 경제적 효율성을 높여야 된다는 것이다. 경제적인 측면에서의 효율성을 올리는 교육은 '직업적인' 능력, '산업적인' 능력을 키워 주는 것을 의미한다.

듀이는 좁은 의미의 기능주의적 효율성 개념을 거부한다. 기능주의적 효율성은 순전히 기능적인 차원에서 협소화된 효율성이다. 기능주의적 효율성의 틀 속에서 전체 사회경제 시스템을 유지시키고 발전시키는 것이 교육의 목적이 된다. 그 시스템 속에서 주어진 역할이 있을 것이고, 그 역할을 기계부품처럼 잘 수행함으로써 전체 시스템이 발전할 수 있도록 하는 것, 그것이 기능주의적 효율성이다.

기능주의적 효율성을 교육목적으로 삼을 때 생겨나는 문제를 듀이는 이렇게 지적한다. "이 목적(효율성 목적)을 강조함에 있어서 현존하는 경제적 상황과 표준을 궁극적인 것으로 받아들일 위험이 있다"(DE, 198). 그 위험을 기능주의적 효율성을 중시하는 관점에서는 문제 삼지 않는다. 그 표준에 적응시키는 것이 오히려 교육목적이 된다. 듀이는 또한 "현사회의 산업구조는 과거 어느 사회에서와 마찬가지로, 모든 면에서 불평등을 나타내고 있다."(DE, 199)는 사실이 간과되어서는 안 된다고 강조한다.

민주주의를 지향하는 진보주의적 교육의 목적은 무엇인가? "진보주의적 교육의 목적은 불공평한 특권이나 불공평한 손해를 영속시키는 데에 있는 것이 아니라 그것을 바로 잡는 일에 참여하는 데에 있다"(DE, 199). 지금까지 진보주의적 교육이라 하면 아동중심교육이라고만 인식되었던 사람들에게 듀이의 이 말은 충격적이다. 진보주의적 교육의 목적은 불평등 재생산의 교육이 아니라 그것을 바로잡는 것이다. 산업현장에서 노동통제가 필요하고, 그것은 곧 노동자를 억압적이고 권위적인 위계질서에 종속시키는 것이라고 생각하는 한, 산업을 위한 효율성 교육은 '현상 유지' 또는 '현상 수락의 목적'에 봉사하게 된다. 따라서 좁은 의미의 기능주의적인 사회적 효율성을 교육목적으로 삼는 것은 "민주주의의 근본 의도를 무효화하는 것"이다(DE, 202). 이것이 『민주주의와 교육』에서 주장하는 듀이의 핵심적 주장이다.

듀이는 교육목적으로 '사회적 효율성'을 중요하게 생각하지만, 그가 생각하는 사회적 효율성의 의미는 기능주의적인 사회적 효율성의 의미와 다르다. 듀이가 생각하는 바람직한 사회적 효율성 교육은 무엇인가? 사회적 효율성은 "경험을 주고받은 일에 참여하는 능력 이외의 아무것도 아니다"(DE, 200). 이 정의를 보면, 민주주의 이념에 맞게 재정의되어 있으며, 이러한 사회적 효율성은 민주주의 이상과 연관되어 있다. 듀이의 민주주의 정의가 무엇이었던가? "공동생활의 형식이요, 경험을 전달하고 공유하는 방식이다"(DE, 155). 따라서 민주적인 삶의 방식을 살아갈 수 있는 능력이 있을 때 사회적 효율성을 높일 수 있다는 것이다.

듀이가 의미하는 사회적 효율성이란 자신의 경험을 다른 사람에게 가치 있는 것으로 하는 모든 것이다. 그리고 다른 사람의 가치 있는 경험에 보다 풍부하게 참여하는 것이다. 그러지 않고서 어떻게 효율성을 말할 수 있을까? 구성원들이 가진 가치 있는 경험들이 무시되거나 사장되지 않고, 자유롭고 평등한 의사소통과정을 통해 교류되고 공유될 때 그리고 더 나은 해결의 아이디어가 산출될 때 효율성은 더욱 높아진다. 이렇게 생각해 보면, 사회적 효율성과 민주주의, 양자 간의 대립은 해소된다. 민주주의를 중시하다 보면 사회적 효율성이 떨어진다는 논리는 적어도 듀이의 사회적 효율성 개념 속에서는 성립되지 않는다.

경험을 주고받는 일에 참여하는 넓은 의미의 사회적 효율성이 이루어지도록 하기 위해서는 어떤 교육이 필요한가? 먼저 "경험을 나누어 가질 수 있도록 사람들의 '마음'을 적극적으로 사회화하는 것(socialization of mind)"이 필요하다(DE, 200). 이러한 사회화는 기능적인 역할 사회화와는 다르다. 예를 들어, 학생들이 각자 주어진 교과지식을 잘 습득할 수 있도록 가르치는 것이 교육이 아니라, 교과공부를 통해서 그 의미가 풍부해진 일상의 경험을 자유롭게 주고받을 수 있는 마음과 능력을 길러 주는 것이 교육이다. 혁신학교의 '배움과 보살핌 공동체'란 다름 아니라 이러한 의미의 사회화가 이루어지는 공동체라 할 수 있다. 일본 교육학자인 사토 마나부(2001b)가 말했던 '배움'이란 개인주의적 방식으로 지식을 획득하고 소유하는 공부와는 달리 가치 있는 경험을 표현하고 공유하는 과정이다. 이것을 듀이가 표현한 대로 하면, 가치 있는 경험을 소통하고 공유하는 것이 배움이다. 듀이의 관점에서 볼 때는 오늘날 신자유주의적인 경쟁적, 적대적인 사회적 관계 속에서 사회적 효율성은 제대로 이루어질 수 없다는 것은 자명하다. 경험을 교류하고 공유하는 것보다는 가치 있는 경험을 혼자 독점해야 생존할 수 있는 구조이기 때문이다.

듀이에 따르면, 다른 사람의 가치 있는 경험에 풍부하게 참여하도록 하기 위해서는 "다른 사람들의 이익과 관심에 둔감하게 하는 사회계급의 장벽을 허물어뜨리는 것"이 필요하다(DE, 200). 듀이의 이 말을 들을 때 경험의 공유와 사회계급의 문제가 어떻게 연관되는가 하는 의문이 자연스럽게 따라온다. 듀이가 생각하는 넓은 개념의 사회적 효율성은 자기가 알고 있는 지식이나 경험을 함께 공유하고 교류하는 것이다. 그래서 자신이 경험한 것이 다른 사람에게 그리고 사회에 유용하게 됐을 때 사회에 기여할 수 있는 자신의 능력을 경험하게 되고 보람을 느끼게 되는 것이다. 그런데 그 교류를 막고 있는 것이 무엇인가? 지역 간의 분리, 계급집단 간의 분리 등이다. 예를 들어, 사회경제적 수준이 다르면 상호교류가 이루어지지 않고 서로 분리된 채 살아가는 것이다. 사람들 의식 속에는 "우린 너네하고 수준이 달라."라는 편견이 자리 잡고 있다. 자신들만이 가지는 삶의 경험과 표준, 취향을 가장 가치 있고 고귀하다고 여기며 자신들과 사회경제적 수준이 다른 사람들과 구별짓기를 한다. 그것은 사회적 효율성에 반한다.

듀이에 따르면 사회적 효율성, 곧 경험을 주고받는 일에 참여하는 능력에는 두 가지 요소가 필요하다. 그것은 지적 공감과 선의이다. 이 두 요소는 일반의 예상과 다르며 종래의 기능주의적 효율성 관념과는 어울리지 않는 관계적 요소이다. 그런데 이 두 가지 요소가 없다면 사회적 효율성을 이룩할 수 없다. 다시 생각해보면, 이 요소는 공동체에서 시민들이 갖추어야 할 관계적 태도요, 또한 사회적 지성에 필수불가결한 것들이다.

사람들이 맡은 각자의 역할이 기능주의적 효율성을 높이는 데에 머물러 있을 때는 진정한 상호관계성이 생겨나지 않는다. 기능주의적 효율성에는 경험을 교류하고 공유하는 진정한 의미의 의사소통의 요소가 결여되어 있다. 그 속에서는 공감도 없고 선의도 생겨나기가 어렵다. 진정한 상호관계성이란 상대에 대한 공감과 선의를 가지고 소통하며 가치 있는 경험을 공유하는 관계성이다. 이때 공감은 '지적 공감'이다. 관계성에서 매우 중요한 것으로 이야기되는 것은 공감이다. 보통 심리 상담에서 공감능력은 상대방의 감정에 대해서 공감하는 능력을 뜻한다. 즉, 공감한다는 것은 다른 사람의 마음을 알아주고 이해해 준다는 뜻이다. 자신의 속마음을 이야기했는데 상대가 자신의 마음을 몰라주고 충고만 잔뜩 늘어놓는다면, 공감을 전혀 받지 못한 것이다.

하지만 정서적 공감에는 무엇인가 부족한 것이 있다. 거기에 플러스해서 필요한 것은 지성적 요소가 깃들어 있는 '지적 공감'이다. 지적 공감은 "인간이 공통으로 가지고 있는 것에 대한 세련된 상상력"(DE. 200)이다. 적어도 인간과 인간으로서 종교, 계급, 인종, 국가(중동국가, 서방국가)가 어떻든 간에 인간으로서 가지는 공통의 경이로운 것을 생각하는 상상력이다. 자신의 인종, 종교, 계급, 국가에 대해 우월감을 가지는 것은 상대에 대해 잘 모르면서 갖게된 편견 때문이기도 하다.

공감한다는 것은 인간에 대한 세련된 상상력에서 그치지 않는다. 공감이란 "인간을 서로 불필요하게 갈라놓는 모든 것에 대한 항의"(DE, 200)를 의미한다. 공감한다는 것은 단순히 감정의 공감에서 머무르지 않고 인간을 갈라놓는 것에 대해서 항거하는 것까지 포함한다. 인종적으로 갈라놓는 것, 계급적으로 갈라놓은 일체의 것에 대해 항거하는 것이다. 집안이 잘 사는 아이와 못 사는 아이, 공부 못하는 아이와 잘하는 아이, 다문화가정 아이와 일반가정 아이, 이렇게 불필요하게 갈라놓는 것에 대해 항거하는 것, 그것이 진정한 공감이다. 단순히 공부 못하는 아이의 심정을 이해하고, 감성적으로 공감하는 데서 머물지 않고 그 아이를 차별하는 모든 것에 대하여 적극적으로 항거하는 것이 진정한 공감의 표현이다.[25] 이러한 공감은 단순히 정서적 공감이 아니요 또한 단순히 초월적인 지적 이해가 아니다. 정서적 공감이나 지적인 '이해'를 넘어서는 지적인 '공감'이다. 이런 의미의 공감은 '공공성'의 성격을 띤다(김상현, 김회용, 2014). 듀이는 다음과 같이 말하고 있다.

> 공감은 도덕적 판단을 활성화하는 틀이다. 그 이유는 공감의 명령이 다른 충동의 명령보다 행위에서 우선성을 지니기 때문이 아니라 공감이 가장 유효한 지적인 관점을 제공하기 때문이다. 특히, 공감은 복잡한 상황을 해결하는 도구이다. … 공감을 통해 공리주의의 차가운 계산과 칸트의 형식적인 법칙은 생생하고 감동적인 현실(realities)로 변형된다(Dewey, 1932: 270-271).[26]

경험을 주고받는 능력의 또 다른 요인인 선의는 다른 사람들로 하여금 자신에게 무엇이 '이익'이 되는가를 스스로 찾고 선택하도록 노력을 기울이는 것이다. 여기서 '선의'는 2017년 대선후보 경선과정에서 안희정 후보가 논란을 일으켰던 '선의'와는 다르다. 국정책임자가 국정농단을 했다 해도 본래 선의에서 비롯되었다고 믿자는 말이었다. 상대방의 선의를 믿고 대화를 해야 한다는 뜻의 선의가 아니다. 선의란 자신의 판단에 따라 타자의 판단과 선택을 제멋대로 결정하지 않는 것이다.

> 사회생활에서 개인의 민주적 참여를 제한하는 것은 무엇이 그들에게 진정으로 유익한 것인지를 생각해 보거나 결정내릴 수 있는 기회를 막는 것이다. 더 현명하다고 간주되며 더 많은 권력을 가진 다른 사람들이 그들을 대신해서 질문을 하고 또한 그들에게 유익한 것을 얻을 수 있는 방법과 수단을 결정한다. 이러한 형태의 강제와 억압은 명백해 보이는 협박과 제한보다 더 교묘하고 더 효과적이다(Dewey, 1987b: 218-219).[27]

한 사회의 엘리트집단이 자신들의 판단이 가장 전문적이고 합리적이라고 과신한 나머지 일반시민들의 판단과 선택을 자신들이 대신 결정하려 드는 것은 일반시민에 대한 선의가 아니다. 부모와 교사도 마찬가지이다. 사람의 삶이란 각기 다르기 때문에 아이들이 갖는 관심과 관점 역시 다르다는 점을 인정해야 한다. 다만, 아이들의 선택이 지성적이 되도록 하고, 사회 전체를 위하여 유용하도록 지도하는 것이 교육에서 중요하다.

듀이에 따르면, 사회적 효율성을 목적으로 삼는 경우에는 개개인이 자신이 하는 일에서 의미 있는 목적을 가질 수 있어야 되고 일의 경험에서 지적인 통찰과 이해를 가질 수 있어야 한다. 이 과정에서 도움을 주는 것이 다름 아닌 '교양'이다. 듀이는 교양을 사회적 효율성과 배치되거나 무관한 것으로 보지 않는다. 여기서 교양은 전통적 개념의 교양이 아니다. 듀이는 교양을 이렇게 정의한다. "경험의 의미지각의 범위와 정확성을 부단히 확장, 향상시켜 나가는 능력"이다(DE, 204). 즉, 자신이 하는 일과 경험의 의미를 넓고 정확하게 파악할 수 있게 하는 것이 교양이다. 자신의 삶이나 노동과 무관한 예술적인 교양, 문학적이고 철학적인 교양은 듀이가 말하는 의미의 교양이 아니다. 에피쿠로스가 말한 바대로 사람들에게서 명성을 얻는 것을 목적으로 하는 자기 과시적이고 허풍적인 고대 그리스의 교양인 파이데이아(paideia)를 뜻하는 것이 아니다. 파이데이아는 에피쿠로스학파가 추구하는 유용한 지식, '퓌지올로지아(phusioloia)'와 대립된다(Foucault, 2007). 퓌지올로지아는 우리 생에서 일어나는 모든 사건, 사고, 유혹을 현명하고 지혜롭게 헤쳐 나가는 데 필요한 일련의 준비(교양)를 말한다(Foucault, 2007). 듀이가 말하는 교양은 파이데이아(paideia)가 아니라 퓌지올로지아와 비슷하다.

28

소외계층을 위한 교육: 자유교육인가, 직업교육인가

살 집과 가족과 일터를 잃고 떠돌면서 생의 밑바닥에 내던져진 사람들에게 한 편의 시가 무슨 의미가 있을지 나도 자신할 수 없었다. 한 편의 시, 한 줄의 글이 한 그릇의 밥과 한 덩어리의 빵만큼 중요한 것이라고 말해도 되는지 나는 속으로 걱정하고 있었다(『행복한 인문학』 본문 중에서–도종환).

당장 한 끼 식사, 하룻밤 잠자리가 절실한 처지인 사람들을 강의실에 데려다 앉혀놓고 '공부'를 하게 만들다니, 그게 과연 가능할까. 정상적인 일상생활도 감당할 능력이 없는 듯해 보이는 노숙인들에게 언필칭 대학교육 방식 수업이란 제대로 이루어지기나 하겠는가. 더구나 취업에 필요한 실용과목도 아니고 하필이면 인문학이라니? 요즘 이 나라 대학에서조차 일방적으로 내몰려 천대받고 있는 바로 그 인문학 과목들을 말이다(『행복한 인문학』 본문 중에서–임철우).

서울시를 비롯한 수도권 자치단체와 대학, 사회교육기관에서 가난한 사람들과 노숙자들을 위한 인문학강좌가 실시되고 있다. 하지만 소외 계층을 대상으로 하는 인문학강좌가 필요한 것일까? 직업재활교육이 필요한 것이 아닐까? 이런 의구심이 드는 것은 자연스럽다. 그런데 인문학강좌는 뜻밖에 호응을 얻고 있다. 소외 계층이 인문학을 통해 성찰과 자존감을 회복함으로써 새로운 삶을 만나게 된다는 것이다. 새로운 성찰을 통해 자기 삶과 자신이 속한 사회를 새롭게 돌아봄으로써 가난을 비롯한 온갖 어려운 사회적 조건들이 자신의 책임이 아니라는 것을 깨닫게 된다는 것이다.

> 가난한 사람들이 폭력과 온갖 적대적인 사회적 조건들에 포위된 채 가난을 대물림하며 살 수밖에 없는 가장 큰 이유는, 그들에게 세상과 타자와 올바로 소통하는 방식을 배울 기회가 전혀 주어지지 않았기 때문이라고. 타자와 소통이 가능하려면 먼저 자신에 대한 성찰과 자존감을 스스로 확보해야 하는데, 바로 인문학이 그것을 가능하게 해 줄 것이라고. 인문학이 가진 최고의 미덕은 사람들로 하여금 성찰할 수 있도록 해 주는 것이라고. 그리고 이 성찰적 사고는 자신에 대한 자각과 함께 타자와 사회를 성찰하는 일로 이어짐으로써 궁극적으로는 민주주의를 꽃피게 할 것이라고(임철우 외, 2008: 182).

인문학 교육과정은 교양교육을 넘어서는 삶의 가치와 주체성을 확립하는 과정이며 사회구성원으로서 당당한 요구이고 정당한 권리행사라는 것이다. 인문학이 단순한 교양교육의 의미를 넘어서서 어떻게 삶의 힘을 지니도록 할 수 있는가?

『민주주의와 교육』의 '노동과 여가' 편은 바로 소외계층을 위한 교육이 무엇이어야 하는가에 대한 주제와도 직접적으로 연관되어 있다. 특히 노숙자 등 소외계층에게는 직업교육이 적합한 것인지, 또는 본래 여가를 위한 인문교육이 적합한 것인지에 대한 의문을 조금 더 깊이 고민해 볼 수 있게 한다.

『민주주의와 교육』의 '노동과 여가' 편에서 듀이가 열정적으로 주장하고 있는 것은 무엇일까? 이 주제를 읽게 되면, 듀이가 얼마만큼 급진적이고 혁명적인 사상을 가지고 있는지 그것이 더 확연하게 느껴지게 된다. 다른 어떤 주제보다도 노동과 여가의 주제를 통해서 『민주주의와 교육』 전체를 관통하고 있는 테마가 무엇인지 생각해 볼 수 있다.

전통적으로 교육목적은 노동을 위한 유용한 교육과 여가생활을 위한 자유교육으로 나뉘어 있었다. 아주 오래전 고대 그리스 시대에 교육목적이 이원적으로 구분되어 있었고, 듀이가 살던 20세기에도 그러했다. 고대 그리스 시대에는 노예와 자유민으로 계급이 나뉘어져 있던 시대였으니 당연히 노예에게 생활에 유용한 기능과 기술을 훈련시켜야 했고 여가를 누리는 자유민에게는 자유교육이 필요했다고 생각할 수도 있다. 그런데 오늘날 민주주의 시대에는 노예제도가 없고 모두가 여가를 누릴 수 있는 자유인이므로 자유교육이 모든 사람에게 이루질 수 있는 사회적 조건이 갖추어졌다고 할 수 있다. 이제는 노예에 적합한 노동교육, 자유민을 위한 자유교육이라는 구분은 더 이상 의미가 없으며, 이런 구분은 시대에 맞지 않은 낡은 것이다.

오늘날 민주주의 시대에 어떤 교육을 해야 하는 것인가? 단순명쾌하게 자유교육이라고 주장하는 교육철학적 관점이 있다. 앞서 말했듯이, 자유교육에는 반드시 '여가'라는 사회적 조건을 필요로 한다. '여가'라는 말은 어떤 맥락에서 이해하느냐에 따라 그 의미가 달라진다. 과거에는 여가를 누릴 만한 경제적 · 시간적 여유를 가진 사람들만이 여가를 누릴 수 있었는데, 오늘날에는 거의 모든 사람이 다 여가를 누릴 수 있다. 듀이가 여가를 어떤 의미로 썼는지, 정확하게 의미를 규정하지 않았지만 그가 말하는 여가는 단순히 일한 뒤의 휴식을 의미하지는 않는다. 그래서 '여가'라는 말은 오해를 불러일으킨다.

고대 그리스 시대에는 학문을 하기 위해서 여가가 있어야 했고, 또 여가를 누릴 만한 계급적 위치에 있어야 했기 때문에, 여가는 자유인문교육을 받을 수 있는 사회적 조건이었다. 쉽게 말해 자유민은 자신의 손발이 되어 집안노동을 해 줄 노예가 있을 때 여가를 누릴 수 있었다. 듀이가 말하는 여가는 단순히 오늘날 말하는 '레저'의 의미가 아니다.

듀이는 『민주주의와 교육』에서 여가 개념을 명료하게 정의를 내리지 않고 사용하고 있는데, 그가 사용하는 여가 개념은 아리스토텔레스의 여가 개념에 기초하고 있는 것으로 보인다(신득렬, 2005). 아리스토텔레스의 여가 개념은 자유, 탁월성의 추구, 공적인 활동의 추구 등을 포함한다. 이러한 여가는 당시 노예가 아닌 자유민에게만 허용되는 것이었다. 그리고 마음을 도야하는 활동으로서의 여가의 정신이 깃들어 있는 교육이 자유교육이었다(김인, 2016). 자유교육은 산업적 직업활동을 위한 유용성 교육이 아니다. 자유교육은 '여가를 위한 교육'이다. 여가의 관조적 삶의 자세를 통해 학문을 탐구하며, 세계를 학문적으로 이해하며, 나아가 시민으로서 정치에 참여할 수 있는 능력을 키운다. 여가를 위한 교육으로서 자유교육은 다른 어떤 것의 수단으로써 존재하지 않으며, 그 자체가 목적이 된다. 오늘날 교육의 '내재적 가치'라는 말은 바로 이러한 자유교육의 맥락에서 이해될 수 있다.

여가를 위한 교육은 핵심역량이 중시되는 오늘날 시대착오적인 교육이라는 주장이 제기될 수 있다. 하지만 여가를 위한 자유교육을 적극적으로 지지하는 철학자들도 있다.[28] 자유교육철학자 파이퍼(Pieper, 2009)에 따르면, 여가는 관조를 통해 실재를 향해 다가가려고 하는 정신이다. 관조를 통해 인간의 마음은 성장한다. 인간 각 개인이 얼마나 관조를 통하여 인간다운 모습(형이상학적인 신의 모습)을 회복하느냐가 진정한 의미의 인간의 자유이고 이러한 이상이 고대 그리스 시대부터 전해져 온 것이 자유교육이다. 이러한 여가정신을 향유할 수 있도록 만들어진 기관이 학교이다. 서양에서 학교라는 어원이 바로 '스콜레(schole)', 즉 여가인 까닭이 이것이다. 현실 세계의 욕구충족이나 유용성 등의 목적에서 벗어나서 관조만을 위한 활동을 하는 곳이 학교이다. 학교는 세상의 유용성을 목적으로 하는 교육내용과 기술을 가르치는 곳이 아니라 여가의 정신을 기를 수 있는 곳이어야 한다는 것이다. 사회의 유용성만을 위한 활동, 외적인 결과(산출)만을 중시하는 활동은 노예적 활동으로 자유활동과 구분된다.

아리스토텔레스의 여가의 개념 맥락에서 보면 여가를 위한 교육도 상당히 설득력이 있다. 오늘날 학문적 교과교육도 바로 이러한 자유교육, 여가를 위한 교육이라는 전통의 흐름에 서 있다(Noddings, 2008). 학문적 교과교육이 존재하는 한 여가를 위한 교육목적은 사라질 수 없다.

자유교육의 의의에 대해서 공감이 되기는 하지만, 시대가 변했어도 동일한 문제는 여전히 남는다. 지금 민주주의 시대에도 여전히 누군가는 유용한 일을 해야 하지 않을까? 그러면 누가 유용한 일을 하도록 교육을 받아야 하는가? 자유교육이 유용성을 위한 교육도 된다면 이런 딜레마는 말끔히 해결된다. 그러나 자유교육은 유용성 교육과 무관하다. 자유교육을 지지하는 교육철학자들은 유용성 교육을 아예 교육으로도 취급하지 않는다. 듀이는 어떤 입장일까? 미국의 진보주의 교육은 유용성을 중시하는 생활중심 교육이며 교육을 직업준비 교육으로 변질시킨 주범으로 비판을 받아 왔다. 듀이 역시 진보주의교육의 선구자이므로 자유교육을 망가뜨린 혐의에서 자유로울 수 없다는 비판을 받는다(Adler, 1998).

자유교육론자들은 정신/노동에 대응하는 자유교육/유용성 교육의 이항대립적 구조를 설정하고 자유교육과 이론적 교과는 우월한 것으로, 유용성 교육과 실제적 교과는 저급한 것으로 인식한다(이홍우, 2009b; 차미란, 2011). 그리고 듀이 이론 역시 그 이항대립적 구조 속에서 유용성 교육, 실제적 교육과 동일한 것으로 배치된다. 예를 들어, 이홍우는 선의 이데아와 같은 초월적인 가치를 추구하는 자유교육을 가장 교육적인 것이라고 전제한 후, 그와 대비되는 교육철학으로 인식된 듀이의 프라그마티즘 철학에 대해 교육의 본질을 외면한 것으로 비판한다. 그의 공식은 간단하다. 듀이의 '프라그마티즘 교육철학 = 실제적 문제해결'이다. '교육의 본질 = 내재적 가치 = 초월적인 것'이며, '실제적 문제해결 = 외재적 가치 = 세상적인 것'이다. 교육이 세상적인 목적이나 가치를 추구하면 그것은 외재적 가치를 추구하는 것이며, 신성한 교육을 외재적 목적을 달성하기 위한 도구로 만드는 것이다. 그것은 교육을 "'위대한 것에 대한 헌신'을 '개인의 욕망 충족'으로 타락시키는 것"(이홍우, 2009a: 185)이다.

여기서 자유교육론이 절대적 가치를 부여하는 '교육'은 학교교육이 아니라 플라톤철학이나 성리학에서 가르치는 '초월적' 교육을 의미하는 것이라 생각하면 맞을 것 같다. 국가가 운영하는 교육제도하에서 학교교육은 기본적으로 '초월적인 것'이 아니라 '세상적인 것' '사회적인 것' '개인의 (상승이동) 욕망'으로 가득 차 있다.

듀이는 전통적인 자유교육에 대해 어떤 생각을 가졌던 것일까? 『민주주의와 교육』을 보면, 듀이는 거대한 자유교육의 전통을 붕괴시키고자 했던 것은 분명하다. 이런 이유로 자유교육을 지지하는 학자들의 큰 반감을 샀다. 왜 듀이는 전통적인 자유교육에 반기를 들었던 것일까? 그는 유용성 교육을 해야 한다고 믿었기 때문일까? 여기서 듀이의 교육론에 대해 수많은 오해가 일어났다. 그러므로 면밀하게 그의 주장이 무엇인지를 고찰해 보는 것이 필요하다. 우선 그는 예상과는 달리 자유교육의 토대인 아리스토텔레스의 철학에서 보여 주는 지적 통찰에 동감을 표한다. 듀이는 아리스토텔레스의 다음 말을 인용한다. "어떤 활동이나 기술이나 학문이든지, 만약 그것이 자유로운 사람의 신체와 영혼이나 지력을 탁월성 행사에 적합하지 않게 하는 것이라면 그것은 기계적인 것이라고 불러야 한다"(DE, 381 재인용). 자유교육를 지지하는 교육자들도 당연히 이 말에 공감할 것이다.

그런데 듀이는 아리스토텔레스의 철학을 자유교육을 지지하는 데 사용하는 것이 아니라 지금 민주주의 시대의 산업현장에서 일하는 노동자의 노동현실에 적용한다. 자유교육의 고귀함을 주장한 어떤 교육철학자나 교육자도 산업현장의 노동에 대해서는 무관심하기 때문에 아예 적용해 볼 생각조차도 못했던 것과 비교된다. 그가 묻는 질문은 이것이다. 어떤 직업적 활동이나 공장의 노동과 기술이 자유로운 시민인 노동자의 신체와 영혼이나 지력을 탁월성 행사에 적합하게 하는가? 지력의 사용을 박탈하는 직업적 활동, 노동과 기술은 지적인 것이 아니라 '기계적인' 것이다. 기계적인 일은 자유민이 된 민주시민에게 결코 적합한 일이 아니다. 이것이 아리스토텔레스의 생각이었고 듀이 역시 같은 생각이다. 민주주의 시대에는 둘 중의 하나를 택해야 한다. (A) 자유시민에게 적합한, 자유롭고 지적인 노동이 되도록 이원화된 위계적 노동분업방식을 바꾸어야 한다. 아니면 (B) 자유민이기를 포기하고 산업노예로서 기계적인 일을 할 수 있도록 자유교육이 아니라 유용성 (직업)교육을 해야 한다. 노동의 현실을 받아들이고 비록 그 일이 기계적이고 노예적인 일이라 할지라도 노동의 규범과 기능을 습득시키는 유용한 교육을 해야 한다는 생각을 가진 교육자들도 있다. 듀이는 어떤 입장일까?

이런 맥락에서 듀이의 다음 주장을 이해할 수 있다. "노예 상태에서 자유로운 시민으로 변화하는 과정에서 우리가 가장 간절히 바라는 결과라는 것이 오직 생산을 위한 인간도구의 기계적 효율성을 높이는 것이라면, 우리는 얻는 것보다 잃는 것이 더 많다" (DE, 382-383). 그런 점에서 여전히 민주주의 혁명은 끝나지 않았고 앞으로 이루어야 할 과제이다. 이와 같이 듀이는 인간이 생산을 위한 도구가 되어서 오로지 기계적 효율성을 높이도록 하는 '유용성' 교육에 결단코 반대한다. 듀이가 그토록 비판했는데도 유용성을 위한 직업교육을 지지하는 것이 듀이의 진보주의 철학이라는 오해가 풀리지 않는 것은 이상하다. 듀이가 지지하는 것은 (B)가 아니라 (A)의 입장이다.

그러면 자유교육을 지지하는 교육철학자들은 어떤 입장인가? (A)의 입장도 아니고 (B)의 입장도 아니다. 그러면 제3의 입장인가? 교육과 계급구조(위계적 노동분업구조)는 무관하다는 입장이다. 교육은 신성한 것이다. 교육을 계급구조와 연관시키는 것 자체가 교육을 오염시키는 것이다. 대표적으로 교육과정 학자인 이홍우는 『민주주의와 교육』 번역서의 부록에 주희와 듀이를 비교해서 써놓은 그의 논문에서 다음과 같이 이야기하고 있다.

> 교육이론에 관한 듀이의 대표적인 저작으로 거론되는 민주주의와 교육을 읽어 보면 거기에는 교육에 나타난 일체의 폐단이 지배-피지배 관계를 중심으로 한 사회계층 간의 편파적 분류에 근원을 둔 것으로 기술되어 있습니다. 거기에서 듀이는 교육이 어떤 주제로 시작하더라도 끝에 가서는 반드시 계층의 분류와 갈등 그리고 그 해설을 말하고 있습니다. 교육과 사회가 별도로 논의될 수 없다는 것은 인정할 수 있다 하더라도 독자는 듀이가

교육이론이 아닌 사회이론, 사회계층이론을 다루는 것이 아닌지 의구심이 들 정도입니다(이홍우, 2009b: 544).

이홍우의 지적 중 정확한 것은, 듀이는 어떤 주제를 다루든지 반드시 교육을 사회계급과 연관시켜서 본다는 점이다. 그런데 이상한 것은 듀이의 교육이론을 다룬 교육철학연구 중에 사회계급의 문제를 연관시켜서 논의한 연구논문이 별로 없다는 사실이다. 그러다보니 그 연구들을 보면, 『민주주의와 교육』에서 느껴지는 민주주의 혁명의 열정이 거세되고 차가운 이론의 논리만이 가득하다.

아무튼 듀이의 교육이론은 교육이론이 아니라 계급이론이라고 비판은 하지만 자유교육 학자들도 자신이 살고 있는 사회의 계급구조에 대해 나름대로의 관점이 없는 것은 아니다. 교육이론에서 계급이론을 다룰 필요가 없다고 보는 이유가 계급구조는 보편적인 세상의 이치라고 간주하기 때문이다. 이홍우는 이렇게 말한다. "따지고 보면 (현대)사회 안에 옛날의 지배계층이 하던 일을 하던 것과 똑같은 일을 하는 집단이 있어야 한다는 것"(이홍우, 2009b: 541)이다. 듀이의 주장을 논박하기 위해 다음과 같은 맹자의 말을 가져와서 이원적 계급의 분리를 본성에 기초한 자연적 필연성, "천하의 보편적 원리"로 제시한다.

사람들 중에는 마음을 수고롭게 하는 사람도 있고 몸을 수고롭게 하는 사람도 있다. 마음을 수고롭게 하는 사람은 남을 다스리며, 몸을 수고롭게 하는 사람은 남에게 다스림을 받는다. 남에게 다스림을 받는 사람은 남을 먹여 살리며, 남을 다스리는 사람은 남에게 먹여 살림을 받는다. 이것이 천하의 보편적 원리다(이홍우, 2009: 538 재인용).

맹자가 이 말을 어떤 맥락에서 했는지를 확인해 봐야 이 말의 진의를 알 수 있으며, 맹자의 말의 인용이 듀이의 주장을 논박하는 데 적절한지를 판단할 수 있다. 맹자의 말이 봉건적 신분제 사회에서 화이트칼라(정신노동자)의 우월성을 강조하는 것으로 오해되어서는 안 된다. 도올 김용옥은 맹자의 이 말이 왜곡될 수 있음을 경계한다. “맹자는 왕까지도 직경(직접 경작)을 해야 한다는 무차별적 제안에 대한 반동으로 이 말을 한 것이며, 노심자(勞心者)와 노력자(勞力者)의 구분이 맹자사상의 핵심이 전혀 아니다”(도올 김용옥, 2019: 332). 노심자는 노력자에 의해 먹여살림을 받는다면, 노심자는 노력자에게 생계를 의지하고 있으니, 그들에게 존경과 감사의 마음을 가지는 것은 당연하다. 그러나 정작 노력자는 ‘몸’을 수고롭게 하여 가족의 생계를 충분히 유지할 수 있는지, 노력자의 사회적 기여가 정당하게 인정과 존중을 받는 사회인지, 그리고 노력자가 지성과 목적의식을 가지고 노동 분업에 참여함으로써 가치 있는 경험을 하며, 자아실현을 할 수 있게 되는지를 묻게 된다. 그리고 노력자가 경작하는 토지는 누구의 소유이며, 노심자의 소유라면 그 소유자에게 어떻게 착취당하는지 그 현실이 감추어져 있다.

자유교육을 지지하는 교육학자가 맹자의 말을 가져온 것은 비단 고대 그리스 사상이 아니라 동양의 사상도 똑같다는 점을 들어 노동분업이 보편적인 것임을 주장하고 싶었는지 모른다. 그의 주장은 노동분업이 시대를 막론하고 보편적인 것이라는 인식만 있을 뿐 산업체제에서의 노동분업의 형태가 정상적인지 병리적인지에 대한 규범적 판단이 결여되어 있다(Durkheim, 2013). 그뿐만 아니라 인간이 수행하는 노동이 인간의 성장과 심성 함양에서 얼마나 중요한지를 놓치고 있다. 『자본주의 사회 미국에서의 학교교육』이라는 책을 냈던 MIT대학교의 경제학자 보울즈와 하버드대학교의 긴티스는 다음과 같이 말하고 있다.

> 노동의 성격이 인간발달의 기본적인 결정인자라고 우리는 주장한다. 그 중심요소는 노동자들이 그들의 창조적 욕구와 능력을 발휘할 수 있는 충분한 자율성뿐만 아니라 계획, 의사결정 그리고 생산과 과업의 수행에 대해 통제하는 정도도 포함한다(Bowles & Gintis, 1986: 83).

이들은 "노동이 광범위한가 협소한가, 활성적인가 단조로운가에 비례해서 노동이 개인의 능력을 발전시키거나 또는 발전을 저해"한다고 주장한다(Bowles & Gintis, 1986: 84). 더욱이 "각 개인들은 생산활동을 통해 그들의 인성과 인식을 발전시키기 때문에 노동은 각 계급에 따른 의식형성의 기초가 된다."고 말한다(Bowles & Gintis, 1986: 84). 보울즈와 긴티스는 위계적 노동분업구조에서의 노동의 성격에 대해 다음과 같이 비판한다.

> 노동자는 무력감, 의미상실, 고립감, 자기소원의 형태로 이러

> 한 소외를 경험한다. 무력감은 작업이 관료적으로 조직되어 있어 위계적 권위노선에 따라 상부로부터 규제받으며 … 통제당하고 지배당하는 또 다른 종류의 기계로서만 노동자를 취급하기 때문에 생긴다. 의미상실은 작업이 단편적인 과업으로 수없이 나뉘어져 있고, 노동자들은 각자의 부분에서 한 가지만의 전문기술을 갖게 되고, 최종생산물에 대한 그들의 기여는 미미하며, 비인격적이고 표준화되어 있기 때문이다(Bowles & Gintis, 1986: 87-88).

보울즈와 긴티스와 마찬가지로 듀이 역시 노동과 인간발달의 관계를 중요하게 생각한다. 듀이는 의미 있는 노동경험을 통해서 인간은 성장하고 발달한다는 기본적인 관점을 가지고 있으며 따라서 노동의 성격이 왜곡되어 있을 때 인간의 성장은 저해될 수밖에 없다는 인식을 표명한다. 듀이는 『민주주의와 교육』의 '교육과정에서의 놀이와 일'의 장(章)에서 다음과 같이 말하고 있다. "대부분의 노동은 현재의 산업사회의 결함을 그대로 가지고 있으며, 이 결함은 올바른 (인간) 발달에 대하여 치명적인 것이라고 말할 수 있다"(DE, 305). 이어서 듀이는 다음과 같이 말한다.

> 활동이 외적 압력이나 강제에 의하여 수행될 때, 그것은 일이 가지고 있는 의의 때문에 수행되는 것이 아니다. 일의 과정은 내재적인 만족을 주는 것이 아니라 벌을 피하기 위한 수단이거나 그 일을 마친 뒤에 받게 될 보상을 위한 수단에 불과하다. 자유가 없는 경제적 조건하에서는 이러한 사태가 반드시 일어난다.

이때 일이나 산업활동은 정서와 상상력을 자극할 계기라고는 전혀 제공하지 못하며, 어느 편인가 하면 긴장의 연속에 그치고 만다. 이런 상태에서도 사람이 계속 일을 하는 것은 오직 일을 끝내야 한다는 생각에서이다(DE, 316).

듀이는 위계적 노동분업구조하에서 노동의 사회적 관계가 이원적으로 위계화되어 있고, "소수의 사람이 계획과 명령을 하며, 다른 사람들은 그 지시에 따르면서 미리 규정된 좁은 방향으로만 노력을 하도록 의도적으로 통제된다."(DE, 449)고 지적한다. 상층의 경영자는 '자기주도적 사고와 상상력을 요구하는 일'에 종사하는 반면에, 하층의 노동자는 '자기주도적 사고와 상상력을 거의 요구하지 않는 일'에 종사한다. 이들 노동자는 "비지적(非知的)이고 부자유한 상태에 있으며, 상상력을 발휘하고 심리적인 감상이 녹아들 수 있는 그런 일"에 종사하지 못한다(DE, 383). 제조업 중심의 산업체제에서 노동분업은 브레이버만(Braverman, 1991)이 구분한 노동과정에서의 구상(concept)과 실행(execution) 개념으로 표현될 수 있다. 어떤 목적을 가지고 어떤 일을 할 것인가를 구상하는 경영자계급이 있고, 다른 한편에는 경영자층의 구상을 그대로 받아서 실행하는 노동자계급이 있다. 그 중간에는 노동자의 실행과정을 관리·감독하는 관리자층이 있다. 노동자계급은 생산을 관리하는 중요한 결정 사항을 협동적으로 결정하지 못하며, 서로 고립된 채로 파편화되고 단순화된 과업을 수행한다.

그러나 자유교육론자인 이홍우는 현대사회에서도 지배계급('노심자')과 노동계급('노력자')의 이원화가 보편적이라고 주장하며,

그 주장에서 한 걸음 더 나아가, 성리학의 관점에 의거하여 지배계급의 억압을 인간본성의 실현이라고 과감하게 주장한다.

> 듀이가 모든 폐단의 근본으로 내세우는 지배계층의 대중에 대한 억압이라는 것이 사실은 대중에 대한 것임에 못지않게 혹은 그 이상으로 지배계층 자신에 대한 것이었다는 것, 그리고 그 억압은 지배계층과 대중을 막론하고 모든 사람을 인간답게 하는 데에 필수불가결하다는 것은 듀이에게는 상상조차 되지 않았던 것이 틀림없을 것입니다. 그 '억압'은 인간의 '본성'을 실현하기 위하여 필요한 것입니다(이홍우, 2009b: 544).

그런데 지배계층의 '억압'이 "모든 인간을 인간답게 하는 데에 필수불가결하다"거나 "인간의 본성을 실현하기 위한 것"이라는 상상은 봉건사회에서나 가능한 상상이지, 민주사회에서도 가능한 상상인지 의문이다. 계속 이어지는 그의 비판은 점입가경이다. "그 '억압'은 지배계층과 대중을 막론하고 모든 사람을 인간답게 살도록 하는 데에 필수불가결하다는 것은 듀이에게는 상상조차 되지 않았을 것임에 틀림없습니다"(이홍우, 2009: 544). 산업체제에서 지배계급의 통제와 억압이 필수불가결하다고 주장하는 자유교육론자의 인식이 가히 충격적이다. 왜 그에게는 '억압'이 필수불가결하다고 생각되었을까? "모든 사람을 인간답게 살도록" 하는 교육적 효과가 있다고 믿기 때문이다. 그가 이런 주장을 과감하게 할 수 있었던 것은 그의 유학적인 믿음 때문이다. 그는 산업체제의 계급의 억압과 중국 유학자인 주희의 인간본성론을 연결시켜 다음과 같은 해석을 가한다. "그 '억압'은 인간의 '본성'을 실현하기 위하여 필요한 것입니다"(이홍우, 2009b: 544). 그의 이런 인간 본성에 대한 유학적 몰입은 끝내 비현실적인 주장으로 이어진다.

> 오늘날 우리의 삶이 주희의 교육이론하에서의 삶에 비하여 더 나빠진 것이 없다면, 그것은 오늘날 교육이 듀이의 교육이론을 100퍼센트 실현하고 있기 때문이 아니라, 그 듀이의 이론에도 불구하고 교육 실제에서는 여전히 주희의 교육이론이 효력을 발휘하고 있기 때문입니다. 더 직접적으로 말하여, 오늘날 교사는 실제적 문제해결이라는 매력적인 수사학에 시달림을 받으면서도 묵묵히 '본성의 실현'을 위한 일을 하고 있는 것입니다(이홍우, 2009b: 545).

오늘날 우리의 삶이 과거에 비해 좋아졌다고 한다면, 그것은 듀이의 이론 덕분이 아니라 "교육실제에서 여전히 '주희의 교육이론이 효력을 발휘하고 있기 때문"이라는 주장, 오늘날 교사는 여전히 "인간의 본성을 실현하기 위한 일을 하고 있다"는 주장은 현실과 유리되어 있는 이론적 관점의 단면을 여과 없이 보여 주고 있다. 객관적으로 말하자면, 오늘날 우리의 삶이 좋아진 것은 듀이 덕분도 아니고 더구나 주희의 덕분도 아니다. 게다가 오늘날 성리학자도 아닌 교사들이 주희가 설파한 유학적 인간본성을 실현하기 위한 일을 하고 있다는 주장은 어디서 오는 것일까? 그가 말한 대로 계급적 억압이 인간본성을 실현하는 교육적 효과가 있다고 믿다 보니 오늘날 교사들이 지배계급의 대리인으로 학생들에게 지배계급의 억압에 순종하도록 하는 일을 묵묵히 하고 있다고 생각하게 된 것일까? 그것이 지배계급의 이익이 아니라 학생들의 인간본성실현을 위한 일이라 믿기 때문에?

요컨대, 듀이는 지배계급의 노동 통제는 인간의 발달과 성장, 자아실현을 희생시킨다는 점에서 지배계급의 지배와 통제에 대해 부정적이며, 자본주의적 산업체제가 민주화되어야 한다는 견해를 가진 반면에, 주희의 관점을 취하는 이홍우는 지배계급의 통제와 억압은 인간본성을 실현한다는 점에서 긍정적이며, 따라서 지배계급이 통제하는 사회구조는 변화될 이유가 없다는 주장을 함축하고 있다.

앞서 노숙자 등 소외계층을 위한 인문학 교육이 의미가 있다는 사실은 자유교육이 구태여 노동과의 관련성에 관심을 가져야 할 필요가 없다는 것을 보여 주는 반증이라고 주장할 수도 있다. 하지만 소외계층을 위한 인문학 교육이 그들의 삶과 경험에 의미가 있다는 것은 그들의 개인적 · 사회적 삶의 경험 속에 들어온 인문학이 의미가 있다는 것이며 그들의 경험과 무관한 인문학의 추상적인 개념과 이론 자체가 의미가 있다는 뜻은 아니다. 사실 그것은 그들의 관심사가 아니다. 그들의 개인적 · 사회적 삶의 경험이 무엇인가를 깨닫게 하는 자원으로서 인문학은 가치가 있고 유용하다. 여기서 '유용성'은 직업적인 유익한 결과, 물질적 결과를 만들어 낸다는 의미에서의 유용성이 아니라 그들의 삶의 경험의 의미를 반성적으로 자각할 수 있게 한다는 점에서 유용하다. 예를 들어, 자신이 사는 소외된 삶의 환경 속에서 문학과 시, 예술이

"평범하고 사소한 경험 안에 들어 있는 넓고 깊은 의미를 드러내어 준다."면 그것으로 문학 활동이나 예술 활동은 그들에게 유용한 가치가 있는 것이다(DE, 359). 소외계층의 삶과 경험이 인문학적 사고와 상상력을 통하여 지성적이 되지 못할 이유가 어디 있겠는가. 소외계층을 위한 인문학 교육의 사례는 삶의 경험의 반성적 성찰이라는 측면에서 '유용성'과 자유교육이 상호연관되어 있음을 보여 준다고 할 수 있다.

29

전인적 성장을 가로막는 계급재생산 교육

경제적 양극화가 심화된 한국사회에서 교육은 더 이상 상승이동의 사다리가 되지 못하고, 계급재생산의 도구로 전락했다는 비관론이 우세하다. 여기서 교육이 '계급재생산'의 도구가 되었다는 말은 교육이 가난한 이들에게 상승이동의 사다리 역할을 하는 것이 아니라 부모의 계급적 지위를 자녀에게 '세습'시키는 도구로 사용되고 있다는 뜻이다. 예전에는 대학이 부모의 배경과 상관없이 학생들을 오로지 능력에 따라 공정하게 선발한다는 사람들의 믿음이 어느 정도 있었지만, 이제는 더 이상 그렇지 못하다는 불신도 생기기 시작하였다. 이런 이유로 사회가 양극화될수록 대학입시의 공정성이 매우 예민하고 폭발성이 강한 사회적 이슈가 되기 쉽다.

그동안 한국교육의 고질적인 병이라는 수많은 비판이 있었음에도 입시경쟁이 사라지기는커녕 오히려 더욱 치열해진 양상을 보이는 이유는 무엇일까? 여러 관점에서 설명되지만, 무엇보다

입시경쟁은 완화된 형태의 계급투쟁의 성격을 띠고 있기 때문이다(Bourdieu, 2006). 한국사회에서 '바벨탑 멘털리티'는 계급투쟁의 멘털리티이며, 만인에 대한 만인의 투쟁의 멘털리티이기도 하다. 신자유주의의 시장경쟁논리는 입시경쟁을 더욱 조장하며, 학교 간의 경쟁에 시장경쟁이라는 외피를 씌워준다(김천기, 2012).

각자도생의 입시경쟁의 흐름과 다르게, 공교육을 정상화하여 교육의 본질을 실현해 보려는 교육자들의 혁신학교 운동이 나타났다. 혁신학교에 대한 학부모들의 인식이 긍정적이며, 혁신학교에 대한 지지도 높다(강희룡, 2015). 강희룡(2015)에 따르면, 공교육에 대한 부정적 인식으로 인해 혁신학교에 대한 교육주체들의 지지가 높아지는 효과가 있으며, 혁신학교의 의미는 재생산기능의 극복 차원이 아닌 공교육 정상화 차원에 있는 것으로 나타났다.

혁신학교의 '공교육의 정상화'는 여러 가지 의미로 해석되겠지만, 그것이 학교교육의 재생산 기능을 극복하기 위한 것은 아니다. 왜냐하면 혁신학교가 추구하는 공교육의 정상화가 학교내부의 조직과 문화, 수업 등의 문제를 개선하는 데 초점이 맞추어져 있고, 그것은 교육의 계급재생산 기능과는 무관하게 해결될 수 있다는 암묵적 전제하에서 출발했기 때문이다. 혁신학교 관련 다양한 연수 내용을 살펴보면 그것을 확인할 수 있다. 혁신학교는 말 그대로 학교 내부의 혁신에 초점이 있으며, 학교혁신이 사회의 민주적 변혁과 관련된 것은 아니다. 일부 학부모들 사이에는 혁신학교가 '자사고'나 특목고 등의 혜택을 받지 못하는 서민들에게 주어지는 것이라는 부정적 인식도 나타나고 있는데(김미숙, 상종영,

2016), 이는 특히 입시경쟁이 본격화되는 중등교육 수준에서 혁신학교가 어떤 사회적 의미와 위상을 갖는지를 시사해 준다.

한국의 교육상황에서 『민주주의와 교육』은 어떻게 자리매김될 수 있으며, 어떤 의미가 있는 것일까? 『민주주의와 교육』은 계급재생산 교육을 극복하고 민주주의 교육이 어떻게 이루어져야 하는가에 초점을 두고 있다. 그런데 듀이는 계급재생산 교육의 문제를 단순히 상승이동의 차원에서 본 것은 아니다. 상승이동의 사다리 역할은 강준만(2015)이 비판한 '개천에서 용 나기 모델'에 입각해 있다. 듀이는 근원적으로 이원화된 노동분업 방식과 불평등한 노동의 사회적 관계의 재생산의 측면에서 계급재생산 교육의 문제를 다루었다. 이 점에서 보울즈와 긴티스의 계급재생산이론과 비슷하다.

보울즈와 긴티스, 듀이의 계급재생산 교육 비판은 기존의 계급구조의 틀 속에서 교육의 상승이동 기능에 초점을 둔 것이 아니라 기존의 이원화된 계급구조(위계적 노동분업구조) 자체에 문제를 제기한 것이다. 보울즈와 긴티스(1986)는 교육이 계급재생산기능을 한다는 실증적 근거를 제시하면서 재생산기능에는 계급불평등을 정당화하는 기능이 있음을 주장한 바 있다. '능력'의 차이에 따라 불평등이 생긴다는 신념은 실제 경험적 근거에 비추어 보면 타당하지 않다는 것이다. 보울즈와 긴티스는 또한 재생산기능이 결국 위계적 노동분업구조 속에서 역할을 담당할 노동자를 양성하는 기능이라고 주장한다. 그 기능은 듀이가 비판했던 기능주의적 효율성 교육의 기능이다. 즉, 교육의 재생산기능은, 첫째, 기술적·지적 기능 훈련을 통해 노동력을 생산하는 것이다. 둘째, 위계적 지위에 적합한 인성적 특성을 내면화하도록 하는 것이다. 어떻게 위계적 노동분업구조의 재생산이 이루어질 수 있도록 교육은 기능하는가? 보울즈와 긴티스는 노동의 세계와 교육을 연결하는 논리적 고리로 '대응원리(correspondence principle)'를 제시한다.

> 교육제도는 교사, 행정가들의 일상적 활동을 통한 의식적 의도 외에도 작업장 내에서의 개인적인 상호작용을 지배하고 있는 사회적 관계와 교육제도의 사회적 관계가 밀접하게 대응함으로써 운영된다. 특히 행정가와 교사, 교사와 학생, 학생과 학생 간의 권위와 통제의 관계는 작업장을 지배하고 있는 위계적 노동분업을 반영하고 있다(Bowles & Gintis, 1986: 20-21).

'대응원리'라는 말이 어렵게 느껴질 수 있는데, 간단히 말해 생산의 사회적 관계와 교육의 사회적 관계 간에 일대일 대응이 이루어지는 원리를 표명한 말이다. 즉, 노동자가 위계적 분업구조 속에서 경험하는 불평등하고 억압적인 사회적 관계가 학교교육 속에도 그대로 반영되어 있음을 나타낸다. 대응이론에서 중요한 점은 교사와 학생의 사회적 관계를 통해 생산현장의 규범과 인성특성이 암암리에 가르쳐진다는 것이다. 그런 점에서 교과지식을 가르치는 명시적 교육과정보다 규범과 인성을 가르치는 '숨겨진' 교육과정이 위계적인 사회적 관계의 재생산에서 근본적으로 더 중요한 기능을 수행한다.

예를 들어, 생산 작업장에서 단순 노동자에게는 규칙 준수가 무엇보다 강조되는데 비해 중간 관리자층에게는 직접적인 감독 없이도 업무를 수행할 수 있는 능력이 강조된다. 그리고 고위 관리자층에게는 리더십과 자율적인 의사결정능력이 중시된다. 이러한 생산 작업장의 위계적 관계의 특성에 맞추어 학교에서도 미래의 위계적 위치에 필요한 태도와 인성특성이 가르쳐진다. 노동계급출신의 학생은 지시에 충실하게 따르고 시간을 잘 지키는 등 규칙을 준수하며 기계적인 작업방식에 적응하는 법을 배우는 반면, 상위계급출신의 학생은 리더십을 발휘하고 창의적으로 사고하고 상당한 자율성을 가지고 선택하며 외적 규율보다는 내면적 기준에 따라 행동하는 법을 배운다(Bowles & Gintis, 1986).

여기서 주목하게 되는 것은 학교의 차별적 사회화가 학생집단의 사회계급을 반영하는 경향이 있다는 점이다. 보울즈와 긴티스는 학생의 사회계급에 따라 학교 행정가와 교사들이 가지는 교육목표나 기대 및 관심이 달라지는 데서 차별적 사회화가 생겨난다고 본다. 그리고 가정에서도 차별적 사회화가 일어나는데, 이는 부모들이 직장의 위계관계에서 겪는 경험과 관련이 있다. 말하자면, 부모들이 직장에서 위계적 관계의 규범에 적응하면서 내면화된 의식이 자녀의 양육방식에도 그대로 반영된다고 보는 것이다(Bowles & Gintis, 1986).

보울즈와 긴티스는 대응원리를 통해 학교교육에서 학생들의 전인적인 성장이 이루어질 수 없는 구조적 원인을 설명한다. 즉, 생산의 사회적 관계가 억압적이고 권위주의적이기 때문에 학교는 전인적 성장을 가능케 해 주는 민주적인 사회적 관계를 담아낼 수 없다는 것이다. 물론 모든 학교가 그런 것은 아니다. 특히 노동계급 출신의 아이들이 다니는 학교가 그러하다. 요컨대, 보울즈와 긴티스는 자본주의하의 노동의 구조적 조직이 비교육적이기 때문에 학교교육도 비교육적일 수밖에 없다는 것이다.

듀이는 생산작업장의 사회적 관계와 학교에서의 사회적 관계가 보울즈와 긴티스가 주장하듯 일대일 대응관계에 있다고 말한 바는 없지만, 그렇다고 양자를 떼어서 생각할 수 있다고 말하지도 않는다. 듀이는 생산작업장의 사회적 관계가 자유롭고 평등한 상호교섭 관계가 아니라 억압적이고 불평등한 상호교섭 관계이며, 학교에서의 사회적 관계 역시 억압적이고 불평등한 상호교섭 관계라고 말한다. 또한 듀이는 위계적 분업구조하에서 생산현장의 일이 노예적, 기계적인 일이며 마찬가지로 교사와 학생의 일 역시 노예적, 기계적이라고 비판한다. 분업구조 속에서 이루어지는 노동의 성격이 노예적, 기계적이라면 학교에서 교사와 학생들이 수행하는 일의 성격도 마찬가지라는 주장을 하고 있는 것처럼 보인다(김천기, 2016).

듀이는 노동의 세계와 교육의 관계를 이어 주는 핵심적 고리로 '이원론적 철학'을 지목한다. 정신과 육체, 구상과 실천을 구분하는 이원론적 철학은 이원화된 위계적 노동분업의 현실을 반영한 것이며, 노동자에게는 노예적이고 기계적인 일의 역할을 주장하고 이를 정당화한다는 것이다. 듀이는 이원론적 철학을 만들어 낸 철학자들이 위계적인 노동분업이 이루어지는 세계에 몸담고 있기 때문에 자연스럽게 이원론적 철학이 그들에게 체화된 것이라고 말하는 것일까? 듀이는 이에 대해 직접적인 답을 하지 않고 있다. 다만, 듀이는 다음과 같이 말하고 있다.

이 (관심의) 분리의 원인은 사회가 상당히 엄격하게 구분된 계급이나 집단으로 분열되어 있다는 사실에 있는 것으로 밝혀졌다. 이것은 곧 풍부하고 융통성 있는 사회적 상호작용과 교섭이 차단되어 있다는 뜻이다. 이와 같은 사회적 계속성의 파괴는 이론적인 측면에서 여러 가지 이원론과 대립들– 즉, 노동과 여가, 실제적 활동과 이론적 활동, 인간과 자연, 개인과 사회, 교양과 직업 등의 대립–에 반영되어 있는 것으로 드러났다. 이것을 논의하는 과정에서 우리는 이들 여러 가지 대립들이 고전적 철학체계에서 만들어 낸 구분들과 짝을 이루고 있다는 것, 그리고 그것이 철학의 주요 문제들과 관련되어 있다는 것을 알았다. 즉, 마음(또는 정신)과 물질, 육체와 마음, 마음과 세계, 개인과 집단(개인과 다른 사람들과의 관계)의 문제 등이 그것이다(DE, 463).

이원론적 철학은 교육목적도 이원론적으로 구분한다. 노동을 위한 실용교육, 여가생활을 위한 자유교육이 그러하다. 노동을 위한 실용교육과 여가생활을 위한 자유교육의 대립은 실용교과와 주지주의적 인문교과의 대립으로 나타나고 또 학제에서는 실업계 교육과 인문계 교육의 이원론적 분리로 나타난다. 실업계와 인문계로 분리되어 있는 미국의 학제인 6–3–4제의 원형은 이원론적 철학에 근거한 것이다(김천기, 1992).

정신과 육체의 이원론적 철학에 기초하여 테일러주의적 분업체계 속에서 일을 할 수 있는 기능과 기술, 규범과 인성을 가르치는 교육은 결코 자유시민을 위한 자유교육이 아니며, 비도덕적인 교육이라고 듀이는 비판한다.

> (오늘날 노동자들은) 그 일의 사회적 목적에 대한 통찰이나 그 일에 대한 직접적인 개인적인 관심을 가질 수가 없다. 여기서 결과적으로 달성되는 것은 노동자들 자신의 목적이 아니라 그들을 고용한 사람의 목적이다. 그들이 하는 일은 자유롭고 지적인 것이 아니며 오로지 임금을 받기 위해서다. 오로지 이러한 일을 하는 능력, 기술만 가르치도록 계획된 교육은 비자유교육이고 비도덕적인 교육이다(DE, 386-387).

테일러주의적 분업체계에 부응하는 교육이 비자유교육이고 비도덕적인 교육이라고 하는 듀이의 비판이 설득력이 있는가? 그것은 테일러주의에 대해 어떻게 생각하느냐에 달려 있다. 테일러주의는 표준화된 작업시스템과 위계적 관리라는 두 가지 특성을 내포하고 있다. 노동자는 어떤 직장에서든 기계의 한 부품일 뿐이며, 표준화된 매뉴얼대로 작업을 해야 한다. 개인적 독창력을 발휘하거나 개인적 책무를 맡을 기회는 거의 없다. 노동시스템을 관리하는 기준은 노동자집단이 협동적으로 만드는 것이 아니다. 회사는 노동자들에게서 모든 기획, 통제, 의사결정 권한을 빼앗아 관리자 집단에게 넘기었다(Rose, 2018).

듀이의 관점에서는 노동자가 자유롭고 지적인 일을 하며, 일의 수행을 위한 아이디어를 자유롭게 구사할 수 있는 노동의 구조가 된다면, 학교교육 역시 창의적 지력을 계발하며 내적인 흥미와 충만감을 갖게 할 수 있다고 생각한 것일까? 듀이가 그렇게 생각했다면, 보울즈와 긴티스의 대응원리에서 벗어난 것은 아니다. 실제에 있어 노동분업의 구조의 변동에 따라 자동적으로 그것과 연동

되어 학교교육이 달라지는 것은 아니다. 학교교육은 노동현장과 다르며, 교육의 장(field)에서 형성된 고유한 특성이 있다(김천기, 2007; 나종민, 김천기, 2015). 교육 내적으로 교육시스템이 변해야 하고 교육의 목적, 방법, 내용, 평가와 아울러 학교의 의사소통, 사회화 등이 달라져야 한다. 그것들이 어떻게 달라져야 하는가를 보여 준 것이 앞서 논의한 1부에서 4부까지의 내용이었다.

보울즈와 긴티스가 주장한 것처럼 회사나 공장에서 일할 수 있는 노동자를 학교에서 양성하는 것도 문제이지만, 공장의 노동과 정처럼 표준화된 교육시스템에 따라 학생을 교육하는 것 역시 문제이다. 표준화되고 규격화된 테일러주의적 교육시스템이 이른바 '공장형 교육시스템'이다. 학교조직과 교육목적, 교과지식의 조직, 수업방법, 평가 그리고 대입 수능시험조차도 테일러주의의 표준화 방식을 그대로 따르고 있다. 현재의 입시경쟁방식은 공장형 교육시스템 속에서 '누가 잘하는지'를 골라내기 위한 경쟁방식이다. 오늘날 "기업은 21세기, 학생은 20세기, 학교는 19세기"라는 비판이 있지만, 학교가 옛날 모습을 벗어나지 못하는 가장 근본적인 이유가 바로 테일러주의 방식 때문이라는 점은 정작 놓치고 만다. 그리하여 학교는 19세기의 교육방식을 벗어나지 못한다고 비판하면서도 정작 테일러주의는 지지하는 모순이 발견되기도 한다.

테일러주의에 기반을 둔 '공장형 교육시스템'이 현재까지 지속되는 이유는 무엇일까? 단순히 대응이론의 견지에서 설명되기보다는 손다이크(Thorndike), 보빗(F. Bobbit) 등의 학자들과 교육자들이 테일러주의의 원리를 수용하여 기술공학적 교육모델을 제공한 역사적 측면에서 생각되어야 한다. 예를 들어, 보빗은 1918년 그의 저서 『교육과정』에서 산업체의 생산공정을 모방한 교육과정이 필요하다고 주장하였고, 타일러(Tyler)는 기술적 생산모형에 기반을 둔 교육과정 개발모형을 구체적으로 제시하였다(박휴용, 2012). 그들의 입장에서 보면, 테일러주의를 받아들인 이유를 이해할 만도 하다. 지금시대에도 기업의 혁신은 학교교육에서도 적극적으로 받아들여야 한다는 주장이 있다. 이 주장에 깔려 있는 사고방식에 따라 생각해 보면 20세기 초 산업계의 테일러주의는 매우 혁신적인 아이디어로 인식되었을 것이고 따라서 교육시스템에도 접목시켜야 한다는 생각을 당연히 했을 것이다. 실제 테일러주의라는 '과학적 경영원리'가 교육시스템 설계에 적용되었고, 그에 따라 20세기 공장형 교육시스템이 정착되었으며, 21세기인 지금까지도 공장형 교육시스템은 큰 변화 없이 그대로 유지되고 있다.

듀이는 그 당시에 테일러주의를 교육에 접목시키는 것에 반대했고, 공동의 삶의 방식으로서의 민주주의 원리에 따라 교육의 조직과 목적, 내용 등이 구성되어야 한다고 생각하였다. 따라서 듀이가 테일러주의에 기반을 둔 교육시스템 자체를 민주적 시스템으로 바꿔야 한다고 주장했다고 해서 조금도 이상할 것이 없다. 공장형 교육시스템은 본래 테일러주의적 노동분업의 아이디어를 적용한 것이므로, 테일러주의적 노동분업방식을 탈피하여 민주적 노동분업방식이 정착될 때, 교육시스템의 변화는 더욱 추동력을 얻을 수 있으리라고 예견해 볼 수 있다. 그 점에서 노동분업방식에 더욱 관심을 가질 수밖에 없다는 것이 이해된다. 물론 듀이는 단지 교육시스템의 변화를 위해서 노동분업방식의 변화를 추구한 것만은 아니었다. 협동적 노동분업방식은 공동의 삶의 방식으로서의 민주주의 토대라고 믿었기 때문에 노동분업방식에 대해 지속적으로 비판적 관심을 보인 것이다.

듀이의 민주주의 교육의 이상이 실현되려면 테일러주의에 기반을 둔 위계적 노동분업방식도 바뀌어야 하지만, 이것이 현실적으로 가능한가라는 회의감이 나올 수 있다. 그런데 과거 제조업 중심의 경제에서 지식기반경제로 바뀐 시대적 변화의 흐름 속에서 듀이의 이상이 실현될 수 있다는 전망이 제기될 수 있다. 마치 듀이가 주장한 교육의 이상은 지식기반경제체제가 요청하고 있는 것처럼 보인다. 드러커(Drucker, 2002)에 따르면, 지식경제시대는 과거 제조업 중심의 산업체제에서처럼 기계적이고 자유가 없는 일을 하는 것이 아니라 창의적이고 자유로운 일을 하는 지식노동자를 필요로 하기 때문이다. 경영자들 역시 노동자의 창의성과 노동자 개개인의 동기부여가 기업의 혁신에서 핵심 열쇠라는 것을 깨달아 가고 있다(Drucker, 2002). 이제 경영자들 앞에 놓인 새로운 도전은 기업의 정해진 틀에 노동자들을 끼워 맞추는 것이 아니라, "그 반대로 각자 가진 고유의 기술과 지식을 마음껏 발휘할 수 있도록 노동자 개개인에 맞춰 기업 조직을 유연하게 바꾸는 것"이다(Drucker, 2002: 147). 후쿠야마는 다음과 같이 주장한다.

> 지식기반사회에서는 창의성과 지속적인 지식창출로 높은 경제성과 풍요로운 삶이 보장되는 사회가 될 것이고, 기회의 확대로 사회적 통합이 유지되는 인간사회가 도래할 것으로 예측할 수 있다. 즉, 지식이 정보인프라를 통해 자유롭게 유통됨에 따라

> 개인 간의 지식격차가 최소화되어 형평성을 달성할 수 있고, 공동체정신을 유지할 수 있을 것으로 기대된다(김어진, 2013: 8 재인용).

지식경제가 이렇게 된다면 더 바랄 것이 없겠지만, 아직 현실은 후쿠야마가 말하는 지점에 이르지 못했다. 드러커와 후쿠야마의 예언대로 한다면, 지식기반경제에서 직업교육도 창의성과 지식창출 능력을 갖춘 노동자 양성에 주력해야 할 터이지만, 실제 그런 변화는 보이지 않는다(김어진, 2013). 오히려 그와는 반대로 지식노동은 표준화, 파편화되어 가고 있다는 비판이 있다. 영국 학자 브라운 등(Brown et al., 2013)은 기업들이 지식노동을 디지털 소프트웨어로 표준화해 왔음에 주목하면서, 지식노동도 '디지털 테일러리즘'에서 벗어나지 못함을 지적한다.

> 관리자 · 전문가 · 기술자들의 지식은 노동통제와 이익 극대화라는 경영의 관점에서 체계적으로 분류되고, 소프트웨어, 전자 표준화, 매뉴얼 등으로 재가공된다. 이를 통해 지식노동은 단편화, 파편화되며 지식노동자는 통제하기에 용이하게 된다. 예를 들어, 디자인과 설계 등의 '창조적 분야'의 '지식노동'조차도 기업에 고용되면, 새로운 플랫폼과 프로그램을 만드는 데 필요한 창의성은 단순한 수준으로 조각조각 하나의 벽돌처럼 분해된다. 그래야 고용주는 종업원들에게 의존하지 않고 '서비스 생산공장'을 돌릴 수 있다(Brown et al., 2013: 117).

만일 지식기반경제 역시 디지털 테일러리즘에 따른 노동과정을 탈피하지 못한다면, 듀이의 이상적인 교육론이 여전히 실현되기는 어렵다. 지식기반경제에 부응하는 교육으로 흔히 핵심역량 교육이 일컬어지고 있는데, 핵심역량 교육 역시 디지털 테일러리즘에 의해 표준화된 지식노동의 현실과 부합되는지 다시 살펴볼 필요가 있다.

듀이는 경제민주화, 노동분업구조의 민주화를 주장하지만, 그렇다고 그것을 민주주의 교육실현의 선결조건이라고 주장하지는 않는다. 적어도 『민주주의와 교육』을 집필하던 1900년대 초의 진보주의개혁 시기만 해도 그러하였다. 그러던 그의 입장이 1930년대 세계적인 경제파탄을 초래한 경제공황을 계기로 바뀌게 되었다. 즉, 자유방임적 자본주의는 그 속성상 민주주의의 장애물이며, 이것이 사회를 지배하는 상황에서 민주주의 교육은 한계가 있다는 쪽으로 그의 강조점이 이동하였다(이성호, 2003). 물론 그렇다고 해서 학교 자체가 민주주의 공동체의 발아적 형태가 될 수 있다는 희망을 완전히 버린 것은 아니었다.

듀이가 『민주주의와 교육』에서 전통철학의 이원론의 폐단에 대해서 많은 비판을 했지만 이원론 교육철학의 문제는 결국 자유교육과 대비된 직업교육의 문제로 귀착된다. 듀이가 직업교육의 문제를 가장 중요한 교육학적 문제로 삼은 것은 예상 밖의 일이라고 할 수 있다. 듀이의 교육철학이라 하면, 일반적으로 아동중심교육, 경험중심교육이 핵심사상으로 간주되고 있지만, 『민주주의와 교육』의 결론은 한마디로 직업교육의 '재조직화'이다. 이에 대해서는 다음 주제에서 살펴보고자 한다.

30

모든 아이를 위한 교육: 자유교육과 직업교육의 통합

『평균의 종말』의 저자이며 하버드 교육대학원 교수인 로즈는 자신이 알루미늄 판금 공장에서 노동자로서 젊은 시절 일했던 경험을 이렇게 말하고 있다.

> 그 공장에서 일하던 시절을 떠올릴 때 가장 잊히지 않는 기억 두 가지는 넣고 찍고, 넣고 찍고, 또 넣고 찍고를 끝도 없이 반복하던 것과 교대 근무시간의 시작과 종료를 알리는 그 귀청 찢어지는 금속성 종소리다. 그곳에서의 근무는 한 마디로 인간성 말살의 경험이었다. 그곳에서는 알루미늄 공장 근로자로서 나의 개개인성이 조금도 중요하지 않았다(Rose, 2018: 69).

이렇게 '몸을 수고롭게 하는 일'은 보편적인 분업의 형태인가? 개개인성이 인정받지 못하는 기계적인 분업방식이 과연 인간의 성장에 기여하는가? 맹자의 말을 빌려와 현대 자본주의 사회에서도 '마음을 수고롭게 하는 일'과 '몸을 수고롭게 하는 일'의 분리가 보편적 진리라고 주장한다면, 그것은 여전히 마음(정신)과 몸을 이원적으로 분리시키는 전통적 이원론에서 벗어나지 못한 것이다. 듀이가 민주주의 이념에 부합되지 않는 철학으로 지적하는 것이 바로 이러한 이원론철학이었다.

듀이의 문제의식은 현대 산업사회에서 왜 노동자의 일은 지적이고 자유로운 일이 되면 안 되는가 하는 것이었다. 왜 현대 사회는 전근대적 사회가 아님에도 전통적인 이분법적 관점에서 노심자(勞心者)의 일은 자유롭고 지적인 일이고, 노력자(勞力者)의 일은 기계적이고 노예적인 일이 되어도 좋다고 생각하는가 하는 것이다. 이 주장에 대해 오해가 생기기도 한다. 마치 노력자의 일만 고된 노동이고, 노심자인 학자 · 교수의 일은 자유롭고 한가한 일이라고 듀이가 말한 것으로 오해되기도 한다. 이홍우(2009b)의 말처럼 교수가 연구하는 일도 "죽을 고생"을 하는 일이다. 그것을 듀이가 몰랐을 리 없다. 듀이가 말하는 포인트는 그것이 아니다. 교수 · 학자의 일은 노동자의 일 못지않게 고된 일이기는 하지만, 자유롭고 지적인 일이 아닌가? 그런데 노동자의 일은 왜 자유롭고 지적인 일이 되어서는 안 되는가라고 묻는 것이다. 노동자의 일은 그 성격상 자유롭고 지적인 일이 될 수 없다고 말한다면 이 역시 아리스토텔레스의 이분법적 사고에서 벗어나지 못한 것이라는 것이다.

앞 장에서 언급한 바와 같이 머리/손발의 이분법을 폐기하는 데서 나오는 일원론적 교육은 자유교육과 유용성 교육의 통합을 이끌어 낸다. 정신과 육체의 구분, 사고와 경험의 구분, 여가와 노동의 구분 등에 기반을 둔 이원론적 교육방식을 일원론적으로 재조직하여 활동과 경험 속에서 지적으로 사고할 수 있게 하는 것이 듀이가 말한 '교육의 재조직화'이다. 이것이 듀이가 주장하는 민주주의 이념에 적합한 교육이다.

듀이는 『민주주의와 교육』의 '여가와 노동'편에서 자유교육을 비판적으로 살펴봤다면, '직업교육'편에서는 취업준비를 위한 직업교육의 문제를 중점으로 다루고 있다. 가난한 집안의 자녀들에게 어떤 교육을 해야 될 것인가? 불평등이 영속화되고 재생산되는 사회 속에서 가난한 아이들을 위한 교육은 어떤 교육이어야 하는가? 직업교육이 적합한 것인가? 듀이의 고민은 이것이었고, 오늘날 우리 시대의 고민도 그의 고민과 크게 다르지 않다.

듀이처럼 고민할 것 없이 가정형편이 어려운 어린 학생들에게는 직업교육을 시켜, 생산현장에 나가서 생산 활동을 하도록 하면 되잖은가. 그것이 학생들에게도 좋고 산업 현장에도 좋은 것이다. 거기에 무슨 문제가 있는가라고 생각할 수 있는데, 듀이는 그런 현실에 대해서 놓아 버릴 수 없는 문제의식을 가지고 있다. 학생들이 장차 종사하게 될 직업을 좋아하고, 그 일에서 흥미와 성취감을 느낄 수 있다면 별다른 문제는 없다. 하지만 학생들이 오로지 생계 때문에 온갖 '갑질'을 당하면서 흥미도 매력도 없는 일을 할 수밖에 없는 상황이라면, 그 일을 준비시키는 직업교육에 대해서 어떻게 생각해야 할 것인가 하는 것이다.

듀이는 종래의 직업교육의 '위험성'을 지적하고 있는데, 직업교육이 종국에 사회계급의 구분을 더욱 경직된 형태로 영속시키는 취업교육이라는 것이다. 물론 일반 사람들은 듀이와 다르게 생각할 수도 있다. "이건 현실이잖아. 없는 사람은 직업교육이라도 받아서 취업해야 먹고 살 수 있잖아." 일자리는 부족하고, 대학졸업자출신의 실업자가 넘치는 어려운 현실에서 산업체제의 노동문제를 운운하는 것은 '배부른 소리'라고 비웃을지 모른다. 그런 말은 현실적인 무게감을 갖는다. 하지만 그 말은 역설적이게도 우리 현실이 계급재생산의 거대한 메커니즘의 강력한 작동에서 벗어날 수 없다는 것을 웅변해 주는 것이다.

경제적 양극화가 심화되는 현실에서 자신의 타고난 처지를 바꾸기 어려운 사람들은 자연스럽게 전근대적인 봉건적 도그마에 갇히게 된다. 그것이 듀이가 말하는 '사회적 지위예정설'이다. 예컨대, "너는 가정이 어렵잖아, 그럼 실업계를 가야지. 인문계를 가더라도 대학은 포기해야지. 다른 길이 없지. 어쩔 수 없잖아." 이것이 아이의 사회적 지위가 미리 예정되어 있다는 사회적 지위예정설이다. 본인도 그 길 이외에는 다른 길이 없다는 것을 알기에 받아들이게 된다. 사회적 지위예정설은 중세 때의 구원예정설의 현대적 버전이다. 캘빈의 구원예정설은 '넌 어떻게 하든 구원 못 받게 되어 있어. 네가 착한 일을 많이 했다고 해서 구원을 받는 것은 아냐.' 또는 '넌 어떻게 하든지 구원받도록 되어 있어. 네가 아무리 악한 일을 많이 했다고 해서 구원 못 받는 것은 아냐.'라고 해석되고 있다.

기독교의 예정설이 현실 속에서 구원받도록 예정되어 있는 사람이 있는가 하면 구원을 받지 못하도록 예정되어 있는 사람이 있다는 식으로 해석되듯이 사회적 지위예정설은 어린아이에게 사회적 지위가 이미 예정되어 있는 사회계급현실을 반영한다. 우리 사회에서 '헬조선'이니 '금수저' '흙수저'니 '부모 찬스(기회)'니 하는 말은 전근대적 사회적 지위예정설을 표현하는 양극화 시대의 용어라 할 수 있다. 다음은 가난한 집안의 특성화고 졸업자가 자신이 겪은 사회경험을 담은 기사 내용이다.

> 올해 1월 특성화고를 졸업한 뒤 중소기업에 취업했지만 노골적인 '고졸 차별'을 겪고 퇴사, 재취업을 준비 중이라는 ㅅ(19)씨는 "사회생활을 빨리 하고 싶어 상고에 진학해 3년간 내신 관리와 자격증 취득에 힘썼지만, 어렵게 취업한 회사에서 특성화고 출신이라는 이유로 '유치원생 수준으로 가르쳐야 돼.'라는 모욕적인 발언을 들었고, 친구들에게는 '○○상고' 등의 별명으로 불렸다."며 "학교생활을 정말 열심히 했지만 세금 · 식비를 떼면 최저임금을 밑도는 급여와 사회적 편견 · 무시를 겪으며 우리 사회에 보이지 않는 계급이 존재한다는 걸 깨달았다(한겨레신문, 2019. 8. 31.).

듀이가 취업교육으로서의 직업교육을 비판하는 이유는 직업교육이 단지 사회적 지위예정설을 실현하기 때문만은 아니다. 직업교육 자체의 성격 때문이기도 하다. 직업교육은 "실용적인 결과를 추구하느라고 상상력을 개발하는 일, 취향을 세련시키고 지적 통찰을 깊이 있게 하는 일을 희생시키는 교육"(DE, 385)이다. 그런 교육은 어떠한 결과를 가져오는가? "배운 내용의 용도를 제한하는 결과를 가져오며" "그 적용가능성이 다른 사람의 감독하에 하는 판에 박은 활동에 국한된다."는 것이다(DE, 385). 그러한 직업교육을 받은 노동자는 "자유롭고 지적인 사람으로서가 아니라 임금을 받기 위해서" 상사의 통제를 받으며 판에 박힌 반복적 활동을 하는 기계부속품으로 취급된다.

듀이의 기존 직업교육에 대한 비판은 이러한 직업교육을 요구하는 유기적이고 위계적인 산업체제를 겨냥한다(DE, 457-458).

> 현존하는 산업체제를 출발점으로 하는 직업교육의 방안은 그 체제가 나타내고 있는 구분과 강점을 받아들이고 영속시킬 가능성이 있으며, 따라서 사회적 지위예정설이라는 봉건적 독단을 사실로 확립하는 도구가 될 가능성이 있다. 자기가 하고 싶은 대로 할 수 있는 사람들은 자유교양의 효과를 나타내는 직업을 가지려고 할 것이다. 또한 이런 종류의 직업은 남을 지도하는 자리인 만큼 그들이 직접 관심을 가지고 있는 젊은이들에게도 적합한 직업이라고 그들은 생각한다. 체제를 둘로 갈라서, 운수가 별로 좋지 않은 다른 사람들에게는 특수한 취직준비교육을 시켜 주려고 하는 것은 결국 학교를, 노동과 여가, 교양과 봉사, 마음과 몸, 지도하는 계층과 지도받는 계층 등의 옛날의 구분을 명목상의 민주사회로 이월시키는 기관으로 취급하는 것이다(DE, 457-458).

계급재생산기능을 하는 취업교육이 아닌 새로운 형태의 직업교육을 하려면 어떻게 해야 하는가? 어떤 형태의 직업교육이든 다 해서는 안 된다는 관점도 있을 수 있다. 듀이로서는 자유교육과 유용성교육을 통합적으로 실시해야 한다는 자신의 일원론적 관점에서 직업교육을 생각하지 않을 수 없다. 취업준비를 위한 기존의 직업교육은 말할 것도 없고, 단지 실생활에 필요한 '유용성 교육'도 마땅치 않다.

그렇다면 듀이는 민주주의 사회에 부합된 새로운 직업교육은 어떻게 되어야 한다고 생각했을까? 우선 그는 직업에 대한 종래의 그릇된 관점을 바로잡고자 한다. 그래서 직업의 의미가 무엇인가에 대해서부터 듀이는 말하고 있다. 듀이가 직업의 의미를 새롭게 규정하는 이유는 직업교육이라는 것이 단순히 취업을 위한 기능적 · 실용적 교육이라는 보통 사람들이 일반적으로 가지고 있는 인식, 그것부터 불식해야겠다는 의도가 있다.

그는 교육적 관점에서 직업에 대해 이렇게 말한다. "모든 시대의 모든 인간에게 으뜸가는 직업은 삶,—즉 지적 · 도덕적 성장—이다"(DE, 448). 이렇게 듀이가 주장하는 것에 대해 선뜻 납득하기 어려울 수도 있다. 그런데 이렇게 생각해 보면 이해가 된다. 직업을 가지는 목적이 생계를 위한 것이기도 하지만, 근래에는 자아를 실현할 수 있는 직업, 자신의 지적 성장을 이룩할 수 있는 직업을 선호한다는 것을 생각해 보자. 이런 추세는 직업이 지적 · 도덕적 성장이라는 말이 생뚱한 말이 아니라는 것을 보여 준다. 더군다나 교육적 측면에서 직업에 대해 이렇게 생각해야 하는 이유는 교육의 대상이 청소년기에 있는 학생들이기 때문에 더욱 그러하다. 직업에 대한 듀이의 교육적 관점은 실제 학생들의 직업교육에 대해서도 중요한 함의를 지닌다. 즉, "학생들이 장차 종사하게 될 직업을 미리 정하고 정확하게 그것에 들어맞는 준비를 시키기 위하여 교육하는 것은 현재의 발달 가능성을 해치는 것이며, 따라서 장차 올바른 직업생활을 위한 준비도 잘 시켜 주지 못한다"(DE, 448).

듀이가 지적하는 사람들의 편견 중의 하나는 적성에 맞는 직업은 한 가지씩만 있다는 의식이다. 아이에게 맞는 직업은 어떤 한 가지일 것이라고 생각하게 될 때와 그렇지 않을 때는 차이가 있다. 왜냐하면 아이의 적성에 맞는 직업이 뭔가 딱 하나만 있다고 생각한다면 이른 나이에 그 적성을 발견해서 그 직업에 맞도록 그 적성을 개발하는 게 필요하다는 생각을 하게 된다. 직업 적성에 대한 관점이 바뀌면 진로지도 방식도 달라질 수밖에 없다.

자신이 관심을 가지고 자유롭게 선택한 직업은 자신의 적성과 일치해야 한다는 것은 플라톤의 철학이다. 이 철학은 오늘날도 여전히 타당하고 설득력을 지니고 있다. 하지만 능력과 적성이 고정된 것이므로 조기에 학교에서 그 능력과 적성을 발견하여 그에 맞게 교육을 해야 한다는 플라톤적 관념을 듀이는 배척한다. "능력과 적성의 발견은 성장이 계속되는 한 끊임없이 계속되는 과정이어야 한다. 나중에 어른이 되었을 때에야 선택할 일을 발견하는 일이 어떤 특정한 시기에 요지부동으로 이루어져야 한다는 것은 임의적이고 관례적인 견해이다"(DE, 449).

그리고 적성에 맞는 일의 발견이라는 말을 이해하는 데는 그 일의 직업세계가 어떠한가를 당연히 생각해 봐야 한다. 그 일의 세계 속에서 해야 하는 일이 다른 사람이 세운 계획과 구상을 효율적으로 수행해야 하는 일인지, '지적' 주도권을 가지고 스스로 자신의 일을 통제할 수 있는 일인지에 관심을 가져야 한다. 여기서 '지적'이라는 말은 실제적인 경험과 괴리된 사고나 학문적 추상성을 높이 평가하는 태도를 가리키지 않는다. 유목적적인 활동을 하는 과정에서 아이디어를 내거나 깊은 흥미를 가지고 사고하는 것을 의미한다(Noddings, 2008).

또 하나 사람들의 그릇된 편견은 직업에 대한 귀천의식이다. 듀이는 이에 대해서는 직접적으로 말하지는 않았지만 중요한 문제이기 때문에 생각을 해 보자. 왜 사람들은 직업에 대해 귀천의식을 가질까? 노동일을 하는 직업은 못 배운 사람이나 하는 천한 일이라고 경시하는 경향이 있다. 육체적인 일이 아니라 머리를 쓰는 지적인 일을 하는 직업을 귀하게 생각한다. 그것은 유교사상의 영향이라고 여겨지지만 그리스 시대의 아리스토텔레스 철학의 영향이기도 하다. 나딩스(Noddings, 2008)는 이렇게 묻는다. 흔히 사람들이 하찮게 여기는 직업들, 예를 들어 버스와 트럭 운전사, 백화점 계산원, 건설 노동자, 페인트공, 배관공, 웨이터, 가정부, 사무실 청소원, 판매원, 경비원 등의 일을 하려 하지 않는다면 사회에 어떤 일이 벌어질까? 물론 외국인 노동자로 대체하면 된다고 생각하는 사람들이 있겠지만, 어린 학생들 중에도 장차 이런 일을 하게 될 학생들이 있을 것이다. 그런데 이런 일을 하는 사람들은 학교교육의 실패자나 낙오자처럼 인식하는 사람들이 있다. 그리하여 그 일을 하는 사람들을 아예 '루저'로 취급하는 경향이 있다. 왜 이런 일은 공부를 못해서 낙오된 사람이나 하는 일인 것처럼 천시하고, 그 일에 대해서는 사회적 의미를 부여하지 않는가?(Noddings, 2008)

이와 관련하여 호네트(Honneth, 2011)의 인정투쟁이론은 한 가지 중요한 통찰을 제시해 준다. 경제적인 측면에서 보면, 노동분업구조에서 특수하게 기능화된 역할을 하는 노동자는 오로지 임금을 위해서 일을 하며, 그 일에 대한 경제적 보상을 받는 것만으로 충분하다. 하지만 다른 한편 사회적 측면에서 보면 이러한 경제적인 방식으로는 노동분업이 사회연대를 창출하지 못한다. 이해를 돕기 위해 EBS 지식채널(2013. 9. 12.)의 〈얼굴들〉을 보자. 스웨덴 시청건축에 참여했던 건설노동자들이 잊혀지지 않도록 시청에 노벨상을 받은 인물들과 더불어 그들의 얼굴조각상과 초상화가 걸려 있다. 왜 이러한 일이 감동을 주는가? 왜 그렇게 우리 사회와는 다른가? 일면 생각해 보면, 그 노동자들은 자신의 일을 하고, 그에 상응하는 임금을 받았으니, 그들에게 더 해 줄 것이 없다. 그들은 자신의 생계를 위해 일했고, 그 대가로 임금을 받은 것이다. 그러므로 특별히 고마워할 것도 없고, 역사 속에 오래 기억되도록 할 필요가 전혀 없다. 이것은 자본주의화된 의식의 전형이다.

하지만 노동분업에는 경제적 측면만이 있는 것이 아니라 또한 사회적 측면이 있다. 노동자들을 사회공동체적으로 인정해 주고 존중하는 것은 사회적인 측면이다. 건설노동자들의 노고와 기여를 사회적으로 인정해 주는 사회공동체는 아름답다. 그것은 사회적 공감과 상호 인정관계 속에서 이루어진다. 이러한 인정행위 자체는 노동자들에게 그들의 일이 단지 임금을 위한 일이 아니라 사회공동체에 기여를 한 것이라는 자부심과 자긍심을 갖게 만든다. 자신을 인정해 주는 사회공동체에 대한 애착심, 그리고 자신의 땀과 피로 건축한 시청에 대한 자부심은 바로 사회적 연대를 촉진하는 것이다. 한국사회는 이러한 사회적 측면에서 노동자들의 기여를 인정하고 존중하는 것에 인색하며, 그 기여를 인정해 주는 것이 마땅하다는 인정규범이 결여되어 있다. 그런 결과로 큰 공을 이루어 낸 영웅은 높이 떠받들면서도 이름 없는 노동자들의 일은 하찮게 여기고 무시할 뿐, 그들의 기여의 가치를 인정해 주는 사회공동체의 유기적 연대의식은 부족하다. 노동분업의 관계를 규율하는 인정규범이 결여되어 있기 때문이다. 인정규범이 부재한 조건하에서는 사회적 연대와 통합을 이루기 어렵다. 이것이 인정투쟁이론의 관점에서 우리가 얻을 수 있는 통찰이다.

듀이가 취업교육인 기존의 직업교육의 대안으로 제시하는 것은 '자유 교육적 직업교육'이라고 예상해 볼 수 있다. 듀이는 일원론적 관점에서 자유교육과 유용성 교육의 통합을 주장했기 때문에, 그 관점에서 보면 듀이가 자유교육과 직업교육을 통합한 '자유교육적 직업교육'을 주장하게 되는 것은 당연하다. 듀이의 통합적 관점은 화이트헤드(A. Whitehead)의 견해와 그다지 다르지 않다(유재봉, 2003). 화이트헤드는 자유교육과 직업교육의 분리가 플라톤적 철학의 해악적 요소의 유산이라고 지적한다. 직업교육과 자유교육을 상호 대립되는 것으로 보는 자체가 그릇된 것이라는 것이다. 화이트헤드에 따르면, 자유적이지 못한 직업교육은 부적절하며, 직업적이지 않는 자유교육이란 존재하지 않는다. 기예(技藝)와 지성의 두 가지 이상을 동시에 가지지 않고 전달되는 교육이란 없다(유재봉, 2000).

듀이가 지지하는 직업교육은 산업이나 직업분야에 일할 사람들에게 단순히 기술적인 준비를 시키는 교육이 아니라 사회의 여러 가지 형식의 작업활동에 포함되어 있는 지적 · 도덕적 내용을 가르치는 교육이다. 듀이의 이러한 직업교육관은 직업에 대한 그의 견해에 기초하고 있다. 듀이에 따르면, 통념적으로 사람들은 직업을 "개인이 사회에서 생활을 영위하고 수입을 얻을 목적으로 한 가지 일에 종사하는 지속적인 사회활동"이라고 생각하는데, 그것은 직업을 좁게 정의한 것이다. 직업이 수입을 얻을 목적으로 어떤 한 가지 일에 종사하는 것이라는 생각은 충분하지 않다는 것이다.

예술가를 예로 들어 보자. 예술가라는 직업은 그 사람이 하는 다양한 직업활동 중에서 두드러진 전문적 측면을 가리키는 것이다. 예술가가 직업이라고 해서, 그것 이외에 하는 직업적 활동이 없는 것이 아니다. 예술가로서 하는 '소명' 말고도 소홀히 할 수 없는 다른 소명들도 많다. 부모로서 자녀를 잘 양육해야 되는 일도 있으며, 민주시민으로서 공동체의 일에 참여해야 하는 것도 있다. 그런데 딱 하나 직업이 예술가이니, 그것 하나만 잘하면 된다는 식으로 삶을 살아가면 어떻게 되겠는가. 사실 그렇게 해서는 뛰어난 예술가가 되기도 어렵다. 듀이가 말하듯이, 예술가도 삶을 살아가면서 '경험'을 해야 한다(DE). 예술가는 자신의 예술적 활동의 소재와 내용을 그 예술 안에서 찾기 어렵다. 예술적 활동은 자신이 사는 환경 속에서 인간으로서 받는 고통과 기쁨, 숭고한 감정의 표현이어야 한다. 수입을 목적으로 하는 직업적인 활동 이외에는 아무런 관심이나 활동이 없다면, 스스로를 일의 기능적 도구로 만드는 것이다.

듀이가 이상적으로 생각한 자유 교육적 직업교육은 실업계 학생들의 직업교육에 한정된 이야기가 아니다. 모든 아이도 교육을 받고 장차 직업에 종사하게 되므로 듀이가 말하는 자유 교육적 직업교육과 무관하지 않다. 자신이 종사하는 직업을 통해 사회에 의미 있는 봉사를 하고 사회적 인정을 받으며, 또한 개인적으로 자신의 일 속에서 자율성과 지성의 탁월성을 발휘할 수 있을 때에 자유 교육적 직업교육은 비로소 실현될 수 있다. 이를 위해서 듀이는 직업교육과 자유교육을 분리시키는 위계적인 노동 분업구조를 개조하고, 또한 그것을 정당화하는 이원론적 철학을 폐기하고자 하였던 것이다. 이것이 듀이가 이루고자 하는 것이었다.『민주주의와 교육』에서 결론적으로 듀이가 얘기하려고 했던 것은 민주주의 이념에 부합된 새로운 직업교육이었다.

듀이가 주장한 교육의 재조직화의 핵심이 자유교육과 직업교육의 통합이라고 한다면, 양자의 통합은 수월성과 평등성의 의미를 새롭게 재규정할 수 있게 한다. 지금껏 통념적으로 학업성적에서 탁월하게 우수한 것이 수월성이며, 계급집단 간의 학업성적의 차이를 비슷하게 만든 것이 결과의 평등이라는 관념이 지배적이었다. 그런데 학업성적은 단지 학습의 결과이며, 학습의 내용이 무엇인지는 밝혀 주지 않는다. 자유교육과 유용성 교육의 통합의 관점에서는 다음과 같은 질문을 제기할 수 있다. 통념적으로 교육계에서 말하는 수월성과 평등은 자유교육에서의 수월성이요 평등인가? 아니면 유용성 교육에서 수월성이요 평등인가?

자유교육론자의 관점에서는 당연히 자유교육에서의 수월성과 평등을 주장할 것이다. 자유교육론자의 말을 인용하자면, "당장의 실제적 목적 달성에 관심을 두는 일상의 실천(유용성 교육의 실천)이 아니라 일상의 실천을 초월하는 실천, 초월적 실재를 추구하는 실천(자유교육의 실천)"에서의 수월성과 평등을 주장할 것이다(차미란 2011: 254). 자유교육론자의 관점에서는 실제적 목적 달성을 위한 유용한 교육과 다르게 초월적 실재를 추구하는 관조적 정신을 키우는 교육에서의 수월성과 평등이 중요하다고 여겨진다. 여기서 보듯이 자유교육에서의 수월성과 평등 교육은 '유용한 일(실제적 활동)' = 몸/ '삶의 관조(초월적 실재 추구)' = 정신이라는 이원론에 입각하고 있다.

자유교육론에서는 이원론의 문제가 중요하게 인식되고 있으나, 교육계의 통상적인 수월성과 평등 관념에서는 노동과 여가의 분리, 육체와 영혼의 분리, 경험과 사고의 분리 등의 이원론적 문제가 제대로 인식되지 못하고 있다. 자유교육의 관점과 달리 듀이의 관점에서는 이원론에 기초한 계급 분리적 교육을 없애는 것이 평등을 실현하는 교육이다. 그리고 장차 분업구조 속에서 어떤 일을 하든지 모든 사람에게 자신의 영혼과 지성의 탁월성을 발휘할 수 있게 하는 교육이 수월성 교육이다. 그런 의미의 수월성과 평등 교육은 상호 대립되거나 모순되지 아니하며, 동시에 실현될 수 있다는 것이 듀이가 말한 민주주의 교육의 철학이며, 그러한 교육의 실현이 바로 재생산기능 교육을 극복한 민주주의 교육이라고 말할 수 있다.

Part

세상의 모든 아이를 위한 민주주의와 교육

06

각자도생을 넘어서 협력적 공동의 삶의 교육으로

31

사회적 상호성: 개인과 세계의 연속적 관계성

인간은 세계와 분리되어 독립적으로 존재하는가? 근대철학에서 세계와 개인이 이원적으로 분리되는 문제에 대해 듀이는 심도 있게 다룬다. 듀이의 철학은 개인과 동료인간, 세계는 서로 뗄 수 없는 연속적 관계성 속에 있다고 본다. 이러한 점에서 듀이의 철학은 생태주의 철학의 성격을 띠고 있다는 평가를 받기도 한다.

그런데 세계와 개인의 분리 문제가 왜 그렇게 중요한 것일까? 이는 두 가지 측면에서 중요한 의미를 지니고 있다. 개인과 세계의 분리 문제는 인식론과 관련되어 있을 뿐만 아니라 공동체, 공동의 삶의 방식과 관련되어 있다.

듀이는 기존의 인식론에 대하여 이렇게 의문을 제기한다. 세계와 다른 인간으로부터 "개인이 본래 분리, 고립되어 있는 상태라면 어떻게 사회적으로 통일되고 사회적 의식을 갖게 할 수 있는가?"(DE, 431) 이 질문은 고립된 개인의 이익추구를 금과옥조처럼 여기는 신자유주의 시대인 지금에도 유효하다. 듀이는 유럽철학인 합리주의와 공리주의가 이 질문에 대해 답할 수 있는지를 검토한다. 듀이에 따르면, 합리주의는 토론의 자유, 합리적 이성을 중시하기 때문에 개인을 옭아매는 옛날의 그릇된 생각을 파괴하는 데 기여한다. 하지만 사람들 사이의 새로운 유대와 연대의식을 건설하는 것과는 무관하다. 공리주의는 개인과 사회를 연결시키는 방법으로 개인들의 자기 이익에 호소하는 방안을 생각했다. 첫째, 다른 사람에 대한 불간섭, 둘째, 다른 사람의 복지에 대한 존중이 그것이다. 첫째는 공리주의의 기본 바탕이 개인주의철학이라는 점에서 이해가 가지만, 둘째는 쉽게 이해되지는 않는다. 어떻게 복지가 개인들의 자기 이익과 연관될 수 있을까? 요즈음 우리 사회에서도 복지실현은 매우 중요한 국가적 과제인데, 왜 그렇게 복지가 중요한가라고 묻는다면 무엇이라고 말할까? 노령연금, 출산장려금, 아동수당, 실업급여 등의 복지 혜택에 대해 '포퓰리즘'이라는 비아냥거림이 있다. 그렇지만 공리주의 관점에서는 복지가 낭비가 아니라 결국은 사회 전체에 이익을 가져오는 것이다.

듀이가 보기에 공리주의와 합리주의와 대조적인 철학은 독일의 헤겔철학이었다. 합리주의가 고립된 개인주의로 전락해 있을 때, 헤겔철학은 이 철학들을 구제해 내는 데 강력한 영향력을 행사하였다고 듀이는 평가한다. 절대이성의 국가 내재화를 주장한 헤겔철학은 국가조직이 공적인 일에 더 건설적인 관심을 가지도록 하는 데 기여하였다. 예를 들어, 국가가 공동체의 이익을 추구함에 있어 공교육에 관심을 기울이도록 하였다. 하지만 헤겔철학은 국가조직과 기관도 개인들의 참여에 의하여 바뀔 수 있다는 신념을 담고 있지 못하였다는 점을 듀이는 지적한다.

듀이가 살던 20세기 초 자유방임적 자본주의 사회는 개인을 철저히 분리되고 고립된 존재로 보는 개인주의가 팽배했던 사회였다. 듀이는 이러한 개인주의를 인간의 본성에 고유한 것이라 생각하지 않았다.

> 인간 본성이 고유하게 그리고 배타적으로 개인적이라는 생각은 그 자체가 문화적인 개인주의적 운동의 산물이다. 정신과 의식이 본래 개인적이라는 생각은 인간 역사의 아주 많은 부분에서 누구에게도, 심지어 떠오르지도 않았다. 누군가가 그것을 제안할 생각을 하게 되었다면 그것은 무질서와 혼동의 불가결한 원천으로 거부되었을 것이다. 그것은 거부한 사람들의 생각이 후대의 생각보다 더 훌륭한 것이어서가 아니라 그것들이 또한 문화적 기능을 하는 것들이었기 때문이다. 우리가 안전하게 말할 수 있는 최대치는 인간 본성은 다른 삶의 형식들처럼 분화하는 경향이 있다는 것, 즉 서로 구별되는 개인적인 방향으로 나아가는 경향이 있다는 사실과, 또한 동시에 인간 본성은 조합과 결합에로 나아가는 경향이 있다는 것이다(Dewey, 2008: 77-78).[29]

개인을 분리되고 고립된 존재로 보는 개인주의가 팽배했던 사회에서 한 개인의 정신생활을 동료인간들의 정신생활과 묶어 주는 연대는 어떻게 가능한가 하는 것이 듀이의 의문이었다. 그 의문에 대한 답을 푸는 데 있어 듀이는 다음과 같은 명제를 전제한다. "개인 내부의 정신작용은 사회적 성격을 띤다"(DE, 432). 이것을 부인한다면 개인과 그 동료인간들을 결부시키는 유대를 어디서 찾을 것인가라고 질문을 던진다.

> 도덕적 개인주의는 삶을 '개인'이라는 각각 다른 구심점들로 의식적으로 분리시키는 데서 나온다. 그것은 각 개인의 의식은 다른 사람들의 관념, 원망, 목적과는 내재적으로 별개의 전적으로 사적인 독립된 대륙이라는 발상에 뿌리를 두고 있다. 그러나 사람들의 활동은 공동의 공적 세계 안에서 이루어진다(DE, 432).

개인 내부의 정신작용이 사회적 성격을 띠게 된다는 전제에 대해서 잠시 생각해 보자. 그러한 전제는 맞는 것일까? 현대 프랑스 사회학자인 부르디외(Bourdieu, 2006)는 개인의 의식은 사회적 의식과 분리될 수 없음을 그의 명저 『구별짓기』에서 명료하게 제시한 바 있다. 듀이는 어떻게 그 의문에 답하고자 했을까? 듀이가 보기에 사회적 상호작용이 없이는 의식이나 자아가 그 자체로 독립적으로 형성되거나 구현되지 않으며, 그런 이유로 인간이 가지게 된 의식과 자아는 이미 사회적 성격을 띠고 있다. 듀이는 다음과 같이 말하고 있다.

> 사회적 상호작용을 통하여 신념을 구현하는 활동에 참여함으로써 개인은 점차 자기 자신의 마음을 획득하게 된다. 마음은 자아가 순전히 따로 혼자서 가지고 있다고 생각하는 것은 진리에 정면으로 반대된다. 자아는 사물에 관한 지식이 그 주위의 삶에 그대로 살아 나타남으로써 마음을 '성취'하는 것일 뿐, 혼자서 지

식을 새롭게 건설해 나가는 고립된 마음이 바로 '자아'라고 말할 수 없다(DE, 428).

당시 자유방임적 개인주의 철학은 개인주의의 의의를 그릇되게 파악했다는 것이 듀이의 비판이었다. 자유방임적 개인주의는 개인이 세계와 분리되어 있고, 자신의 이익에만 관심을 갖는 주관주의 철학이라는 것이다.

듀이는 자신의 저서 『자유주의와 사회적 행동』에서 자유주의의 본래의 의미를 시대의 변화와의 연관 속에서 찾아야 한다고 역설하며, 자유주의 핵심인 개인주의 개념을 새롭게 규정한다(Dewey, 1999, 2000). 듀이는 이러한 새로운 개인주의를 『민주주의와 교육』에서는 '사회적 개인주의'라고 칭한다. 사회적 개인주의는 "개인과 자연, 그리고 동료인간과의 연속성"을 표현하는 용어이다(DE, 431). 다시 말해서, 사회적 개인주의는 개인과 개인 그리고 인간과 자연은 서로 뗄 수 없는 연속적인 관계성 속에 있으며, 세계에 무관심하지 않고 적극적인 관심을 가지며, 공적인 삶을 추구하는 개인, 타인과 소통하고 경험을 공유하는 '개인'을 중시하는 개념이다.

듀이의 사회적 개인주의는 개인주의에 대한 종래의 자유방임적 관념을 바꾸어 놓는다. 인간은 세계로부터 고립을 추구하는 것이 아니라 세계와 더 밀접한 관련성 맺기를 추구한다.

인간은 자연으로부터, 또 인간 상호간으로부터 자유로워지려는 그런 어리석은 노력을 한 것이 아니다. 인간은 자연 '속에서

’ 또 사회 ‘속에서’ 더 큰 자유를 얻으려고 노력하였다. 인간은 사물과 동료인간의 세계에 변화를 일으킬 힘을 증대시키고자 했던 것이며, 활동의 범위, 그리고 그 활동에 포함된 관찰과 관념의 자유를 증대시키고자 했던 것이다. 인간은 세계로부터의 고립을 원한 것이 아니라 세계와의 더 밀접한 관련을 원하였다. … 인간은 동료인간들과 더 밀접하게 한 덩어리가 되어, 보다 효과적으로 서로에게 영향을 주며 공동의 목적을 위하여 서로의 활동을 규합하기를 바랐다(DE, 426-427).

사회적 개인주의란 다른 무엇이 아니다. 사회적 개인주의에서 말하는 ‘개인’은 사회 초월적 존재가 아니라 공동체에 의존하는 개인이며, 사회적 조건의 변화에 민감하게 영향을 받는 개인이다.

예전에는 개인주의 하면 마치 그것이 움직이지 않고 정형화된 내용을 갖는 것으로 이해되었다. 그것은 개인들 내부의 정신적이고 도덕적인 구조와 그들의 욕구와 목적의 형태가 사회적 조건에서 수시로 크게 변화된다는 사실을 인정하지 않았다. 나아가 가족적인, 경제적인, 정치적인 또는 교육적인 공동체적 삶에 귀속되지 않은 개인들은 단지 유령들에 불과하다. 그러나 개인들 간의 연계가 단지 외적 현상이라고 보는 것은 잘못이다. 왜냐하면 그것은 또한 개인들 내부의 성향을 방향 지우면서 그들의 정신과 성격에 영향을 미치기 때문이다(Dewey, 1930: 80-81).[30)]

사회적 개인주의에서 말하는 ‘개인’은 공동체적 삶에서 뗄 수 없는 개인이다. 오늘날 샌델(Sandel, 2016)이 공동체주의적 의미로 말하는 '연고적 자아(situated self)'와 많은 부분 겹친다. 연고적 자아란 '공동의 삶을 영위할 수 있는 포괄적 자기 이해를 가진 자아'를 말한다.

> 우리는 우리 자신을 독립적인 자아로, 우리의 정체성이 우리의 목적과 애착에 얽매여 결정되지 않는 완전한 독립적인 자아로 볼 수 있는가? 나는 그럴 수 없다고 생각한다. 충직과 확신에 따라 살아가는 것은 우리 자신을 특정한 인간으로, 즉 이 가족, 이 공동체, 이 민족의 구성원이자 그 역사를 떠안은 사람으로, 이 공화국의 시민으로 간주하는 것과 분리하여 생각할 수 없다(Sandel, 2016: 247-248).

인간의 사회적 상호성을 바탕으로 한 듀이의 사회적 개인주의는 오늘날 어떤 의미를 지니는가? 오늘날 자유주의 전통과 공동체주의 전통의 관점이 대립되어 있는데, 이 대립의 근저에는 자아관이 놓여 있다(Sandel, 2016).

자유주의는 '무연고적 자아'를 가정한다(Sandel, 2016). 개인의 권리 중시 측면에서 보면 자유주의는 두 가지 형태로 나누어 볼 수 있다. 하나는 칸트철학의 전통을 이어받는 평등주의적 자유주의이며, 다른 하나는 자유방임적 자유주의 전통을 이어받는 자유지상주의이다(Sandel, 2016). 샌델(Sandel, 2016)에 따르면, 평등주의적 자유주의는 평등한 기본적인 권리를 가장 중시하며 권리의 주체로 '무연고적 자아'를 전제한다. 무연고적 자아란 공동체의 누구와도 연고가 없는 독립적인 자아를 의미하는 것으로 생각될 수 있지만 본래 그 의미는 자아는 좋은 삶의 목적과 목표에 우선하여 존재하며 그것들과 독립적인 존재라는 뜻이다. 즉, '나'라는 존재는 내가 보유한 선과 가치, 목표, 욕망과는 항상 구분되며, 그것들을 스스로 선택할 수 있는 자유롭고 독립적인 행위자라는 것이다(Sandel, 2016). 무연고적 자아의 관점에서는 자발적 선택이 아니라 도덕적 의무에 의해 이뤄진 공동체의 일원이 되는 것은 거부한다. 하지만 실제 사람이 자기가 살고 있는 공동체를 자발적으로 선택할 수 있는가 하는 의문이 제기된다. 무연고적 자아는 공동의 삶을 살아갈 수 있는 포괄적 자기 이해와는 거리가 멀다는 비판을 받는다(Sandel, 2016).

자유지상주의는 자유시장경제를 옹호하며, 정부의 침해로부터 사적 영역(경제영역)을 보호하는 것을 최고의 임무로 간주하는데 듀이가 비판했던 자유방임적 개인주의철학에 바탕을 두고 있다. 샌델(Sandel, 2016)에 따르면, 자유지상주의에서는 상호이익과 교환에 의해 형성되는 결사나 협업이 공동체를 구성한다고 가정한다. 하지만 공동체주의의 관점에서 볼 때 교환을 통한 상호이익을 전제하는 결사나 협업이 공동체를 구성하는 것은 아니다. 샌델의 공동체주의에 따르면, 구성원들은 상호이익에 따라 공동체에 대한 참여 여부를 결정하는 것이 아니며 공동체 속에서 태어나 공동체 속에서 살아간다(Sandel, 2016). 공동의 삶을 사는 공동체 구성원은 그 자신이 공동체의 역사를 겪은 경험적 주체이며 다른 구성원들과 공통의 가치관을 가지며 서로에 대해 연대감을 갖는 공동체적 인간이다(Sandel, 2016).

이상에서 살펴본 바와 같이 듀이의 사회적 개인주의는 공동체주의의 연고적 자아와 밀접히 연관되어 있음을 알 수 있다. 자유지상주의는 공동의 삶을 살아가는 개인을 상정하지 않는다는 점에서 듀이가 비판했던 자유방임적 자유주의와 같다. 자유지상주의와 자유방임적 자유주의는 개인들 간의 이익의 조화 이외에는 무연고적 자아를 서로 연결시켜 줄 수 있는 그 어떤 공동체적 '끈'을 내포하고 있지 않다.

이것이 가지는 교육적 의미는 깊다. 예를 들어, 공동체성과 공감적 소통의 교육을 중시한다고 하면서도 수요자중심 교육을 강조한다면, 그것은 이율배반적이다. 개개인을 시민이 아닌 소비자로 간주하는 수요자중심 교육은 무연고적 자아를 바탕에 두고 있다. 이런 측면에서 보면 입시교육도 마찬가지이다. '바벨탑 멘털리티'를 길러내는 입시교육은 공동체의 연고적 자아를 길러내는 것이 아니며, 그렇다고 개인의 권리와 사회적 정의를 중시하는 평등주의적 무연고적 자아를 길러내는 것도 아니다. 수요자중심 교육과 입시경쟁 교육은 서로 맞물려 자유방임적인 무연고적 자아를 길러내는 시너지 효과를 낸다. 이 두 가지는 사회경제적 양극화 시대의 우리 아이들의 교육을 '바벨탑 멘털리티를 가진 무연고적 자아의 교육'으로 이끌어간다는 점에서 더욱 문제라 하지 않을 수 없다.

32

양극화 시대, 계급으로 분리된 삶과 교육

예전에 상영된 〈엘리시움〉이라는 할리우드 영화가 있다. 엘리시움이라는 우주도시는 종교적으로는 천국의 상징으로 읽힐 수 있지만, 한편으로는 미국사회의 분리된 계급의 삶의 방식을 나타내는 것이기도 하다. 〈엘리시움〉의 내용은 다음과 같다.

서기 2154년 하나의 인류, 두 개의 세상이 있다. 가난과 환경오염, 질병 때문에 더 이상 살기 어려운 지구를 버리고, 엘리시움이라는 아름답고 멋진 우주도시를 건설하여 사는 1%의 소수가 있다. 그곳에는 그들 주민들만이 이용할 수 있는 모든 편의시설이 갖추어져 있고 무슨 병이든 치료할 수 있는 첨단 의료기기도 갖추어져 있다. 그 우주도시는 버려진 지구인들의 접근을 불허하는 폐쇄적 공동체이다.

이러한 폐쇄적 공동체가 이른바 'gated community' 빗장 걸린 사유화된 공동체이다. 특권층 입주민 외에는 거주구역으로 자유롭게 들어올 수 없도록 울타리를 쳐 놓고 살아가는 그들만의 공동체이다. 이것이 엘리시움이다.

미국에서 9번째로 큰 세계적 대도시인 애틀랜타(Atlanta)의 예를 들어 보자.

> 풍요로운 애틀랜타는 북쪽에 있는 거대한 부자들의 거주지역과 상업구역인 벅헤드(Buckhead)에 의해 집약적으로 표현된다. 여기에 있는 도시는 도시 중심부의 고층 콘도, 쇼핑 구역, 레스토랑 등은 그림자가 드리워진 이웃지역, 골프 코스, 수백만 달러짜리 가옥 등의 한가운데에 자리하고 있다. 이 구역 거주민의 95%가 백인이고 평균 가계소득은 대략 15만 달러이며 아동 빈곤율은 거의 제로이다. 현대판 남부 상류계급을 연상시키며 하얀 기둥과 레몬수가 우아한 사무실 공간과 지미추(Jimmy Choo, 남성 향수)가 함께 뒤섞여 있다.
>
> 피치트리 도로(Peachtree Road)를 따라 남쪽으로 15분 내려가면 애틀랜타 시내에 있는 고층 빌딩의 그림자가 드리워진 곳이 있는데 미국에서 마약과 범죄가 가장 빈번한 빈민 지구가 바로 그곳이다. 판자로 둘러막은 집들과 빗장이 쳐진 창문 그리고 콘트리트 바닥으로 된 운동장이 있는 지역으로 게으른 남자들이 길모퉁이에 모여 있는 곳이다. 여기는 인구의 95%가 흑인이고 평균 가계소득은 15,000달러이며 아동 빈곤율은 75%에 달한다 (Putnum, 2017: 123-124).

애틀랜타의 빈부격차에 따른 거주지 분리는 미국의 예외적인 모습이 아니며 형태만 다를 뿐 미국 도시 어디서나 발견할 수 있는 모습이다. 부유층 사람들이 자신들만의 안전하고 안락한 환경 속에서 살기 위하여 '자발적으로' 공간적 고립과 사회적 고립을 선택한 결과이다(Putnum, 2017). 그들은 사유화된 공동체 밖의 사람과는 상호 교류도 관심을 공유하는 일도 별로 없으며 사회 전체의 공동의 관심과 이익을 추구하기보다는 자기들의 기득권을 지키는 데에만 관심을 가진다.

미국의 부유층 사람들은 자신들의 삶만을 위한 폐쇄적인 공동체 속에서 생활하며 낯선 평범한 사람들과도 어울릴 수 있는 공적인 공간을 기피한다. 공적인 공간 대신 많은 돈을 낼 수 있는 사람들만 들어가는 사설 헬스클럽, 골프클럽, 테니스클럽 등을 이용한다. 또한 자신의 자녀들은 일반 공립학교가 아니라 부잣집 자녀들만 다닐 수 있는 '귀족형 사립학교'에서 공부하도록 한다(Sandel, 2012).

학교는 양극화의 현실에서 경제적 불평등 효과를 감소시키고 동등한 삶의 기회를 제공해 주지 못하고 있다. 우리가 부러워하는 미국의 현실을 보자.

> 1970년대 이후 증가하고 있는 계급에 근거한 주거지역의 차별은 사실상 계급에 근거한 학교의 차별로 전이되어 왔다. 소득분포의 상위 50% 출신의 학교 어린이들은 점점 더 사립학교에 다니거나 나은 학군에서 살고 있다. 심지어 가난한 학교 어린이들과 더 부유한 학교 어린이들은 점점 더 따로따로 서로 대등하지 않은 학교에 다니게 된다. 그리고 때로는 같은 학교 안에서도

> AP(advanced placement)와 다른 선행학습 과정을 통해 특권을 가진 아이들과 그렇지 못한 아이들을 차별하는 경향이 있다. … 이러한 교육에서의 차별은 친구 네트워크 같은 사회적 차원에서 교실 너머 먼 곳까지 영향을 미치고 있다(Putnum, 2017: 63).

현재 한국사회의 모습도 미국과 비슷하게 닮아 가고 있다. 예전에도 한국사회가 급격한 산업화, 도시화를 겪으면서 계급적 분화와 분리가 일어나고는 있었지만 그래도 사람들 간의 계급의 장벽이 그렇게 높지 않았으며 상호 연결된 삶을 살고 있었으며 서로의 다양한 경험을 공유하는 일도 낯설지는 않았다. 그러나 IMF 체제 이후 시장자유화와 민영화, 무한경쟁을 지향하는 신자유주의적 사회경제개혁을 거치면서 사회양극화가 더욱 심화되었고 그에 따라 계급집단 간의 분리와 대립이 더욱 심각해지고 있다. 강준만은 한국이 어떤 점에서는 미국보다 한 수 위라고 말한다. 한국은 미국에 비해 보안강박증은 한결 덜하지만 "사회는 없고, 내 집만 있다."는 점에서 그렇다는 것이다(강준만, 2019: 110). 아파트의 모든 시설, 공원 놀이터 등 부대 복리시설은 정부가 공급하지 않고, 입주민의 부담으로 갖추어야 하는데, 입주민들은 그들만의 사적 재산이라는 의식이 강해지면서 높은 담을 두르고 타인의 출입을 막는다. 지금은 지방의 신축 아파트 단지도 점차 폐쇄적이 되어 가고 있다.

> 아파트가 들어선 지역은 주변의 행인이 선뜻 발 딛기 꺼려지는 녹지로 둘러싸이면서 도리어 주변과의 차별화가 시도되고, 해당

지역은 거주민들만의 공간으로 독점되는 현상이 발생한다. 주택 단지를 관통하는 도로는 외부에 개방되지 않으면서 도시의 유기적인 길의 흐름은 끊긴다. 이에 따라 도시에 아파트가 늘어날수록 그들만의 집단화는 심화된다. 또 단지가 커질수록 도시의 공공 공간은 점점 좁아지는 현상이 벌어진다(강준만, 2019: 113).

심지어는 아파트 단지 간 갈등과 혐오현상까지 나타나고 있다(국민대통합위원회, 2015).

"어린이집 교사로 일하는 친구에게 요새 아이들 사이에서 임대 아파트 사는 친구들을 '휴거'(임대 아파트 브랜드 휴먼시아+거지)라는 단어로 놀린다는 이야기를 듣고 깜짝 놀랐다."(울산광역시 A씨, 주부)

"(우리 아이가) 임대 아파트에 사는 아이들과 어울려 노는 것이 걱정되는 것은 사실이다. 임대는 주로 엄마들이 직장에 다니니까 보살핌이 부족한 경우가 많은데 이런 아이들과 휩쓸려 안 좋은 것을 배울까 두렵다."(경기 하남시 B씨, 주부)

아파트 단지 내 입주민들 간에 공동체의식이 존재하느냐 하면 그것도 아니다. "자기 집으로 가는 길은 외줄기여서 이웃과 만날 일이 없다. 낯선 손님은 즉시 경계 대상이 된다. 공공의식이나 공동체 의식도 없다. 마당, 복도 등 공공 공간, 곧 이웃과 공유하는 공간이 어떻게 되든 현관 안쪽의 사적 전용공간만 넓고 쾌적하면 그만이다”(강준만, 2019: 113).

정치적으로는 민주화되었지만 공동체적 삶과 경제적 삶은 피폐해지고 있다. 이러한 현실에서 학교와 가정도 사회와 다르지 않다. 학교에서 빈부격차와 등수에 따라 또래 아이들을 차별하는 일이 당연한 듯이 일어나고 있다. 가정과 학교에서 아이들이 가정배경이나 학업성적과 무관하게 서로 동등하게 존중하며 살아가는 법을 배우는 일은 드물다. ‘한국형 사회갈등 실태 진단’ 보고서에 따르면, 오히려 부모들은 경제적 수준이 다르면 인간성이 다르고 상종 못할 상대임을 가르치기도 한다.

사회경제적 양극화의 큰 문제로 지적되는 계급집단 간의 공간적 분리는 아이들의 교육과 생애 기회에 큰 영향을 미친다는 점에서 심각하다.

> 특정 공간에 교육적으로 비슷한 수준과 비슷한 교육요구를 가진 사람들이 모여 살게 되고, 유익한 시설과 서비스가 집중되면 교육과 관련된 고급 지식과 정보의 교환과 공유라는 외부효과를 경험하게 된다. 이런 점에서 공간의 분리는 구성원들이 경쟁에서 우위를 점하기 위하여 필요한 자신들의 능력을 확대하는 데 필요한 희소자원에 대한 차별적 접근을 의미하기도 한다. 따라서 지역 주민들은 부정적 외부효과를 미칠 가능성이 있는 교육조건의 집중을 가능한 한 배제하고 반대로 긍정적인 외부효과를 갖는 교육시설과 서비스를 제공하고자 노력한다. … 그 결과 부유한 동네의 아이들은 더욱 우호적이고 양호한 교육환경에서

> 성장하고 학습할 가능성이 크며, 그 반대의 경우는 열악한 교육 환경을 경험할 가능성이 크다(손준종, 2004: 113).

이것은 미국사회의 모습일까, 한국사회의 모습일까? 미국사회의 모습이지만 오늘날 한국사회의 모습이기도 하다. 특히 서울의 경우 사회계층 간의 사회경제적 거리감이 공간적 거리감으로 나타나고 있다. 1990년대에 이미 서초구와 강남구 상류층은 큰 규모의 '집단적 캐슬'을 형성하고 있었고, 이 지역에서 자신들끼리 만나고 어울리며 다른 계층보다 더욱 배타적인 특성을 보이고 있었다(윤인진, 1999). 이러한 현상은 부동산 가격이 비싼 강남지역에 고가의 아파트들이 들어서면서 더욱 가속화되었고 이 지역으로의 진입장벽은 더욱 높아지면서 계급 간 공간의 분리 현상이 더욱 촉진되는 것으로 나타났다(신광영, 2003).

손준종은 계급간 공간의 분리 현상이 교육에 주는 함의에 대해 이렇게 말하고 있다.

> 동일한 공간에서 함께 거주할 이웃을 결정하는 것이 주거환경만을 의미하는 것이 아니라 경제적 능력의 표현이기 때문에 특권적 교육공간으로서 강남의 주거비용은 다른 지역에 비하여 상대적으로 높은 수준을 유지하게 되는 것이다. 더구나 자신들과 비슷한 경제적 수준과 이해관계를 가지고 있는 사람을 이웃으로 만들어 '이웃효과(neighbourhood effect)'를 극대화하고자 한다. … 강남은 경제적 여력이 없거나 부족한 사람들에게는

> 매우 배타적으로 '빗장 지른(gated)' 교육공간이다. 이런 점에서 주택가격으로 표현되는 경제적 불평등은 교육공간의 분리와 불평등을 불러일으키고 확대하고 재생산하는 기능을 담당하게 된다. 교육공간으로서 강남은 특권에 대한 접근을 용이하게 하는 통로이자 잠재적 경쟁 집단의 절대적 규모를 줄이는 '폐쇄적' 공간인 셈이다(손준종, 2004: 122).

이웃 효과란 말이 어렵게 느껴질 수 있다. 강남은 입시학원들이 많고 학교도 '일류학교'이기 때문에 아이들의 학업성취가 높다고 생각하지만 그것만이 전부가 아니다. 교육적 효과는 지역의 질 높은 보육, 도서관, 문화예술 공간, 공원, 스포츠 동아리, 청소년단체 등이 있음으로 해서 나타나며, 지역공동체 내의 발달된 사회관계망은 아이들이 학교에서 리더가 될 수 있는 중요한 자원을 제공한다(Putnum, 2017). 특히 부유하고 교육을 많이 받은 지역에서는 이웃을 신뢰하며 집합적으로 무엇인가를 할 수 있다는 집합적 효능이 높게 나타난다. 하버드 교수 샌델(Sandel, 2016)은 자신의 이야기를 한 적이 있다. 자기 동네에 장차 대통령이 될 레이건이 살고 있었고, 자신을 포함한 그 지역의 학교 학생들은 레이건을 초청하여 레이건의 정치철학을 듣고 토론할 기회를 가졌다는 것이다. 이런 기회가 그 동네에 사는 학생들에게 미치는 정신적 영향이 어떠했을까를 짐작해 볼 수 있다. 반면, 가난한 지역의 아이들은 어떠한가? 공적 삶의 모델을 삼을 수 있는 이웃을 만날 기회를 갖기란 천운에 가깝다. 이 아이들은 자신을 둘러싼 위험한 지역사회의 환경에 두려움을 느끼며 살고 있다. 영화 〈파인딩 포레스터〉는 불우한 환경에서 성장하는 흑인소년 자말이 천재로 추앙받은 대문호 윌리엄 포레스터를 우연히 만나게 되어 자신의 문학적 재능을 키워 가게 되는 스토리이다. 이 영화는 흑인소년이 자신의 삶의 모델이 될 수 있는 대문학가인 백인 할아버지를 이웃으로 만나는 행운이 어떻게 인생을 바꿀 수 있는지를 보여 준다.

사회계급에 따라 분리된 삶의 현실을 보여 주는 드라마가 이전에 방영된 리얼 코믹 풍자 드라마인 〈SKY 캐슬〉이다. 대한민국 최고의 명문사립 대학교 초대 이사장이 서울 근교의 숲속에 세운 빗장 지른 유럽풍의 저택 단지가 '캐슬'이다. 이 캐슬에서 부, 명예, 권력을 모두 거머쥔 대한민국 상위 0.1%인 대학병원 의사들과 판 · 검사 출신의 로스쿨 교수들이 모여 산다. 대체적으로 이곳의 부인들은 명문가 출신 또는 명문가 출신으로 신분을 위장한 '천출'로 제 자식을 3대째 의사가문, 법조인 가문을 만들어 내기 위한 그들만의 욕망과 필사적인 노력을 보여 준다.

이런 사회적 현실을 어떻게 바라봐야 하는가? 보는 시각에 따라서는 "무엇이 문제인가? 자본주의 사회에서는 자연스러운 현상이 아닌가?"라는 주장이 나올 법도 하다. 그런데 듀이는 사회적 고립이 '동맥경화'처럼 "삶의 경화(硬化)와 형식적 제도화를 가져오며 집단 내부의 고정적, 이기적인 이상만을 추구하도록 만든다."(DE, 153)고 비판한다.

> 관심의 상호교류가 없는 공동생활에는 … 어떤 한 집단이 다른 여러 집단과 풍부한 상호작용을 하지 않고 '그 자체의' 관심만을 추구하는 경우에는 (반사회적 경향)이 어디서나 나타난다.

> 이런 경우에 그 집단의 주된 목적은 다른 집단들과 폭넓은 관계를 맺음으로써 재조직과 진보를 가져오는 데에 있는 것이 아니라, 이미 기득권으로 가지고 있는 것을 고수해 나가는 데에 있다 (DE, 153).

계급의 분리에 따라 점차 상호교류가 사라지는 공동생활에 대해 보였던 듀이의 통찰은 오늘날에도 유효하다. 우리는 여기서 이런 질문을 하게 된다. 계급의 분리와 상호교류의 부재는 민주주의와 관련이 없는가? 자유주의적 전통의 관점에서 보면, 민주주의와 관련이 없다고 말할 것이다. 하지만 계급분리 등의 현상은 우리 사회의 민주주의가 무엇인가를 보여 주는 증표이다. 빈부격차가 커지고 서로를 존중하며 어울려 살 수 없는 사회라면, 그런 사회에 민주주의는 어떤 의미가 있는 것일까? 민주주의는 사람들의 사회적 삶과 무관한 것일까?

듀이는 공동체가 와해된 사회생활방식은 바람직하지도 않고 가치 있는 삶의 방식도 아니라고 생각한다. 그리고 그런 사회는 민주주의가 성숙한 사회도 아니라고 생각한다. 왜 그러한가? 듀이는 다음과 같이 말하고 있다.

> (비민주적인 사회는) 자극과 반응이 극히 일반적인 것에 지나지 않는다. 한 집단의 성원이 다수의 가치를 공유하려고 하면 모든 성원이 서로 주고받는 기회를 균등하게 가지고 있어야 한다. 그 성원들이 아주 다양한 활동과 경험에 공동으로 참여해야 하는 것이다. 그렇지 않으면, 어떤 사람들을 주인으로 만드는 교육

이 또 다른 사람들은 노예로 만드는 결과가 된다(DE, 151).

이어서 듀이는 다음과 같이 말하고 있다.

> 다양한 생활경험의 자유로운 교환이 정지될 때에는 각 개인의 경험 또한 그 의미를 상실한다. 특권층과 신민 사이의 계층의 분리는 사회적 삼투작용을 방해한다. 이것으로 말미암아 상류계층들이 받는 피해는 하류계층이 받는 것보다는 덜 구체적이고 덜 두드러지지만, 그렇다고 해서 덜 심각한 것은 아니다. 그들의 문화는 공허하고 그들 사이에서만 통용되는 것으로 되어 버린다. 그들의 예술은 번지르르한 겉치레와 꾸밈에 흐른다. 그들의 부는 사치요, 그들의 지식은 지나치게 전문화되어 있으며, 그들의 예법은 인간적인 것이라기보다는 까다로운 형식에 그치는 것이다(DE, 151).

듀이는 계급 간의 분리가 사회문화적으로 어떤 결과를 가져오는가를 말하고 있다. 계급 간의 분리는 '사회적 삼투작용'을 방해하며, 다양한 경험들의 자유로운 소통을 저해한다. 이러한 사회는 구성원들이 다양한 문화적 · 지적 영양 섭취를 어렵게 만들고, 다른 집단구성원들에 대해 편견과 차별의식을 키우며, 결과적으로 구성원들의 전인적인 성장을 지체시킨다. 그리고 계급 간의 분리는 학교도 분리시킨다. 잘 사는 아이들을 위한 귀족형 사립학교가 생겨난다.

그래도 이것이 현실인데 어떻게 하겠는가 하는 회의론이 힘을 얻는 세상이다. 하지만 보편적이고 공통적인 경험과 문화가 형성되기 위해서는 사회적 삼투작용이 반드시 필요하다. 그것이 없다는 것은 곧 학교에서 보편적 사회화가 어렵다는 것을 뜻한다. 학교교육의 중요한 기능인 사회화는 보편적이고 공통적인 문화와 가치를 토대로 이루어지기 때문이다. 사회적 삼투작용이 거의 일어나지 않는 사회에서 학교가 보편적이고 공통의 문화와 가치를 사회화하고 있다고 한다면, 그 문화와 가치는 외관상 보편적이고 공통적인 문화와 가치일 뿐이며, 실제는 그 사회를 이끌어 가고 있는 지배계급의 가치와 이념일 가능성이 높다. 말하자면, 사회를 지배하는 권력집단의 이념과 가치가 교육의 형태로 아이들에게 보편적인 것으로 가르쳐지는 일이 생겨나게 된다.

계급 간의 분리가 가속화되는 사회현실에서 사람들에게 민주주의란 어떤 의미가 있는가? 듀이는 사회집단 간의 다양한 경험의 소통을 가로막는 장벽, 즉 '사회계급을 구분 짓는 장벽'을 철폐하는 것까지 나아가는 것이 민주주의라고 주장한다. 민주주의는 '정치적인 것'만을 의미하지 않는다. 민주주의는 '사회적인 것'을 포함한다. 정치의 영역뿐만 아니라 일상적인 삶의 영역에서도 민주주의는 이루어져야 한다. 민주주의가 실현되는 사회는 관심과 경험을 소통하고 공유함으로써 "사람들 사이를 갈라놓는 계급의 벽이 허물어진 사회"(DE, 455)이다. 그렇지 않은 사회는 민주주의 사회가 아니다. 이것이 듀이가 주장하는 민주주의이다. 듀이의 민주주의 이념에 비추어 보면, 미국이나 한국이나 계급적으로 분리된 삶의 형태가 가속화되는 것은 민주주의에 역행하는 것이다. 듀이에 따르면, 민주주의는 "삶이 여러 기능으로 따로따로 갈라져 있고 사회가 여러 계급으로 분리되어 있는 것이 아니라 모든 사람이 유용한 봉사에 참여하고 모든 사람이 가치 있는 여가를 즐기는 그런 사회"(DE, 383)이다. 이 점에서 보면, 유용한 봉사를 할 기회를 갖게 하는 취업도 어렵고, 가치 있는 여가는 커녕 최저임금을 겨우 받아 가며 생계유지하기에도 어려운 청년들에게 민주주의는 딴 세상의 이야기이다.

사회적 집단 간에 사회적 삼투작용이 필요하다면 어떻게 해야 하는가? 교육적 측면에서 우선 학생들을 계급적으로 통합하는 교육이 필요하다. 그러나 현실의 교육은 그 반대로 움직이고 있다. 계급에 따라 아이들이 다니는 학교를 분리시키는 교육시스템이 만들어진지 오래이다. 예를 들어, 신자유주의 정책 기조에 따라 교육의 다양화라는 명분으로 만들어진 '자사고' 등은 학생들을 출신 계급에 따라 분리시키는 역할을 한다. 계급이 분화되는 사회현실에서 '차별화된 양질의 학교교육'을 받게 하고 싶어 하는 중산층 학부모의 욕구를 충족시켜야 한다는 주장(김경근, 2002)이 힘을 얻지만, 그것은 이미 교육영역에서도 아이들 간의 계급격차를 당연한 것으로 인정한 이후에야 나올 수 있는 주장이다. 물론 계급적으로 통합된 학교시스템을 만든다고 해서 다양한 공동체 간의 관심사와 경험의 교류가 보장되는 것은 아니다.

사회적 삼투작용을 촉진하기 위해서는 다양한 계급배경을 가진 학생들로 구성된 학교교육을 실시할 뿐만 아니라 다양한 집단들이 경험을 교류하고 소통하며, 시민적 관심사를 토론하고 결정할 수 있는 공공적 공간의 활성화가 필요하다. 샌델(Sandel, 2012)은 계층적 분리와 배제를 막기 위해 일종의 '소셜 믹스(social mix)'

를 제안한다. 공립학교, 공원, 공동체 센터, 국가 공공서비스, 도서관 같은 '계급 혼합적 제도들'이 활성화되어야 하며, 도시설계가 공동체의 생활방식을 촉진할 수 있도록 이루어져야 한다는 것이다. 소셜 믹스는 샌델의 오리지널한 아이디어는 아니다. 소셜 믹스는 영국에서 19세기 중반 시작된 것으로 사회통합을 목적으로 사회경제적으로 상이한 계층이 함께 거주하도록 유도하기 위한 통합적 주거 단지 개발 전략을 말한다(강준만, 2019). 소셜 믹스는 사회집단 사이의 문화적 상호교류를 통해 지적 · 문화적 진보를 촉진할 것이고, 관용정신을 향상시킬 것으로 기대되는 것이었다(강준만, 2019).

물론 소셜 믹스가 촉진된다고 해서 자동적으로 사람들 간의 사회적 통합이 이루어지는 것은 아니며, 사회적 연결망이 끈끈하게 형성되는 것도 아니다. 우리나라에서도 소셜 믹스 개념이 도입된 혼합 단지 아파트가 생겼지만, 물리적 혼합 위주의 소셜 믹스는 분양을 받은 입주자와 임대 주택 입주자들 간의 갈등을 막지는 못하였다. 정신적이고 감성적인 소셜 믹스는 일어나지 않았기 때문이다(강준만, 2019). 따라서 물리적이고 감성적인 소셜 믹스가 이루어지도록 하기 위한 도시공간의 디자인이 필요하다. 그리고 교육적 측면에서는 잘사는 계층의 부모들이 꺼려하는 학교에 더 많은 물적 · 인적 자원을 투자하고, 학교의 환경과 교육의 질을 증진시키는 것이 필요하다(Putnam, 2017). 이것은 가난한 자들만을 위한 것이 아니라 모든 사회구성원의 건강한 정신적 · 감성적 성장을 위한 것이기도 하다.

33

공동의 삶의 방식이 민주주의이다

협력적인 공동의 삶의 방식이 곧 민주주의라는 사회적 이념은 민주주의를 정치 형태로만 인식하는 사람들에게는 낯설다. 과연 사람들이 어울려 사는 공동의 삶의 방식이 민주주의라고 말할 수 있는 철학적 · 역사적 근거가 있는가? 누구나 자신이 생각하는 바에 따라 민주주의를 정의한다고 해서 그것이 민주주의의 정의로 인정되지는 않는다. 듀이는 『민주주의와 교육』에서 그 근거를 명료하게 밝히고 있지는 않다. 따라서 공동의 삶의 방식으로서의 민주주의가 제대로 된 민주주의 정의인가 하는 의문은 여전히 남는다.

이 질문에 대한 답을 찾아가는 데 있어, 먼저 공동의 삶의 방식은 유기체적 관념의 보수적 공동체와 구분하는 것이 개념의 혼란을 막는 데 중요하다. 듀이의 공동의 삶으로서의 민주주의는 유기체적 관념의 공동체가 아니다. 보수적 공동체론에는 유기체적인 관념이 들어 있다. 유기체적 관념 속에서는 사회도, 국가도 유기체로 간주된다. "고립된 존재로서의 개인은 아무것도 아니며,

오직 조직된 제도 속에서, 또 그 목적과 의미를 받아들임으로써 개인은 개인으로서의 진정한 실체를 가지게 된다는 것이다"(DE, 165). 사회도 유기체로 간주하는 사회학 이론이 기능주의 이론이다. 이 이론의 관점에서 보면, 유기체의 각 부분은 생존에 필요한 기능을 수행하는 것이며, 각 부분은 전체의 목적을 떠나서는 개별적으로 존재의 의의를 지닐 수 없다. 유기체적 관념의 사회를 이루고, 사회를 유지하고 발전시키는 데 있어서는 각 부분이 기계처럼 각기 맡고 있는 기능의 효율성이 중요하다. 듀이는 그러한 유기체적 관념의 사회는 진정한 사회가 아니라고 주장한다. 각자 맡은 제 역할 수행만이 중요시될 뿐, 상호 간에 자유롭고 평등한 의사소통이 결여되어 있기 때문이다. 공동의 삶으로서의 민주주의에서 가장 중요한 요소는 자유롭고 평등한 의사소통이다.

유기체적 관념은 교회공동체를 표현할 때도 쓰인다. 성경에서 보면, 교회는 유기체적 공동체와 비슷하다. 성경에 이런 표현이 있다. "하나님께서는 당신의 뜻대로 각각 다른 기능을 가진 여러 지체를 우리의 몸에 두셨습니다(로마서, 12장 4절) …." 그런데 기능주의적 유기체 관념과 다른 점이 있다. "몸 가운데서 다른 것들보다 약하다고 여겨지는 부분이 오히려 더 요긴합니다. 우리는 몸 가운데서 별로 중요하게 여기지 않는 부분을 더욱 조심스럽게 감싸고 또 보기 흉한 부분을 더 보기 좋게 꾸밉니다. 그러나 보기 좋은 지체는 그렇게 할 필요가 없습니다. 이렇게 하나님께서는 변변치 못한 부분을 더 귀중하게 여겨 주셔서 몸의 조화를 이루게 해 주셨습니다(고린도전서, 12장 22~25절)."

여기서 사도바울은 매우 중요한 점을 이야기하고 있다. "이것은 몸 안에 분열이 생기지 않고 모든 지체가 서로 도와 나가도록 하시려는 것입니다"(고린도전서, 12장 25절). 그러나 기능주의적 유기체 관념에는 지체들이 변변치 못한 부분을 더 소중하게 여기고 도우는 개념이 결여되어 있다. 그러므로 그러한 유기체 속에서는 지체 간에 갈등이나 분열의 가능성이 일어나게 되는데, 기능주의 관점에서는 그 점을 도외시한다.

듀이가 보기에 기능주의에서 나타나고 있는 유기체적 공동체는 공동체일 수 없다. 다른 지체에 대해 관심을 가지지 않으며, 자유롭고 평등한 의사소통을 하지 않기 때문이다. 듀이가 말하는 공동의 삶의 방식은 공동체의 구성원들이 공동체의 다양한 관심사에 주의를 기울이고 공유하며, 자유로운 사회적 교섭과 의사소통을 하는 방식이다.

공동의 삶의 방식은 민주주의 본질인가라는 질문으로 되돌아오자. 민주주의 본질은 과연 무엇인가? 이는 민주주의에 대한 근원적인 질문이다. 민주주의는 삼권 분립, 보편적 선거권, 다수결의 원리, 대의제 등과 같은 정치적 원리로서만 이해될 수 있는 것인가? 아니면 보다 근본적으로 민주주의는 정치적인 영역뿐만 아니라, "사회 · 경제 · 문화 등 인간의 사회적 삶의 모든 영역에 적용되어야 하는 사회 구성과 운영의 원리"로 이해되어야 하는가? (김영일, 2010: 75) '사회적 삶의 원리로서의 민주주의'라는 글에서 김영일은 이렇게 말하고 있다.

> 민주주의는 고대 그리스, 아테네에서 '시민에 의한 지배'를 의미하는 것으로 등장하였다는 것으로 알려져 있다. 그러나 민주

주의가 협소하게 정치적 · 절차적 원리로서의 의미만 있었던 것은 아니었다. 민주주의는 그리스 시민들의 사회적 삶 전체의 운영 원리이기도 하였다. 아테네 폴리스에서는 그 사회의 역사적, 문화적 특성에 따라 규정된 시민들의 삶 그 자체가 정치를 의미하였고, 따라서 아테네에서의 민주주의, 즉 시민에 의한 지배는 자유롭고 평등한 시민들 모두의 참여에 의한 사회의 운영 그 자체를 의미하는 것이었다. 요컨대, 그리스에서 민주주의란 시민들이 공동체를 형성하고, 공동체를 유지하기 위해 시민들이 참여하고, 문제를 해결하는 사회운영의 모든 것을 포괄하는 것이었다(김영일, 2010: 77).

근대사회의 도래에 따라 새롭게 등장한 민주주의는 고대 그리스의 민주주의와 성격이 다르다. 이 점이 흔히 간과되고 있다. 근대 민주주의의 원천은 고대 그리스의 민주주의라는 것 정도로 이해되고 있다. 근대 민주주의는 근대사회로 들어오면서 새롭게 규정된 시민들의 생존권과 재산권을 확보하는 데 필요한 자유를 요청하는 과정에서 '도구적'으로 도입된 것이다(김영일, 2010: 77). 그리고 근대사회의 성장과정에서 민주주의는 고대 그리스에서 나타났던 바와 같은 공동체 형성의 원리와 운영의 원리가 아니며 이미 주어진 국가라는 근대적 질서의 정당성을 확보하기 위한 삼권분립, 보편적 선거권, 대의제 등으로 발전된 것이다(김영일, 2010). 이러한 민주주의의 한계는 여러 측면에서 비판을 받아 왔고, 오늘날 '숙의민주주의'가 주장되는 이유가 되기도 하였다.

오늘날 민주주의는 정치적 민주주의를 넘어서서 보다 근본적으로 사회·경제·문화 등 인간의 사회적 삶의 원리가 되어야 한다는 주장이 힘을 얻고 있다(김영일, 2010). 이와 관련하여 캐나다 정치학자인 맥퍼슨(C. B. Macpherson)의 분류는 시사하는 바가 크다. 그는 민주주의의 의미를 인간관에 따라 두 가지로 구분하였다(김영일, 2010). 하나는, 인간을 정치라는 상품을 소비하는 '소비자'로 간주하고, 인간의 경제적 필요에 의해 사회를 형성하게 된다는 개인주의적이고 소비주의적인 인간관에 따라 민주주의적 제도와 원리들을 도입하였다는 도구주의적 관점이다. 또 다른 하나는, 인간을 고유한 특성과 재능을 실현하는 존재로 인식하고, 모든 사람이 개별적으로 가지고 있는 인간적 특성과 재능을 사회 속에서 "향유하고 실천하려는 존재"로 인식하는 관점이다. 이 두 번째 관점은 민주주의를 인간의 사회적 삶 전체의 기본적 원리로 바라보는 관점이다. 공동의 삶의 방식으로서의 민주주의는 바로 이 두 번째 관점과 가깝다.

듀이는 민주주의란 경험을 주고받는 공동의 삶의 방식이며 그것이 가치 있는 사회적 삶의 형태임을 주장하였다. 이러한 사회적 삶의 형태는 오늘날 사회자본의 개념과 연관하여 생각해 보면 사회적 삶의 형태의 구체적 실체를 얻을 수 있다.[31] 경험을 주고받는 공동의 삶의 방식을 사회자본의 개념으로 표현하자면, 공동의 삶 속에서 구성원들이 협력하여 공동의 문제를 해결할 수 있는 역량과 자원을 갖추어 간다는 것을 뜻한다. 이러한 민주주의 개념은 우리의 사회적 상황에서 더욱 요청되고 있다. 양극화된 우리 현실에서 민주주의가 가지는 문제해결능력이 불충분함으로 말미암아 민주주의는, 예를 들어 청년실업 문제에 대해 무능력하고, 일상의 사회적 삶과는 무관한 것으로 인식되고 있다(한겨레 21, 2017. 1. 5.).

듀이가 『민주주의와 교육』에서 문제해결능력을 그토록 강조했던 것도 바로 이러한 민주주의 관점에서 비롯된 것이라 할 수 있다. 듀이의 문제해결능력에 대한 강조를 천박한 프라그마티즘적 관점이라고 비판했던 주장은 듀이의 문제해결능력이 어떤 맥락에서 나온 것인가를 간과했기 때문이다. 공동의 삶의 방식으로서 민주주의에서 핵심은 구성원들이 상호 의존하는 가운데, 자유롭게 소통하며 집단적 지성을 통해 협동적으로 문제를 해결하는 것이다. 예를 들어, 우리 사회에는 청년실업, 사회양극화, 원전, 미세먼지 등의 사회적 문제가 산적해 있다. 그 해결책에 대한 공동의 의지를 형성하는 민주적 절차가 마련되는 공론장은 협력적인 공동의 삶의 방식 없이는 형성될 수 없다.

교육의 관점에서 볼 때, 학생들이 집단적 문제해결의 지성과 능력을 형성하며, 그것을 자신의 공동체를 위해 사용할 의지를 가지게 되는 것이 공동의 삶을 살아가는 데 핵심적 요소이다. 사회자본의 개념과 연관지어 말하자면, 학생들이 자신이 다니는 학교와 지역사회를 믿는 신뢰감과 네트워크, 상호호혜성의 규범을 가지는 것이 공동체 형성에서 중요하다. 그런데 사회자본이 그냥 생기는 것이 아니다. 그것을 형성할 수 있는 사회경제적 토대가 구축되어 있어야 한다.

하지만 오늘날 그러한 사회경제적 토대는 오히려 와해되고 있는 형국이다. 미국의 현실을 보면, 이웃공동체에 대한 신뢰가 청소년들 사이에서 떨어지고 있으며, 특히 가난한 지역에서는 신뢰가 더 낮게 나타난다(Putnam, 2017). 우리나라도 미국을 점차 닮아

가고 있다. 퍼트넘은 이웃에 대한 신뢰와 이웃의 빈곤은 밀접한 연관성을 지닌다는 것을 밝히고 있다.

> 개인의 성향과 상관없이 부유한 지역에 살면 이웃을 더 많이 알게 되고 신뢰하게 된다. 청소부나 법률가 모두 보다 부유한 이웃들 사이에서 산다면 그들은 이웃에 대해 더 많이 알고 신뢰하게 된다. 우리가 알고 있듯이, 가난한 아이들은 가난한 이웃들과 살고 있는 반면, 부유한 아이들은 부자 이웃과 살고 있다. 따라서 집합효능과 신뢰가 주는 혜택은 점점 더 부유한 아이들에게만 집중된다. 간단히 말해, 아이를 키우는 데 있어서 마을은 정말 중요하지만 미국의 가난한 아이들은 점점 더 버려진 마을에 몰려 있다(Putnam, 2017: 314).

미국의 빈곤지역의 아이들은 질 높은 공동 보육, 도서관, 공원, 다양한 청소년 단체 등에 접근하지 못하며, 공동체의 따뜻한 보살핌과 보호, 사람들을 연결시켜 주는 잘 발달된 사회관계망의 자원, 다양한 경험과 기회를 갖지 못한다. 빈곤지역에 사는 것이 좋지 않은 이유는 그것뿐만이 아니다. 아이들은 이웃의 범죄, 마약, 폭력 등에 노출되어 있고, 거리를 다닐 때 두려움을 느끼며 스트레스를 받는다(Putnam, 2017). 우리 한국사회는 미국과 같은 정도의 위험사회는 아니지만 빈곤지역의 문제해결의 중요성을 인식할 필요가 있다. 과거 미국에서도 이웃을 알고 신뢰할 수 있는 공동체 속에서는 아이를 돌보는 일이 넓게 공유되었으며, 집합적인 책임이었지만, 공동체가 무너진 곳에서는 아이들은 보호받지 못하고 늘 위험 속에 방치되어 있다. 그것은 아이들의 성장과 발달에 심대한 영향을 준다. 빈곤지역에 사는 아이들에게 정치적 민주주의는 과연 어떤 의미가 있는가? 이런 측면에서 보면, 공동의 삶의 방식으로서의 민주주의는 더 의미 있게 다가간다.

34

시민들의 공적 영역과 연대감

듀이의 민주주의 관점은 정치적 자유주의 전통에서는 찾기 어렵다. 자유주의 전통의 민주주의에서는 집단 내 구성원 또는 집단 간의 관심사의 공유 여부와 경험의 자유로운 교환은 중요하지 않다. 개별적 주체가 다른 모든 사람으로부터 고립된 채 개인적 자유의 일정한 몫을 향유하며, 개인적 이익과 관심사를 추구하는 것이 중요할 뿐이다. 독일철학자 호네트는 '반성적 협동으로서의 민주주의'에서 이렇게 지적하고 있다.

> 상호 의사소통과 관심사의 공유는 중요하지 않으며, 다수결의 원칙만을 중요시하는 산술적 민주주의 이념에는 개인들이 '국가형성과정 이전에 어떠한 의사소통적 관계도 없이 고립적으로 존재한다.'라는 생각을 출발점으로 삼는 사회개념이 바탕에 깔려 있다. 개인의 인격적 자율성이 사회적 상호작용의 과정과 독립된 것으로 이해하는 것이 정치적 자유주의의 지난 200여 년

의 전통이었다(Honneth, 2009: 346).

정치적 자유주의 전통의 민주주의 관점에서는 개개인의 관심사와 목표설정이 너무도 다양하기 때문에 서로 조화를 이룰 수 있는 가능성은 별로 없다고 본다. 그러면 어떻게 이들의 관심사와 목표를 공동체의 것으로 만들어 갈 수 있을까? 여기서 도입되는 것이 '다수결 원칙'이라는 산술적 절차이다.

다수결 원칙은 '산술적 민주주의'라 불린다(Honneth, 2009). 다수결 원칙은 의사소통적 자유와 대비시켜 보면 그 의미가 더 분명하게 드러난다. 다수결 원칙이 자유로운 의사소통적 과정을 거치지 않고, 그저 다수의 의지를 확인하는 것이라면 민주주의 원칙이 되기 어렵다. 다시 말해서, 공동의 의지 형성 과정에서 의사소통의 과정과 자유로운 토론의 과정이 결여된 상태에서 다수결 원칙은 다수에 의한 독재를 정당화하게 된다. 그런 일은 종종 우리 정치현실에서도 나타난다. 예를 들어, 다수당 정권이 합리적 의사소통을 마다하고 일방적인 홍보에 치중하며 다수의 힘으로 몰아붙일 때가 그러하다. 그리고 일부 메이저 언론은 다수결 원칙이 민주주의라며 그 정당성을 부여해 주며 힘을 실어 주는 모습은 민주주의의 퇴행을 보여 준다. 〈JTBC 앵커브리핑〉에서 손석희는 민주주의에 대한 근본적인 문제를 제기한다.

2016년, 인권침해의 독소요소가 담긴 테러방지법의 국회 직권상정을 막기 위한 야당의 필리버스터. SNS를 비롯한 각종 작은 매체들이 그 내용을 실시간으로 전달하였으나 보수적인 기성 매체들은 힐난 혹은 비아냥조로 일관하거나 온갖 가십거리를 제공하는 데 그쳤다. 다수결이 민주주의 원칙이라며 야당과 대화하려 하지 않고 불도저처럼 자신들의 법안을 무조건 관철하려는 다수당 여권, 그리고 야당의 필리버스터 내용을 전달하려 하기보다는 필리버스터 자체를 힐난하거나 비아냥거리면서 정치인과 유권자 간 쌍방향 소통을 가로막은 보수적 매체들(손석희, JTBC 앵커브리핑, 2016. 3. 2.).

다수결의 원칙이 다수당이 독재할 수 있는 원칙이 되어 버리고, 메이저 언론매체가 진실을 외면하고 왜곡된 의견을 주입시키며 여론을 자신의 의도대로 이끌어 가는 사회라면, 그 사회는 제대로 된 민주주의 사회라고 보기 어렵다.

듀이가 말했던 민주주의 기준의 하나인 자유롭고 평등한 의사소통은 공적 영역에서 시민들 간에 자유롭게 이루어지는 의사소통이다. 민주주의 기준이 되는 의사소통은 단순히 소통의 방식, 즉 양방향의 소통인가, 일방통행적인 소통인가 하는 소통방식을 나타내는 것은 아니다. 하버마스(Habermas, 2006)가 말하는 의미의 '합리적 의사소통', 즉 이성적인 논증 주고받기와 비슷하다. 하버마스가 주장하는 공적 영역에서의 의사소통은 개방적이고 합리적인 토의와 숙고를 중시하며 합리적이고 보편적인 동의 가능성을 충족시켜야 한다는 보편주의 원칙을 따른다. 이렇게 말하면 추상적이고 관념적으로 들릴 수 있다.

예를 들어 보자. 최근 유튜브를 통해 급격히 확산되고 있는 '극우적' 가짜 뉴스는 합리적 의사소통의 원칙을 모두 파괴한다. 가짜 뉴스는 의사소통의 보편적 원칙, 즉 논의의 공개성, 이성적 논증의 주고받음, 합리적 동의 가능성 어느 것 하나에도 부합되지 않는다. 가짜 뉴스 생산자와 유통자는 몰래 숨어서 정치적 의도를 가지고 공론장에서의 자유로운 의사소통을 왜곡시키며, 동료 시민들과 합리적 소통을 하지 않으면서 가짜 뉴스로 여론을 조작하려는 행태를 보인다. 가짜 뉴스를 생산하고 유통하는 것은 표현의 자유가 아니다. 시민들의 건전한 판단능력을 마비시키는 여론 조작의 자유이다. 그것을 '표현의 자유'라고 호도하는 주장은 의사소통적 자유의 의미를 오해하고 있는 것이다.

듀이가 말하는 의사소통은 하버마스와 똑같이 공적 영역에서 이루어지는 의사소통이다. 다만, 의사소통이 지향하는 바가 다르다. 하버마스가 말하는 공적 영역에서의 의사소통은 사회적 연대를 구현하는 의사소통이 아니다(정현철, 2011). 자유로운 공론을 통해 창출되는 공동의 의지는 듀이가 강조한 사회적 연대의 관계를 지향하는 의지이기보다는 갈등의 해소를 공정하게 중재하려는 의지의 성격이 강하다. 장은주는 듀이와 하버마스의 공적 영역의 차이를 다음과 같이 표현하고 있다.

> (하버마스의) 심의민주주의의 모델에서는 논증적이고 합리적인 성찰적 토의와 숙고의 중요성은 명백하다. 그러나 시민적 소통에서는 무엇보다도 동료 시민들과 교감하고 다른 동료 시민들을 포용하며 문제의식과 도덕적 분노와 공감을 나누고 확인하는 훨씬 폭넓은 차원의 교호작용이 필요하다. 그리고 그 모든 것은 공중으로 모인 시민들이 어떤 식으로 얽혀 있고 의존하며 짊어

져야 할 운명을 지닌 하나의 정치공동체 안에서 공존하고 있음을 확인하는 연대의 의식을 바탕으로 한다(장은주, 2012: 76).

듀이가 주장하는 의사소통은 시민들 간의 폭넓은 교호작용, 교감, 포용, 공감이며, 이를 통한 협동적인 문제해결을 지향한다. 듀이와 비슷하게 민주주의에서 의사소통의 의미를 표현하고 있는 책은 파머(P. Palmer)의 『비통한 자들을 위한 정치학』이다. 파머가 표현했듯이, 민주주의는 관점, 요구, 이해관계가 다른 낯선 타인들이 서로의 경험과 삶을 자유롭게 소통하는 것이다. 낯선 사람과 소통한다는 것은 낯선 사람들에 대한 두려움을 깨고, 그들의 삶의 경험 세계로 자신을 개방한다는 것을 의미한다. 파머는 이렇게 표현하고 있다. “우리와 다르게 사는 사람들 속으로 ‘경계를 넘어 들어가는 것’을 통해서만 배울 수 있다. 두려움에 사로잡혀 그들로부터 도망치는 것이 아니라 타자의 경험이 우리의 닫힌 마음을 부수어 열도록 한다는 믿음을 가지고 그들 속으로 들어가는 것 말이다”(Palmer, 2012: 88).

파머는 자기 자신과 완전히 다른 삶을 살아가는 사람들의 경험의 세계 속으로 들어가는 소통(communication)이 민주주의를 활성화하는 중요한 요소라고 본다. 듀이가 사람들 간의 경험의 소통이 민주주의의 중요한 요소라고 했을 때의 그 의미와 동일하다. 다른 사회집단의 낯선 사람과 소통한다는 뜻을 파머는 ‘환대’로 표현한다. 그는 프랑스 포스트모던 철학자 가타리의 표현을 사용하여 낯선 사람과 그의 경험을 소중하게 ‘환대’하는 것이 소통이라고 풀이한다. 그리고 그러한 의미의 환대는 서로 다양한 경험을 소통하는 사람들의 민주적인 마음의 습관이라고 강조한다.

듀이가 말하는 의사소통은 서로의 경험과 삶을 자유롭게 소통하는 것이며, 협동적으로 문제를 해결하는 것이다. 듀이는 "의사소통적 대화가 아니라 어떤 문제를 극복하기 위해 개별적인 힘을 협동적으로 투입하는 것을 모든 의사소통적 자유의 발현으로 본다"(Honneth, 2009: 347-348). 2016년 광화문 촛불집회에 자발적으로 모여든 시민들이 보여 준 모든 것, 즉 자신의 생각을 말하고 토론하고 집단의 의지를 표출하면서 민주주의의 위기를 극복하기 위해 시민들 각자의 개별적인 힘을 협동적으로 투입하였던 과정은 듀이가 말하는 공적 영역에서의 의사소통, 집단적 지성에 의한 문제해결과 사회적 연대가 무엇인가를 잘 보여 준다.

하지만 촛불집회에서 보였던 시민들의 사회적 연대가 지속성을 갖는 것은 아니다. 일상생활로 돌아왔을 때에도 지속되는 사회적 연대의 형성이 중요하다. 정현철(2011)은 사회적 연대의 형성을 위해서는 공적 영역이 논증적 토의의 보편주의의 원칙에 의해 주도되기보다는 다양한 하부 공동체들 간의 사회적 연대를 구현할 수 있는 가치들과 그에 따른 이상들이 제안되고 논의되는 장이 되어야 한다고 주장한다.

> 이렇게 되어야만 개별 시민들은 단순히 공동체의 논의 절차에 참여할 수 있는 참여권을 넘어서 그들이 추구하는 이상에-그리고 그것과 결합되어 있는 그들의 인격성에-대한 공동의 인정을 확보할 수 있는 희망을 가질 수 있게 된다. 이럴 경우에만 시민들은 공동체의 존립과 그것의 생동적 발현에 요구되는 인격

성을 적극적으로 배양할 수 있게 된다(정현철, 2011: 348).

정현철의 주장에 따르면 공동체와 연대 형성에서 중요한 요소는 참여자들의 인격성에 대한 공동의 인정, 가치의 공유 등이다. 이러한 요소들은 중요하다. 하지만 공적 영역에서 다양한 하부 공동체들 간의 사회적 연대는 서로 공유할 수 있는 가치들과 이상들로만 이루어지는 것은 아니다. 듀이가 주장한 바와 같이 협동적 노동분업 참여와 관계성 형성이 그 토대가 되어야 한다(Honneth, 2009). 예를 들어, 노동분업에 참여하지 못하고 실업상태에 있다면, 자신의 역량을 실현하게 하는 공동생활에 참여하는 것이 어렵고, 또한 협력적인 문제해결을 위해 의사소통할 수 있는 공동의 삶을 영위하는 것은 어렵다. 1960년대 케네디 대통령은 실업의 의미에 대해 이렇게 말한 바 있다. "실업은 아무것도 할 일이 없다는 것을 의미한다. 그것은 다른 사람들과 아무런 관계도 맺을 수 없다는 것을 뜻한다. 일자리가 없다는 것, 동료 시민들과 아무런 관계를 맺을 수 없다는 것은, 다시 말해서 랠리 엘리슨의 '투명인간'이나 마찬가지라는 의미다"(Sandel, 2016: 104).

공동체에 참여하며 연대감을 형성할 수 있는 시민주체가 누구인가? 시민주체는 삶의 공적 영역에서 다양한 사회경제적 · 정치적 관심사 등을 공유하면서 서로 소통하고 경험을 주고받으며, 협동적으로 공동의 문제를 해결하는 지성적 주체이다. 이러한 공적인 시민주체를 듀이는 '공중(the public)'이라고 부른다. 공중은 자유방임적 개인주의에서 말하는 원자화된 개인이 아니며, 또한 단순한 정치적 소비자가 아니다. '공적 영역'에 적극 참여하며, 자기 검열을 하지 않고 자유롭게 토론하며 사회성원들의 광범위한 동의를 기대할 수 있는 의견, 즉 '공론'을 형성하는 공적인 자아가 공중이다. 이러한 공중이 형성되어 있지 않다면, 기본적으로 인격성에 대한 인정과 가치의 공유, 연대는 일어나기도 어렵다. SNS상에서 정치적인 목적으로 가짜 뉴스를 기획 · 생산 · 유포하여 사람들을 세뇌시키며, 비인간적인 인신공격과 혐오발언을 쏟아내는 극우성향의 사람들은 결코 듀이가 의미하는 바의 공중이 될 수 없다.

물론 실제상으로는 모든 시민이 공중으로서 사회현실에 참여하는 것은 아니다. 누구나 자기 살기 바쁜 세상이다. 어떻게 민주시민이라는 이유만으로 공공의 문제에 자신의 에너지와 시간을 투입하며 살 수 있겠는가? 하지만 민주시민으로서의 정치 참여는 도덕적 당위의 문제가 아니다. 정치 참여는 도덕적 문제가 아니라 "자신의 삶에 영향을 미치는 사회적 행위의 결과에 대한 성찰과 조정"이라는 문제, 즉 시민 지배적인 민주적 과정의 필요에 대한 문제해결적 합리성의 문제이다(장은주, 2012: 74). 이것은 무슨 뜻일까? 예를 들어, 국가의 정책 결정이 자신의 삶에 직간접적으로 영향을 미친다. 그러한 결정들이 자신의 삶에 어떠한 결과를 가져오는가에 대한 성찰이 필요하며, 국가의 정책 결정에 대한 조정이 필요하다. 다시 말해서, 시민들이 주체적으로 사회의 여러 문제를 자신의 선택과 결정의 범위 안으로 가져와서 합리적 토론을 통해 협동적으로 문제를 해결하는 해법을 찾고 그 해법이 국가 정책에 반영되도록 하는 것이다. 그 과정이 시민 지배적인 민주적 과정이다. 민주적 과정이 중요한 것은 이를 통해서 한 시민이 다른 동료 시민들과 평등한 관계 속에서 스스로를 사회적 삶의 주체로 자리매김할 수 있기 때문이다.

공중으로서 공동체 참여와 연대감 형성은 학교교육과는 어떤 관련성이 있는가를 생각해 보자. 그 관련성을 다 밝히기는 어렵지만 몇 가지를 생각해 볼 수 있다. 첫째, 학교를 민주적 공적 영역으로 발전시켜야 한다는 것이며, 둘째, 공적 영역에 참여할 수 있는 공중을 기르기 위한 교육을 해야 한다는 것이다. 이것이 학교교육을 진정한 '공교육'으로 만드는 특성이다. 이러한 관점에서 보면, 우리 교육현실은 전혀 다른 방향으로 가고 있다. 특히 시장경쟁을 중시하는 신자유주의적 교육이념하에서 학교교육은 공공선, 사회적 연대, 민주주의를 실현하는 공적 영역이 아니라 개인의 사적 욕망과 선택의 자유를 실현하는 사적 영역으로 규정된다. 학생은 비판적인 지성을 갖춘 공중이 아니라 공적 문제에 무관심하고 냉소적이며 오로지 자신의 안일과 소비를 즐기는 개별 소비자로 길러진다(Giroux, 2003). 이 맥락에서 파커 파머의 다음 말은 새겨들을 만하다.

> 학교에서 대부분의 학생들은 어른들이 구성한 사소한 문제 이외의 사안에 대해서는 아무런 판단능력이 없는 듯 대우받고, (학업) '성취'의 책임 이외에는 아무것도 요구받지 않는다. 그렇게 해놓고 우리는 그들이 18세가 되는 순간 참여민주주의에서 충실한 역할을 하는 구성원으로 변신하기를 기대한다(Palmer, 2012: 212).

공적 영역으로서 학교교육은 공동체에서 학생들의 자치능력을 키우며, 공적인 일에 대한 숙고, 토론, 참여의 시민적 덕성을 갖춘 시민을 길러 내는 데에 중점을 둔다. 공적인 일에 참여한다는 것은 개인의 목표 추구를 넘어서 공동의 삶에 참여하고, 공적인 일에 주의를 기울이는 습관을 형성하는 것이며, 공적인 사안을 말할 수 있는 공적 언어를 발달시키는 것이다. 일상생활에서 사적인 언어만 사용할 줄 알고 공적인 언어를 사용하지 못하는 사람은 공적인 일에 참여하기가 어렵다. 대중 앞에 서면 "나는 말을 할 줄 모릅니다."라고 힘들어할 때, 그 할 줄 모른다는 '말'은 공적 언어를 뜻한다.

"공적인 언어고 뭐고, 나는 공적인 일에 당최 관심이 없어. 그것이 밥 먹여 주나? 나에겐 먹고사는 일만이 중요해."라고 말하는 사람들이 있다. 당연히 먹고사는 일이 중요하다. 하지만 그것에만 관심을 갖게 되면, 스스로를 공적인 삶에서 배제시키는 결과를 가져온다. 그 사람은 공동의 운명을 결정할 수 있는 일에 스스로 참여하지 못하고 공동체의 주체가 되지 못한다. 사회엘리트층은 공적인 참여를 중시하는데, 자신이 공동의 삶의 운명을 결정하는 주인이 되어야 한다고 생각하기 때문이다. 공적인 삶에서 스스로를 배제하는 것은 집단적 운명을 통제하는 데에 쓸 수 있는 자신의 고귀한 '자유'를 스스로 포기하는 것이나 다름없다.

35

자유, 개개인성, 사회적 지성을 위한 교육

듀이는 자연권과 인간 본질에 대한 고전적 자유주의의 형이상학적 교리를 거부하고 우주의 탄력성, 변화, 상황을 주장하였다(김진희, 2010). 이는 진화론의 영향을 받은 것이며, 듀이의 프라그마티즘의 특징이라 할 수 있다. 고전적 자유주의에 따르면 개인의 자유는 존재론적이고 인간 본성에 기초하고 있으며, 항상 인간 안에 현존한다. 따라서 자유는 언제나 개인에게 내재하는 것이므로, 외부(국가)에서 억압하지만 않으면 자유는 보존된다(Dewey, 2000). 여기서 '자유'는 외부(국가)의 간섭이나 구속의 부재라는 소극적인 자유를 의미하며, 사회의 상황과 무관한 것으로 사회의 개선을 요구하는 구체적인 선이 아니다(김상현, 2017).[32] 이런 이유로 듀이는 자연권으로서의 자유 관념을 배격한다.

듀이에게 있어 자유란 기성품처럼 이미 개인들이 소유하고 있는 자유가 아니며, 오로지 지속적으로 성취해야 할 자유이다(Dewey, 2000). 그 자유는 사회경제적 조건이 구비되어 있을 때,

자기실현을 성취해 나가는 자유이다. 따라서 자유를 어느 정도 성취하느냐는 개인이 살고 있는 사회경제적 · 제도적 조건에 영향을 받는다. 이 점에서 보면, 취업난과 빈곤에 시달리는 청년들은 자기실현을 이룰 수 있는 실질적 자유를 누리고 있지 못하다. 정치적 민주화가 이루어진 시점에서 이들 청년에게 필요한 자유는 국가권력의 억압으로부터의 자유가 아니라 자신의 잠재력을 발휘하고 보다 나은 삶을 이끌어 갈 수 있는 적극적인 자유이다. 이 자유를 제한하고 있는 것이 양극화된 사회경제적 구조이다. 우리 사회에서 지금 요구되는 자유는 불평등이 극심한 사회경제적 조건을 타파함으로써만 성취될 수 있다. 듀이가 주장하는 자유의 관점에서 보면, 경제적 양극화를 해소하기 위한 평등화 정책도 모든 사회구성원이 적극적인 자유를 누릴 수 있게 하기 위함이다. 여기서 평등과 자유는 상충되는 관계가 아니라 서로를 강화시켜 주는 관계이다.

그런데 듀이가 주장하는 자유, 즉 자기실현을 성취할 수 있는 자유의 의미를 자기실현을 위한 시장지향적인 자기계발의 자유로 오인하게 될 위험성이 있다. 즉, 듀이도 결국은 신자유주의에서 중시하는 자기계발의 자유와 비슷한 자유를 주장했던 것은 아닐까 하는 오해가 생겨나기 쉽다.[33] 하지만 듀이의 자유와 신자유주의의 자유 간에는 근본적인 차이가 있다. 듀이는 사회구성원 개개인의 잠재력 실현을 어렵게 만드는 사회경제적 제약의 문제에 방점을 찍고 있는 반면에, 신자유주의에서는 자기를 관리하며 자기를 계발할 수 있는 자유는 사회경제적 제약과 무관하다고 믿는다. 신자유주의자들이 강조하는 자기계발의 자유는 듀이가 비판했던 바와 같이, 사회공동체와 분리된 개별적 존재로서의 '낡은 원자적 자아'의 자유이다. 원자적 자아에게 주어진 자기계발의 자유는 사회의 제약과 무관하게 자신의 의지만 있으면 얼마든지 자기를 계발할 수 있는 자유이며, 자기계발을 통해 자신의 경제적 가치를 높일 수 있다는 것이다(서동진, 2009; 최원진, 2012).

듀이의 다음 말은 마치 지금의 신자유주의자들이 칭송하는 자기계발의 자유에 대해 비판했던 것처럼 들린다.

> (낡은 원자적 자아에 바탕을 둔) 개인주의는 사적이고 배타적인 경제적 이득과 연관된 이니셔티브와 발명의 관념과 동일시되어 있다. 이 관념이 우리 마음을 사로잡고 있는 한, 우리의 사고와 열망을 현실의 사회적 조건과 조화롭게 해야 한다는 관념은 (현실의 사회적 조건에 대한) 적응과 항복으로 해석될 것이다. 그것은 기존 사회의 악을 합리화하는 신호로 이해되기조차도 할 것이다(Dewey, 1999: 35).

듀이의 이 말을 풀어서 말해 보자면, 자기계발의 자유는 경제적 이득과 관련된 시장지향적인 자유이며, 현실의 사회경제적 조건의 잘못을 고치려 하기 보다는 그것에 순응하고 항복하는 자유이다. 사회현실에 맞추어 순응하지 못하는 개인은 자기계발을 게을리한 의지 없는 루저라고 인식된다. 그리고 사회경제의 악은 없애야 할 그 무엇이 아니라, 개인들이 수용해야 할 '필요악'으로 합리화된다.

자기계발의 자유에서 주장하는 '자기'는 앞서 말했듯이, 파편화된 원자적 자아, 지극히 사적인 자아이다. 자기계발에서 사적인 자아에 집중하고 사적인 것에만 관심을 둔다면, 우리가 실현하는 자아는 사적인 영역을 넘어서지 못하는 자아이다. 듀이는 『민주주의와 교육』에서 다음과 같이 말하고 있다.

> 자아라는 것은 이미 만들어져 있는 것이 아니요, 행동의 선택에 의하여 끊임없이 형성되고 있다는 것을 인정하는 순간에 모든 문제는 사라진다. 어떤 사람이 생명의 위험을 무릅쓰고 그의 일을 계속하는 데에 관심을 가지고 있다는 것은 그의 자아가 그 일을 하는 가운데 나타난다는 뜻이다. 만약 그 사람이 마침내 일을 포기하고 그의 개인적인 안전과 안락을 선택했다면, 이것도 역시 그가 이런 종류의 자아를 선택했다는 뜻이다(DE, 498).

듀이에 따르면, 자신이 실현하려는 '자아'는 그 자신이 행동에 의해 선택하는 자아이다. 신자유주의에서 새로운 자아상으로 제시한 '기업가적 자아'도 마찬가지로 자기계발에 의해 도달하고자 스스로 선택하는 자아이다(서동진, 2009). 기업가적 자아는 자기 자신을 하나의 기업으로 간주하고 자신을 경영하는 주체이다. 기업가적 자아는 "능동적인 자아임과 동시에 계산하는 자아, 즉 자신에 '관해' 계산을 하고, 자신을 향상시키기 위해 자신'에게' 작용을 가하는 자아이다"(Rose, 1998, 서동진, 2009: 362, 재인용).

행동에 의해 선택하는 자아라는 듀이의 자아관은 어떤 자아이든지 가치판단할 필요가 없다는 입장은 아니다. 듀이가 성장의 관점에서 바람직하게 생각하는 자아는 파편화된 원자적 자아가 아니다. 다양한 시민이 뒤섞이며, 상호작용이 일어나는 공적 영역 속에서 형성되는 큰 자아이다. "보다 넓고 큰 자아는 관계를 거부하는 것이 아니라 포섭하는 자아이며, 이러한 자아는 이때까지 예측하지 못했던 관련을 자기 자신의 것으로 받아들여서 점점 확대된다"(DE, 499).

기업가적 자아는 공동체적 관계를 포섭하는 자아가 아니다. 듀이가 비판하는 초점은 개인들이 자아를 좁고 고립된 것으로 생각하며, 변화되지 않고 고정되어 있는 것으로 간주하는 것, 그리고 오랫동안 익숙하게 해 오던 일과 습관을 자신과 동일시하는 것에 있다.

듀이는 자유뿐만 아니라 개개인성(individuality)에 대한 자유방임적 자유주의의 관념도 잘못되어 있다고 지적한다. 개개인성에 대하여 듀이는 다음과 같이 말하고 있다.

> 초기 자유주의의 근원이 되는 철학과 심리학은 인간의 개개인성이 (태어날 때부터) 만들어져 있고 이미 개인들이 소유하고 있는 것처럼 여기고 있으며, 어느 정도의 법적인 제약만 제거한다면 사람들은 자신의 개개인성을 마음껏 발휘할 수 있는 상태가 된다고 생각한다. 인간의 개개인성이 지속적인 성장에 의해서만 성취될 수 있으며 변화하는 것이라고 여기지 않았다. 바로 이러한 잘못된 개념 때문에, 개인의 사회적 상황에 대한 의존이 경시되었다(Dewey, 2000: 46-47).[34]

개개인성은 무엇으로도 대신할 수 없는 고유한 개인의 특성이다. 하지만 개개인성이 개인이 가진 특유의 사고방식이나 태도, 고유한 개인의 능력을 의미한다고 해서 발현설의 관점으로 인식되어서는 안 된다. 발현설의 관점에 따르면, 개개인성은 사회환경과 무관하게 생득적으로 내재된 변화되지 않는 속성이다. 듀이는 개개인성이란 변화하지 않는 고정된 인간의 속성이 아니라 환경과의 상호작용 속에서 형성되어진다고 주장한다. 자유주의자들은 이 점을 간과하였다는 것이다.

듀이의 '개개인성' 개념에서 중요한 것은 개인과 사회는 서로에 대해 독립적인 관계가 아니라는 점이다. 무인도에 홀로 떨어져 사는 사람에게 독특한 자신만의 개개인성이란 무의미하며, 개개인성은 성장하고 발달할 수 없다. 듀이는 개별성이 현재의 사회적 환경 속에서 형성되고 또한 사회적 조건을 재형성하면서 내용을 획득하는 것이고 생각했다. 듀이에 의하면 '개인이 되는 것'은 곧 자기실현을 통해 세상 밖으로 나아가는 과정이다. "개개인성을 얻기 위해 우리 각자는 자신의 정원을 가꿔야 한다. 그러나 이 정원에는 울타리가 없다. 우리의 정원이 곧 세계이다. … 움직이는 현재의 일부인 우리는 알 수 없는 미래를 창조하면서 우리 자신을 창조한다"(김진희, 2010: 151 재인용). 개개인성의 발현은 사회적 세계와 떼어서 생각할 수 없다.

사람은 자신의 개개인성을 통해 사회생활에 참여하며, 사회생활은 개인의 개개인성에 영향을 미친다. 따라서 사회생활(공적 영역과 직업 활동)에의 참여 기회를 제한하거나, 사회생활에 참여하는 사람의 개개인성을 무시하거나 훼손한다면, 그것은 개개인성의 발달을 억압하는 것이다. 개개인성의 발달과 민주사회의 발달에 있어 필수적인 것은 개인이 사회생활에 다양하게 참여하며 개개인성을 인정받을 수 있는 사회환경이다. 이것이 듀이가 민주주의를 논함에 있어 지속적으로 정치 영역을 넘어 '삶의 방식으로서의 민주주의'를 중시한 이유이기도 하다.

개개인성에 대한 최근의 뇌과학적 연구는 개개인성이 무엇인가에 대해서 잘 말해 주고 있다. 개개인성에 대한 대중적 저서로 뽑을 수 있는 수작은 『평균의 종말』이다. 이 책에서 밝히는 개개인성은 다음과 같다(Rose, 2018). (1) 인간의 재능은 다차원적이며, (2) 개개인성은 본질주의적인 것이 아니라 맥락적인 것이며, (3) 기성세대가 선택하는 평균적인 경로를 따르는 것이 아니라 개인만의 독특한 길을 가는 것이다. 이 책은 개개인성(개인의 독창성과 재능 등)이 표준화되고 규격화된 공장형 교육시스템에 의해 어떻게 억제되고, 무시되는가를 보여 준다. 학교교육체제가 공장형 교육시스템이 아니라 자유로운 의사소통이 이루어지는 민주적 공적 영역으로 인식될 때 학생 개개인의 개성이 인정받고 발달할 수 있다.

듀이는 '지성'에 대한 자유방임적 자유주의의 관념 역시 그릇되었다고 지적한다. 자유방임적 자유주의에서는 개인의 마음이 외부로부터 따로 떨어져 있는 독립된 의식이라고 간주했다. 그리하여 "각 개인의 의식은 다른 사람들의 관념, 소망, 목적으로부터 본래적으로 독립되어 있는 전적으로 사적이며 스스로 고립된 대륙"이라는 생각을 자연스럽게 받아들였다(DE, 432). 그러나 자유방임적 자유주의에서 강조하는 것과 달리 개인의 마음이나 자아는 자연이나 사회로부터 고립된 실체가 아니다. 어떤 개인의 덕이나 악덕은 그 사람의 고유한 특성이라 간주되고 있지만, 그것은 그 개인의 고유한 특성이 아니다. 덕과 악덕도 환경적인 힘들이 자아에 통합되어 형성된 습관이며, "개인적 기질에 의한 요소들과 외부 세계에 의해 제공된 요소들 간의 상호작용"의 산물이다(Dewey, 1922: 16).

지성도 마찬가지이다. 자유주의에서 주장하듯 지성은 개인들과 대상들 간의 고립된 접촉에 의해 생긴 마음 또는 의식의 작용이 아니라 '연합과 의사소통의 작용'이다(Dewey, 2000). 즉, 지성은 선천적이거나 고립된 능력이 아니라 사회적 상호작용을 통해 습득된 능력이다. 듀이에 따르면 "효과적으로 관찰, 반성, 욕망하는 능력은 사회의 문화와 제도의 영향하에 획득된 습관이지 선천적 힘이 아니다"(Dewey, 2010: 152). 지성에 대한 듀이의 견해는 기본적으로 마음이나 자아가 사회적 상호작용을 통해 형성된 것이라는 그의 교변작용론에서 비롯된 것이다.

지성이 개인의 고립된 능력이 아니라는 관점에 의거하여 듀이는 "지성이 개인적 재능 또는 개인적 성취라는 관념은 지식인 계급의 엄청난 자만"에 불과하다고 비판한다(Dewey, 2010: 197). 각 개인의 지성도 사회적으로 공유되는 지성에 의존한다. 이 평범한 진실이 흔히 망각된다. 어떤 개인의 뛰어난 지적인 업적도 앞 세대와 동 세대의 지성과 각고의 노력의 결실이 없었다면 이루어질 수 없다. 민주주의에서 중요한 것은 몇몇 천재들의 지성이 아니라, 구성원 전체가 공유하는 지성 수준이다. 따라서 공동체 문제를 해결하기 위한 우선 과제는 소수의 뛰어난 지성이 아니라 구성원 전체의 지성 수준을 전반적으로 높이는 것이다(Dewey, 2010: 197). 듀이는 공동체 구성원들이 의사소통을 통해 전반적으로 공유하는 지성을 '사회적 지성(social intelligence)'이라고 부른다. 즉, 사회적 지성은 개인적으로 소유한 지성이 아니라 공동체 내에서 소통하며 공유되는 '집단지성'인 것이다(홍남기, 2013).

100여 년 전 듀이의 사회적 지성론은 상당한 비판을 받았다. 평범한 시민은 그러한 지성을 갖추지 못했다는 것이다(Dewey, 2000). 지금 시대에도 심의민주주의는 이런 이유로 비판을 받는다. 심의민주주의는 기본적으로 시민들의 사회적 지성을 바탕으로 하는 데 시민들의 지성의 수준이 낮다는 것이다.[35] 그 당시 듀이는 이에 대해 어떻게 응답했을까? 평범한 시민들이 사회를 통하여 갖추게 되는 지식을 통해서 민주주의는 발전한다고 반박하였다. 그는 평범한 시민들이 도달할 수 있는 수준의 사회적 지성이 공유되도록 허용하지 않는 사회구조를 비판하였다(Dewey, 2000). 문화적 · 지적 자원은 인류의 협동작업의 산물임에도 소수 엘리트집단에 의해 독점되는 상황이 문제라는 것이다. 문화적 · 지적 자원이 확산되고 공유될 수 있는 사회조직의 형태조차 제대로 갖추어지지 않았는데, 민주주의가 실패했다고 주장하는 것은 성급한 판단이라는 것이다. 듀이는 지식의 평등한 분배가 없이는 민주적 공동체가 존속할 수 없다고 생각했고, 사회적 지성 없이는 민주주의도, 민주적 공동체도 발전하기 어렵다고 생각하였다.

듀이가 주장한 자유주의의 가치인 자유, 개개인성, 지성은 교육에 어떤 의미가 있는가 하는 것이 우리의 관심사이다. 최근의 연구 중 '교사 자발성의 원리 재구성: 듀이의 자유주의 개념을 중심으로'라는 연구(정철희, 2018)가 있다. 이 연구는 자유주의 가치를 교사의 자발성의 원리로서 재구성하고자 하였다는 점에서 흥미롭다. 학교 혁신을 이끌어 내는 힘으로 교사들의 자발성과 헌신, 소통과 협력, 집단지성이 주장되고 있다. 그런데 자발성의 원리는 어떤 이론적 배경에 근거하고 있는가? 혁신학교를 하는데, 꼭 이론적 근거가 있어야 하는가라는 반문이 나올 수는 있다. 연구를 하지 않는 이상 이론적 근거가 필요한 것은 아니다. 교사들의 현실적인 필요에 의해 교사들의 자발성이 우러나오는 것만으로도 충분하다. 그런데 자발성이 무엇인가라고 묻는다면, 너무도 당연히 아는 것이라서 구태여 대답할 필요가 없는 것 같지만 교사들이 모여서 구체적으로 자발성에 대해 이야기하다 보면, 상식적인 선을 넘어서기 어려워진다.

그런데 이 연구자는 교사의 자발성을 자유와 개개인성, 지성의 개념으로 재구성하고자 하였다. 이 연구자는 "기존의 교사 자발성은 타인 및 집단과 구분되는 자신만의 교육활동의 전개를 위하여 개인과 공동체의 분리, 무관심의 형태를 나타내었다."고 주장한다(정철희, 2018: 151). 그리고 자발성이 개인적인 의지 정도로 인식되고 있어 집단지성과의 연계와 소통 속에서 발휘되지 못하고 있음을 지적한다. 매우 중요한 지적이기는 하지만 실제 교사가 고립적이고 무관심한지는 더 확인이 필요하며, 자발성이 듀이의 자유개념과 연관되어 어떤 의미로 재개념화되었는지는 아쉽게도 불분명하다. 이 연구는 교사의 자발성에 관한 것으로 연구의 범위를 넓혀서 학생들의 교육에서 자유, 개개인성, 지성은 어떤 의미를 지니는지를 밝혀내는 것도 중요한 과제이다.

"듀이의 '사회적 지성' 개념의 교육적 함의"(홍남기, 2013) 연구는 학생들의 교육과 관련하여 살펴봐야 할 중요한 연구이다. 이 연구에 따르면, 학생들의 능력과 지성을 상호 고립적이고 경쟁적인 방식으로 키우는 것이 오늘날 '개인주의적' 교육의 문제이다. 개인주의적 교육을 지지하는 교육자들은 개인의 능력과 지성이 공동체적 관계 속에서 함양된다는 점을 제대로 인식하지 못하고 있다. 지성의 사회적 · 공동체적 성격을 간과하고서 학생들의 지적 능력을 상호고립적으로 경쟁적인 방식으로 함양하려 한다는 것이다. 다시 말해, 학생들이 공동의 지성을 구성하는 동반자들이 아니라 각자 자신의 지적 수월성을 서로 경쟁적인 방식으로 추구하는 관계로 서로를 인식하게 만든다는 것이다. 이것은 매우 중요한 지적이며, 듀이의 지성론이 어떤 교육적 함의가 있는가를 잘 보여준다. 연구자인 홍남기는 다음과 같이 말하고 있다.

> 사회적 지성 증진이 교육목표가 될 경우 … 학습 공동체의 구성원들은 지적 탁월성을 달성하기 위해 외롭게 경쟁하는 것이 아니라 활발하고 협동적인 의사소통을 통해 상호이해에 도달하고자 한다. 민주주의 사회가 지향하는 바가 개인들이 동등하고 협동적인 상호작용을 통해 공동의 관심을 형성해 나가는 것이라면 사회적 지성 증진 교육은 이러한 지향에 충실한 교육이 된다. 나아가 활발하고 개방적인 의사소통을 통해 개인의 지성 수준이 높아진다는 점까지 인정한다면 사회적 지성의 증진이 각 개인의 지성을 함양하는 효과적인 방안이 된다. 즉, 개인의 지성 함양을

핵심적 교육목표로 가정하더라도 각 개인의 지성을 고립시켜 경쟁시키는 방안보다는 공동의 지성을 협동적으로 구성하는 방안을 선택해야 하는 것이다(홍남기, 2013: 155-156).

여기서 특히 지성과 공감적 의사소통의 관계는 의미심장하다. 최근 학교교육에서 공감적 의사소통을 중시하고 있는데, 그것이 학교폭력 예방 효과 등이 있다고 믿어지기 때문이다. 하지만 공감적 의사소통이 공동의 지성을 협동적으로 형성하는 데 필수적인 요소라는 점은 충분히 인식되지 못하고 있다. 그리고 공감적 의사소통은 학생들을 경쟁시키는 입시경쟁의 문화 속에서는 형성되기 어렵다는 점도 인식되지 못하고 있다. 학교교육의 경쟁적 문화와 별개로 학생들에게 공감능력, 의사소통능력 향상을 위한 프로그램을 실행하면 그러한 능력이 향상될 것이라고 믿어지고 있는데, 그렇지 않다. 학교의 상호고립적이고 경쟁적인 문화도 바뀌면서 의사소통능력 향상 프로그램이 실시되어야 그 효과를 기대할 수 있다.

우리 교육은 더욱 더 극심한 입시경쟁으로 치달으면서 지성의 협동적 구성과 반대되는 방향으로 가고 있다. 입시교육의 현실에서 우리 교육이 제대로 되고 있는가를 성찰할 필요가 있다. 과연 우리 교육은 사회적 지성과 공감적 소통능력을 키워 가고 있는가? 상호 고립적인 경쟁교육 속에서 사회적 지성과 공감적 소통능력이 키워질 수 있는가? 한국사회는 공감적 의사소통과 지성을 함양하기보다는 학생들에게 어떤 멘털리티를 주입하고 있는가? 대한민국은 더 높은 서열에 오르고자 하는 바벨탑 욕망과 바벨탑 멘털리티(약육강식, 승자독식, 갑질 등)에 중독되어 있는 '바벨탑 공화국'이라는 것(강준만, 2019)을 부인할 수가 없다. 정치도, 경제도, 심지어는 교육도 가진 자들의 바벨탑 욕망을 실현해 주는 도구로 전락했다는 비판에서 자유로울 수 없다.

자유주의의 가치인 자유, 개개인성, 지성의 실현은 공동의 삶의 방식으로서의 민주주의를 필요로 하며, 개인들은 적극적인 자유를 통해 자신의 개개인성을 실현하고 지성을 발달시킴으로써 공동의 삶과 공동선에 기여한다. 그런데 앞 장의 양극화된 한국사회의 모습에서 이미 살펴보았듯이, 한국사회는 공동의 삶의 방식으로서의 민주주의가 파열되었고 더욱 망가지고 있다. 각자도생의 방식으로 더 높은 곳으로 오르고자 하는 욕망 그리고 못사는 사람과 분리되어 살고자 하는 욕망이 점점 더 들끓어오르는 사회에서 공동의 삶과 공동선을 어떻게 이룰 수 있는가? 개인의 자유, 성장과 자기실현(개개인성의 실현), 지성은 가치 있는 경험을 동등하고 자유롭게 나누는 방식의 공동의 삶을 자양분으로 섭취하여 발달한다. 그 자양분이 없이는 폭넓고 지속적인 지적·도덕적·정신적 성장과 자기실현은 이루어지기 어렵다.

듀이가 주장했듯이 공동의 삶으로서의 민주주의와 자유주의의 가치가 상호 분리될 수 없는 관계라는 것에 공감한다면, 교육자로서 지금 한국사회와 교육의 현실을 반추하고 어떻게 바꾸어 나가야 할 것인지를 고민하지 않을 수 없다. 무엇보다 오랫동안 당연하게 받아들여 왔던 개인주의적이고 경쟁중심적인 교육에 대한 성찰이 필요하다. 물론 수십 년 동안 '학교의 시장화'라는 신자유주의 교육이념에 따라 교육정책이 이루어졌기 때문에(김천기, 2012)

개인주의적이고 경쟁중심적인 교육 현실에서 벗어나기는 쉽지 않다. 그러나 또 다른 한편에서는 경쟁중심의 신자유주의적 교육에서 탈피하여 배움 공동체의 가치를 중시하고 배움의 공동체를 실천하려는 교사들의 헌신적인 노력들이 있었다. 그것이 '혁신학교'라는 이름으로 결집되어 나온 것이라 생각된다. '혁신학교'라고 명칭이 붙은 학교만 혁신학교는 아니다. 새로운 교육을 꿈꾸고 실천하는 모든 학교가 실제적인 혁신학교이다. 학교가 배움의 공동체로서 자리매김하려고 한다면, 배움의 공동체가 무엇인가를 보다 넓게 조망하며 교육의 사회적 지평을 넓혀 가는 것이 필요하다. 배움의 공동체가 어떻게 공동의 삶의 방식으로서의 민주주의를 구현할 수 있는지, 그 가운데서 어떻게 학생들의 자유와 개개인성, 지성을 함양하는 방향으로 나아갈 수 있는가를 모색하지 않으면 안 된다. 민주주의와 교육에 대한 지금까지의 이야기가 그 과정에서 조금이라도 도움이 되기를 희망해 본다.

후주

1) '바벨탑 욕망'과 '바벨탑 멘털리티'는 강준만(2019)이 사용한 용어이다.
2) 수능 7등급과 용접공 직업의 연계 발언 논란에 대한 머니투데이(2020년 1월 16일, ""눈물 핑 돌았다." '7등급' '용접공' 한국 사회 뒤집은 한마디") 기사를 참고하기 바란다.
3) 이에 대해서는 7장 "학생부종합전형의 잠재력 평가"에서 자세히 논하고 있다.
4) 2011년 3월 개정된 「초·중등교육법 시행령」 제31조 제8항은 "학교의 장은 법 제18조 제1항 본문에 따라 학생을 지도를 할 때에는 학칙으로 정하는 바에 따라 훈육·훈계 등의 방법으로 하되, 도구, 신체 등을 이용하여 학생의 신체에 고통을 가하는 방법을 사용해서는 아니 된다."라고 규정하여 직접체벌을 명시적으로 금지하고 있다. '신체에 고통을 가하는 방법', 즉 직접체벌은 금지하고 있지만 간접체벌은 허용한다는 방침이다. 그러나 '진보교육감'들이 대거 당선 되면서 학생인권조례가 제정, '도구나 신체를 사용하지 않는다고 하더라도 학생에게 심각한 인격적 모멸감이나 신체적 고통을 주는 간접체벌'도 허용하지 않고 있다(고발뉴

스닷컴, 2016. 2.14. "체벌해도 좋다던 교육부, 지금은? 서울시 · 강원도 등 6곳 교육감 권한으로 모든 체벌 금지")

5) "학교폭력을 신고해도 교사가 개입하기 어려워졌고, 이로 말미암아 일선 교사들은 문제해결에 적극적으로 나서지 않을 뿐 아니라 의욕도 보이지 않는다는 것이다."(연합뉴스, 2012. 1. 19. "학교폭력 증가 주요 원인 중 하나는 체벌 금지")

6) 서울신문(2017. 11. 7.)은 '체벌 금지'의 대안으로 등장한 상 · 벌점제마저 폐지 운명에 놓이면서 일선 교사들은 "학생들의 일탈을 막을 수단이 없다."고 하소연하고 있다고 보도하고 있다.

7) 지금은 '학력 향상형 창의경영학교'로 명칭이 바뀌었다.

8) 지금은 이스라엘 정부가 국제사회의 공분을 살 만큼 가자 지구의 팔레스타인에 대해 가장 비신앙적이고 비인도적인 태도를 보이고 있는데, 그것은 지금 그들이 가지고 있는 공동의 신앙과 가치가 무엇인지에 대해 의문을 갖게 한다.

9) 박승배(2009)의 번역을 그대로 따랐음을 밝힌다.

10) 이윤미 등(2015)은 국가교육과정이 법적 구속력을 갖고 있기 때문에 교사가 이를 실행하는 과정에서 수정하거나 삭제하기 어렵다고 지적한다. 또한 교육과정 재구성에 대한 국내 연구는 엄밀히 말하면 교과서 재구성에 대한 연구인데, 이를 교육과정 재구성으로 오칭하고, 교육과정 재구성을 권하는 오류를 범하고 있다고 지적한다.

11) 이하 내용은 김한길 · 김천기(2018)의 논문을 수정 · 요약한 것이다.

12) 목적이라고 번역된 'aim'은 무엇을 겨냥한 목표라는 의미를 담고 있다.

13) 이하 내용은 김천기(2014)의 논문 '교육인류학적 수업개선모델의 이론적 · 방법론적 난점과 수업개선 효과의 불확실성'을 수정 · 요약한 것이다.

14) 대구시교육청 2010. 12. 27–30일 '수업의 질적 이해와 실천' 연수를 참고하기 바란다.

15) 대구시교육청 2010. 12. 27-30일 '수업의 질적 이해와 실천' 연수를 참고하기 바란다.

16) 전라북도교육청교육연수원 2014. 12. 17-18일 '질적 교육의 이해와 실제' 연수를 참고하기 바란다.

17) 다윈의 진화론은 최재천(2012)의 『다윈지능』을 참고하였다.

18) 도올 김용옥의 『이성의 기능』 역주를 참고하였다.

19) 칸트의 실천이성 개념과 다르다.

20) 이에 대한 논의는 유재봉(2003)의 다음 논문 '듀이와 후기 허스트의 교육관 비교'를 참고하기 바란다.

21) 전북대학교 대학원 2019년 1학기 수업 중 초등학교 교사(박지원)의 토론내용이다.

22) 이하 논의는 김상현(2017)과 김진희 (2010)의 연구에 힘입는 바가 크다.

23) 김진희(2010: 149)의 번역을 그대로 따랐음을 밝힌다.

24) 김상현(2017: 32)의 번역을 그대로 따랐음을 밝힌다.

25) 사회정의 옹호 상담(임은미, 2017)을 참고하기 바란다.

26) 홍남기(2013)의 번역을 그대로 따랐음을 밝힌다.

27) 김상현(2017)의 번역을 그대로 따랐음을 밝힌다.

28) 대표적인 자유교육철학자로 파이퍼(Josef Pieper)를 들 수 있으며, 그의 자유교육철학을 담은 저서로 『여가: 문화의 기초(Leisure: the Basis of Culture)』가 있다.

29) 정원규(2018: 30)의 번역을 그대로 따랐음을 밝힌다.

30) 김성훈(2006: 156-157)의 번역을 그대로 따랐음을 밝힌다.

31) 민주주의와 사회자본 간에 상호 연관성이 있음을 밝힌 연구로 Paxton 등의 연구가 있다(Paxton, 2002).

32) 자연권으로서의 자유 관념은 19세기말까지도 미국 대법원 대법관들의 의식 속에 반영되어 있었다. 당시 개인의 실질적 자유를 보장하기 위한 사회입법(아동노동법 등)이 대법원의 위헌판결을 받았는데, 대법원은

그 사회입법이 계약의 자유와 사유재산 등의 자연권을 침해한다고 주장하였다(김진희, 2010).

33) 경쟁과 신분 불안에 따른 교사들의 자기계발에 관해서는 최원진(2012)의 논문을 참고하였다.

34) 김상현(2017)의 번역을 그대로 따랐음을 밝힌다.

35) 심의민주주의는 시민들이 의제에 관해 충분한 정보와 근거를 갖고 검토하며, 이를 통해 도출된 결론이 정치에 반영되도록 하는 민주주의이다(이한, 2018). 예를 들어, 제주도 영리병원에 대한 공론화위원회, 신고리 5, 6호기 건설 여부에 관한 공론화위원회는 시민들의 심의(토의)를 거쳐 의사결정을 하는 심의민주주의의 한 모습이다.

참고문헌

강영안(2005). 타인의 얼굴 레비나스의 철학. 서울: 문학과지성사.

강원택(2014). 한국형 사회 갈등 실태 진단 연구. 국민대통합위원회.

강준만(2009). 행복 코드. 서울: 인물과 사상사.

강준만(2013). 감정독재. 서울: 인물과 사상사.

강준만(2015). 개천에서 용 나면 안 된다: 갑질 공화국의 비밀. 서울: 개마고원.

강준만(2016). '넛지 커뮤니케이션'의 방법론적 유형 분류: 공익적 설득을 위한 넛지의 활용방안. 한국언론학보, 60(6). 7-35

강준만(2019). 넛지 사용법. 서울: 인물과 사상사.

강준만(2019). 바벨탑 공화국. 서울: 인물과 사상사.

강희룡(2015). 공교육정상화, 혁신학교, 그리고 절합의 정치학. 교육과정연구, 33(1), 1-18.

고미숙(2008). 도덕교육에서 습관의 의미. 도덕윤리과 교육, 27, 193-220.

국민통합위원회(2014). 한국형 사회 갈등 실태 진단 연구. 서울대학교 사회과학연구원 한국정치연구소.

권미경(2016). 신자유주의 교육에 따른 학부모의 수요자 중심적 권리 인식과 교사의 정체성 변화. 전북대학교 대학원 박사학위논문.

길현주, 박가나(2015). 사회과 교사들의 교육과정 재구성 경험에 관한 이해 -혁신학교 사례를 중심으로. 시민교육연구, 47(1), 25-58.

김경근(2002). 학교선택제와 교육평등. 교육사회학연구, 12(3). 1-23.

김무길(2005). 구성주의와 듀이 지식론의 관련성: 재해석. 교육철학연구, 34. 23-43.

김무길(2008). 듀이의 흥미 개념 재이해와 그 교육적 함의. 교육철학연구, 42, 7-28.

김무길(2016). 듀이의 교육목적관에 대한 일 고찰: 발현과 성장의 관계를 중심으로. 교육철학연구, 38(3), 27-47.

김무길(2011). 좋은 수업의 조건들에 대한 비판적 검토: 듀이의 성장 개념을 중심으로. 교육철학연구, 33(3), 25-47.

김미숙, 상종열(2016). 신설 혁신고등학교의 정체성 변화: "공동체성"에서 "수월성"으로. 2016 한국교육사회학회 동계학술대회, 69-98.

김병길, 송도선(2000). 듀이의 습관 개념, 교육철학연구, 18, 1-19.

김상현(2017). 존 듀이의 자유주의 개념의 재구성: 한국 사회와 교육에 주는 시사. 교육철학연구, 39(3), 29-47.

김상현, 김회용(2014). 상상력과 공감으로서의 공공성. 교양교육연구, 8(6), 615-646.

김성훈(2006). 세계화 시대에 존 듀이 다시 읽기: 세계화, 민주주의, 그리고 교육. 교육철학연구, 35, 151-165.

김어진(2013). '지식기반경제론'의 모순과 실제. 한국사회경제학회 학술대회 자료집, 1-24.

김영일(2010). 사회적 삶의 원리로서의 민주주의: 민주주의의 현대적 해석. 사회이론, 봄/여름호, 72-100.

김인(2016). 교육목적으로서의 여가. 도덕교육연구, 28(1), 113-132.

김진희(2010). 자유주의, 사회적 실천, 사회적 지성. **미국사 연구**, 32, 143-173.

김천기(1992). 진보주의교육이 한국 교육정책에 미친 영향에 관한 수정주의적 분석: 미군정기를 중심으로. **교육학연구**, 30(2), 45-69.

김천기(2007). 부르디외의 장 · 아비투스 이론의 적용 가능성과 난점: 학교와 교사의 성향을 중심으로. **교육사회학연구**, 17(3), 79-99.

김천기(2012). 한국교육의 신자유주의화 과정과 그 성격 : 학교의 입시학원화와 '자율적 통치성'강화. **교육종합연구**, 10(1), 119-149.

김천기(2013). **교육의 사회학적 이해(2판)**. 서울: 학지사.

김천기(2013). 학교폭력 학생부 기재 정책의 합리성에 대한 비판적 고찰. **교육사회학연구**, 23(4). 119-153.

김천기(2014). 교육인류학적 수업개선모델의 이론적 · 방법론적 난점과 수업개선 효과의 불확실성. **교육종합연구**, 12(4), 71-104.

김천기(2016). 마르크스적 재생산이론의 맥락에서 듀이의 '민주주의와 교육' 다시 읽기: 재생산이론 이후의 민주주의 교육 탐색. **교육종합연구**, 14(4), 61-88.

김천기(2017). 뒤르켐의 사회적 연대와 사회화 다시 읽기: 교육학적 해석과 수용의 문제. **교육종합연구**, 15(4), 121-144.

김한길, 김천기(2018). 배움 및 학습자를 우선시하는 담론에 대한 비판적 고찰: 비에스타(Biesta)의 상호주관성을 중심으로. **교사교육연구**, 57(4), 629-641.

김천기(2018). **교육의 사회학적 이해(5판)**. 서울: 학지사.

김천기(2019). 대학 입학사정관전형의 편향성: 서울대 입학전형에서의 잠재력, 환경, 다양성 교육의 의미 구성. **교육사회학연구**, 29(3), 37-59.

나종민, 김천기, 권미경, 박은숙(2015). 학교폭력 승진가산점 제도의 교직사회에서의 의미. **교육사회학연구**, 25(3), 31-60.

나종민, 김천기(2015). 부르디외의 장 이론 관점에서 본 혁신학교 교원들의 권력관계 특성. 교육사회학연구, 25(1). 79-103.
노상우(1995). 자유주의적 인간교육의 테제. 교육연구, 14, 247-262.
노상우(2010). 근대 이성개념과 교육학적 사유. 교육철학연구, 49, 25-47.
노상우, 권희숙(2009). 타자의 타자성의 교육학적 메시지: E. Levinas의 철학을 중심으로. 교육학연구, 47(4), 1-25.
노상우, 안오순(2008). "타자성 철학"의 현대교육학적 함의: Derrida를 중심으로. 교육철학, 42, 135-156.
뉴스앤조이(2006. 3. 2.). '타자'를 발견해야, '자아'도 찾습니다.
도올 김용옥(1995). 도올 선생 중용 강의. 서울: 통나무.
도올 김용옥(1999). 노자와 21세기(2권). 서울: 통나무
도올 김용옥(2016). 도올의 도마복음한글역주 2. 서울: 통나무.
도올 김용옥(2019). 맹자: 사람의 길(상권). 서울: 통나무.
동아일보(2005. 12. 20.). 佛 철학자 레비나스 분석서 '타인의 얼굴' 펴낸 강영안 교수.
목홍숙, 김진화, 최진숙(2011). 프뢰벨, 슈타이너, 몬테소리의 아동관과 교육 사상 비교 · 고찰. 발도르프교육연구, 3(2), 45-59.
박봉목(2005). 듀이 교육사상에 대한 비판과 재평가: 사회철학적 측면에서 프래그마티즘을 중심으로. 교육철학연구, 27, 1-14.
박승배(2009). 질적 연구와 양적 연구의 혼합 논리로서 프래그머티즘과 교육학 연구방법에 대한 듀이의 입장 고찰. 교육과정연구, 27(2), 63-81.
박승배(2015) '배움공동체'와 '아이 눈으로 수업보기' 비교. 초등교육연구, 26(1), 275-292.
박은숙(2016). 학교폭력상황에서 공격적 학생의 절대적 귀인에 대한 질적 사례 연구. 전북대학교 대학원 박사학위논문.
박준영(2015). 프라그마티즘 철학의 교육담론: John Dewey 프래그머티즘 철학의 지성주의 교육담론. 서울: 교육과학사.
박철홍(1993). 존 듀이 성장 개념의 재이해. 교육철학연구, 11, 297-325

박철홍(1994). 경험 개념의 재이해 : 듀이 연구에 대한 반성과 교육학적 과제. 강영혜(편). 현대사회와 교육의 이해(pp. 291-327). 서울: 교육과학사.

박철홍(2011). 듀이의 경험개념에 비추어 본 사고의 성격: 이성적 사고와 질성적 사고의 통합적 작용. 교육철학연구, 33(1), 79-104.

박철홍(2016). 듀이의 자연관에 비추어 본 '성장으로서 교육'의 의미와 교육사적 의의. 교육사상연구, 30(4), 45-68.

박철홍, 허경섭(2006). 교육활동 속에서 형성되는 목적의 이중적 성격. 교육철학연구, 35, 109-126.

박철홍, 편경희(2003). 듀이의 자유교육론에서 직업적 활동의 의미. 교육철학연구, 24, 57-77.

박휴용(2012). 교육과정. 서울: 학지사.

배상훈, 홍지인(2012). 학교 조직의 관료적 운영이 교사의 창의적 직무 수행 및 직무 열의에 미치는 영향. 교육행정학연구, 30(4), 249-276.

서근원, 문경숙(2016). 이게 다 학교 때문입니다: 학교에서 새겨진 폭력. 교육인류학연구, 19(4), 41-81.

서근원(2004). 산들 초등학교의 교육공동체 형성에 관한 교육인류학적 연구. 서울대학교 대학원 박사학위논문.

서근원(2005). 교사의 딜레마와 수업의 의미. 아시아교육연구, 8(2), 1039.

서근원(2011). 교육인류학의 수업이해 과정과 그 의의에 관한 질적 사례기술 연구. 교육인류학연구, 14(1), 77-1128.

서근원(2011). 수업을 왜 하지. 서울: 우리교육.

서근원(2013). 아이 눈으로 수업보기. 수업혁신컨설팅 2차 기초과정 직무연수. 장흥교육지원청.

서동진(2009). 자유의 의지 자기계발의 의지. 서울: 돌베개.

서용선(2012). 혁신학교 존 듀이에게 묻다. 서울: 살림터.

손우정(2011). 배움의 공동체의 철학과 기본원리. 2011년 겨울 인디스쿨 연수회 자료집.
손준종(2004). 교육공간으로서 강남 읽기. **교육사회학연구**, 14(3), 107-131.
송선희(1995). John Dewey: 학교교육은 사회개조를 분담할 수 있는가? **교육철학**, 13, 141-159.
송선희(1997). John Dewey와 산업민주주의. **교육철학연구**, 15, 185-200.
신광영(2003). 계급불평등과 도시 공간: 서울시 사례 연구. 서울시정개발연구원 개원 11주년기념 학술심포지움 서울시 사회계층과 정책수요, 1-17, 1.
신득렬(2005). 아리스토텔레스와 듀이의 여가개념. **교육철학연구**, 27, 37-60.
심준섭, 노상우(2018). 칸트의 실천이성에 따른 교육의 과제. **교육철학연구**, 40(3), 69-91.
심형섭(2007). 존 듀이의 반성적 사고를 통한 도덕적 가치 습관화 지도 방안연구. 연세대학교 교육대학원 석사학위논문.
양항룡(2020). 유초중등교육 권한 배분에 대한 인식 및 문제 분석. 전북대학교 일반대학원 박사학위논문.
엄기호(2014). **단속사회**. 서울 : 창비.
연합뉴스(2015. 9. 15.). 여 · 야, 삼성에 학생 취업반대 김승환 교육감 '질타'.
연합뉴스(2019. 8. 31.). 유시민 "온갖 억측 · 짐작 결합해 조국'위선자'라 하면 헛소리".
오동선(2018). **학교 인권을 말하다**. 서울: 아카데미 프레스.
오천석(1960). **민주교육을 향하여**. 서울: 을류문화사.
우정길(2007). 의사소통적 상호주관성의 교육학적 수용가능성 검토-마스켈라인(J. Masschelein)의 논의를 중심으로. **교육철학연구**, 39, 99-122.
우정길(2011). 대화교육학의 주체철학적 이해에 대하여 -현상의 진단과 극복을 중심으로. **교육의 이론과 실천**, 16(2), 1-18.
유일한, 이동성(2019). 한 소규모 초등학교 초임교사의 교직사회화에 대한 자문화기술지. 질적탐구, 5(3), 37-65.
유재봉(2003). 듀이와 후기 허스트의 교육관 비교. 아시아교육연구, 4(2), 184-211.
윤인진(1999). 한국의 도시와 지역공동체의 변화와 전망. 한국사회, 2, 199-238.
이병승(2009). 사회적 지성에 기초한 존 듀이의 사회개혁론 비판과 그 교육적 시사. 교육사상연구, 23(1), 141-165.
이성호(1994). 학교가 사회개혁을 주도할 수 있는가: 존 듀이의 견해를 중심으로. 교육개발, 89, 81-84.
이성호(2003). 존 듀이(John Dewey)의 사회철학: 민주주의, 학교, 그리고 자본주의. 아시아교육연구, 94(2), 215-236.
이성호(2007). John Dewey의 자본주의 비판과 Marxism. 아시아교육연구, 8(3), 1-19.
이윤미, 조상연, 정광순(2015). 교육과정 실행 관점 국내 연구에 대한 문제제기. 교육과정연구, 33(3), 79-100.
이주한(1999). 듀이의 사상에 나타난 교육과 사회개혁의 관계. 교육철학연구, 22, 45-61.
이주한(1999). 듀이의 자본주의 경제비판과 그 교육적 대안. 교육연구, 16, 263-293.
이주한(2000). 듀이철학에서 사회적 민주주의 실현을 위한 교육적 방안. 교육철학연구, 23, 73-100.
이한(2018). 철인왕은 없다. 서울: 미지북스.
이홍우(1992a). 교육의 개념. 서울: 문음사.
이홍우(1992b). 교육과정 탐구. 서울: 교육과학사.
이홍우(2009a). 교육의 개념. 서울: 문음사.
이홍우(2009b). 주희와 듀이: 교육이론의 메타프락시스적 성격. 민주주의와 교육 증보자료, 527-550.

임순일(2012). 국가 수준 학업성취도에 영향을 주는 요인: 학력향상 중점학교와 비중점학교 비교. 전북대학교 대학원 박사학위논문.
임은미(2017). 한국 상담자를 위한 사회 정의 옹호역량 척도(SJACS-K)의 개발 및 타당화. 상담학연구, 6(102), 17-36.
임철우 외(2008). 행복한 인문학: 세상과 소통하는 희망의 인문학 수업. 서울: 이매진.
장원섭(2001). 해방적 직업교육을 위한 제안. 교육사회학연구, 11(2), 125-143.
장은주(2012). 시민과 공중: '시민적 진보'의 주체에 대한 탐색. 시대와 철학, 23(3), 55-88.
정소라(2015). 다원주의와 의사소통: 하버마스에서 듀이로. 교육철학연구, 135, 373-390.
정은(2016). 패브릭 로맨스. 서울: 성안북스.
정원규(2018). 듀이와 새로운 자유주의. 교육철학연구, 7(1), 21-48.
정철희(2018). 교사 자발성의 원리 재구성. 교육사상연구, 32(2), 129-156.
정해일(2010). 듀이의 교실환경론과 교실 민주주의. 경북대학교 대학원 박사학위논문.
정현철(2011). 진화 윤리적 상호주관성 이론 연구-듀이의 정치철학을 중심으로-. 헤겔연구, 30, 331-355.
조경민(2011). 듀이의 다원주의 수용과 그 의의. 사회와 철학, 22, 247-278.
조용태(2005). 듀이 다원민주주의와 민주교육의 재음미. 한국교육철학회 기획학술대회 자료집, 듀이 교육사상의 재조명, 16-30.
차미란(2011). 민주주의와 교육: 듀이의 교육이론과 그 대안. 도덕교육연구, 22(2), 239-262.
최관경(2005). 듀이와 교육목적. 한국교육철학회 기획학술대회 자료집, 듀이 교육사상의 재조명, 37-69.
최원진(2012). 초등교사의 자기계발을 통한 신자유주의 주체화 과정에 관한 연구. 전북대학교 대학원 박사학위논문.
최재천(2012). 다윈지능. 서울: 사이언스북스.
편경희(2008) 존 듀이 습관 개념의 재조명. 교육철학연구, 42, 221-237.
한겨레21(2017. 1. 5.). '×망의 해' 청년의 2017년.
한겨레신문(2015. 1. 23.). 돌고래를 보라, 야비한 사람들은 오래 못 가지.
한겨레신문(2016. 3. 20.). 학생부 전형, 현실은 '학생배경 전형'.
한겨레신문(2019. 8. 3.). 구의역 김군 동료 "조국 딸 논란은 '있는 사람들'의 딴 세상 이야기"
홍남기(2013). 듀이의 "사회적 지성" 개념의 교육적 함의. 교육철학연구, 35(1), 141-159.

EBS 하버드 특강 '정의' 제3강 자유지상주의. Youtube.com
EBS 하버드 특강 '정의' 제11강 벤담의 공리주의. Youtube.com

사토마나부(2001a). 교육개혁을 디자인하다. (손우정 역). 서울: 공감.
사토마나부(2011b). 아이들을 어떻게 가르칠 것인가. (박찬영 역). 서울: 살림터.

Adler, M. (1998). *The paideia proposal: An educational manifesto*. NY: Touchstone.
Apple, M. (2014). 교육은 사회를 바꿀 수 있을까?[*Can education change society?*] (강희룡 외 역). 서울: 살림터. (원전은 2012년에 출판).
Apple, M. & Beane, J. (2015). 마이클 애플의 민주학교: 혁신학교의 방향을 묻는다[*Democratic schools: Lessons in powerful education*]. (강희룡 역). 서울: 살림터. (원전은 2007년에 출판.)
Aronson, E., Wilson, T., & Akert, R. (2013). *Social pychology* (8th Ed). Boston: Pearson.

Biesta, G. (1994). Education as practical intersubjectivity: towards a critical-pragmatic understanding of education. *Educational Theory, 44*(3), 299-317.

Biesta, G. (1999). Radical intersubjectivity: Reflections on the "different" foundation of education. *Studies in Philosophy and Education, 18*(4), 203-220.

Biesta, G. (2004). Against learning: Reclaiming a language for education in and age of learning. *Nordisk Padagogik, 25*, 54-66.

Biesta, G. (2006). *Beyond learning*. New York: Routledge.

Biesta, G. (2012). Giving teaching back to education. responding to the disappearance of the teacher. *Phenomenology and Practice, 6*(2), 35-49.

Biesta, G., & Burbules, N. (2003). *Pragmatism and educational research*. London: Rowman & Littlefield.

Biesta, G. (2013). Receiving the gift of teaching: from 'learning from' to 'being taught by'. *Studies in Philosophy and Education, 32*(5), 449-461.

Bourdieu, P. (2006). 구별짓기: 문화와 취향의 사회학(하권)[*La Distinction. Critique sociale du judgement*]. (최종철 역). 서울: 새물결. (원전은 1979에 출판)

Bowles, S. & Gintis, H. (1986). 자본주의와 학교교육[*Schooling in capitalist America*]. (이규환 역). 서울: 사계절. (원전은 1976년에 출판).

Bowles, S., & Gintis, H. (1986). *Democracy and capitalism: Property, community, and the contradiction of modern thought*. New York: Basic Books

Bowles, S. (1991). 교육개혁의 정치경제학. 교육의 정치경제학[*Making the future: Politics and educational reform*]. (김천기 역). 서울: 씨알출판

사. (원전은 1988년에 출판).

Braverman, H. (1991). 노동과 독점자본[*Labor and monopoly capital*]. (이한주 역). 서울: 까치. (원전은 1974년에 출판).

Brown, P., Lauder, H., & Ashton, D. (2013). 더 많이 공부하면 더 많이 벌게 될까: 지식경제의 불편한 진실[*The global auction*]. (이혜진, 정유진 공역). 서울: 개마고원. (원전은 2010년에 출판).

Buber, M. (1982). 나와 너. (표재명 역). 서울: 문예출판사.

Christodoulou, D. (2018). 아무도 의심하지 않는 일곱 가지 교육 미신[*Seven myths about education*]. (김승호 역). 서울: 페이퍼로드. (원전은 2014년에 출판).

Church, (1979). *Education in the United States*. NY: The Free Press.

Dewey, J. (1916). The need of an industrial education in and industrial democracy. *John Dewey: The Middle Work*, 10.

Dewey, J. (1917). The need for a recovery of philosophy. In J. Dewey (Ed.), *Creative intelligence: Essays in the pragmatic attitude* (pp. 3-69). New York: Holt.

Dewey, J. (1919). The need for a recovery of philosophy. https://brocku.ca/MeadProject/Dewey/Dewey_1917b.html

Dewey, J. (1922). Human nature and conduct, In Boydston, Jo Ann (Ed.) (2008), *The middle works of John Dewey 1899-1924, Vol. 14*. Carbondale: Southern Illinois University.

Dewey, J.(1929). *The source of a science of education*. NY : Horace Liveright.

Dewey, J. (1930). Toward a new individualism. In Jo Ann Boydston (Ed.), *John Dewey: The Later Works, 1929-1930, Vol. 5*.

Dewey, J. (1932). Ethics. In Boydston, Jo Ann (Ed.) (2008), *The later works of John Dewey 1925-1953, Vol. 7*. Carbondale: Southern

Illinois University.

Dewey, J. (1935). The future of liberalism. *The Journal of Philosophy, 32*(9), 225-230.

Dewey, J. (1987a). Authority and social change. In Jo Ann Boydston (Ed.), *John Dewey: The Later Works, Vol. 11*. Carbondale: Southern Illinois University Press. (Orignal work published 1936).

Dewey, J. (1987b). Democracy and Educational Administration. In Jo Ann Boydston (Ed.), *John Dewey: The Later Works. Vol. 11*. Carbondale: Southern Illinois University Press. (Orignal work published 1937).

Dewey, J. (1987c). Liberalism and Equality. In Jo Ann Boydston (Ed.), *John Dewey: The Later Works, Vol. 11*. Carbondale: Southern Illinois University Press. (Orignal work published 1936).

Dewey, J. (1987). Democracy and Educational Administration. In Jo Ann Boydston (ed.), *John Dewey: The Later Works, Vol. 11*. Carbondale: Southern Illinois University Press. (Orignal work published 1937).

Dewey, J. (1998). *Experience and education*. West Lafayette, IN: Kappa Delta PI. (Original work published 1938).

Dewey, J. (1999). *Individualism old and new*. Amherst, New York: Prometheus Books. (Original work published 1930).

Dewey, J. (2000). *Liberalism and social action*. Amherst, New York: Prometheus Books. (Original work published 1935).

Dewey, J. (2008). The later works of John Dewey, Vo. 5, 1925-1953: 1929-1930-Essays, The Sources of a science of education, individualism, old and new, and ... and criticism (Collected Works of John Dewey). Southern Illinois University.

Dewey, J. (2008). The later works of John Dewey, Vol. 13, 1925-1953: 1938-1939, experience and education, freedom and culture, theory of valuation, and essays (Collected Works of John Dewey). Southern Illinois University.

Dewey, J. (2009). 민주주의와 교육[*Democracy and education*]. (이홍우 역). 서울: 교육과학사. (원전은 1916년에 출판).

Dewey, J. (2010). 현대 민주주의와 정치 주체의 문제[*The public and its problem*]. (홍남기 역). 서울: 씨아이알.

Dewey, J. (2010). 철학의 개조[*Reconstruction in philosophy*]. (이유선 역). 서울: 아카넷. (원전은 1948년에 출판).

Dewey, J. (2010). 현대민주주의와 정치주체 문제[*The public and its problem*]. (홍남기 역). 서울: 씨아알.

Drucker, P. (2002). 21세기 지식경영[*Management challenge for the 21st century*]. (이재규 역). 한국경제신문사.

Durkheim, E. (2013). *The division of labour in society* [Trans. G. Simpson]. A digireads.com Book.

Eagleman, D. (2017). 더 브레인[*The brain: The story of you*]. (전대호 역). 서울: 해나무. (원전은 2015년에 출판).

Foucault, M. (2007). 주체의 해석학. (심세광 역). 서울: 동문선.

Frans De Waal (2017). 공감의 시대[*The age of empathy*]. (최재천, 인재하 공역). 서울: 김영사. (원전은 2009년에 출판).

Fromm, E. (2006). *The art of loving*. NY: Harper Perennial Modern Classics.

Gilligan, C. (2016). *In a different voice: Psychological theory and women's development*. MA: Harvard University Press.

Giroux, H. (2003). *Public spaces and private lives*. NY: Rowman & Littlefield.

Golinkoff, R. & Hirsh-Pasek, K. (2018). 4차 산업혁명 시대 미래형 인재를 만드는 최고의 교육[*Becoming Brilliant*]. (김선아 역). 서울: 예문아카이브(예문사). (원전은 2016년에 출판).

Habermas, J. (2006). 의사소통행위이론: 기능주의적 이성비판을 위하여 [*Theories deskommunikativen*]. (장춘익 역). 서울: 나남.

Hamington, M. (2004). *Embodied care: Jane Adams, Maurice Merleau-Ponty, and feminist ethics*. Chicago: University of Illinois Press.

Hirst, P. (1994). Education, knowledge, and practices. In R. Barrow (Ed.), *Beyond liberal education: Essays in honour of Paul H. Hirst* (pp. 184-211). London: Taylor & Francis Ltd

Honneth, A. (2009). 정의의 타자. (문성훈 외 공역). 서울: 나남.

Honneth, A. (2011). 인정투쟁. (문성훈, 이현재 공역). 서울: 사월의 책.

Kohlberg, L. (1984). *The psychology of moral eevelopment: The Nature and Validity of Moral Stages*. NY: Harper & Row.

Noddings, N. (2003). *Caring: A feminine approach to ethics and moral education*. CA: University of California Press.

Noddings, N. (2008). 행복과 교육. (이지헌 역). 서울: 학이당.

Palmer, P. (2012). 비통한 자들을 위한 정치학. 서울: 글항아리.

Paxton, p.(2002). Social capital and democracy: An interdependent relationship. *American Sociological Review, 67*(2). 254-277.

Peters, R. S. (2003). 윤리학과 교육[*Ethics and education*] (이홍우 역). 서울: 교육과학사. (원전은 1970년에 출판).

Piper, J.(2009). *Leisure: The basis of culture*. San Francisco: Ignatius Press.

Putnum, R. (2017). 우리 아이들: 빈부격차는 어떻게 미래 세대를 파괴하는가. (정태식 역). 서울: 페이퍼로드.

Ravitch, D. (2011). 미국의 공교육 개혁, 그 빛과 그림자[*The death and life of the great American School System*]. (윤재원 역). 서울: 지식의 날개. (원전은 2010년에 출판).

Rawls, J. (1999). *A theory of justice*. MA: Harvard University Press.

Ro, Jina (2016). Beginning teachers in the United States and Korea: Learning to teach in the era of test-based accountability. Ph.D. dissertation, Boston Colleage.

Rose, T. (2018). 평균의 종말: 평균이라는 허상은 어떻게 교육을 속여왔나. (정미나 역). 서울: 21세기북스.

Sandel, M. (2012). 민주주의 불만[*Democracy's discontent*]. (안규남 역). 서울: 동녘.

Sandel, M. (2016). 정치와 도덕을 말하다 [*Public philosophy: Essays on morality on politics*]. (안진환, 김선욱 공역). 서울: 와이즈베리.

Shenk, J. W. (2009). 링컨의 우울증 역사를 바꾼 유머와 우울[*Lincoln's melancholy*]. (이종인 역). 서울: 랜덤하우스.

Sternberg, R. J. (2010). 스턴버그의 교육심리학. (이영만 역). 서울 : 시그마프레스.

Sternberg, R. T. (1997). 성공지능[*Successful intelligence*]. (이종인 역). 서울: 영림카디널.

Thoreau, H. (2008). 월든[*Walden*]. (한기찬 역). 서울: 소담출판사.

Whitehead, A. (1998). 이성의 기능. (도올 김용옥 역안). 서울: 통나무.

찾아보기

인명

내용

저자 소개

김천기(Kim Cheon Gie)

kcgi2013@gmail.com

미국 Georgia State University 대학원 교육사회학 전공(Ph.D.)

캐나다 University of Toronto, Visiting scholar

전 한국교육사회학회 학회장

한국교육사회학회 편집위원장

현 전북대학교 사범대학 교육학과 교수

세상의 모든 아이를 위한 민주주의와 교육

– 양극화 시대에 내맡겨진 우리 아이들을 위한 교사의 교육혁신 –

Democracy & Education for All Children in the World

2020년 6월 20일 1판 1쇄 발행
2022년 2월 25일 1판 3쇄 발행

지은이 • 김 천 기

펴낸이 • 김 진 환

펴낸곳 • (주) 학지사

04031 서울특별시 마포구 양화로 15길 20 마인드윌드빌딩 5층

대표전화 • 02) 330-5114 팩스 • 02) 324-2345

등록번호 • 제313-2006-000265호

홈페이지 • http://www.hakjisa.co.kr
페이스북 • https://www.facebook.com/hakjisabook

ISBN 978-89-997-2057-4 93370

정가 17,000원

저자와의 협약으로 인지는 생략합니다.
파본은 구입처에서 교환하여 드립니다.

이 도서의 국립중앙도서관 출판시도서목록(CIP)은 서지정보유통지원시스템 홈페이지(http://seoji.nl.go.kr)와 국가자료공동목록시스템(http://www.nl.go.kr/kolisnet)에서 이용하실 수 있습니다.
(CIP제어번호: CIP2020022684)